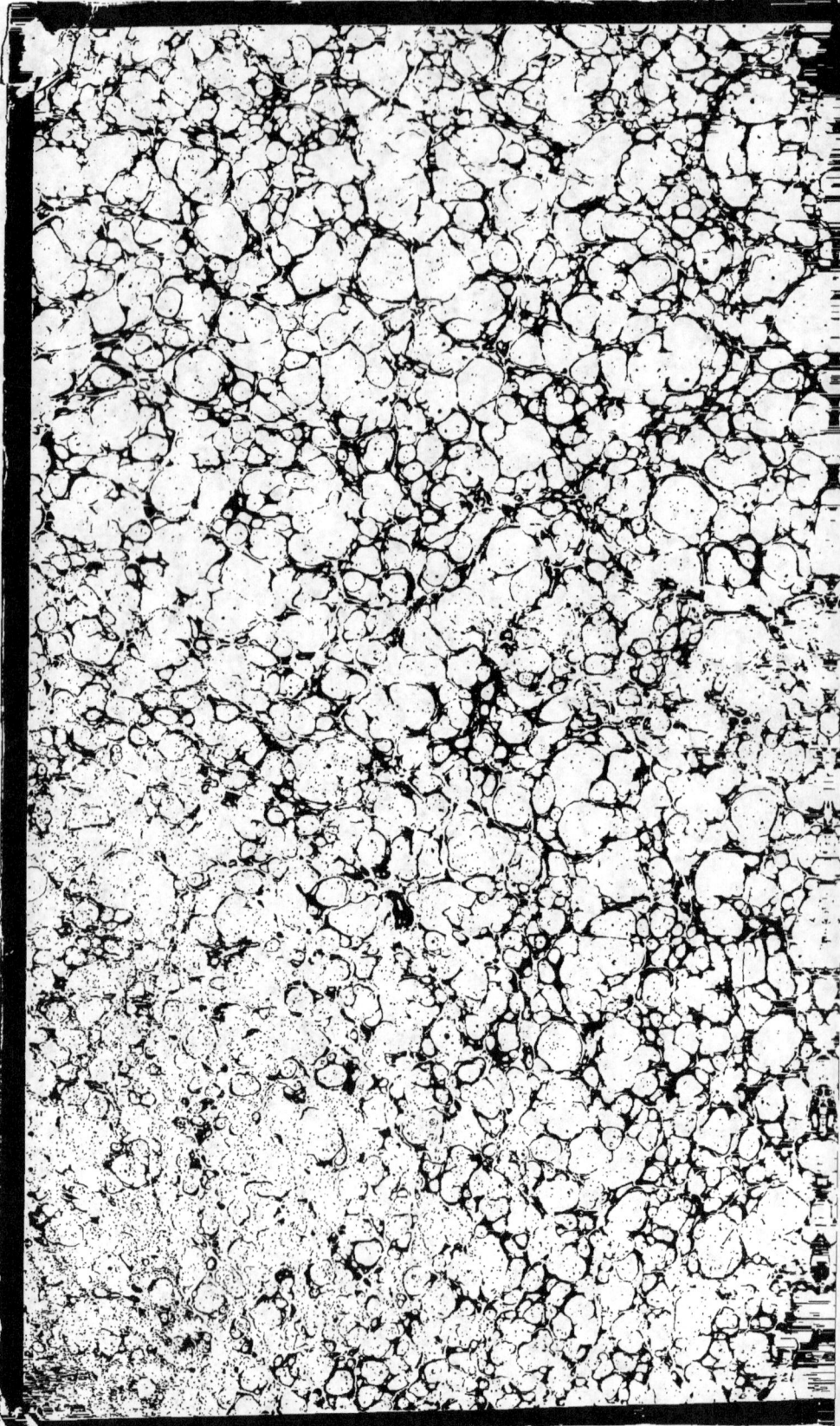

LE

R. P. H.-D. LACORDAIRE

DE L'ORDRE DES FRÈRES PRÊCHEURS

SA VIE INTIME ET RELIGIEUSE

PROPRIÉTÉ DE

Vve Poussielgue et fils

LE

R. P. H.-D. LACORDAIRE

DE L'ORDRE DES FRÈRES PRÊCHEURS

SA VIE INTIME ET RELIGIEUSE

PAR

LE R. P. B. CHOCARNE

DU MÊME ORDRE

« Fort comme le diamant : plus tendre qu'une mère. »
Le Père Lacordaire.

PARIS
LIBRAIRIE Vᵉ POUSSIELGUE ET FILS
RUE CASSETTE, 27

1866

Tous droits réservés.

Nous soussignés de l'Ordre des Frères Prêcheurs, avons lu et examiné la *Vie du T. R. P. Lacordaire*, par le T. R. P. Chocarne du même Ordre : elle nous a paru digne d'être approuvée et livrée à l'impression.

P. F. Aug. MARTIN des Frères Prêcheurs,
Maître en théologie sacrée.

F. Jacques-Marie-Louis MONSABRÉ,
S. O. P.

Paris, 30 janvier 1866.

Imprimatur :

F. E.-C. MINJARD,
Provincial des Dominicains de la Province de France.

La Roche-en-Breny, ce 14 février 1866.

Mon Révérend Père,

Vous désirez connaître mon avis sur la *Vie intime et religieuse du Père Lacordaire,* que vous allez incessamment publier. Cet avis se trouve tout entier dans l'impression que j'ai ressentie en vous lisant. Vous m'avez montré tout un côté de sa vie que j'ignorais ou que j'entrevoyais à peine. A moi qui survis avec M. Foisset, le plus vieux des vieux amis du Père Lacordaire, vous avez révélé en lui un homme plus rare, plus grand, plus saint encore que je ne le croyais, après l'avoir connu et aimé pendant trente ans. Ce qui a été une révélation pour moi le sera, à bien plus forte raison, pour la foule des lecteurs qui n'ont été initiés à sa vie que par les épisodes dramatiques de sa carrière publique, par le retentissement prolongé de son éloquence, par sa correspondance si attrayante, si admirable, mais encore si incomplète. De son vivant déjà Mme Swetchine disait qu'on ne le connaîtrait que par ses lettres. J'ose ajouter qu'on ne le connaîtra tout à fait qu'après vous avoir lu.

C'est là le privilége de l'habit qu'il vous a donné, des vœux que vous avez prononcés entre ses mains, de la vie commune que vous avez menée avec lui. Vous leur devez d'avoir pénétré ces mystères de la mortification chrétienne, ces merveilles de l'austérité monastique, cet héroïsme de la pénitence que le glorieux rénovateur de votre Ordre mettait autant de zèle à cacher aux hommes qu'à pratiquer devant Dieu. Vous avez éprouvé une hésitation bien naturelle à lever le voile qui dérobait à ses plus intimes amis en dehors du cloître, ces dons et ces actes surnaturels de la souffrance expiatrice. Vous avez bien fait de surmonter cette hésitation. Vous étonnerez, vous froisserez peut-être quelques esprits; mais vous toucherez, vous édifierez, vous fortifierez beaucoup d'âmes. En disant ainsi la vérité tout entière, vous aurez rempli un grand devoir envers Dieu et envers notre ami. Vous aurez mis sur sa vie le sceau de la suprême beauté. La plus grande âme de ce siècle en a donc été l'une des plus saintes ! Telle est la conclusion de votre livre. Elle est aussi consolante que lumineuse pour ceux qui, comme moi et tant d'autres, ont été surtout attirés vers lui par la tendresse entraînante de ses épanchements intimes, par son ardente sympathie pour toutes les aspirations légitimes de son temps et de son pays, par son intelligent amour de la société moderne, par son invincible attachement aux principes et aux conquêtes de 1789, par son respect exquis de l'honneur et de la conscience, par la hauteur et l'indépendance de son génie, par son généreux amour du droit, par sa noble horreur des défaillances et des trahisons dont nous avons été témoins et victimes, par sa foi indomptable dans l'alliance nécessaire et prochaine de la religion et de la liberté. Ceux-là surtout vous auront une obligation immortelle. Grâce à vous, ils sauront que rien de tout cela n'a empêché ce cœur, resté jusqu'à la fin si passionnément fidèle à ses amitiés d'ici-bas, d'être encore plus enflammé de l'amour divin. Ils sauront que ce *libéral impénitent,* comme il le disait de lui-même, a été non-seulement un *catholique pénitent,* mais un amant passionné de la croix de Jésus-Christ; qu'il a eu peur de sa gloire presque autant que du péché, et qu'il en a payé la rançon par ces prodiges d'expiation volontaire qu'il est permis et commandé d'admirer, même quand on n'a rien de ce qu'il faut pour les imiter.

Je vous remercie humblement, mon Révérend Père, du bien que vous m'avez fait, et je vous offre le sincère hommage de mon respect.

CH. DE MONTALEMBERT.

PRÉFACE

Ce livre n'est point une histoire de la vie complète du Père Lacordaire; c'est une étude sur le dedans de son âme, sur ce qu'il fut comme homme et comme prêtre. Un cadre plus large eût été trop au-dessus de nos ressources et de notre faiblesse. Peut-être aussi cette vie a-t-elle été mêlée à trop d'événements contemporains, peut-être nous touche-t-elle encore par trop de points personnels et vivants pour qu'il soit possible de l'écrire aujourd'hui sans aucune réticence et avec une entière impartialité. Quoi qu'il en soit, il n'était permis à notre piété filiale que d'apporter une pierre au monument que l'histoire élèvera plus tard à l'une des plus grandes figures de ce siècle. Déjà les éléments en ont été préparés. M. le comte de Montalembert a parlé le premier. Il a dit de cette voix émue que la douleur et les regrets rendaient plus éloquente encore ce jour-là, il a dit, sur la tombe de son ami, ses souvenirs personnels, ses ardentes convictions, et dessiné de main de maître les grandes lignes de cette existence usée dans les saintes luttes de l'Évangile et de la liberté de l'Église.

Puis sont venues les correspondances : les lettres à Mme la comtesse de la Tour du Pin, celles à Mme Swetchine, qui sont une vie, un portrait du Père Lacordaire peint par lui-même, et dont le charme survivra longtemps à toutes les biographies; et enfin les *Lettres à des jeunes gens,* publiées par l'abbé Perreyve. Cher abbé Henri Perreyve ! c'est lui qui devait écrire cette vie complète de son père et de son ami. Il en avait reçu mission, moins encore de la tendresse et du legs pieux de l'illustre mourant, que de ses propres désirs, de ses sentiments d'affectueuse vénération, de sa dette de gratitude personnelle. Il appartenait à son rare talent d'écrivain, aux dons exquis de cette âme élevée et aimante, d'aborder ce récit, et de faire revivre à la fois et les splendides proportions de cette tête de génie et les merveilleuses délicatesses de ce cœur d'homme dans un cœur de prêtre. Il s'honorait de cette mission, s'y préparant en silence et attendant en paix l'heure de la pleine maturité. Que n'a-t-il moins attendu pour cette œuvre, lui qui a mérité le reproche de s'être trop hâté pour tout le reste ! Et maintenant le voilà dans le tombeau, recevant lui-même d'une main paternelle et amie cette bénédiction de justice et de louange qu'il se promettait de donner au père de son âme et de sa vie (1).

Aujourd'hui l'héritage de ce travail est échu au plus ancien ami du Père Lacordaire, à M. Foisset, dont la plume exercée et la parfaite connaissance des hommes et des choses de son temps sauront entrer librement dans toutes les complications politiques et religieuses de cette noble vie.

Quant à nous, notre tâche, pour être plus modeste, n'en était pas moins délicate et difficile, et pendant toute la durée de cette œuvre nous n'avons cessé de sentir douloureusement la disproportion de nos forces avec l'idéale beauté que nous avions sous les yeux et que nous aurions tant aimé à faire revivre. Malheureusement le seul désir n'y suffisait pas, et nous n'avons eu pour venir en aide à notre bon vouloir impuissant que la ressource de faire parler le Père Lacordaire lui-même le plus souvent possible. Nous avons fait de nombreux emprunts aux correspondances déjà connues, à d'autres également dignes de l'être et qui nous ont été généreu-

---

(1) Henri Perreyve, par A. Gratry. — Douniol, 1866.

sement communiquées, et surtout aux derniers Mémoires encore inédits du Père Lacordaire, dont les deux héritiers, M. l'abbé Perreyve et M. le comte de Montalembert, ont bien voulu enrichir notre indigence. Peut-être même trouvera-t-on que nous avons parfois abusé du droit de citation. Que l'expression réitérée et profondément sentie de notre insuffisance personnelle soit ici notre excuse. Si sévères que doivent être les critiques auxquelles ce livre s'expose, elles ne le seront jamais assez pour égaler celles que nous nous sommes faites à nous-même pendant tout le cours de ce travail.

LE
R. P. H.-D. LACORDAIRE

DE L'ORDRE DES FRÈRES PRÊCHEURS

SA VIE INTIME

ET RELIGIEUSE

CHAPITRE I

1802-1822

Enfance de Henri Lacordaire. — Ses premières études à Dijon. — Il y perd la foi. — Il fait son droit.

Un jour de l'année 1793, la commune de Recey-sur-Ource, petit bourg près de Châtillon-sur-Seine en Bourgogne, s'ameutait contre son curé. M. l'abbé Magné, mis en demeure une première fois d'accepter la constitution civile du clergé, s'était contenté de garder le silence, et avait continué de remplir ses fonctions. Cette fois on revenait à la charge ; on voulait en finir.

Tout ce que la paroisse renfermait de révolutionnaires et de timides s'attroupa autour du presbytère, y pénétra en tumulte et enjoignit au curé de se rendre à l'église. Là, devant l'autel, on le somme de prêter serment. M. l'abbé Magné, nature douce dans la paix, mais intrépide et ferme devant le danger, essaie d'expliquer sa conduite. Il rappelle la loi de Dieu, la liberté de conscience, son devoir de prêtre, les sentiments religieux de ceux qui l'entourent, leur affection tant de fois prouvée... Les clameurs, les blasphèmes, les menaces couvrent sa voix. Des sabres et des fusils se dirigent contre lui. L'abbé Magné découvre sa poitrine : « Tuez-moi, leur dit-il, si cela vous fait plaisir ; mais prêter un serment sacrilége, je ne le ferai jamais ! » Il y eut un moment d'hésitation. Puis une voix dominant le bruit s'écria : « Qu'il s'en aille ! mais s'il revient, malheur à lui ! »

La foule poussa devant elle le pasteur dont elle n'était pas digne, et l'accompagna de ses huées jusqu'au dehors du village. Elle revint ensuite au presbytère se donner le plaisir de piller et de saccager le pauvre mobilier du prêtre.

Le curé s'en allait à la garde de Dieu, la tête inclinée, le cœur navré, lorsqu'au détour d'un chemin une troupe d'enfants l'entoura, lui baisant les mains et pleurant. C'étaient ceux qu'il venait de recevoir quelques mois auparavant à la première communion. Guidés par le cœur, ils étaient arrivés par des chemins différents à leur rendez-vous, pour dire adieu à leur Père. Les larmes du vieillard et des enfants se mêlèrent dans un dernier embrassement. Adieu simple et sublime qui fut au cœur désolé du prêtre sa récompense, son viatique pour l'exil, et, dans une nuit si sombre, une lueur d'espérance pour l'avenir.

L'abbé Magné erra longtemps dans les environs de Langres, vivant de rien, se cachant sous les rochers et dans les forêts. Sa retraite ayant été découverte, il passa en Suisse, un sac de soldat sur les épaules, et de là en Italie, où il habita Rome pendant plusieurs années. Rome, ce n'était pas sa paroisse : le dôme de Saint-Pierre ne pouvait lui faire oublier le clocher de son église, et un soir il rentrait à Recey, le bâton à la main, et son sac de soldat sur le dos.

L'effervescence populaire était calmée sans doute; mais le danger n'en existait pas moins pour le proscrit et pour ceux qui oseraient lui donner asile. Il alla frapper à la porte de M. Nicolas Lacordaire, médecin de Recey. Il connaissait ses opinions libérales; mais il le savait ami de l'ordre et surtout généreux. Il ne s'était pas trompé. La porte s'ouvrit; le prêtre fut accueilli avec empressement et caché avec soin. Dans un endroit secret de la maison un autel fut élevé, et là, pendant trois mois, les chrétiens demeurés fidèles purent assister au saint sacrifice, faire baptiser leurs enfants, et entendre la parole de Dieu.

Trois ans après, M. l'abbé Magné baptisait Jean-Baptiste-Henri Lacordaire. C'était le 12 mai 1802, l'année où la France voyait toutes les églises ouvertes et rendues au culte. Si l'abbé Magné, déchirant le voile de l'avenir, eût pu voir en ce moment ce que devait être un jour cet enfant, il n'eût pas manqué de reconnaitre la bénédiction de Dieu sur cette maison, pour la protection donnée au prêtre menacé, Jésus-Christ récompensant dans son fils le père qui lui avait prêté asile sous son toit; et, en rendant grâces à la Providence d'ouvrir enfin aux fidèles ses temples en deuil, il l'eût surtout remerciée de susciter un apôtre qui devait un jour les remplir de multitudes étonnées et ravies.

En 1806, M. Lacordaire allait mourir au village de Bussières d'une maladie de poitrine, laissant à sa veuve quatre fils, dont Henri était le second. Mme Lacordaire, d'origine dijonnaise, était fille d'un avocat au parlement de Bourgogne, et s'appelait Anne-Marie Dugied.

Restée seule chargée de l'éducation de ses enfants, dans un état de fortune qui n'était ni la pauvreté, ni la richesse, elle ne s'effraya point. *Chrétienne, courageuse et forte* (1), elle mit sa confiance en Dieu pour faire d'abord de ses enfants des chrétiens. Elle cultiva en eux les germes de cette foi, qu'ils devaient tous perdre, mais à laquelle tous aussi ils devaient revenir un jour. Elle voulut, malgré la modicité de ses ressources, leur faire donner une éducation complète. Mais ce fut surtout dans la volonté que cette femme admirable fit pénétrer en eux son empreinte, et les

---

(1) Mémoires, cités dans les *Lettres à des jeunes gens*, par M. l'abbé Perreyve, p. 383.

marqua de ce je ne sais quoi de viril, ferme et décidé qui fut le trait saillant de son caractère.

A la mort de son mari, Mme Lacordaire vint demeurer à Dijon auprès de sa famille. Henri avait alors quatre ans. Il connut donc à peine son père. Son âme aimante ressentit plus tard cette blessure : il en souffrait en secret; elle se rouvrait de temps en temps au souffle d'un souvenir d'enfance évoqué par mégarde, au spectacle des joies paternelles, ou à la parole d'un ami de son père. Un vieillard qui avait beaucoup connu M. Nicolas Lacordaire, et avait plus d'une fois pris dans ses bras le jeune Henri, vint le voir, il y a peu d'années, au couvent de la rue de Vaugirard à Paris. Le Père Lacordaire ne pouvait se lasser de lui entendre raconter ces mille petits riens qui achèvent dans le cœur une physionomie à peine ébauchée et interrompue par la mort; une émotion visible s'emparait de lui, et au moment où cet ami se préparait à prendre congé : « Je vous en prie, lui dit le Père Lacordaire en lui prenant affectueusement les mains, parlons encore de mon père! »

Homme de bien par excellence, d'une charité inépuisable pour les pauvres, malgré ses charges de famille, M. le docteur Nicolas Lacordaire était simple médecin du village de Recey-sur-Ource. Sa famille l'avait vivement pressé de s'établir à la ville, où il n'aurait pas manqué de prendre, grâce à son mérite, un rang distingué; mais il préférait par goût la vie des champs. Son fils Henri hérita de cette prédilection. « On ne saurait croire, écrivait-il un jour, combien je suis content de n'être pas né dans une ville. » D'une taille un peu au-dessus de l'ordinaire, le front haut, les yeux grands et vifs, parfois légèrement voilés d'une teinte de mélancolie, M. Nicolas Lacordaire était un esprit cultivé, de goûts simples et nobles, plein de grâce et d'entrain dans la conversation. Il était très-recherché des meilleures maisons des environs pour le tour original et piquant de sa parole. Lorsqu'il causait, on faisait cercle autour de lui : il avait ce don de charmer que son fils devait porter à un si haut degré de fascination. Henri ressemblait pour les traits à son père d'une manière frappante. Il eut de lui les qualités de l'esprit, comme il reçut de sa mère les dons de l'âme : cette force indomptable de volonté, une austérité quelque peu spartiate, l'amour d'une vie sobre, simple et régulière, et surtout les premières impressions d'une foi antique.

Dans un de ses derniers voyages, il fit un assez long détour pour aller s'agenouiller sur la tombe de son père. Il voulut revoir encore une fois la maison paternelle, cette maison qui, pendant trois mois, avait été celle de Dieu. Tous ces souvenirs d'alors lui revinrent. A cinquante ans d'intervalle, rien n'était changé. Il se retrouvait chez lui. C'était le même arrangement, les mêmes tapisseries aux murs. Il s'en étonnait auprès du propriétaire actuel. « Ah! mon Père! lui fut-il répondu, cette maison est sans prix à mes yeux à cause du nom qu'elle rappelle ; tant que je vivrai, je ne permettrai pas de toucher à aucun de ces souvenirs ! »

Sans doute, en la saluant d'un dernier regard, il dut retrouver pour elle les sentiments qu'il exprimait ainsi autrefois : « O maison paternelle, où, dès nos premiers ans, nous avons respiré avec la lumière l'amour de toutes les saintes choses, nous avons beau vieillir, nous revenons à vous avec un cœur toujours jeune, et n'était l'éternité qui nous appelle en nous éloignant de vous, nous ne nous consolerions pas de voir chaque jour votre ombre s'allonger, et votre soleil pâlir (1) ! »

Sa mère l'aimait avec prédilection. Il écrira plus tard : « De quatre enfants qu'avait ma mère, elle ne tenait à aucun comme à moi. La douceur de mon caractère plaisait au sien (2). » C'était, en effet, un enfant d'une ravissante beauté, où la douceur s'unissait à la pétulance, les goûts tranquilles aux saillies d'un tempérament vif et ardent. Par une sorte de pressentiment de sa vocation future, il aimait à imiter le prêtre en ses jeux enfantins. Sa mère lui avait arrangé une petite chapelle où rien ne manquait. Henri était à l'autel, et ses frères lui servaient la messe. L'occasion était belle pour prêcher, et il n'était pas besoin alors de l'en prier beaucoup. Il prêchait à tout venant, mais surtout à sa

---

(1) XXXIVe Conf. de Notre-Dame.
(2) Lettres inéd., nov. 1849.

bonne, son plus complaisant auditeur (1). « Asseyez-vous, Colette, lui disait-il, le sermon sera long aujourd'hui. » Et il prêchait, en effet, avec tant de force et de véhémence, que la bonne s'en effrayait quelquefois et lui disait, les mains jointes : « Mais, monsieur Henri, assez ! assez ! vous allez vous faire mal ! Ne vous échauffez donc pas tant ! — Non, non, répondait-il; il se commet trop de péchés ; la fatigue n'est rien ; je veux prêcher toujours. » Et il reprenait de plus belle ses tirades sur la foi qui s'en va, et les mœurs qui se perdent...

« On se souvient de l'avoir vu à l'âge de huit ans, dit M. Lorain dans son excellente notice biographique (2), lire à haute voix aux passants les sermons de Bourdaloue, imitant à une fenêtre qui lui servait de tribune les gestes et la déclamation des prêtres qu'il avait entendus prêcher. »

Il a raconté lui-même, dans ses Mémoires, les premiers souvenirs de son enfance. On a lu déjà ces pages admirables dans les *Lettres à des jeunes gens*, publiées par M. l'abbé Perreyve; mais c'est leur place ici, et l'on nous pardonnera sans peine de les reproduire. Je ne sais si jamais rien de pareil a été écrit en ce genre. Pour moi, je n'ai rien lu qui m'allât plus droit à l'âme :

---

(1) Colette Marquet, depuis femme Crollet, morte le 20 novembre 1862. C'est elle-même qui se plaisait à raconter ces détails à un digne prêtre de qui nous les tenons.

(2) *Correspondant*, tom. XVII, p. 817.

je ne connais rien de plus touchant, de plus éloquent, de plus simplement sublime; et lorsqu'on pense qu'il dictait ces lignes du lit où quelques jours après il allait mourir, lorsqu'on se rappelle au milieu de quelles angoisses son âme conservait cette sérénité, cette plénitude, cette fraîcheur, on est saisi d'admiration pour le génie, sans doute, mais surtout on tombe à genoux devant Dieu, qui, après avoir fait à un homme de tels dons, consacrés et immortalisés au service de la vérité, lui en laisse le plein usage jusqu'à la dernière heure, et ordonne à la mort de les respecter jusqu'à la fin, comme il a souvent défendu contre la corruption du tombeau les corps des saints dont le mal n'a jamais terni la virginité.

« Mes souvenirs personnels commencent à se débrouiller vers l'âge de sept ans.

« Deux actes ont gravé cette époque dans ma mémoire. Ma mère m'introduisit alors dans une petite école pour y commencer mes études classiques, et elle me conduisit auprès du curé de sa paroisse pour y faire mes premiers aveux. Je traversai le sanctuaire, et je trouvai seul, dans une vaste et belle sacristie, un vieillard vénérable, doux et bienveillant. C'était la première fois que je m'approchais du prêtre; je ne l'avais vu jusque-là qu'à l'autel, à travers les pompes et l'encens. M. l'abbé Deschamps, c'était son nom, s'assit sur un banc et me fit mettre à genoux près de lui. J'ignore ce que je lui dis et ce qu'il me dit lui-même; mais le souvenir de cette première entrevue entre mon âme et le représentant de Dieu me laissa une impression pure et profonde. Je ne suis jamais rentré dans la sacristie de Saint-Michel de Dijon, je n'en ai jamais respiré l'air, sans que ma première confession me soit apparue sous la forme de ce beau vieillard, et de l'ingénuité de mon enfance. L'église tout entière de Saint-Michel a, du reste, participé à ce culte pieux, et je ne l'ai jamais revue sans une certaine émotion qu'aucune autre église n'a pu m'inspirer depuis. Ma mère, Saint-Michel et ma religion naissante font dans mon âme une sorte d'édifice, le premier, le plus touchant et le plus durable de tous.

« A dix ans, ma mère obtint pour moi une demi-bourse au lycée de Dijon. J'y entrai trois mois avant la fin de l'année scolaire. Là, pour la première fois, la main de la douleur vint me saisir, et, en se révélant à moi, me tourner vers Dieu par un mouvement plus affectueux, plus grave et plus décisif. Mes camarades, dès le premier jour, me prirent comme une sorte de jouet ou de victime. Je ne pouvais faire un pas sans que leur brutalité trouvât le secret de m'atteindre. Pendant plusieurs semaines je fus même privé par violence de toute autre nourriture que ma soupe et mon pain. Pour échapper à ces mauvais traitements, je gagnais pendant les récréations, quand cela m'était possible, la salle d'études, et je m'y dérobais, sous un banc, à la recherche de mes maîtres ou de mes condisciples. Là, seul, sans protection, abandonné de tous, je répandais devant Dieu des larmes religieuses, lui offrant mes souffrances précoces comme un sacrifice, et m'élevant vers la croix de son Fils par une union très-tendre. »

Nous suspendons ici la narration pour recueillir avec piété ces premières *larmes religieuses*, cette première révélation de Dieu à cet enfant par la douleur, cette première vision de son salut dans la croix de Jésus-Christ. Cette petite victime cachée sous un banc dans le collége dont elle sera l'honneur, et se réfugiant aux pieds de la grande Victime, c'est toute la vie du Père Lacordaire. Dieu ne l'élèvera qu'après l'avoir abaissé. Il connaîtra la gloire, mais au prix des plus dures humiliations, des plus amères déceptions; et, dans le succès comme dans le revers, son refuge, son remède, sa vie, sa passion, ce sera la croix, la croix de Celui qui était venu le chercher petit écolier sous son banc.

« Élevé par une mère chrétienne, courageuse et forte, la religion avait passé de son sein dans le mien comme un lait vierge et sans amertume. La souffrance transformait cette liqueur précieuse en un sang déjà mâle qui me la rendait propre, et faisait d'un enfant une sorte de martyr. Mon supplice cessa aux vacances et à la rentrée scolaire, soit qu'on fût las de me poursuivre, soit que peut-être j'eusse mérité ce pardon par une moindre innocence ou une moindre candeur.

« En même temps arrivait au lycée un jeune homme de vingt-quatre à vingt-cinq ans, qui sortait de l'École normale, d'où il avait été appelé pour diriger une classe élémentaire. Bien que je ne fusse pas de ses élèves, il me rencontra et me prit en affection. Il habitait deux chambres isolées dans un coin de l'établissement; on me permit d'aller y travailler sous sa garde pendant une partie des études. Là, durant trois années, il me prodigua gratuitement les soins littéraires les plus assidus. Quoique je ne fusse qu'un écolier de sixième, il me faisait lire beaucoup et apprendre par cœur, d'un bout à l'autre, des tragédies de Racine et de Voltaire, qu'il avait la patience de me faire réciter. Ami des lettres, il cherchait à m'en inspirer le goût; homme de droiture et d'honneur, il travaillait à me rendre doux, chaste, sincère et généreux, et à dompter l'effervescence d'une nature peu docile. La religion lui était étrangère : il ne m'en parlait jamais, et je gardais le même silence à son égard. Si ce don précieux ne lui eût pas fait défaut, il eût été pour moi le conservateur de mon âme, comme il fut le bon génie de mon intelligence; mais Dieu, qui me l'avait envoyé comme un second père et un véritable maître, voulait, par une permission de sa providence, que je descendisse dans les abîmes de l'incrédulité, pour mieux connaître un jour le pôle éclatant de la lumière révélée. M. Delahaye, mon vénéré maître, me laissa donc suivre la pente qui emportait mes condisciples loin de toute foi religieuse; mais il me retint sur les sommets élevés de la littérature et de l'honneur, où lui-même avait assis sa vie. Les événements de 1815 me le ravirent prématurément. Il entra dans la magistrature. J'ai toujours associé son souvenir à tout ce qui m'est arrivé d'heureux.

« J'avais fait ma première communion dès l'année 1814, à l'âge de douze ans ; ce fut ma dernière joie religieuse, et le dernier coup de soleil de l'âme de ma mère sur la mienne. Bientôt les ombres s'épaissirent autour de moi ; une nuit froide m'entoura de toutes parts, et je ne reçus plus de Dieu dans ma conscience aucun signe de vie.

« Élève médiocre, aucun succès ne signala le cours de mes premières études, mon intelligence s'était abaissée en même temps que mes mœurs, et je marchais dans cette voie de dégradation qui est le châtiment de l'incroyance et le grand revers de la raison. Mais tout à coup, en rhétorique, les germes littéraires que M. Delahaye avait déposés dans mon esprit se prirent à éclore, et des couronnes sans nombre vinrent, à la fin de l'année, éveiller mon orgueil, bien plus que récompenser mon travail. Un cours de philosophie pauvre, sans étendue et sans profondeur, termina le cours de mes études classiques. »

Le séjour de Henri Lacordaire au lycée de Dijon y laissa des souvenirs qui ne s'effacèrent pas de longtemps. Son caractère sérieux et appliqué, sa figure même, régulière, mince, aux traits nettement accentués, ses grands yeux, son front large et ouvert, mais surtout les prodigieux succès des dernières années, avaient fortement impressionné ses jeunes condisciples. On le citait à tout propos comme travailleur, comme lauréat exceptionnel. On se racontait comment de son temps, lorsque les externes se rassemblaient sous le portique, avant l'ouverture des classes, les petits grimpaient aux barreaux de la grille pour voir le défilé des pensionnaires dans la cour, et, se montrant Henri Lacordaire, disaient : « Tiens ! le voilà ! le voilà (1) ! »

Les Mémoires continuent :

« En entrant à l'école de droit de Dijon, je retrouvai la petite maison de ma mère et le charme infini de la vie domestique, tendre et modeste. Il n'y avait dans cette maison rien de superflu, mais une simplicité sévère, une économie arrêtée à point, le parfum d'un âge qui n'était plus le nôtre, et quelque chose de sacré qui tenait aux vertus d'une veuve, mère de quatre enfants, les voyant autour d'elle adolescents déjà, et pouvant espérer qu'elle laisserait derrière elle une génération d'honnêtes gens, et peut-être d'hommes distingués. Seulement un nuage de tristesse traversait le cœur de cette femme bénie, lorsqu'elle venait à songer qu'elle n'avait plus autour d'elle un seul chrétien, et

---

(1) Souvenirs consignés par M. l'abbé Joseph Régnier, qui entra au lycée de Dijon un an après le départ de Henri, et fut son condisciple à Saint-Sulpice. Ces souvenirs ont été insérés dans l'*Année Dominicaine*, juillet 1865, p. 281.

qu'aucun de ses enfants ne pouvait l'accompagner aux sacrés mystères de sa religion.

« Heureusement, parmi les deux cents étudiants qui fréquentaient l'école de droit, il s'en rencontrait une dizaine dont l'intelligence pénétrait plus avant que le Code civil, qui voulaient être autre chose que des avocats de murs mitoyens, et pour qui la patrie, l'éloquence, la gloire, les vertus civiques étaient un mobile plus actif que les chances d'une fortune vulgaire. Ils se connurent bien vite par cette sympathie mystérieuse qui, si elle réunit le vice au vice, et la médiocrité à la médiocrité, appelle aussi au même foyer les âmes venues de plus haut et tendant à un but meilleur. Presque tous ces jeunes gens devaient au christianisme leur supériorité naturelle ; ils voulurent bien, quoique je n'eusse pas leur foi, me reconnaître comme l'un d'entre eux, et bientôt des réunions intimes ou de longues promenades nous mirent en présence des plus hauts problèmes de la philosophie, de la politique et de la religion. Je négligeai naturellement l'étude du droit positif, entraîné que j'étais par ce mouvement d'intelligence d'un ordre supérieur, et je fus un médiocre étudiant en droit comme j'avais été un médiocre élève du collége (1). »

Voilà tout ce que le Père Lacordaire nous apprend de cette intéressante période de sa vie. Heureusement,

---

(1) Mémoires.

un ami d'enfance, condisciple de ce *médiocre étudiant en droit,* membre comme lui de la société d'études dijonnaise, avait pris soin, du vivant même du Père Lacordaire, d'en garder le souvenir. M. Lorain (1) peint avec chaleur l'entraînement de la jeunesse d'alors pour toutes les questions qu'agitait ce siècle dans sa frémissante adolescence, l'enthousiasme de Henri pour ces luttes où la politique, la littérature, la philosophie et la religion étaient abordées tour à tour, et jugées par ces esprits d'autant plus volontiers absolus que leur sentence n'allait pas au delà de la salle des conférences. Il rappelle la place d'honneur que s'était faite Henri Lacordaire au milieu de cette jeunesse d'élite, et se plaît à raconter ses triomphes de plume et de parole. Il analyse avec netteté les traits de sa physionomie d'alors, et l'on devine sans peine, sous la parole émue de l'étudiant dijonnais, le futur orateur de Notre-Dame. En faisant la part de l'incroyance et de l'exagération des doctrines politiques, il en précise la nature et en mesure la portée avec une juste modération. Donc, en attendant les nouveaux détails que nous promet un autre témoin de ces premières années (2), notons quelques passages qui mettront en lumière le caractère de l'homme et ses opinions religieuses à cette période de son entrée dans la vie.

(1) Doyen de la Faculté de droit de Dijon, mort à Paris, le 16 novembre 1848, âgé de 50 ans.
(2) M. Foisset, qui prépare une Vie complète du R. P. Lacordaire.

« Dans toutes ces discussions, dit M. Lorain, Henri Lacordaire eut sa belle part. Malgré son extrême jeunesse, il conquit du premier coup la première place entre tous ses égaux.

« Nous écoutons encore ces improvisations pleines d'éclairs, ces argumentations remplies d'agilité, de ressources inattendues, de souplesse et de saillies; nous voyons cet œil étincelant et fixe, pénétrant et immobile, comme si le regard devait descendre dans tous les plis de la pensée; nous entendons cette voix claire, vibrante, frémissante, haletante, s'enivrant d'elle-même, n'écoutant qu'elle seule, et s'abandonnant sans réserve et sans contrainte à la verve intarissable de sa riche nature. — O belles années si vite écoulées, ô précieux et magnifiques jeux de l'esprit, vous prédisiez à la cause de Dieu un incomparable athlète (1)!

« Les compositions littéraires que l'étudiant en droit lisait à la *Société d'études dijonnaise,* en 1821 et 1822, constatent encore mieux les progrès et les pentes de sa pensée. Dans l'une il racontait, en une langue riche d'images, le *siège et la ruine de Jérusalem* par l'empereur Titus. Dans une autre, il parlait *de la patrie,* et recueillait de l'antiquité biblique, grecque et latine, comme de l'histoire moderne, les souvenirs les plus touchants, les douleurs les plus pathétiques qu'aient inspirés aux hommes les regrets de l'exil et le senti-

---

(1) Lorain, *Correspondant,* tom. XVII, p. 823.

ment de l'indépendance nationale blessée ou perdue. Dans une troisième, enfin, il s'entretenait de *la liberté*, à la manière des dialogues de Platon; et ceux qu'il faisait parler n'étaient rien moins que Platon lui-même s'entretenant ainsi avec ses disciples, au cap Sunium, et s'écriant : *La liberté, c'est la justice !*

« Dans ces premiers essais de cet esprit encore mineur, dans ce choix même de sujets si grands et si graves, il y avait déjà, pour ceux qui les ont entendus, la meilleure part de l'orateur de Notre-Dame.

« Si nous étions encore dans le siècle de l'antithèse, je dirais que le caractère et le talent de Henri Lacordaire éclataient en singuliers contrastes. Cet esprit soudain était capable d'un travail long, graduel, continu, quotidien, opiniâtre ; cette nature énergique était patiente ; elle réunissait l'emportement et la mansuétude. Cette imagination impatiente et vive était propre aux profondeurs d'un long dessein ; chez elle la promptitude de la vue pouvait s'allier à la réflexion la plus suivie, au plus constant calcul. A côté d'une florissante adolescence, tout le sérieux anticipé de l'homme mûr ; la gaieté folle, et jusqu'à la bouffonnerie de l'enfant, mêlée à la méditation du penseur. Avec ce tempérament d'ardeur et de passion, un goût naturel pour l'ordre, pour la méthode, pour l'arrangement des petites choses, une simplicité d'élégance, une recherche de propreté et d'exactitude. Vers ou prose, il pouvait s'arrêter à volonté au milieu d'une phrase, s'interrompre au milieu d'un hémistiche. Lorsque l'œil d'un ami se glissait dans sa cellule de travail, il n'y trouvait rien que de soigné et de symétrique. Nul désordre dans les livres ; le papier, les plumes, l'écritoire, le canif même, disposés avec une sorte d'art correct sur la petite table noire, et ne formant avec elle aucun angle désagréable à la vue. La même régularité, la même netteté dans ses manuscrits, dans son écriture, dans tout ce qu'il fait, dans tout ce qu'il touche : en un mot, comme une sorte de symbole matériel, en toutes choses, de cette *prudence du serpent unie à la simplicité de la colombe,* dont il se déclare pourvu, dans une de ses belles conférences, où il ajoute lui-même, avec une grâce spirituelle et charmante, *qu'il donnerait,* comme saint François de Sales, *vingt serpents pour une colombe* (1). »

Le Père Lacordaire a raconté comment il en était venu à ne plus croire, et le témoignage de ses amis s'accorde en ce point avec le sien. Il s'est assez souvent confessé de ses erreurs en public ; il a dit assez haut, dans la chaire, combien il est impossible de rester pur longtemps sans le secours surnaturel de la grâce, pour qu'il soit besoin d'insister sur la part coupable que l'indépendance de l'esprit et l'effervescence des passions prennent toujours dans l'apostasie d'un cœur de quinze ans. Mais s'il a dit adieu à la foi de sa mère,

---

(1) Lorain, *Correspondant,* tom. XVII, p. 823.

c'est qu'il n'y avait au lycée personne pour la soutenir. *Rien*, dit-il, *n'avait soutenu notre foi*. Il s'en est allé, il ne s'est pas enfui. Il a bu, comme tous ceux de sa génération, aux sources empoisonnées du siècle précédent, il ne s'y est point enivré. Son esprit incrédule s'est complu dans les objections, son âme n'a jamais connu la haine. Il y avait au dedans de lui-même trop d'affinités avec l'Évangile, il y avait dans cette intelligence trop d'amour sincère de la vérité, trop de candeur dans cette âme, pour que le catholicisme ne lui apparût pas déjà comme le seul phare de sa vie, au milieu de cette *nuit froide qui l'entourait de toutes parts.*

« J'aime l'Évangile, disait-il alors, parce que la morale en est ineffable; je respecte ses ministres, parce que l'influence qu'ils exercent est salutaire à la société; mais la foi ne m'a pas été donnée en partage (1).

« Je sortis du collége à l'âge de dix-sept ans, avec une religion détruite et des mœurs menacées, mais honnête, ouvert, impétueux, sensible à l'honneur, ami des belles-lettres et des belles choses, ayant devant moi, comme le flambeau de ma vie, l'idéal humain de la gloire. Ce résultat s'explique facilement. Rien n'avait soutenu notre foi, dans une éducation où la parole divine ne rendait parmi nous qu'un son obscur, sans suite et sans éloquence; tandis que nous vivions tous

---

(1) Lorain, *Correspondant*, tom. XVII, p. 822.

les jours avec les chefs-d'œuvre et les exemples d'héroïsme de l'antiquité.

« Le vieux monde, présenté à nos yeux en ces côtés sublimes, nous avait enflammés de ses vertus; le monde nouveau, créé par l'Évangile, nous était demeuré comme étranger. Ses grands hommes, ses saints, sa civilisation, sa supériorité morale et civile, le progrès enfin de l'humanité sous le signe de la croix, nous avaient échappé totalement. L'histoire même de la patrie, à peine entrevue, nous avait laissés insensibles, et nous étions Français par la naissance sans l'être par notre âme. Je n'entends point toutefois me joindre aux accusations portées dans ces derniers temps contre l'étude des auteurs classiques. Nous leur devions le goût du beau, le sentiment pur des choses de l'esprit, des vertus naturelles précieuses, de grands souvenirs, une noble union avec des caractères et des siècles mémorables; mais nous n'avions point gravi assez haut pour toucher le faîte de l'édifice, qui est Jésus-Christ, et les frises du Parthénon nous avaient caché la coupole de Saint-Pierre de Rome (1).

« On a beaucoup exagéré et inventé, dit encore M. Lorain, quand on a fait de Henri Lacordaire une espèce de tribun impie et d'athée démocrate. Que le déisme de l'étudiant se teignît encore un peu de raillerie voltairienne, ou plutôt des couleurs de Rousseau,

---

(1) Mémoires, p. 386.

qui répondaient beaucoup mieux à la consciencieuse gravité de son esprit, on ne saurait guère le nier; car, c'est un triste aveu qu'il faut bien faire, c'est par là qu'a passé la France. Mais l'écolier de Dijon n'est jamais allé au delà.

« Le philosophe imberbe disait déjà dans son beau langage : « Chacun est libre d'engager un combat contre l'ordre; mais l'ordre ne peut être vaincu. Je le compare à une pyramide qui s'élève de la terre aux cieux; nous ne saurions en ébranler la base, parce que le doigt de Dieu repose sur le sommet.

« Ailleurs il écrivait : « L'impiété conduit à la dépravation; les mœurs corrompues enfantent les lois corruptrices, et la licence emporte les peuples vers l'esclavage, sans qu'ils aient le temps de pousser un cri... Prenons garde! il ne s'agit pas de la vie d'un jour, d'une tranquillité apparente, d'une vigueur accidentelle qui se répand au dehors et se joue avec des triomphes. Quelquefois les peuples s'éteignent dans une agonie insensible qu'ils aiment comme un repos doux et agréable; quelquefois ils périssent au milieu des fêtes, en chantant des hymnes de victoire, et en s'appelant immortels ! »

« Celui qui écrivait ainsi n'avait pas vingt ans. Quel intervalle immense le séparait déjà des sceptiques vulgaires et des révolutionnaires imbéciles (1) ! »

---

(1) Lorain, *Correspondant*, tom. XVII, p. 821.

Dans ce jeune penseur et écrivain, en effet, n'y a-t-il pas déjà tous les linéaments de la grande figure qui va prendre bientôt devant Dieu et devant les hommes de si belles proportions? Il a perdu la foi, mais son esprit se trouble à la pensée de ce qui la remplacera pour guider sa vie; il mesure du regard les conséquences de l'indifférence religieuse pour les individus comme pour les peuples avec une maturité qui étonne, et il cherche avec droiture la vérité. Il serait facilement entraîné vers les abus d'un esprit souple et aisé, d'une nature fougueuse et ennemie de tout frein; mais il se sent retenu par le côté sérieux de cette même nature, par son amour du travail, par une certaine humilité naturelle et une défiance de lui-même qui lui font éviter l'écueil où avortent presque tous les génies incomplets : la facilité du talent. Il fait sa société ordinaire, exclusive, de la compagnie de jeunes gens studieux, et, s'il n'est pas insensible à leurs premiers et chaleureux applaudissements, il leur préfère cependant le charme d'amitiés généreuses dont plusieurs survivront à toutes les péripéties de sa vie et lui seront jusqu'à la fin un souvenir vivant de ces belles années de Dijon qu'il aimait à se rappeler. Qui ne serait encore touché de ce pieux hommage rendu sur son lit de mort à la mémoire de son ancien et vénéré maître? Qui ne reconnaîtrait là le témoignage fidèle d'un cœur qui ne sut oublier que les injures, et ne comprit jamais cette laideur de l'âme qu'il appelait la *méconnaissance?*

Tous ces germes heureux, Paris va les développer. Paris va lui faire retrouver ce qu'il fait perdre à tant d'autres : la foi religieuse, l'appel d'en haut et l'indication de sa voie; c'est que ce grand champ de bataille ne devrait être que l'arène des forts, et que le feu qui épure l'or dissout et décompose tout alliage d'ordre inférieur.

CHAPITRE II

1822-1824

Il se rend à Paris pour y faire son stage. — Ses débuts au barreau.
Son caractère. — Son retour aux idées religieuses.

Le Père Lacordaire continue ainsi, dans ses Mémoires, le récit de ses premières années et de son arrivée à Paris.

« Le droit fini, ma mère, malgré son état très-gêné de fortune, songea à me faire faire mon stage au barreau de Paris. Elle y était poussée par ses espérances maternelles sur moi ; mais Dieu avait d'autres desseins, et elle m'envoyait, sans le savoir, aux portes de l'éternité.

« Paris ne m'éblouit point. Accoutumé à une vie laborieuse, exacte et honnête, j'y vécus comme je venais de vivre à Dijon ; avec cette douloureuse différence que je n'avais plus autour de moi ni condisciples ni amis, mais une solitude vaste et profonde, où personne ne se souciait de moi, et où mon âme se replia sur elle-même sans y trouver Dieu ni aucun dogme, mais l'orgueil vivant d'une gloire espérée.

« Adressé par M. Riambourg, l'un des présidents de la Cour royale de Dijon, à M. Guillemin, avocat au conseil, je travaillai dans son cabinet avec une patiente ferveur, suivant un peu le barreau, attaché à une société de jeunes gens qu'on appelait *des Bonnes Études,* société à la fois royaliste et catholique, et où je me trouvais, sous ce double rapport, comme un étranger. Incroyant dès le collége, j'étais devenu libéral sur les bancs de l'École de droit, quoique ma mère fût dévouée aux Bourbons, et qu'elle m'eût donné au baptême le nom de Henri en souvenir de Henri IV, la plus chère idole de sa foi politique. Mais tout le reste de ma famille était libéral; je l'étais moi-même par instinct, et à peine eus-je entendu à mon oreille le retentissement des affaires publiques, je fus de ma génération par l'amour de la liberté, comme je l'étais par l'ignorance de Dieu et de l'Évangile. C'était M. Guillemin, mon patron, qui m'avait poussé aux *Bonnes Études*, espérant que j'y réformerais des pensées qui n'étaient pas les siennes. Mais il se trompait. Aucune lumière ne me vint de ce côté, aucune amitié non plus. Je vivais solitaire et pauvre, abandonné au travail secret de mes vingt ans, sans jouissances extérieures, sans relations agréables, sans attrait pour le monde, sans enivrement au théâtre, sans passion du dehors dont j'eusse conscience, si ce n'est un vague et faible tourment de la renommée. Quelques succès de cour d'assises m'avaient seuls un peu ému, mais sans m'attacher (1). »

C'est ici que la vie intime du Père Lacordaire commence à se révéler. Cette période ne contient aucun fait extérieur digne d'attention. Tout le mouvement est au dedans, tout l'intérêt se concentre dans cette conversation de l'âme avec elle-même où elle se peint tout entière. Ce ne sont plus les jeux brillants de plume et de parole de l'étudiant en droit, ce n'est pas encore le prêtre, l'orateur, le religieux : c'est l'homme. Tout le drame est dans cette âme qui se replie tristement sur elle-même, et se demande avec anxiété ce qu'elle est, et vers quels rivages l'incline sa destinée.

Si l'on veut connaître l'homme dans le Père Lacordaire, c'est ici, dans sa petite chambre d'avocat stagiaire à Paris, qu'il faut le regarder et l'entendre. Jamais peut-être il n'a jeté de cris plus vrais, plus éloquents, qui ouvrent sur le fond de cette nature singulière un jour plus naturel et plus vif. Ce n'est point ici ni une chaire, ni une tribune, ni un livre; ce n'est même pas une correspondance; il écrit à ses amis, à cet âge si volontiers expansif; mais ses amis ne le comprennent pas, ne savent quoi lui répondre. C'est une âme aux prises avec elle-même et avec Dieu; une âme qui se déchire et se met à nu dans la lutte, une

---

(1) Mémoires, p. 389.

âme qui se débat *sans le savoir aux portes de l'éternité*. C'est l'heure de la vocation : heure solennelle et grave où l'homme, *placé entre les mains de son conseil;* s'entend appeler d'en haut et sommer de choisir sa route et sa vie; heure plus grave et plus solennelle encore pour l'homme que Dieu prédestine à de grands desseins. Il s'entend appeler; mais d'où vient la voix? — Du ciel? — Hélas! il ne croit plus au Dieu de sa mère, le seul à qui l'on ose parler, et qui daigne répondre. Des voix de la terre l'appellent aussi et veulent le retenir. L'amitié est un de ses rêves. Il cherche des amis, il en trouve, ils sont parfaits. Il leur écrit des lettres où son âme tendre et naïve s'ouvre avec transport aux plus enivrantes perspectives, et se donne sans calcul pour l'éternité. Puis le lendemain, la lumière se fait et le charme s'évanouit. Il n'a pas la foi religieuse de ceux qu'il voudrait aimer; ils n'ont pas ses espérances politiques; il s'aperçoit, désenchanté, que sans l'unité de croyances l'amitié véritable est impossible, et il retombe avec douleur dans son triste isolement. La gloire l'appelle aussi; mais sa froide raison l'arrête en lui montrant, sous ce fantôme drapé dans sa pourpre, le vide et la mort. La solitude lui plaît; mais, sans Dieu et sans amis, elle lui est un désert aride. Il aime les livres, mais il ne peut en jouir : tout l'ennuie, tout le fatigue; il comprend qu'*il est des besoins pour qui cette terre est stérile*. Le monde est trop petit. Il lui faudrait l'Infini;

il y aspire; mais le ciel est fermé, et, de ce côté, rien encore, aucun signe, aucune certitude, aucun repos.

Fatiguée de sa course dans le vide, cette âme est là, abattue, épuisée, haletante. Elle avoue son impuissance : elle cherche la lumière de bonne foi, et prie Dieu d'avoir pitié d'elle C'est là que Dieu l'attendait. Le nuage alors se déchire. La Vérité se découvre, et, en se montrant, attire à Elle le disciple égaré et meurtri. C'était la seconde révélation de Dieu par la souffrance à son enfant bien-aimé. Ce ne fut pas la dernière.

Il n'y eut en lui aucune transition entre croire et se dévouer. Le jour de sa conversion, il fut prêtre.

Telle est, en abrégé, l'histoire de ces deux années où la vie de Henri Lacordaire reçut le coup décisif. Les nombreux extraits de lettres de cette époque, recueillis par M. Lorain, jettent un plein jour sur le mouvement intérieur de cette existence incertaine de sa route, et s'agitant avec anxiété *sous l'Etna de la vie.*

Il habitait alors, rue Monthabor, une petite chambre sous le toit. Habitué dès l'enfance à une vie dirigée par la raison, réglée par le devoir, il sut, sous une flamme qui le dévorait, se forcer à un travail assidu, monotone et contraire à ses goûts. Il en souffrait. « Ce feu d'imagination et d'enthousiasme qui me dévore, écrit-il, ne m'avait pas été donné pour l'éteindre dans les glaces du droit, pour l'étouffer dans des méditations positives et ardues. Mais je suis retenu dans ma position par cette force de raison qui me fait concevoir qu'essayer de tout et changer de place, ce n'est pas changer de nature (1). » C'est là, d'ailleurs, un trait de son caractère. Esprit éminemment pratique, il a été l'homme du devoir avant tout. « Nul n'eût fait, comme il l'avoue, plus de sottises que lui par un certain côté de son être ; » mais l'imagination, la fougue, *le besoin de se remuer*, toutes les forces inférieures enfin, étaient, sous cette main ferme, comme autant de coursiers frémissants, toujours domptés et dociles.

« Il y a en moi deux principes contraires qui se combattent sans cesse et qui me rendent quelquefois bien malheureux, c'est une raison froide qui retombe sur une imagination ardente, et me désenchante d'autant plus que celle-ci m'avait présenté plus d'illusions. » Cette victoire de la raison sur l'imagination fut souvent chèrement achetée.

Il faut aussi se rappeler ce qu'était cette époque pour savoir ce qu'en dut prendre et rejeter Henri Lacordaire. Ce n'était pas, comme aujourd'hui, une France arrivée à une maturité précoce par des chemins semés d'illusions trompées, d'expériences cruelles, et retirée des affaires par lassitude. Tout était jeune alors, plein d'enthousiasme et de vigueur : le siècle, la poésie, la liberté. Des ruines amoncelées par l'âge précédent, et

---

(1) Lorain, *Correspondant*, tom. XVII, p. 825.

des débris de glaives et de drapeaux dont les premières années de notre ère avaient jonché le sol, il s'était fait sur le cœur de la France comme un poids immense de souvenirs sanglants et de gloire humiliée sous lequel elle étouffait. Aux premiers rayons de vie publique et de liberté, toutes les forces longtemps comprimées se réveillèrent et s'épanouirent à un soleil qui devait, il est vrai, faire éclore plus de fleurs que de fruits; mais enfin c'étaient de belles fleurs et une grande vie. Il n'était pas indifférent pour une âme de la trempe de celle de Henri Lacordaire d'arriver à Paris à cette heure d'universelle effloraison, d'entendre les voix les plus harmonieuses chanter, sur un rhythme trop vite oublié, ce réveil d'un peuple, d'assister à ce grand spectacle de reconstruction sociale où se heurtaient pêle-mêle les enthousiasmes, les haines, les aspirations, les regrets, les rêves insensés mais généreux. A ceux qui avaient plus de goût pour les secrètes révolutions de l'âme, il arrivait des savanes de l'Amérique des parfums enivrants de vie libre et rêveuse qui montaient au cerveau de cette jeunesse et la mettaient en délire. Henri but à cette coupe comme tant d'autres; mais il sut s'arrêter là où commence la folie, et tandis que son imagination errait à travers les solitudes enchantées du nouveau monde, sa plume patiente copiait des mémoires et rédigeait des consultations. « Qui de nous, s'écriait-il trente ans plus tard, qui de nous, au temps de sa jeunesse, ne s'est pas représenté qu'il errait librement dans les solitudes du nouveau monde, n'ayant pour toit que le ciel, pour breuvage que l'eau des fleuves inconnus, pour nourriture que le fruit spontané de la terre et le gibier tombé sous ses coups, pour loi que sa volonté, pour plaisir que le sentiment continu de son indépendance, et les hasards d'une vie sans limites sur un sol sans possesseur ? C'étaient là de nos rêves. Notre cœur frémissait en se reconnaissant, si, dans un livre célèbre, nous venions à tomber sur ce passage où l'homme de la civilisation dit à l'homme du désert : « Chactas, retourne dans tes forêts ; reprends cette sainte indépendance de la nature que Lopès ne veut point te ravir ; moi-même, si j'étais plus jeune, je te suivrais. » Il nous semblait, en lisant ces paroles, les entendre nous-mêmes : notre âme oppressée s'envolait avec elles dans des régions idéales, et ne revenait qu'avec douleur au fardeau monotone de la réalité (1). »

Son imagination le berçait dans ces rêves d'excessive indépendance qui allaient si bien à sa nature, à son éducation de collége, à l'air qu'il respirait à Paris. « Fils d'un siècle qui ne sait guère obéir, l'indépendance avait été ma couche et mon guide (2). » Encore, dans cette atmosphère si fortement agitée, était-il mal à l'aise et tourmenté de vagues désirs où déjà Dieu se cachait sous les pleurs de René. « Où est l'âme qui com-

(1) LIe Conf., édit. in-12, p. 600.
(2) Mémoires.

prendra la mienne et qui ne s'étonnera pas que le seul mot de Grande-Grèce me fasse frémir et pleurer?... L'esprit des hommes n'est pas fait pour entendre le mien ; je sème sur un marbre poli (1). »

Ce qu'il cherchait surtout, c'était une amitié qui lui *peuplât ce vaste désert de Paris*. Il crut la rencontrer dans la société de jeunes gens où l'avait fait entrer M. Guillemin, et il était à Paris depuis un an lorsqu'il écrivit à l'un de ses jeunes confrères au barreau cette lettre inédite où son âme, son cœur, son jugement, son esprit, se dévoilent et se jouent avec tant de charme.

« Paris, 10 novembre 1823.

« Mon cher confrère,

« Lorsque je vous ai vu ce matin, j'ai senti mieux que jamais combien j'étais placé loin de vous, et j'ai compris avec peine que nos entrevues seraient fugitives, et ne prendraient pas peu à peu ce caractère d'intimité qu'une longue habitude et des convenances réciproques d'esprit et de cœur établissent entre les personnes. Cependant, je vous l'avoue, une de mes idées favorites, une de celles qui me charmaient le plus dans la perspective de mon séjour à Paris, était de m'attacher à vous par des liens étroits. Je me consolais peut-être de la perte d'amis qui ne peuvent plus

(1) Lorain, *Correspondant*, tom. XVII, p. 826.

m'aimer que de loin, en songeant que j'avais trouvé quelqu'un qui pourrait les remplacer dans leur amitié de tous les jours, dans cette douce bienveillance que tout homme a besoin de recevoir et de rendre. Je me disais avec plaisir que, comme eux, vous avez des principes de religion que j'aime sans les adopter encore; que, comme eux, vous avez des opinions saines en politique sans y joindre cette âpreté et cette petitesse de vues qui déshonorent quelquefois la vérité; que, comme eux, vous êtes pur dans vos mœurs et dans vos goûts. J'aimais en vous le souvenir vivant de mes amis, et je tirais pour ma vie quelque pressentiment heureux de ce que je rencontrais toujours sur mon passage des gens qui valent mieux que moi. L'idée seule de votre amitié me peuplait donc ce vaste désert de Paris, et je vous y attendais pour compléter mon existence. Mais nous sommes si loin l'un de l'autre, que, si je laissais faire au temps, nos deux âmes pourraient passer l'une à côté de l'autre sans se toucher; et, en vérité, il y tant d'hommes aimables qui vivent inconnus en ce monde, que c'est une grande faute de laisser échapper ceux qui vous tombent sous la main. D'ailleurs, le moment passera bien vite où nous pourrons encore nous flatter d'obtenir des amis; dans l'âge mûr c'est plus l'intérêt que l'attachement qui lie les hommes; il y a un élan de cœur qui s'éteint avec la jeunesse. Comme nous sommes encore jeunes tous les deux et que vous pouvez me comprendre;

comme vous m'avez assez connu pour apprécier ce qu'il y a de bon et de mauvais en moi, je vous offre une amitié qui sera durable, en vous priant de m'accorder la vôtre en échange. Et tenez, j'ai envie de me peindre un peu à vous, afin de vous donner une première marque de confiance; ce seront des arrhes de mon affection.

« Il y a en moi deux principes contraires qui se combattent sans cesse, et me rendent quelquefois bien malheureux; c'est une raison froide qui retombe sur une imagination ardente, et qui me désenchante d'autant plus que celle-ci m'avait présenté plus d'illusions. Nul ne ferait plus de sottises que moi par un côté de son être, si je n'étais retenu par une réflexion qui me présente les choses sous toutes leurs faces. J'ai compris le jeu des intérêts matériels de ce monde, et, sans avoir jamais beaucoup joui des plaisirs qu'il présente, des enivrements qu'on peut puiser dans sa coupe, je suis convaincu que tout est vain sous le soleil; cela vient encore de cette imagination qui n'a de bornes que l'infini, et de cette raison qui analyse tout ce qui la frappe. J'ai l'âme extrêmement religieuse et l'esprit très-incrédule; mais comme il est dans la nature de l'esprit de se laisser subjuguer par l'âme, il est probable qu'un jour je serai chrétien. Je suis susceptible de vivre dans la solitude et de me précipiter dans le tourbillon des choses humaines, aimant le calme quand j'y songe, le bruit quand j'y vis, faisant quelquefois d'une cure de campagne mon château favori, lui disant adieu quand je passe sur le Pont-Neuf; retenu dans ma position par cette force de raison qui me fait concevoir qu'essayer de tout et changer de place, ce n'est pas changer de nature, et qu'il est des besoins pour qui cette terre est stérile. J'ai une grande activité et une conception si prompte, que j'en abuse souvent. J'ai aimé des hommes, je n'ai point encore aimé de femmes, et je ne les aimerai jamais par leur côté réel. Je crois que mon épitaphe serait bien faite ainsi : « Il eut des défauts; mais il en valait bien un autre. »

« Voilà, mon cher N..., une esquisse de mon caractère. Voyez s'il vous convient, et croyez que je vous aimerai toute ma vie avec une franchise et une bonté qui pourront vous procurer quelques moments de bonheur de plus dans votre vie. C'est toujours autant. Je veux dîner avec vous ce soir, si vous n'êtes pas engagé. Je vous attends à cinq heures. »

On se demande après avoir lu cette lettre comment il a pu dire : « Aucune amitié ne me vint de ce côté... Je vivais solitaire, sans amitié qui me soutînt (1). » Ceux à qui il écrivait d'aussi charmantes lettres et qui vivent encore n'accuseront pas son cœur. Ils l'ont connu. Ils savent que ce qu'il cherchait, c'était moins des amis qu'un ami. Mais ceux qui ont cru le connaître ne verront-ils pas dans cette plainte qui lui échappe

---

(1) Mémoires.

une nouvelle preuve de cette insensibilité dont il paraissait atteint?

Plusieurs, en effet, de ceux mêmes qui l'ont vu de près, trompés par un abord réservé et parfois glacial, se sont dit que cet homme n'avait vécu que par la tête Il serait difficile aujourd'hui de conserver cette opinion, après les révélations, encore incomplètes, de ses meilleurs amis sur ce pli caché de son âme. Mais alors, d'où lui venaient ces froideurs, ces silences, *dont nul n'a poussé l'audace aussi loin que lui* (1)? Était-ce fierté? Non; rien n'était moins dans sa nature. Était-ce impuissance ou parti pris? Ni l'une ni l'autre. Le Père Lacordaire avait une âme très-tendre, un cœur d'une excessive sensibilité. Voulant résumer sa vie en un mot, nous lui avons emprunté celui-ci : *fort comme le diamant, plus tendre qu'une mère;* nous n'en connaissons pas de meilleur et de plus vrai. Et s'il fallait dire lequel de la tendresse ou de la force l'emportait en lui, il y aurait à réfléchir avant de prononcer. Ces paroles, je le sens, trouveront plus d'un incrédule. Je m'explique donc.

Il est des âmes en qui la sensibilité monte aisément au bord du vase, se trahit sur la physionomie, se répand dans les larmes, se communique par la voix et les œuvres; fleuves roulant leurs eaux à pleins bords, toujours prêts à s'épancher et à féconder leurs rivages.

---

(1) *Le Père Lacordaire,* par le comte de Montalembert, p. 178.

Et il est aussi des âmes plus rares, en qui la sensibilité se cache au fond de l'abîme, craint un regard qui la devinerait, *a honte des larmes* et se contracte au plus léger toucher ; des âmes dévorées par le feu intérieur, mais soucieuses de n'en rien laisser paraître, aussi timides en public qu'expansives dans l'intimité, d'autant plus généreuses dans le don d'elles-mêmes qu'elles s'ouvrent à un plus petit nombre ; fleuves encaissés dans de hautes rives, s'enfonçant parfois sous terre, inutiles en apparence aux contrées qu'ils sillonnent, si l'on ne venait à découvrir un jour que tel lac lointain, qui réfléchit au soleil ses eaux pures et profondes, vient de cette source cachée.

Le Père Lacordaire était de ces âmes. Peu d'hommes ont su comment et combien il aimait. Des nombreuses affections qui entourèrent sa vie, bien peu y entrèrent et en connurent le fond. Il avait de l'amitié une si haute idée, que le reste, dans l'ordre humain, n'était rien pour lui. Il mettait une minute d'épanchement intime bien au-dessus d'une heure de triomphe oratoire. C'est celui qu'il appelait *son frère*, le premier et le plus illustre ami que Paris devait lui donner un peu plus tard, qui en rend témoignage.

« Lui, plus épris encore des suaves joies de l'amitié chrétienne que des lointains échos de la renommée, me fit comprendre que les plus grandes luttes ne nous émeuvent qu'à demi ; qu'elles nous laissent la force de songer *avant tout* à la vie du cœur ; que les jours commencent et finissent selon qu'un souvenir aimé se lève ou se tait dans une âme. C'est lui qui me parlait ainsi. Il ajoutait aussitôt : « Hélas! nous ne devrions aimer que l'Infini, et voilà pourquoi, quand nous aimons, ce que nous aimons est si accompli dans notre âme (1). »

Il aurait tout sacrifié au bonheur d'être aimé ; mais c'est à peine s'il le laissait deviner. « Chose singulière! écrivait-il ; on me croit insensible. Au moment où je suis le plus affecté, on me croit tranquille. On ne distingue pas assez en moi l'être réel et l'être fictif, ce que je suis et ce que je veux paraître. Je ne sais pas, comme Sterne, pleurer devant des témoins ; j'ai honte des larmes (2). »

Il se peint encore lui-même dans cette ravissante page de son livre sur sainte Marie-Madeleine. « L'amitié naît de l'âme dans l'âme. Une fois qu'on se rencontre là, tout disparaît : comme un jour, et bien mieux, lorsque nous nous rencontrerons en Dieu, l'univers ne sera plus pour nous qu'un spectacle oublié. Mais il est difficile de se rencontrer en un lieu aussi lointain que l'âme, aussi caché derrière l'océan qui l'entoure et sous la nuée qui le couvre. L'Écriture dit de Dieu qu'il habite une *lumière inaccessible* : on peut dire de l'âme qu'elle habite une ombre impénétrable. On croit y toucher, et c'est à peine si la main qui la cherche a saisi la frange de son vêtement. Elle se contracte et se retire

---

(1) *Le Père Lacordaire*, p. 14.
(2) Lorain, *Correspondant*, tom. XVII, p. 826.

au moment où l'on se croit sûr de la posséder, tantôt serpent, tantôt colombe craintive, flamme ou glace, torrent ou lac paisible, et toujours, quelle que soit sa forme ou son image, l'écueil où l'on se brise le plus et le port où l'on entre le moins. C'est donc une rare et divine chose que l'amitié, le signe assuré d'une grande âme et la plus haute des récompenses visibles attachées à la vertu (1). »

Même avec ceux qui ont eu la clef de ce sanctuaire et auxquels il donnait de son trésor la parole ancienne et toujours nouvelle, il tremblait encore. « J'ai toujours eu besoin de la solitude pour dire combien j'aimais (2). » Il se reproche les expressions sous lesquelles se trahit son âme aimante. Il aurait voulu adopter un enfant dont il aurait formé le cœur et suivi l'éducation tout entière. « J'en aurais fait le fils de mon âme; je lui aurais fait don de moi-même... Mais j'ai craint l'ingratitude;... je l'aurais tant aimé, que, s'il eut méconnu mon amour en Dieu, il eût fait un mal profond à l'infirmité de mon humaine nature (3). » Ah! voilà l'éclair sur l'abîme! Le cœur peut se refermer maintenant; il peut se cacher *derrière l'océan et sous la nuée;* on l'a vu. N'eût-il poussé que ce cri, ceux qui s'y connaissent ne s'y tromperont plus.

(1) P. 32.
(2) *Le P. Lacordaire*, par M. de Montalembert, p. 90.
(3) *Revue de Toulouse*, janv. 1862. Entretien recueilli par M. F. Lacointa.

La suite de cette histoire éclairera de nouvelles lumières ce point délicat et enveloppé d'ombres. Mais il fallait, dès l'origine, le signaler et le dégager pour expliquer cette vie, pour en voir les deux côtés, *le réel et le fictif*, l'apparent et le secret, pour sentir l'homme à travers l'orateur et le prêtre, pour entendre son silence, ses désirs, ses regrets, ses douloureuses confidences, et enfin et surtout pour comprendre l'amour le plus fort, le plus tendre et aussi le plus caché qui remplit cette vie, son amour pour Jésus-Christ.

Sur cette âme grave et douce, paisible et tourmentée, où s'élabore lentement le germe de l'avenir, la vie extérieure trace son sillon régulier, mais peu profond. Il plaide, il rédige des mémoires, cultive la solitude plus que le barreau et suit sa carrière plus qu'il ne la fait. « Je me suis amusé ce matin à plaider, écrit-il. La cause était détestable ; mais je voulais m'assurer que je parlerais sans crainte devant un tribunal, et que ma voix serait assez forte. Je me suis convaincu par cette épreuve que le sénat romain ne serait pas capable de m'effrayer. Je ne sais pas comment j'ai pu dire quelque chose (1). » Il plaide sans y être encore autorisé par l'âge, mais il ne s'en effraie guère. « Si j'étais cité au conseil de discipline, ce serait une occasion de faire un beau discours, et voilà tout. Un jeune avocat qui, après avoir plaidé avec quelque talent,

(1) Lorain, *Correspondant*, tom. XVII, p. 825.

serait condamné par le conseil, pourrait se faire honneur de sa condamnation (1). »

Ces premiers essais le font remarquer. Ses amis l'encouragent, et M. Berryer lui prédit qu'il peut se placer au premier rang du barreau, s'il évite l'abus de sa facilité de parole. C'est après une de ces plaidoiries que M. le premier président Séguier fit de lui cet éloge qui ressemble à une prophétie : « Messieurs, dit-il, ce n'est pas Patru, c'est Bossuet. » Mais ces succès, qui eussent suffi à l'ambition de plus d'un, glissaient pour lui à la surface et le défendaient mal contre l'envahissement progressif d'une tristesse dont presque toutes ses lettres d'alors portent l'empreinte. « Ma pensée est plus vieille qu'on ne croit, et je sens ses rides à travers les fleurs dont mon imagination la couvre. J'ai peu d'attachement pour l'existence, mon imagination me l'a usée. Je suis rassasié de tout sans avoir rien connu. Si l'on savait comme je deviens triste ! J'aime la tristesse, je vis beaucoup avec elle. On me parle de gloire d'auteur, de fonctions publiques ; j'ai bien de semblables velléités. Mais franchement j'ai pitié de la gloire, et je ne conçois plus guère comment on se donne tant de peine pour courir après cette petite sotte. Vivre tranquille au coin de son feu, sans prétentions et sans bruit, est chose plus douce que de jeter son repos à la renommée, pour qu'elle vous couvre, en

---

(1) Lorain, *Correspondant*, t. XVII, p. 825.

échange, de paillettes d'or... Je ne serai jamais content de moi que lorsque j'aurai trois châtaigniers, un champ de pommes de terre, un champ de blé et une cabane, au fond d'une vallée suisse (1). » L'Amérique, la Grèce, la Suisse... où son imagination ne le promenait-elle pas? Mais toujours la bonté de Dieu, par l'instrument de cette raison *qui analyse tout ce qui la frappe*, lui fait toucher le fond de ces brillantes chimères et le ramène peu à peu à la réalité qui est l'Infini, à la Vérité qui est la foi. Il analysait ainsi lui-même plus tard ce sentiment aimé de la mélancolie en s'y reportant avec complaisance. « A peine dix-huit printemps ont-ils épanoui nos années, que nous souffrons de désirs qui n'ont pour objet ni la chair, ni l'amour, ni la gloire, ni rien qui ait une forme ou un nom. Errant dans le secret des solitudes ou dans les splendides carrefours des villes célèbres, le jeune homme se sent oppressé d'aspirations sans but; il s'éloigne des réalités de la vie comme d'une prison où son cœur étouffe, et il demande à tout ce qui est vague et incertain, aux nuages du soir, aux vents de l'automne, aux feuilles tombées des bois, une impression qui le remplisse en le navrant. Mais c'est en vain; les nuages passent, les vents se taisent, les feuilles se décolorent et se dessèchent sans lui dire pourquoi il souffre, sans mieux suffire à son âme que les larmes

---

(1) Lorain, *Correspondant*, tom. XVII, p. 826.

d'une mère et les tendresses d'une sœur. O âme ! dirait le prophète, pourquoi es-tu triste et pourquoi te troubles-tu ? Espère en Dieu. C'est Dieu, en effet, c'est l'Infini qui se remue dans nos cœurs de vingt ans touchés par le Christ, mais qui se sont éloignés de lui par mégarde, et en qui l'onction divine, n'obtenant plus son effet surnaturel, soulève néanmoins les flots qu'elle devait apaiser (1). »

Son *âme religieuse* triomphait ainsi chaque jour de son *esprit incrédule*, et, au commencement de 1824, il écrivait à un ami : « Croiras-tu que je deviens chrétien tous les jours? C'est une chose singulière que le changement progressif qui s'est fait dans dans mes opinions; j'en suis à croire, et je n'ai jamais été plus philosophe. Un peu de philosophie éloigne de la religion, beaucoup de philosophie y ramène : grande vérité (2) ! » Ce n'est pas encore la pleine lumière, mais c'en est l'aube. Trois mois avant son adieu au monde, il écrit encore : « Ils me prédisent tous un bel avenir, et cependant je suis quelquefois fatigué de la vie. Je ne peux plus jouir de rien : la société a peu de charmes pour moi ; les spectacles m'ennuient ; je deviens négatif dans l'ordre matériel. Je n'ai plus que des jouissances d'amour-propre ; je vis de cela, et encore je commence à m'en dégoûter. J'éprouve chaque jour que tout est en vain. Je ne veux pas laisser mon cœur dans ce tas de

---

(1) LXe Conférence.
(2) Lorain, *Correspondant*, tom. XVII, p. 827.

boue. » Puis il ajoutait en finissant : « *Oui, je crois!*... D'où vient que mes amis ne me comprennent pas? D'où vient qu'ils doutent et se moquent de ma conversion religieuse? Serai-je donc le seul de bonne foi, puisque personne ne me comprend (1)? »

Ses amis, en effet, étaient loin de soupçonner le chemin qu'avait fait son esprit en quelques mois. Ce n'est pas qu'il y eût désaccord apparent entre sa vie et ses nouvelles croyances. Ses mœurs étaient redevenues irréprochables et d'une intégrité telle qu'elle étonnait ses amis même chrétiens. Gai de caractère, plein d'esprit et d'entrain dans les conversations, il n'aimait pas les libres propos, et lorsqu'on en prononçait devant lui, il en témoignait son déplaisir par son silence. Un de ceux qui l'ont le mieux connu à cette époque nous avouait qu'il avait regardé sa conversion et son entrée à Saint-Sulpice comme la récompense de la pureté de ses mœurs. Il ajoutait que la droiture de son esprit et la candeur de son âme étaient pour lui si hors de doute, que, lorsqu'il le vit engagé plus tard dans la voie périlleuse de *l'Avenir*, il n'avait pas hésité à prédire que sa foi et son honneur en sortiraient sains et saufs, et que Dieu ne pouvait pas l'abandonner.

Mais si ses amis avaient remarqué ce nuage de tristesse sur son front, ils n'en avaient pas compris la cause, ou n'y avaient pas cru. On le voyait plus rare-

---

(1) Lorain, *Correspondant*, tom. XVII, p. 827.

ment ; il était grave, préoccupé, soucieux. Parfois, l'œil d'un ami le surprenait dans une église, à genoux, caché derrière un pilier, immobile, absorbé dans une profonde méditation (1). Un jour, un de ses collègues, celui-là même auquel il avait offert son amitié dans une lettre qu'on n'a pas oubliée, vint le voir dans sa petite chambre de la rue Monthabor. Il était seul, assis à son bureau, la tête entre ses mains ; sur sa table, pas un livre, pas une feuille de papier. « Henri, lui dit-il, vous êtes triste ; vous connaissez mon dévouement ; je ne vous demande pas votre secret ; mon amitié ne veut aller qu'au-devant de vos désirs. — Je vous remercie, lui répondit Henri Lacordaire ; mais permettez-moi de ne vous rien dire encore. Le projet que je médite n'est pas parfaitement arrêté dans mon esprit. S'il aboutit, je vous promets que vous serez des premiers à le savoir. » Peu de temps après, le jeune avocat reçut la visite de Henri. « Eh bien ! lui dit-il, mon parti est pris ; j'entre au séminaire. » A ce mot étrange, la première pensée de l'interlocuteur fut de se demander si, dans la tête ardente de son ami, l'imagination n'avait pas dérangé la raison. Henri se mit alors à lui raconter par quelles secrètes voies la Vérité avait retrouvé le chemin de son esprit et de son cœur.

(1) Voyez *Année dominicaine,* août 1865, p. 319.

CHAPITRE III

1824-1827

Sa conversion. — Il entre à Saint-Sulpice. — Sa vie au séminaire. — Il est ordonné prêtre. — Il refuse une place d'auditeur de Rote à Rome.

Il était converti. Il avait besoin de dire ses impressions, sa joie, sa reconnaissance pour Dieu à ceux de ses amis qui pouvaient le comprendre. La veille de son entrée au séminaire, le 11 mai 1824, il écrivait : « Il faut bien peu de paroles pour dire ce que j'ai à dire, et cependant mon cœur a besoin d'être long. J'abandonne le barreau ; nous ne nous y rencontrerons jamais. Nos rêves de cinq ans ne s'accompliront pas. J'entre demain matin au séminaire de Saint-Sulpice... Hier les chimères du monde remplissaient encore mon âme, quoique la religion y fût déjà présente : la renommée était encore mon avenir. Aujourd'hui je place mes espérances plus haut, et je ne demande ici-bas que l'obscurité et la paix. Je suis bien changé et je t'assure que je ne sais pas comment cela s'est fait.

Quand j'examine le travail de ma pensée depuis cinq ans, le point d'où je suis parti, les degrés que mon intelligence a parcourus, le résultat définitif de cette marche lente et hérissée d'obstacles, je suis étonné moi-même, et j'éprouve un mouvement d'adoration vers Dieu. Mon ami, cela n'est bien sensible que pour celui qui a passé de l'erreur à la vérité, qui a la conscience de toutes ses idées antérieures, qui en saisit la filiation, les alliances bizarres, l'enchaînement graduel, et qui les compare aux différentes époques de sa conviction. Un moment sublime, c'est celui où le dernier trait de lumière pénètre dans l'âme et rattache à un centre commun les vérités qui y sont éparses. Il y a toujours une telle distance entre le moment qui suit et le moment qui précède celui-là, entre ce qu'on était auparavant et ce qu'on est après, qu'on a inventé le mot de *grâce* pour exprimer ce coup magique, cet éclair d'en haut. Il me semble voir un homme qui s'avance au hasard le bandeau sur les yeux : on le desserre peu à peu, il entrevoit le jour, et, au moment où le mouchoir tombe, il se trouve en face du soleil (1). »

Cette touche de la grâce fut si vive en lui, qu'il n'en perdit jamais le souvenir. Sur son lit de mort, il décrivait avec la même émotion ce *moment sublime*. « Il m'est impossible de dire à quel jour, à quelle heure

(1) Lorain, p. 828.

et comment ma foi perdue depuis dix années réapparut dans mon cœur comme un flambeau qui n'était pas éteint. La théologie nous enseigne qu'il y a une autre lumière que celle de la raison, une autre impulsion que celle de la nature, et que cette lumière et cette impulsion, émanées de Dieu, agissent sans qu'on sache d'où elles viennent ni où elles vont. *L'Esprit de Dieu,* dit l'apôtre saint Jean, *souffle où il veut, et vous ne savez d'où il vient ni où il va* (1). Incroyant la veille, chrétien le lendemain, certain d'une certitude invincible, ce n'était point l'abnégation de ma raison enchaînée tout à coup sous une servitude incompréhensible : c'était, au contraire, la dilatation de ses clartés, une vue de toutes choses sous un horizon plus étendu et une plus pénétrante lumière. Ce n'était pas non plus l'abaissement subit du caractère sous une règle étroite et glacée, mais le développement de son énergie par une action qui venait de plus haut que la nature. Ce n'était pas enfin l'abnégation des joies du cœur, mais leur plénitude et leur exaltation. Tout l'homme était demeuré : il n'y avait de plus en lui que le Dieu qui l'a fait.

« Qui n'a pas connu un tel moment n'a pas connu la vie de l'homme : une ombre en a passé dans ses veines avec le sang de ses pères ; mais le flot véritable n'en a pas grossi et fait palpiter le cours. C'est l'ac-

---

(1) S. Jean, III, 8.

complissement sensible de cette parole de Jésus-Christ dans l'Évangile de saint Jean : *Si quelqu'un m'aime, il conservera ma parole, et mon père l'aimera, et nous viendrons a lui, et nous demeurerons en lui* (1). Les deux grands biens de notre nature, la vérité et la béatitude, font irruption ensemble au centre de notre être, s'y engendrant l'un l'autre, s'y soutenant l'un par l'autre, lui formant comme un arc-en-ciel mystérieux qui teint de ses couleurs toutes nos pensées, tous nos sentiments, toutes nos vertus, tous nos actes enfin, jusqu'à celui de notre mort qui s'empreint au loin des rayons de l'éternité. Tout chrétien connaît plus ou moins cet état; mais il n'est jamais plus vif et plus saisissant qu'en un jour de conversion, et c'est pourquoi on pourrait dire de l'incroyance, lorsqu'elle est vaincue, ce qui a été dit du péché originel : *Felix culpa, heureuse faute !* »

Que s'était-il donc passé? Comment cet esprit, incroyant la veille, était-il arrivé le lendemain à une certitude invincible? Sur quel pont avait-il franchi cet abîme, et comment s'était-il trouvé du premier bond sur le seuil du sanctuaire? L'ambition, par la voix de quelque ami, du cercle dans lequel il vivait, lui avait-elle montré dans l'Église des honneurs d'un plus facile accès? Sa famille le crut un instant. Surprise et froissée d'une détermination dont elle n'avait pas été pré-

---

(1) S. Jean, xiv, 23.

venue, elle ne voulut voir là qu'un calcul d'amour-propre. Henri Lacordaire avait prévenu sa mère et obtenu, non sans peine, son consentement; mais il n'avait rien dit de sa résolution aux autres membres de sa famille. « J'étais sûr d'être blâmé, leur dit-il plus tard; il m'était moins pénible de ne pas demander un avis que de passer outre. » Grâce à Dieu, la mémoire du prêtre et du religieux est au-dessus de ce reproche d'ambition, et, à peine sorti du séminaire, l'occasion s'offrira d'elle-même de montrer ce que pesait dans son estime cette considération des honneurs.

Comment donc était-il arrivé à croire? La conversion, phénomène de vision pour l'esprit et de persuasion pour la volonté, ne se produit pas d'ordinaire sous forme d'*illumination soudaine*, comme un éclair dans la nuit, mais bien sous forme de lumière progressive, comme celle du soleil que précède l'aurore. Le premier travail de la Vérité dans l'âme est de dissiper les nuages, de chasser les ténèbres et de se préparer une demeure digne d'elle. On a vu l'esprit du jeune avocat inquiet et agité, cherchant pour sa vie la pierre angulaire et ne la trouvant pas; la demandant à l'amitié, à la gloire, à une existence obscure, aux rêves impossibles, et ne recevant partout pour réponse que la tristesse, l'ennui, *cet inexorable ennui qui fait le fond de la vie*, comme parle Bossuet. Croyant en Dieu, en sa nature invisible, mais « repoussé, comme Augustin, au fond des ténèbres de son âme par quelque chose qui ne lui permettait pas de contempler l'Infini et d'en jouir (1), » il faisait à ce Dieu caché et inconnu la plus belle prière de l'homme qui ne voit pas : il cherchait. Il cherchait de bonne foi, avec un vrai désir d'être éclairé, et non dans la secrète pensée de disputer avec la lumière et de traiter avec elle d'égal à égal. « Mon ami, j'ai toujours cherché la vérité avec bonne foi et en laissant à part tout orgueil, ce qui est le seul moyen de la découvrir (2). » Il la demandait non-seulement avec un esprit droit, mais avec un cœur pur. Il n'était pas de ceux dont le prophète a dit : « *Noluit intelligere, ut bene ageret* (3). Ils ne veulent pas voir le vrai, de peur d'avoir à faire le bien. » Son âme religieuse était merveilleusement préparée, prédestinée à la foi. Ils l'ont donc bien mal connu et jugé ceux qui n'ont vu dans sa conversion que le fruit inopiné d'une démarche irréfléchie, sans racines dans le présent, sans sécurité pour l'avenir. Fils d'un siècle enflé d'orgueil et altéré de plaisirs, il reçut le don et connut le mérite d'un cœur simple et droit dans une âme honnête et candide. La Vérité n'eut point à le foudroyer comme Paul, ni à l'arracher, comme Augustin, à la servitude des sens. Voyageur un instant égaré chez des *étrangers*, dès qu'il entendit la voix de son Père qui l'appelait, il revint à son Père.

(1) Conf., liv. VII, ch. xx.
(2) Lorain, *Correspondant*, t. XVII, p. 828.
(3) Ps. xxxv, 3.

« J'avais vieilli neuf ans dans l'incrédulité, lorsque j'entendis la voix de Dieu qui me rappelait à lui. Si je recherche au fond de ma mémoire les causes logiques de ma conversion, je n'en découvre pas d'autres que l'évidence historique et sociale du christianisme, évidence qui m'apparut dès que l'âge me permit d'éclaircir les doutes que j'avais respirés avec l'air dans l'université. J'indique la source de mes doutes, quoique j'aie résolu de ne laisser tomber de ma plume aucune parole blessante, parce que, privé de bonne heure d'un père chrétien, et élevé par une mère chrétienne, je dois à la mémoire de l'un et à l'amour de l'autre, de déclarer toujours que je reçus d'eux la religion avec la vie, et que je la perdis chez les étrangers imposés à eux et à moi (1). »

On le voit, ce n'était pas là de ces demi-conversions, de ces vaincus mal domptés, qui se rendent, mais ne se donnent pas, qui entrent au camp du vainqueur avec armes et bagages, et s'efforcent jusqu'au bout de concilier les contraires. Tout dans sa vie l'attirait à l'Église catholique : sa raison, qui lui en prouvait la divinité ; son cœur, qui lui disait de chercher là Celui qui a créé de l'amitié un type inconnu au monde païen ; son âme, qui lui en faisait aimer la morale sublime. Sa conversion fut donc complète, absolue, irré-

---

(1) *Considérations sur le système philosophique de M. de la Mennais,* ch. x.

vocable. La vérité une fois connue, il se hâte de mettre un abîme entre le monde et lui ; ce n'est pas assez pour lui d'être le disciple de l'Église, il veut en être l'apôtre.

Disons mieux : Dieu le fit prêtre pour qu'il eût à ramener, par le chemin qu'il avait suivi le premier, un plus grand nombre d'esprits errants et blessés comme le sien. Quelles furent, en effet, les causes de sa conversion qu'il appelle *logiques,* c'est-à-dire celles qui, en dehors de ses prédispositions naturelles, lui démontrèrent rationnellement la divinité de l'Église catholique ? Il vient de les rappeler tout à l'heure ; ce fut la supériorité sociale et historique de la religion catholique sur toutes les autres. Ce qu'il explique plus nettement encore dans une lettre de ce temps à un ami : « Je suis arrivé aux croyances catholiques par mes croyances sociales ; et aujourd'hui rien ne me paraît mieux démontré que cette conséquence ; la société est nécessaire, donc la religion chrétienne est divine ; car elle est le moyen d'amener la société à sa perfection, en prenant l'homme avec toutes ses faiblesses, et l'ordre social avec toutes ses conditions (1). »

Or, si rien n'était plus fondé en raison que ce genre de preuves, rien non plus n'était mieux approprié au mal de notre temps et de notre pays, et ne préparait mieux le nouvel apôtre à la mission que Dieu lui confie-

---

(1) Lorain, *Correspondant*, tom. XVII, p. 828.

rait un jour. Où était, en effet, pour son œil observateur, le travail des esprits? Que voulait-on, sinon constituer et asseoir ces sociétés modernes fraîchement relevées de tutelle? Et, dans cette fièvre d'organisation et de systèmes, quelle part faisait-on à l'Église? Aucune; on entendait se passer d'elle. Elle avait fait son temps. On ne l'attaquait plus dans ses dogmes, sa morale et ses pratiques, comme l'avaient fait Luther et le xviiie siècle; on la rangeait parmi les institutions usées et vieillies, on la jugeait impropre à l'œuvre d'émancipation de l'avenir. Que cherchaient ces sectes multiples, écloses de cette fermentation universelle, saint-simoniens, phalanstériens, fouriéristes, socialistes, communistes, égalitaires? Elles cherchaient à la société nouvelle une base nouvelle. Les lois qui avaient régi la famille, la cité, l'État, étaient déclarées surannées : on en formulait d'autres. Il y eut aussi la religion de l'avenir : rien n'arrêtait le bon vouloir des innovateurs. Il est aisé de sourire aujourd'hui à ce que ces tentatives renfermaient de naïf; il est moins aisé d'avoir assez d'optimisme pour ne pas en reconnaître les traces encore vivantes dans la société actuelle, et pour la croire à jamais guérie de ces terribles fantaisies. Au moins avouera-t-on qu'au milieu de cette effervescence générale d'idées et de systèmes, il y avait quelque mérite pour un jeune homme ayant conscience de son talent, généreux, enthousiaste, sans religion positive autre que celle de son patriotisme et de sa foi dans l'avenir de la

France, à se jeter tout à coup dans le camp du passé et à quitter la toge pour l'humble soutane, peu enviée aujourd'hui, et qui l'était bien moins encore alors. Le mérite du jeune philosophe fut de juger avec un sens droit et d'un regard sûr que la société, fortement ébranlée dans son travail d'affranchissement, ne retrouverait son assiette, sa loi, son progrès, sa perfection, que dans l'Église catholique et par elle ; ce fut de voir qu'elle était, quoique repoussée par les architectes, la seule pierre angulaire du nouvel édifice. Son mérite fut de voir à vingt-deux ans ce que M. de Chateaubriand consignait à la dernière page de ses Mémoires comme son testament religieux et politique : « *L'idée chrétienne est l'avenir du monde.* De mes projets, de mes études, de mes expériences, il ne m'est resté qu'un détromper complet de toutes les choses que poursuit le monde. Ma conviction religieuse, en grandissant, a dévoré mes autres convictions ; il n'est ici-bas chrétien plus croyant et homme plus incrédule que moi. Loin d'être à son terme, la religion du Libérateur entre à peine dans sa troisième période, la période politique. L'Évangile, sentence d'acquittement, n'a pas encore été lu à tous... Le christianisme, stable dans ses dogmes, est mobile dans ses lumières ; sa transformation enveloppe la transformation universelle. Quand il aura atteint son plus haut point, les ténèbres achèveront de s'éclaircir ; la liberté, crucifiée sur le Calvaire avec le Messie, en descendra avec lui ; elle remettra aux nations ce nouveau Testament écrit en leur faveur et jusqu'ici entravé dans ses clauses (1). »

Deux ans avant son entrée à Saint-Sulpice, Henri Lacordaire y eût rencontré celui qui devait être un jour son frère d'armes, et tomber aussi sur le champ de bataille deux ans avant lui : Xavier de Ravignan. Dieu l'avait pris encore à la magistrature, cette haute école des talents et des caractères, au moment où le premier président Séguier disait de lui : « Laissez venir ce jeune homme, mon fauteuil lui tend les bras. » Dieu les avait choisis tous deux hommes de parole, pour qu'ils eussent à plaider sa cause devant le peuple le plus sensible à l'éloquence. Tous deux, après s'être arrêtés un instant dans la milice séculière du clergé, devaient aboutir à la vie religieuse, comme pour autoriser le ton nouveau de leur enseignement par la prédication muette d'une vie plus généreuse et plus dévouée. Esprits différents de race, d'origine, d'allures, mais cordialement unis dans l'amour d'une même cause et la poursuite d'un même but, ils devaient pendant vingt ans donner à leur génération la rare bonne fortune d'une prédication d'un tel éclat, que pour en retrouver une semblable, il faut remonter, par Bourdaloue et Bossuet, jusqu'aux siècles des Ambroise et des Chrysostome.

Avant d'entrer au séminaire, Henri voulut prévenir sa mère et avoir son consentement. Il prévoyait combien

---

(1) *Mémoires d'outre-tombe*, t. II.

cette nouvelle allait attrister son cœur tout en réjouissant sa foi. « Me savoir chrétien, dit-il lui-même, devait être pour elle une ineffable consolation ; me savoir au séminaire devait l'accabler d'une douleur d'autant plus cruelle que j'étais l'objet de sa prédilection, et qu'elle avait toujours compté sur moi pour la douceur de ses vieux jours. Elle m'écrivit six lettres, où respirait le combat entre sa tristesse et sa joie. Me voyant inébranlable, elle consentit enfin à ce que je quittasse le monde (1). »

Présenté à l'archevêque de Paris par M. Borderies, vicaire général, Mgr de Quélen reçut le jeune converti avec bonté et avec grâce. « Soyez le bienvenu, lui dit-il en lui tendant la main ; vous défendiez au barreau des causes d'un intérêt périssable, vous allez en défendre une dont la justice est éternelle. Vous la verrez bien diversement jugée parmi les hommes ; mais il y a là-haut un tribunal de cassation où nous la gagnerons définitivement. »

Il entra donc à Saint-Sulpice et fut conduit à la maison succursale d'Issy, appelée aussi *la Solitude,* le 12 mai 1824, jour anniversaire de sa naissance et de son baptême. Il avait vingt-trois ans. Il était dans sa voie, il était heureux. Un séminariste plus ancien, actuellement archevêque, lui fut donné pour l'initier à la règle et aux usages de la maison. Il se souvient en-

(1) Mémoires.

core de cet air épanoui, de cette gaieté un peu naïve du jeune avocat le jour de son entrée à la Solitude. Les fleurs, la verdure, les premières feuilles aux grands arbres, tout le ravissait. A côté de lui se promenait grave, sérieux et un peu triste, un de ses amis et collègues au barreau. Aussi, lorsque M. Guillemin eut présenté ces deux jeunes gens au séminariste plus ancien et lui eut demandé de deviner lequel des deux se faisait prêtre, il n'hésita pas à désigner celui qui lui paraissait le plus grave, à la grande joie de Henri Lacordaire.

Ce qui le frappa d'abord, en entrant dans cette pieuse retraite, ce qu'il aimait à rappeler plus tard comme un de ses plus doux souvenirs, c'était le calme, la paix, la sérénité, ce je ne sais quoi de divin qui se reflète sur tous les visages, expression vivante d'un bonheur qui n'est pas de ce monde. Jeté subitement de l'agitation de la grande ville au calme d'une sorte de cloître, il se sentit ému, saisi, pénétré par ce religieux silence; un silence qui règne partout, dans les cours, dans les jardins, dans les corridors, mais qui n'a rien de triste. Lorsqu'au son de la cloche, les jeunes solitaires sortaient de leurs cellules, c'était encore sur tous ces fronts de vingt ans la joie de l'âme, une joie paisible, silencieuse et contenue. Rien n'allait mieux à la situation d'esprit du nouveau converti. Il quittait le monde, non sans luttes, mais sans regrets. Il n'y avait rien trouvé de ce qu'il en avait espéré. Il était désabusé de tout. Il avait traversé le rude hiver de sa jeunesse dans la fièvre du doute et le désenchantement de tout ce qu'il avait rêvé. Mais enfin l'hiver était passé; le soleil, un soleil nouveau s'était levé sur son intelligence, sur son cœur, sur sa vie. Il respirait. Le sentiment profond et chrétien des beautés de la nature lui faisait goûter avec charme l'harmonie du rajeunissement de son âme avec le réveil de la vie des champs sous un ciel de mai. La bienveillance des maîtres, les cordiales prévenances de ses nouveaux amis, la douce quiétude de tout ce qui l'entourait, faisaient à son âme comme une atmosphère plus éthérée, où elle montait à Dieu pour unir sa joie à celle du Père de famille sur l'enfant qui était perdu et qu'il venait de retrouver.

Le monde se méprend étrangement lorsqu'il pleure sur le converti qui lui dit adieu comme il pleurerait sur un mort. Il lui croit des regrets de ce qu'il abandonne, et il goûte en ce sacrifice d'inexprimables jouissances; il le voit renoncer à quelques biens fragiles, mais il ne voit pas le bien souverain que Dieu met à la place, et sous le charme duquel son âme déborde de tendresse et d'amour reconnaissant. Les plus sages tremblent à la pensée des engagements sacrés, irrévocables, éternels, qu'il va prendre avant d'avoir une suffisante expérience et du monde et de lui-même; mais ils ne voient pas la beauté immortelle qui l'a séduit, le captive et l'attire doucement. Ils le comprennent à peine lorsqu'il leur répond en son aimable lan-

gage : « J'espère bien me marier un jour ; j'ai une fiancée belle, chaste, immortelle, et notre mariage, célébré sur la terre, se consommera dans les cieux. Je ne dirai jamais : *Linquenda domus et placens uxor* (1). »
En croiront-ils son propre témoignage lorsqu'il leur racontera ses premières impressions de séminaire ?
« Un soir, j'étais à ma fenêtre, et je regardais la lune dont les rayons tombaient doucement sur la maison : une seule étoile commençait à briller dans le ciel, à une profondeur qui me paraissait incroyable. Je ne sais pourquoi je vins à comparer la petitesse et la pauvreté de notre habitation à l'immensité de cette voûte ; et, en songeant qu'il y avait là, au fond de quelques cellules, un petit nombre de serviteurs du Dieu qui a fait ces merveilles, traités de fous par le reste des hommes, il me prit une envie de pleurer sur ce pauvre monde, qui ne sait pas même regarder au-dessus de sa tête (2). »

Non, les murs d'un cloître ou d'un séminaire ne sont pas ce que le monde croit, les murs d'une prison dans laquelle gémissent de tristes victimes ; c'est un jardin de délices, où fleurit le seul bonheur sans mélange et sans ombre, dans la victoire chèrement achetée de l'âme sur les passions, dans la sainte amitié de Dieu et des frères.

Fénelon avait dit de la compagnie sous la direction

---

(1) Lorain, *Correspondant*, tom. XVII, p. 835.
(2) *Ibid.*, p. 831.

de laquelle venait se placer l'abbé Lacordaire : *Je ne connais rien de plus vénérable que Saint-Sulpice*. Depuis cet éloge, la pieuse congrégation n'a pas démérité, et, pour qui connaît son esprit, il n'est pas douteux qu'elle en soit digne jusqu'à la fin. Ce n'est pas sans un dessein providentiel, à notre avis, que le Père Lacordaire eut à recevoir de Saint-Sulpice la première formation sacerdotale. Appelé un jour à la difficile mission de rétablir en France un ordre religieux de prêtres prédicateurs et docteurs, il reçut, pendant son séminaire, une première et trop vive impulsion du côté de sa future destinée, pour qu'il n'en ait pas gardé l'empreinte. Il ne sera donc pas inutile de dire ici ce qu'il dut à son passage à Saint-Sulpice pour son avenir de prêtre et de religieux, et aussi pourquoi Saint-Sulpice ne comprit pas tout d'abord et pleinement la riche nature que Dieu lui envoyait à transformer.

L'Église catholique, trait d'union entre le ciel et la terre, entre le temps et l'éternité, revêt un double caractère, une double forme : une forme stable, immobile, éternelle comme Dieu d'où elle vient, et une forme mobile, changeante et progressive comme l'humanité qu'elle traverse pour la conduire à Dieu. Immuable dans sa constitution divine, elle se plie aux mœurs variées des peuples que Jésus-Christ lui donne à baptiser, à élever, à civiliser, à conduire. Sans rien créer de nouveau, elle tire de l'inépuisable fécondité de son principe vital la puissance de transformations nouvelles adaptées à des mœurs, à des exigences, à des situations nouvelles : *Non nova, sed novè*. C'est dans le sens de cette transformation successive qu'à l'époque des invasions l'Église s'est prêtée, s'est empressée à des soins nouveaux pour elle, mais réclamés par l'état de ces sociétés en enfance. C'est encore ainsi que plus tard, ayant réussi, par une évolution nouvelle, à fonder, à l'aide de ces peuples reconnaissants, la grande institution sociale et religieuse connue sous le nom de chrétienté, elle créa, pour la défendre, une nouvelle milice de moines chevaliers. Or, de ces deux puissances d'immutabilité et de transformation, de limité dans l'essentiel, de mobile et de plus large dans l'accidentel, on peut dire que la première est plus spécialement représentée par le clergé séculier ; la seconde, par le clergé régulier. Le clergé séculier ne sort pas du cercle de sa forme et de sa mission. Sa forme, d'origine directement divine, reste immuablement la même : toujours la hiérarchie s'est appuyée et s'appuiera sur un souverain Pontife, des évêques et des prêtres ; sa mission, qui est de donner Jésus-Christ au monde par le canal des sacrements, ne change et ne se diversifie jamais : toujours il y a eu et il y aura des évêques et des prêtres exclusivement appliqués au soin des âmes pour leur communiquer la grâce. Mais ce ministère essentiel, qui est l'apanage divin du clergé séculier, restreint aussi son action. Il est des temps, des circonstances qui créent des aspirations, des situations nouvelles. C'est alors à l'ordre monastique que l'Église s'adresse de préférence. Il possède, en effet, d'une part, dans le sacerdoce, la source divine des grâces, comme le clergé séculier, et, de plus, exempt des liens de la charge pastorale, et préparé par la pratique des vœux de religion à de plus larges dévouements, il se prête merveilleusement à toutes les exigences du moment, aux besoins d'un pays ou d'une époque. C'est ainsi que l'ordre monastique a produit successivement le moine contemplatif, le moine laboureur, le moine écolâtre, le moine soldat, le moine savant, le moine missionnaire. Lors donc que l'Église, réunie en concile à Trente, voulant perfectionner l'éducation du prêtre, décréta la fondation et l'organisation des séminaires, il est clair qu'elle dut marquer cette grande institution de tout ce qu'il y a de plus immuable, de plus essentiel, de plus divin en elle. Elle voulait que les séminaires fussent aptes à former non le prêtre du xvie siècle, mais le prêtre de tous les temps, non le prêtre allemand, italien, français, mais simplement le prêtre.

Or il était réservé à l'Église de France de susciter un homme qui sut admirablement s'inspirer de cette pensée, et la réaliser dans une association qui n'a eu sa pareille nulle part. Le but unique et exclusif de Saint-Sulpice, c'est de former le prêtre. Il se refuse à tout autre ministère; il n'a jamais voulu et ne voudra jamais faire que cela. Son idéal c'est le prêtre, et ce qu'il y a de plus essentiel à l'Église dans le prêtre, le pasteur. L'universalité de son type fait que nécessairement il néglige ce qu'on appelle aujourd'hui les spécialités. De son propre aveu, il se soucie moins de former de savants docteurs, des prédicateurs éloquents, que de bons et saints prêtres de paroisse. Les trois vertus les plus indispensables au prêtre vivant dans le siècle forment aussi l'esprit particulier de Saint-Sulpice : l'éloignement du monde, l'amour des choses saintes et le respect de la hiérarchie. Cette vénérable association, qui forme ou anime de son souffle le clergé français depuis trois siècles, si semblable à elle-même depuis l'origine, si humble, si faible en apparence, et en réalité si forte, ne repose point sur l'engagement irrévocable des vœux. Le sulpicien ne connaît d'autre joug que celui de l'Église, d'autre promesse que celle de tout prêtre à son évêque, afin que le spectacle de cette volonté toujours libre d'elle-même et toujours soumise serve d'exemple au prêtre qui, dans le monde, doit être à lui-même sa règle et sa sanction. Les statuts du sulpicien sont simples, peu nombreux, à la portée de tous, afin que tout prêtre y trouve l'exemplaire de sa vie, et qu'il puise dans cette espèce de *presbyterium* le goût et l'amour de la vie commune autant que le ministère paroissial la rend praticable et possible. De là vient qu'un des signes auxquels on reconnaît un saint prêtre est le soin qu'il prend à conserver fidèle ment ses pratiques de séminaire. De là vient en partie au clergé français, formé par la règle ou l'esprit de Saint-Sulpice, l'honneur et l'estime dont il jouit partout.

Quant à l'autre côté de l'Église, celui par lequel elle tient à l'humanité, au temps, aux formes variables et diverses de tel peuple, de tel pays, Saint-Sulpice ne l'a pas et ne veut pas l'avoir. C'est sa force et son infirmité. Il se préoccupe peu d'étudier et de développer dans ses élèves des aptitudes spéciales pour des besoins particuliers, de préparer des docteurs, des savants, des érudits pour un siècle enivré de sa science et de ses découvertes; il tient médiocrement à susciter la flamme de l'éloquence dans tel sujet qui promet à l'Église un orateur de premier ordre. Son œuvre n'est pas là. Il laisse volontiers ce soin à d'autres institutions qui existaient plus nombreuses au temps de M. Olier et qui renaissent à peine aujourd'hui de leurs cendres.

Il est aisé maintenant de concevoir en quoi Saint-Sulpice fut pour l'abbé Lacordaire un bienfait et une lacune, ce qu'il lui donna de sa sève surabondante, et ce qu'il lui laissa désirer et chercher ailleurs. C'est Saint-Sulpice qui forma le prêtre en lui. Les prédispositions qu'il apportait de sa vie antérieure, son goût pour la solitude et le travail, sa vénération pour tout ce qui touchait au sacerdoce ou aux choses du culte, sa réserve dans ses rapports avec le monde reçurent là leur consécration, leur couronnement. Il n'eut donc aucune peine à entrer par ce côté dans l'esprit et les usages de Saint-Sulpice. Il s'en fit même dans l'occasion le défenseur et le panégyriste avec cette légère teinte d'exagération dont il colorait volontiers ses thèses. Étant encore à la Solitude, il cherchait à retenir un de ses amis, venu comme lui du monde au séminaire, et qui n'arrivait pas à s'arranger de ce nouveau régime. « Vois-tu, mon cher ami, lui disait-il, un prêtre qui n'a pas passé par le séminaire, n'aura jamais l'esprit ecclésiastique. »

Mais il y avait d'autres côtés de sa nature par lesquels il sortait sans le vouloir, comme il l'avoue lui-même, de la physionomie des élèves. « J'avais quitté le siècle brusquement sans qu'un certain intervalle m'eût initié à tous les secrets de la vie chrétienne, et surtout à la réserve humble et simple qu'un jeune néophyte doit apporter, comme une part précieuse de son trésor, dans un lieu aussi consacré que l'est un séminaire. J'avais trouvé dans mes nouveaux maîtres des gens droits, pieux, éloignés de toute intrigue et de toute ambition. Mais je sortais sans le vouloir de la physionomie ordinaire de leurs élèves. Sûr du mouvement qui m'avait poussé près d'eux, je ne songeais pas assez à réprimer les saillies d'une intelligence qui avait trop discuté de thèses, et d'un caractère qui n'était pas encore assoupli. Ma vocation devint promptement suspecte (1). »

(1) Mémoires.

Mais, par un effet de la pureté de ses vues et de la candeur de son âme, il fut le dernier à s'apercevoir des doutes qu'il inspirait à ses maîtres. Il se laissait aller tranquillement à son attrait pour l'étude et la prière sans songer aux épreuves qui l'attendaient plus tard.

Il se mit à lire la Bible ; et, à la lumière divine qui s'était faite en son esprit, il en découvrit la mystérieuse beauté. « Ah ! quel livre et quelle religion ! écrivait-il ; quel enchaînement extraordinaire depuis la première parole de l'Ancien Testament jusqu'à la dernière du Nouveau (1) ! »

Cette lecture lui devint habituelle, et depuis, elle entra dans le petit nombre de ses pratiques journalières auxquelles il manquait rarement. Il y revenait d'instinct, non par un pli de routine, mais par cet appétit surnaturel de l'âme pour son pain de chaque jour. Il écrivait encore à cette même époque : « Que fais-je dans ma solitude ? Je me livre à des études et à des méditations que j'ai toujours aimées. Je découvre chaque jour qu'il n'y a point de vérité hors de la religion, et qu'elle seule résout des difficultés sans nombre que la philosophie est dans l'impuissance de vaincre... Ma pensée se mûrit d'autant mieux qu'elle n'est pas obligée de se répandre au dehors et d'épuiser ce qu'elle amasse peu à peu. Mon esprit est comme

---

(2) Lorain, *Correspondant,* tom. XVII, p. 831.

un champ qui se repose et qui se nourrit des rosées du ciel (1). »

Il se plaisait dans cette douce retraite. Il en aimait les usages. Il trouvait du charme à ce passage perpétuel de la vie de communauté à la vie solitaire, de la règle absolue à la liberté. On se levait à cinq heures, et, après une heure de méditation, on se rendait à la chapelle. Elle était au milieu du jardin, et il se plaisait à voir cette longue procession de surplis blancs, traversant en silence les parterres et les allées couvertes qu'embaumait l'air du matin. Rentré dans sa cellule à sept heures, il faisait lui-même son lit et sa chambre, comme la plupart de ses confrères; et souvent, à la pensée de tant de pauvres qui, à la même heure, dans leurs misérables galetas, se livraient aux mêmes soins, il pleurait. Après le dîner, venait la récréation qui durait une heure. Il s'y montrait d'une douce gaieté. Parfois aussi cette nature vive, originale, soudaine et quelque peu comprimée avait des retours, des saillies qui laissaient voir dans les recoins la légèreté gauloise, cette *gallica levitas,* saupoudrée de malice bourguignonne. Les bons directeurs s'étonnaient et se hâtaient d'éconduire cette turbulence fourvoyée. Il n'avait pu s'habituer aux bonnets carrés, cette coiffure étrange, si honteuse de sa forme qu'on n'ose pas l'appeler par son vrai nom. Il leur avait déclaré la guerre;

---

(1) Lorain, *Correspondant,* tom. XVII, p. 830.

guerre d'épigrammes d'abord, puis, guerre d'extermination. Il les prenait aux mains de ses amis pour les jeter au feu. Cela fit de l'émoi et du bruit, les uns tenant pour le bonnet carré, les autres pour la barrette. La barrette était alors une nouveauté. Du bruit et du nouveau, deux choses dont Saint-Sulpice a une égale horreur. Le soir, à la lecture spirituelle, M. le supérieur donna des avis, et tout rentra dans le calme.

L'abbé Lacordaire fut toujours d'une soumission parfaite, et si ses directeurs furent quelquefois déconcertés par les contrastes de ce caractère singulier, ils n'eurent jamais qu'à se louer de son humilité, de son obéissance et de sa modestie. Tous ses camarades l'aimaient. Sur un fond grave, sérieux, tout appliqué à ses nouveaux et saints devoirs, il y avait une fraîcheur de poésie, un parfum de *l'aménité du monde*, une grâce d'expansion longtemps contenue, et tout cela donnait à sa personne je ne sais quel charme qui le faisait aimer et rechercher. Mais ses maîtres ne le comprenaient pas tous; l'imprévu de ses allures, ses convictions libérales, sa répulsion instinctive et irréfléchie pour entrer par certains côtés dans le moule uniforme, trompèrent sans doute parfois leurs regards observateurs, et ne leur permirent qu'à la fin d'apprécier, en toute justice, l'or pur caché au fond du vase. Pour nous, qui avons été témoins de la vénération qu'il a toujours conservée pour Saint-Sulpice, du respect avec lequel il en parlait, de l'empressement qu'il mettait à s'autoriser à tout propos de ce qu'on faisait à Saint-Sulpice ou de ce qu'on n'y faisait pas; pour nous qui avons pu voir de près en lui ce que le séminaire y avait lentement et saintement formé, le prêtre, sa démarche si recueillie dans le temple, son attitude de saint à l'autel, son amour aussi tendre que profond pour Jésus-Christ et pour les divines Écritures, nous sommes heureux de rendre ici témoignage public à des sentiments qui nous ont souvent édifié, et qui n'honorent pas moins les maîtres que le disciple.

Au reste, ceux de ses directeurs qui purent lire dans son âme, le jugeaient autrement que ceux qui ne le voyaient que par le dehors. Un matin, dans une des allées d'Issy, M. l'abbé Garnier, alors supérieur général de la Congrégation, aborde le jeune abbé Lacordaire, qui achevait sa première année de théologie, et, lui prenant familièrement la main : « Mon cher ami, lui dit-il, je vous attends l'année prochaine à la maison de Paris. Je vous ferai maître de conférences; car il faut que vous étudiiez à fond la théologie; sans cela, le plus beau talent manque de base. Je vous ferai également catéchiste, afin que vous puissiez exercer votre don de parole. » Puis, lui mettant paternellement la main sur l'épaule : « Venez, ajouta-t-il, je veux être votre confesseur. » Séduit par les paroles de ce vénérable vieillard, qui avait alors une si haute réputation de science, l'abbé Lacordaire le prit, en effet, pour son directeur en arrivant à Paris, et lui voua une affection qui n'a plus cessé.

Placé ainsi en face de lui-même pendant cette longue retraite, il apprit à se mieux connaître. Ce n'étaient plus, comme au temps de ses doutes, de vagues aspirations, de douloureuses recherches dans l'inconnu. Il voyait clairement le but et l'obstacle : le but, Jésus-Christ à aimer et à prêcher ; l'obstacle, lui-même. « Mon but, c'est de faire connaître Jésus-Christ à ceux qui l'ignorent, de contribuer à la perpétuité d'une religion divine, d'adoucir le plus de misères et d'arrêter le plus de corruption que je pourrai ; et mon écueil, c'est le désir de faire parler de moi. » Il travaillait donc avec ardeur « à sortir de cette vie naturelle et à se consacrer tout entier au service de Celui qui ne sera jamais ni jaloux, ni ingrat, ni vil. »

Le séminaire lui plaisait encore par un autre côté : il y avait trouvé des amis. Sa nature, remise à flot, avait repris son cours et allait là où le poussait son cœur. Il se mit à cultiver et à cueillir avec délicatesse cette fleur de l'amitié et à en jouir sans scrupule. « Vous ne savez pas un de mes enchantements, écrivait-il, c'est de recommencer ma jeunesse, je veux dire cet âge qui est entre l'enfance et la jeunesse, avec les forces morales qui appartiennent à un âge plus élevé... Au collège, on est encore trop enfant, on ne connaît pas le prix des hommes et des choses ; on manque de trop d'idées pour savoir se choisir et s'attacher des amis par des liens puissants. Les rapports élevés de l'amitié échappent à des âmes si faibles, à des intelligences si neuves. Ensuite, dans le monde, on n'est plus à même de se créer des liaisons bien solides, soit que les hommes ne vivent plus alors si rapprochés, soit que l'intérêt et l'amour-propre se glissent jusque dans les unions qui semblent les plus pures, soit que le cœur soit moins à l'aise au milieu du bruit et de l'activité sociale. L'amitié a plus de prise au milieu de cent quarante jeunes gens qui se voient sans cesse, qui se touchent par tous les points, qui sont presque tous comme des fleurs choisies et transportées dans la solitude. Je me plais à me faire aimer, à conserver dans un séminaire quelque chose de l'aménité du monde, quelques grâces dérobées au siècle. Plus simple, plus communicatif, plus affable que je n'étais, libre de cette ambition de briller qui me possédait peut-être, peu embarrassé de mon avenir dont je me contente, quel qu'il soit, faisant des rêves de pauvreté comme autrefois des rêves de fortune, je vis doucement avec mes confrères et avec moi-même (1). »

Cette vie commune avec des frères, cet idéal qu'il avait toujours cherché d'instinct, commence aussi à lui révéler, quoique d'une manière encore confuse, sa future vocation. Il fait *des rêves de pauvreté*, comme

---

(1) Lorain, *Correspondant*, tom. XVII, p. 832.

autrefois des rêves de fortune. Il communique ses pensées et ses désirs à M. Garnier, qui, sans le détourner de ses nouveaux projets, lui conseille d'examiner cette question à loisir et de ne se déterminer qu'après une claire vue de la volonté de Dieu. Il ne pensait point encore aux dominicains, mais au seul Ordre alors rétabli en France, à la Compagnie de Jésus.

Un autre désir se révèle aussi en lui à la même époque, désir vague encore, mais qui s'affermira plus tard : celui d'être missionnaire. Il lui semblait impossible de donner à son divin Maître et aux peuples une preuve plus généreuse et plus visible de sa foi à l'Évangile que par cet exil volontaire de la patrie, par ce renoncement à tout ce qui tient le plus au cœur de l'homme. Ce désir de répandre la lumière dont il est inondé, inspirera désormais ses paroles et ses résolutions. Dans l'histoire des missionnaires, il voit surtout une démonstration de la vérité, et c'est ce qui le frappe. « Leur histoire atteste, s'écrie-t-il, et le cœur de l'homme sait bien cela, que la source principale de leurs succès, à part ce que fait Dieu, est dans le degré de certitude dont ils font preuve par l'exil volontaire auquel ils se sont condamnés chez des nations barbares, et par leurs travaux incroyables sans récompense visible. Plus on veut faire de bien dans la religion, plus il faut donner aux peuples de gages de sa certitude par la sainteté et l'abnégation de sa vie.

Grand orateur placé à l'ombre de la pourpre, je ne ferais rien. Simple missionnaire sans talent, couvert de haillons, et à trois mille lieues de mon pays, je remuerais des royaumes. Toute l'histoire ecclésiastique en fait foi (1). » Cette double pensée de la vie religieuse et de la vie des missions s'empara de son esprit dès le séminaire, et pendant les premières années de son sacerdoce, jusqu'au moment où sa place lui parut clairement marquée en France. Ainsi ce converti d'hier avait en quelques mois parcouru tous les degrés du dévouement à la cause de Dieu et de son Église.

Et cependant ses supérieurs n'avaient point encore assis leur jugement sur sa vocation. Il n'était point appelé aux ordres sacrés aux époques ordinaires, « comme si on eût voulu lasser sa patience et décourager le motif inconnu qui l'avait porté du siècle à Dieu et du monde au désert. » On s'inquiétait de son ardeur pour les discussions et de la large part qu'il revendiquait pour la raison. Lorsqu'il élevait la voix en classe pour des objections, sa parole prenait un tour vif, original, hardi dans ses conclusions, et parfois quelque peu embarrassant pour le professeur. On l'avait prié, pour épargner le temps, de renvoyer ces difficultés à la fin de la classe. Il l'oubliait quelquefois : c'était pour raconter une histoire, mais l'histoire se

---

(1) Lorain, *Correspondant*, tom. XVII, p. 837.

terminait par une question perfide et par un coup à brûle-pourpoint dans la thèse du maître. Il est d'usage au séminaire de prêcher à tour de rôle au réfectoire pendant le repas. L'orateur de Notre-Dame fit là ses premières armes. Les maîtres goûtaient assez peu ce genre de prédication qui excitait l'enthousiasme des élèves. Il raconte plaisamment dans une lettre un de ses débuts : « J'ai prêché, c'est-à-dire que dans un réfectoire où mangeaient cent trente personnes, j'ai fait entendre ma voix à travers le bruit des assiettes, des cuillers et de tout le service. Je ne crois pas qu'il y ait de position plus défavorable à un orateur que de parler à des hommes qui mangent ; et Cicéron n'eût pas prononcé les Catilinaires dans un dîner de sénateurs, à moins qu'il ne leur eût fait tomber la fourchette des mains dès la première phrase. Que serait-ce s'il avait eu à leur parler du mystère de l'Incarnation ? C'est cependant ce qu'il m'a fallu faire, et j'avoue que, à l'air d'indifférence qui régnait sur tous les visages, à cet aspect d'hommes qui ne semblent pas vous écouter, et dont toute l'attention paraît concentrée sur ce qui est sur leur assiette, il me venait comme des pensées de leur jeter mon bonnet carré à la tête. Je descendis donc de la chaire avec l'intime persuasion que j'avais horriblement mal prêché. Je dînai à la hâte, j'entrai dans le parterre, et je sus bientôt que mon discours avait produit de l'effet, et qu'on en avait été frappé. Je me borne à cette phrase, où il y a déjà passablement d'amour-propre, et je ne rapporte pas les jugements, les prévisions, les flatteries, les conseils et le reste (1). »

C'était là l'impression des élèves ; mais le jugement des maîtres était plus sévère. On aurait tort de s'en étonner. Saint-Sulpice, nous l'avons remarqué, n'avait peut-être pas grâce pour discerner dans le jeune séminariste celui qu'on a tant de fois appelé depuis le prince de l'éloquence sacrée au xixe siècle ; mais il avait mission de prémunir ses confrères contre une façon de prêcher dont l'imitation leur eût été funeste.

Quoi qu'il en soit, deux ans et demi s'écoulèrent sans qu'il fût appelé aux ordres. Lorsqu'il comprit l'hésitation de ses maîtres, il songea plus sérieusement à ses projets de vie religieuse et se prépara à entrer chez les Jésuites. Il fit même quelques démarches pour y parvenir ; mais Mgr de Quélen s'y opposa.

M. Garnier crut alors seulement devoir faire part au conseil des intentions de son pénitent. Devant cette persévérance à toute épreuve et ces velléités de vie religieuse, le conseil reconnut qu'il s'était mépris sur le fond de cette nature singulière. Toute hésitation cessa : l'entrée du sanctuaire lui fut ouverte immédiatement par le sous-diaconat, et le 22 septembre 1827, après trois ans et demi de séminaire, il fut ordonné prêtre par Mgr de Quélen dans sa chapelle particulière.

(1) Lorain, *Correspondant*, tom. XVII, p. 836.

Le 25 septembre il écrivait : « Ce que je voulais faire est fait : je suis prêtre depuis trois jours, *Sacerdos in æternum secundum ordinem Melchisedech.* »

Il est prêtre ; mais dans quelle voie Dieu l'appelle-t-il ? Restera-t-il dans le clergé séculier ? Sera-t-il religieux ou missionnaire ? Son esprit n'est pas encore fixé. Mais s'il ne voit pas clairement ce qu'il fera, au moins sait-il parfaitement ce qu'il ne fera pas. L'incident suivant en est une preuve.

Lorsque M. Garnier s'absentait pour la visite des séminaires, l'abbé Lacordaire s'adressait, pour la direction de sa conscience, à un autre sulpicien, M. Boyer, saint et digne prêtre, instruit autant que modeste, avec une pointe de vivacité méridionale et d'originalité restée proverbiale à Saint-Sulpice. Un jour l'abbé Lacordaire vient le voir. « Vous arrivez bien à propos, lui dit l'abbé Boyer ; asseyez-vous là, mon très-cher ; je veux vous faire cardinal. — Vous voulez rire, répond l'abbé Lacordaire. — Non pas, non pas ; je veux vous faire cardinal. Écoutez-moi. » Et il se mit à lui raconter comment, la place d'auditeur de Rote à la cour romaine étant vacante par la nomination de Mgr d'Isoard à l'archevêché d'Auch, Mgr Frayssinous, ministre des affaires ecclésiastiques, et qui avait en cette qualité le privilége de la présentation aux titres, était venu lui demander de lui trouver un jeune prêtre pour cette prélature importante. « Je le veux d'un mérite hors ligne, avait dit M. Frayssinous, d'une instruction solide unie au poli de l'éducation, digne enfin de représenter honorablement la France à la cour de Rome, et d'arriver aux dignités élevées auxquelles, vous le savez, cette prélature ouvre la voie. — J'y penserai, » avait répondu M. Boyer. « Et j'y pensais, en effet, reprit-il, lorsque vous êtes entré. Ainsi, vous le voyez, mon cher ami, c'est la Providence elle-même qui vous offre cette magnifique carrière, et nul mieux que vous, par votre talent, votre science du droit, votre habitude du monde et de la parole, n'est capable de la remplir. »

L'abbé Lacordaire, un instant surpris par cette perspective inattendue, n'en fut point ébloui, ni ébranlé. Il répondit : « Lorsque je me suis décidé à entrer dans le sacerdoce, je n'ai eu en vue qu'une chose : servir l'Église par la parole, c'est là ma carrière. Si j'avais désiré les honneurs, je serais resté dans le monde. Ainsi, veuillez ne plus penser à moi ; je serai simple prêtre, et probablement un jour je serai religieux. — Mais vous n'y pensez pas, reprit vivement M. Boyer ; vous voulez servir l'Église, et où donc la servirez-vous mieux qu'à Rome, près du Saint-Père et investi de si hautes fonctions ? Car voyez... » Et il allait continuer lorsque l'abbé Lacordaire l'interrompant à son tour : « Non, non, Monsieur, n'insistez pas, je vous en prie ; je vous l'ai dit et je vous le répète, je n'irai point à Rome ; je serai religieux ; j'en ai souvent et longuement parlé à M. Garnier qui a toute ma confiance; il approuve mon projet, et c'est une affaire décidée (1). »

De pareils faits ne veulent pas de commentaires. J'ajoute seulement que la modestie du Père Lacordaire nous a laissé ignorer pendant toute sa vie ce touchant épisode. Ce n'est qu'après sa mort que nous en avons eu connaissance. C'est M. Garnier lui-même qui a raconté ces détails à un supérieur de grand séminaire de qui nous les tenons.

(1) L'insistance de M. Boyer était d'autant plus propre à faire impression sur l'esprit de l'abbé Lacordaire, que ce sulpicien, rigide et intègre, était incapable de se laisser guider en cela par des vues humaines. Son désintéressement des honneurs n'était pas suspect; il avait refusé une place de vicaire général à Paris. Ami, condisciple et parent de M. Frayssinous, il mourut simple sulpicien. Un jour, Charles X demandait à son ministre où donc était cet ami, ce théologien qu'il allait quelquefois consulter avant de répondre à ses questions. — « Sire, dit M. Frayssinous, il loge dans une mansarde du séminaire Saint-Sulpice. — C'est pour cela sans doute, reprit le roi en souriant, que vous ne parlez jamais de l'élever plus haut. »

CHAPITRE IV

1827-1830

Mgr de Quélen le nomme aumônier du couvent de la Visitation, puis aumônier-adjoint du collége Henri IV. — Vie d'étude. — Il songe à partir pour les États-Unis d'Amérique.

Après avoir refusé d'aller à Rome avec le titre de Monseigneur, et la perspective certaine d'un évêché (1), il accepta volontiers de l'archevêque de Paris les hum-

(1) La charge d'auditeur de Rote est de celles qui, dans les usages de la cour romaine, conduisent toujours à l'épiscopat. Le doyen des auditeurs, lorsqu'il résigne ses fonctions, est même de droit revêtu de la pourpre et promu à un archevêché. En 1827, à l'époque où l'abbé Lacordaire refusa cet honneur, la place était vacante par la nomination de Mgr d'Isoard, doyen des auditeurs, à l'archevêché d'Auch avec la dignité de cardinal. Au défaut de l'abbé Lacordaire, ce fut Mgr de Retz qui fut nommé. Il mourut dans sa charge d'auditeur, en 1844, ainsi que son prédécesseur, Mgr d'Isoard, qui mourut en 1847. Le poste resta vacant jusqu'en 1852, où il fut occupé par Mgr de Ségur jusqu'en 1856. La maladie d'yeux dont il fut affligé a seule empêché sa promotion à la dignité épiscopale. Ses successeurs furent Mgr de la Tour-d'Auvergne, archevêque de Bourges; Mgr Lavigerie, évêque de Nancy; et Mgr Place, actuellement en charge.

bles fonctions d'aumônier dans un couvent de Visitandines. A un palais il préférait une cellule. Était-ce pure modestie ? Nous ne le croyons pas. La vertu d'humilité, dans le Père Lacordaire, tendait moins à se croire inhabile à tout qu'à rendre hommage à Dieu pour le bien qu'il croyait en avoir reçu, moins à se faire illusion sur le don qu'à le faire fructifier en bon et fidèle économe. S'il se fût reconnu des aptitudes pour les charges qu'on venait de lui proposer, il les eût acceptées, je crois, sans peine; mais parce qu'il ne voyait en lui que des incompatibilités, il refusa, également inaccessible et aux insinuations de la vaine gloire et aux sophismes de la raison, si habile, en semblable occasion, à déguiser l'honneur sous le fardeau. Ce n'était pas non plus amour égoïste du repos. Il cherchait la solitude non pour fuir l'action, mais pour s'y mieux préparer. C'est dans ce sentiment qu'il écrira plus tard : « Je n'ai aucune ambition, et je ne puis pas en avoir; car toutes les positions élevées dans le clergé sont des charges pastorales ou administratives absolument incompatibles avec mes goûts. Je n'aurai jamais de fonctions, ni n'en veux avoir. Mais il faut faire quelque chose de soi, à cause de la conscience qui y oblige(1) » Voilà l'homme : œil lucide et ferme sur lui-même, juge impartial en sa propre cause, rare esprit de conduite, et, hâtons-nous d'ajouter, vertu plus rare encore. Car,

---

(1) Lettre à M. de Montalembert, 1833.

s'il importe de faire la juste part des qualités naturelles, il n'importe pas moins de dire ce qu'elles ont reçu des divines influences de la grâce et de montrer l'homme achevé et complété par le prêtre. Quelle distance déjà, en effet, entre l'avocat stagiaire si amoureux de renommée et le simple catéchiste de petites filles à la Visitation !

Son rôle à la Visitation se bornait à faire quelques instructions aux enfants du pensionnat et à les confesser. Certes, les débuts du grand orateur ne pouvaient être plus humbles. Il s'acquitta de ses fonctions avec le zèle et l'exactitude qu'il mettait à tout ; mais les résultats furent médiocres. Il y avait une trop grande disproportion entre le docteur et les jeunes intelligences ses disciples. On l'admirait souvent, on ne le comprenait pas toujours. Les bonnes religieuses trouvaient qu'*il faisait trop de métaphysique,* et là le reproche était mérité, nous le croyons sans peine. Au reste, d'une gravité et d'une réserve telles, qu'on ne sait pas se souvenir dans la maison s'il a jamais levé les yeux sur les élèves en leur parlant.

Sa mère vint partager sa retraite à la Visitation. Elle s'étonnait de la solitude où il vivait, « et sachant, raconte-t-il lui-même, que ma nature était aimante, elle me disait quelquefois avec une sorte de mélancolie : *Tu n'as point d'amis!* Je n'en avais point, en effet, et je ne devais en avoir qu'après des événements appelés à changer la face du monde, et à changer en même temps ma propre destinée (1). »

On le voit, il y avait là d'immenses loisirs pour le jeune prêtre. C'était surtout ce qu'il avait désiré. Il en profita pour se préparer à la lutte. Ses trois années de théologie ne lui avaient laissé qu'une idée sommaire et incomplète de la science qu'il voulait approfondir pour lui et pour les autres. Il résolut de l'étudier aux sources et il s'y mit avec ardeur. « La force est aux sources, écrit-il, et je veux y aller voir. Le travail sera long, d'autant plus que je recueillerai sur ma route tout ce qui pourra me servir pour l'apologie du catholicisme, dont le cadre n'est pas encore déterminé dans mon esprit, mais dont les matériaux me doivent être fournis par l'Écriture, les Pères, l'histoire et la philosophie. Tout ce que j'ai lu jusqu'ici sur la défense de la religion me semble faible ou incomplet. Les théologiens modernes ne marchent pas sans guide. C'est tout comme en Suisse : un chemin qu'un voyageur célèbre a suivi, tous le prennent, et on passe à côté d'un sentier qui mènerait à de nouvelles beautés, mais qui n'est pas historique encore (2). » Dès le début, il sait où il va. L'apologie du christianisme, voilà son but, sa mission, le foyer où convergeront toutes ses forces. Déjà, dans sa pensée, se dessinent les premiers li-

(1) Mémoires.
(2) Lorain, *Correspondant,* tom. XVII, p. 838.

néaments de l'édifice qu'il espère élever à la défense de sa foi.

A ses amis qui le pressaient de se produire, d'écrire et de parler, il répondait : « J'étudie et je n'écris point... L'âge commence à nous prendre : il est temps de devenir raisonnable, et de voir la vie avec des yeux moins pleins du soleil de la jeunesse... Soyons justes envers Dieu : il n'a pas fait les hommes pour la célébrité, que si peu atteignent, que si peu estiment lorsqu'ils l'ont obtenue... Dieu voit trop bien la petitesse du monde, pour avoir donné à ses créatures une si frivole occupation : il a fait les étoiles pour nous en dégoûter. La gloire est l'illusion de notre enfance et de ceux qui n'en sortent jamais ; celui qui peut l'atteindre n'y songe pas : il est déjà trop grand. Le sage vit de lui-même ; il n'attend pas si tard que trente ans pour connaître le prix de ces grandes coteries qu'on appelle nations ; il veut le bien et la vertu qui dépendent de lui ; il s'attache au coin de terre où la Providence l'a jeté ; et, s'il a un de ces génies vastes à qui le monde suffit à peine, il désire encore davantage la solitude. Il comprend trop ses contemporains pour ne pas s'estimer heureux de manger loin d'eux les oignons de ses jardins et les cerises amères de ses bois... La manie d'être quelque chose perd tous les esprits de ce temps, et s'il naît un grand homme, il nous viendra de quelque cabane de pêcheur où le fils d'un charbonnier se sera retiré avec vingt écus de rente. La première de toutes les gloires, celle de Dieu, est née dans la solitude (1). »

Il n'était pas pressé. Nul homme ne s'est plus fortement possédé lui-même en Dieu, nul n'a plus patiemment attendu l'heure providentielle marquée pour l'action, comme aussi nul ne s'est plus impétueusement lancé quand cette heure lui parut avoir sonné. Il voyait ce qu'il y avait à faire dans la société; mais son heure n'était pas venue. Ces idées graves de toute sa correspondance d'alors sont relevées de temps en temps par des traits du tour d'esprit bourguignon qu'il garda toujours, mais qui est à cette époque plus vif et plus voisin du terroir. « Si la gloire venait comme une ancienne amie de la maison qui nous aurait un peu oubliés, nous serions généreux, nous ne lui tournerions pas le dos. Mais elle ne nous étoufferait pas; nous serions plus grands que ses ailes; et, le dimanche, nous la mettrions au pot, par respect pour le septième jour. Certes, il y aurait de belles choses à faire. Toutes les gloires qui sont encore au-dessus de l'horizon, s'élèveront par le catholicisme. Et vous devez bien le voir, si vous suivez de l'œil le monde! La société civile est incapable aujourd'hui d'enfantement : un grand homme est trop fort pour ses entrailles. Fille épuisée par le vice, elle a cru que la liberté rajeunirait son sein, et, quittant les palais, elle a dit à la multitude :

---

(1) Lorain, *Correspondant*, tom. XVII, p. 831.

Me voici ! Mais elle et la multitude se sont rencontrées comme le Péché et la Mort dans Milton. La jeunesse, une fois périe, ne renaît que par l'immortalité. La vertu et le génie, une fois éteints, ne renaissent que par la foi... Dieu a livré le monde aux hommes de génie, ces dieux créés, à la condition de fléchir le genou devant lui. Jusque-là, ils sont comme cet archange traversant le vide et le chaos, et tombant toujours, parce qu'ils ne trouvent pas un point solide pour frapper du pied et prendre leur élan (1). »

A la fin de 1828, il fut nommé aumônier-adjoint du collége Henri IV. Ces fonctions, qui rentraient mieux dans ses aptitudes, ne changèrent rien à sa vie d'étude, de retraite et de préparation à son rôle providentiel. Il lisait saint Augustin, Platon, Aristote, Descartes, les ouvrages de M. de la Mennais et l'histoire ecclésiastique. « Qu'est-ce que je fais donc? s'écriait-il. Je rêve, je pense, je lis, je prie le bon Dieu, je ris deux ou trois fois par semaine, je pleure une fois ou deux. Je m'échauffe de temps en temps contre l'Université, qui est bien la fille des rois la plus insupportable que je connaisse... Ajoutez à cela quelques instructions improvisées à des élèves de troisième et de quatrième, voilà ma vie (2). »

Cependant, vers la fin de 1829, cette idée de l'apo-

---

(1) Lorain, *Correspondant*, tom. XVII, p. 840.
(2) *Ibid.*

stolat dans les pays étrangers que nous avons vu germer en lui au grand séminaire, parut avoir assez mûri dans son esprit pour le décider à partir. Il voulait être missionnaire aux États-Unis. Au printemps de 1830, il se rendit seul et pour la première fois à la Chesnaie pour voir M. de la Mennais. « Je ne l'avais vu que deux fois, pendant quelques instants, raconte-t-il dans ses Mémoires; mais enfin c'était le seul grand homme de l'Église de France, et le peu d'ecclésiastiques avec qui j'avais eu des relations particulières étaient ses amis. Arrivé à Dinan, je m'enfonçai seul par des sentiers obscurs à travers les bois, et, après quelques indications demandées, je me trouvai en face d'une maison solitaire et sombre dont aucun bruit ne troublait la mystérieuse célébrité. C'était la Chesnaie. M. l'abbé de la Mennais, prévenu par une lettre qui lui annonçait ma visite et mon adhésion, me reçut cordialement. Il avait près de lui M. l'abbé Gerbet, son disciple le plus intime, et une douzaine de jeunes gens qu'il avait réunis à l'ombre de sa gloire, comme une semence précieuse pour l'avenir de ses idées et de ses projets. Cette visite, en me causant plus d'une surprise, ne rompit pas le lien qui venait de me rattacher à l'illustre écrivain. Sa philosophie n'avait jamais pris une possession claire de mon entendement; sa politique absolutiste m'avait toujours repoussé; sa théologie venait de me jeter dans une crainte que son orthodoxie même ne fût pas assurée. Néanmoins il était trop tard; après huit années d'hésitation, je m'étais livré sans enthousiasme, mais volontairement, à l'école qui jusque-là n'avait pu conquérir mes sympathies ni mes convictions (1). »

Cette démarche ne changea cependant rien à ses projets de mission. Il vit même là, chez M. de la Mennais, l'évêque de New-York, qui lui offrit une place de vicaire général dans son diocèse. La révolution de 1830, qui éclata trois mois après, ne l'ébranla pas davantage. C'était donc une idée sérieuse et qui avait pris racine dans son âme. D'où lui venait-elle?

Elle lui venait de sa double et constante préoccupation, l'Église et la société, qu'il aurait voulu voir unies dans les faits, comme elles l'étaient dans son amour. Elle lui venait de son cœur de prêtre qui commençait à souffrir du besoin de se dépenser sans mesure pour Celui qui s'était donné sans mesure. Tout jeune prêtre connaît ce noble mal. L'abbé Lacordaire voulait s'en guérir. Il s'était déjà dit, dès le séminaire, que « plus on veut faire de bien dans la religion, plus il faut donner aux peuples de gages de sa certitude par la sainteté et l'abnégation de sa vie. » Dire adieu à la France et à ses amis, c'était, certes, pour son âme aimante et patriotique, une belle et généreuse immolation dont l'héroïsme séduisait et exaltait son courage. Mais à ce mobile du dévouement, il s'en mêlait un autre qui lui avait fait préférer les États-Unis d'Amé-

(1) Mémoires.

rique. Il était arrivé au catholicisme, il nous l'a dit lui-même, par ses croyances sociales. De la nécessité de la société, il avait inféré la nécessité de l'Église par ces degrés très-simples : point de société sans religion, point de religion sans christianisme, point de christianisme sans l'Église catholique. Il tenait ainsi les deux anneaux extrêmes de la chaîne : la société et l'Église ; mais comment se réunissent-ils ? Comment la société, qui ne peut se passer de l'Église, vivra-t-elle avec elle ? Lui sera-t-elle subordonnée de droit et de fait comme au moyen âge ? Ou bien, quoi qu'il en soit du droit, marchera-t-elle à ses côtés, pacifique et indépendante, comme aux États-Unis ? C'était le problème qui troublait son esprit. Il voulait aller étudier sur place la solution vers laquelle il inclinait visiblement, et qu'il devait bientôt pousser à l'extrême dans le journal *l'Avenir*. Il était curieux de voir par lui-même les développements possibles, par la seule liberté, d'une Église qui, en 1808, comptait deux diocèses et quatre-vingts temples, et qui compte aujourd'hui quarante-cinq diocèses et trois mille sanctuaires.

Il faut le reconnaître aussi, la situation faite à l'Église de France par le pouvoir de cette époque était bien de nature à lui faire chercher ailleurs un plus parfait idéal. Il sentait captif en lui ce quelque chose « d'inaliénable, de divin, d'éternellement libre, la parole ! La parole du prêtre m'était confiée, s'écriait-il, et il m'était dit de la porter aux extrémités du monde, sans que personne eût le droit de sceller mes lèvres un seul jour de ma vie. Je sortis du temple avec ces grandes destinées, et je rencontrai sur le seuil les lois et la servitude. Les lois ne me permettaient pas d'enseigner la jeunesse de France sous un roi très-chrétien, et si j'eusse voulu, comme mes pères, m'enfoncer dans les solitudes pour y bâtir un lieu de prière et d'un peu de paix, on eût trouvé d'autres lois pour m'en bannir (1). » Depuis deux ans qu'il était prêtre, il avait vu les colléges des jésuites supprimés, l'enseignement dans les petits séminaires soumis à des mesures restrictives et blessantes pour l'épiscopat, la création d'une nouvelle Sorbonne, *gardienne des maximes françaises*. Le gallicanisme, l'arche sainte, était en danger : on lui donnait une garde d'honneur. Il avait été question d'imposer aux grands séminaires l'enseignement *des quatre articles*, par décision du ministre de l'intérieur. Il avait vu l'abbé de la Mennais traduit en police correctionnelle et condamné pour délit de provocation à la désobéissance à la déclaration de 1682, proclamée loi de l'État. Il avait vu le drapeau du gallicanisme hautement relevé, à la suite de ce procès, par les quatorze évêques signataires de la déclaration de 1826. Tous ces faits, si contraires aux idées, aux tendances, aux aspirations de l'abbé Lacordaire, durent naturellement peser sur sa détermina-

(1) Procès de *l'Avenir*.

tion, et lui faire chercher du regard une terre plus libre. « Qui n'a tourné les yeux, disait-il encore à ces mêmes juges de 1831, qui n'a tourné les yeux, dans ces moments où la patrie fatigue, vers la république de Washington? Qui ne s'est assis, dans la pensée, à l'ombre des forêts et des lois de l'Amérique? J'y jetai mes regards, las du spectacle qu'ils rencontraient en France, et je résolus d'aller leur demander une hospitalité qu'ils n'ont jamais refusée ni au prêtre, ni au voyageur (1). »

Toutes ces considérations peuvent aussi servir, non à justifier, mais à expliquer le mouvement de réaction qui s'empara de son esprit et de sa plume contre ce déplorable système d'asservissement de l'Église à l'État. La révolution de 1830 venait d'en rendre palpables les tristes conséquences. Ces malheureuses concessions faites au pouvoir civil, au lieu de profiter à la puissance spirituelle, n'avaient abouti, alors comme toujours, qu'à l'envelopper dans la même impopularité et à l'entraîner aux mêmes catastrophes. Il faut avoir ces souvenirs présents pour juger avec impartialité la polémique qui va bientôt s'engager.

L'abbé Lacordaire, muni du double consentement de sa mère et de son archevêque, se rendit en Bourgogne pour faire ses adieux à sa famille et à ses amis. C'est là qu'il reçut une lettre de M. l'abbé Gerbet qui

---

(1) Procès de *l'Avenir*.

lui annonçait le projet de fondation du journal *l'Avenir,* et lui demandait, au nom de son maître, sa collaboration à une œuvre tout à la fois catholique et nationale, d'où l'on pouvait attendre l'affranchissement de la religion, la réconciliation des esprits, et par conséquent une rénovation de la société. L'abbé de la Mennais acceptait franchement les événements qui venaient de s'accomplir, et n'était plus le complice des doctrines absolutistes repoussées par l'opinion générale. Rien ne pouvait causer à l'abbé Lacordaire une plus vive joie; ce fut pour lui comme une sorte d'enivrement. Il n'était plus isolé, il se sentait soutenu. Les idées qu'il allait étudier en Amérique, venaient de trouver inopinément, dans sa patrie, le plus illustre défenseur, un O'Connell français qui allait leur donner la plus éclatante manifestation. On allait discuter, sur un terrain balayé par l'orage, la grande question de ce siècle : les rapports de l'Église et de l'État. Pouvait-il quitter son pays au moment où de si graves intérêts allaient se débattre? N'était-ce pas une sorte de désertion la veille du combat? Pouvait-il refuser son concours à l'étude publique d'une question qui obsédait son esprit depuis longtemps? Il ne le crut pas.

Et ainsi le même élan de liberté qui entraînait cette âme ardente et généreuse vers une terre plus affranchie, l'arrêta, au moment du départ, et l'attacha pour jamais aux destinées et aux luttes de son pays.

CHAPITRE V

1830-1832

Le journal *l'Avenir*. — L'abbé Lacordaire, M. de la Mennais et M. de Montalembert. — Voyage à Rome. — Condamnation de *l'Avenir*. — Soumission exemplaire de l'abbé Lacordaire. — Rupture avec M. de la Mennais.

L'Avenir fut fondé, le 15 octobre 1830, au souffle encore mugissant d'une tempête qui avait ébranlé du même coup l'autel, le trône et la société.

Aujourd'hui, que la plupart des rédacteurs de *l'Avenir* sont devant Dieu, que le calme, sinon la pleine lumière, s'est fait autour des problèmes soulevés par eux; aujourd'hui qu'on peut, sans être prophète, prévoir la renaissance prochaine des grandes questions posées par *l'Avenir*, puisqu'il suffit pour cela de regarder autour de soi, d'écouter les bruits qui viennent du dedans et du dehors, il ne serait pas sans intérêt d'étudier cette courte et curieuse phase de polémique religieuse. On ne s'attend pas, sans doute, à trouver ici cette étude. Elle nous éloignerait de notre but, et nous avons plus d'une autre bonne raison pour en laisser le soin aux historiens de la vie complète du Père Lacordaire. Cependant il nous est impossible de ne pas nous y arrêter, au moins un instant, pour en dégager, en ce qui concerne le jeune publiciste improvisé, la part de l'homme et du prêtre. Notre silence, d'ailleurs, risquerait, aux yeux de plusieurs, de paraître motivé par la crainte de nous heurter à de trop graves échecs pour la mémoire que nous vénérons. On se tromperait. Nous n'écrivons pas un panégyrique, et il nous en coûte peu de relever, dans une vie si pleine de vertus, des faiblesses et des fautes qui ont eu pour résultat de mettre en plus vive saillie la droiture des intentions, la profonde et parfaite humilité de cœur et d'esprit.

Que se proposaient les hommes de *l'Avenir*? Leur drapeau le disait très-haut : revendiquer pour l'Église de France tous les priviléges de la liberté sans en repousser les charges. La révolution venait de faire table rase de toutes les anciennes traditions. Le clergé, depuis le rétablissement de l'ordre et du culte, au commencement de ce siècle, avait appris à ses dépens ce que coûte la protection d'un pouvoir mal éclairé sur ses véritables rapports avec l'Église; il voyait par expérience ce qu'il avait gagné en considération sous l'Empire, sous la Restauration et sous le règne, pourtant si jeune encore, de la bourgeoisie et du peuple. Quelle attitude allait-il prendre devant le nouveau gouvernement? Allait-il recommencer les anciennes recherches d'alliance entre le trône et l'autel? *L'Avenir* fut fondé pour le guérir de cette tentation. Respect à la Charte et aux lois justes, et, pour tout le reste, indépendance absolue du pouvoir, tel fut son programme. Par conséquent, liberté des opinions par la presse, et guerre à l'arbitraire et au privilége; liberté d'enseignement, et guerre au monopole universitaire; liberté d'association, et guerre aux vieilles lois anti-monastiques, ressuscitées des plus mauvais jours; liberté, indépendance morale du clergé, et guerre au budget des cultes. On ne mettait à ces libertés que des limites incertaines et vagues; encore les réserves stipulées dans les déclarations de doctrines disparaissaient-elles souvent dans les entraînements de la discussion et la véhémence des invectives. On se préoccupait plus, il faut l'avouer, d'obtenir la chose que d'en prévenir les abus. Trop radicale dans ses principes, cette polémique l'était surtout dans ses procédés. *La liberté ne se donne pas, elle se prend,* redisait-on sans cesse, et, sans scrupule, on joignait l'exemple au précepte. Chaque matin on sonnait la charge, chaque jour enregistrait de nouveaux faits d'armes. On parlait au clergé comme à une armée rangée en bataille; on lançait en éclaireurs les plus ardents, on stimulait le zèle des retardataires, on attachait au pilori les déserteurs. Les chefs étaient harangués, les plans de campagne indiqués d'avance, l'ennemi signalé et poursuivi à outrance.

Philosophes, briseurs de croix, ministres, *ombres de proconsuls,* universitaires, bourgeois, gallicans, tous étaient attaqués à la fois. Les résistances irritaient la fougue des combattants ; il semblait que le soleil se coucherait toujours trop tôt sur leur belliqueuse ardeur. La patience et les ménagements étaient peu en faveur dans cette stratégie. On voulait, non pas demain, mais tout de suite ; on arracherait de vive force et à la pointe de l'épée ce qu'on refuserait d'accorder de bonne grâce. Cette attitude altière et provocatrice, cette inexpérience des hommes et des choses, plus excusable dans les jeunes disciples que dans le maître, furent, à notre avis, la plus grande faute de *l'Avenir*. Les erreurs, les exagérations de doctrines se fussent corrigées avec le temps, les conseils et l'enseignement pratique des faits. Mais ces accents si fiers, si insolites, sur les lèvres du prêtre surtout, troublaient même les amis, et retentissaient à Rome avec un certain effroi, à Rome toujours calme comme la Vérité, toujours patiente comme l'Éternité. La responsabilité de cette fausse attitude retombe principalement sur l'abbé de la Mennais et sur l'abbé Lacordaire. C'est celui-ci qui rédigea les plus vives catilinaires et aborda les questions les plus ardues. Les articles sur la suppression du budget du clergé sont de lui. Plus tard, il est vrai, il eut à cœur de se réfuter lui-même dans *l'Ère nouvelle*. Il y défendit la thèse opposée à la suppression du budget des cultes ; mais si le droit et la justice étaient pour le journal de 1848, la verve et la chaleur sont à coup sûr pour celui de 1830. Qu'on en juge par cette page qui donne en même temps une idée du diapason où étaient montées les voix d'alors.

« Nous sommes payés par nos ennemis, par ceux qui nous regardent comme des hypocrites ou des imbéciles, et qui sont persuadés que notre vie tient à leur argent. Ils sont nos débiteurs, sans doute, et c'est le pire qu'étant nos débiteurs, ils soient parvenus à croire qu'ils nous font une aumône, et une aumône absurde. Leur traitement en devient si injurieux, que des hommes qui le souffrent doivent nécessairement tomber au-dessous du mépris. Figurez-vous un débiteur qui, rencontrant son créancier, lui jetterait dans la boue un peu de monnaie en lui disant : « Travaille, fainéant, travaille ! » Voilà comme nous traitent nos ennemis, et il y a aujourd'hui trente ans et quatre mois que nous nous baissons pour ramasser...

« Prêtres catholiques ! il s'agit de votre sang, et nous ne le méprisons pas. Nous sommes pauvres comme vous ; nos veilles n'ont d'autre salaire que leur indépendance, et nous ne savons du lendemain qu'une chose, c'est que la Providence se lèvera plus matin que le soleil. Pourquoi mépriserions-nous le sang de nos frères ? Leur peuple est notre peuple, leur Dieu est notre Dieu, leur vie est la nôtre et plus que la nôtre. Mais nous sentons vivement votre servitude, et nous pensons que la pauvreté vaut cent fois mieux que les outrages d'un préfet, que la ruine de l'Église. A-t-on jamais traité des hommes avec plus de mépris ? Ils se moquent de vos prières, et ils vous ordonnent de les chanter. Si vous n'obéissez pas, vous êtes des séditieux à qui le trésor sera fermé ; si vous obéissez, vous leur devenez si vils, qu'il n'y a pas de termes dans les langues pour exprimer ce qu'ils pensent de vous. Et pourtant ils n'ont de titre contre l'Église que celui de son débiteur !

« Prêtres catholiques ! nous protestons, pour notre part, contre ces indignités, contre ce martyre d'opprobre. Tant qu'il nous restera un souffle, nous prendrons le ciel et la terre à témoin que nous sommes purs de ce sang qu'on tire goutte à goutte de vos veines. Quelques-uns d'entre vous nous haïront s'ils le veulent ; ils nous accuseront d'appeler la misère sur leurs têtes. Un jour peut-être, nous courrons dans le monde avec leur malédiction ; un peu de terre étrangère couvrira nos cendres méprisées ; mais, à l'heure du réveil, nous espérons que Dieu retrouvera *dans nos os* l'amour qui ne s'y sera jamais éteint pour vous (1) ! »

Mais, en signalant les écarts de doctrine et l'enflure déclamatoire du ton, n'oublions pas de rendre justice à la sincère bonne foi des convictions, à la pureté du but, à la droiture des intentions, et par-dessus tout à la parfaite docilité à la chaire de Pierre. Les rédacteurs

---

(1) Articles de *l'Avenir*, t. I, p. 251, 158.

avaient toujours protesté de leur désir de soumettre leurs doctrines au Saint-Siége et de s'en tenir à sa décision. Trois mois après la création du journal, ils signèrent tous une déclaration contenant leurs principales thèses, et qui se terminait par ces lignes :

« Si, dans les principes que nous professons, il y a quelque chose qui soit contraire à la foi ou à la doctrine catholique, nous supplions le Vicaire de Jésus-Christ de daigner nous en avertir, lui renouvelant la promesse de notre parfaite docilité... Notre premier principe, le principe vital de nos écrits, l'âme de notre intelligence, c'est que la vérité n'est pas un bien qui nous soit propre, et, depuis notre doctrine sur la raison jusqu'à notre foi en la chaire éternelle, de toutes parts nous sommes comme enveloppés d'obéissance. Nous finirons, avec la grâce de Dieu, comme nous avons commencé. Après que nous aurons traversé des jours pleins d'épreuves et de combats, lorsque notre dernier soupir aura marqué le terme de nos travaux, on pourra, sans être démenti par aucun souvenir de notre vie, nous en avons l'espérance, on pourra graver sur nos tombes ces mots de Fénelon : *O sainte Église de Rome ! si je t'oublie, puissé-je m'oublier moi-même !* »

Notons aussi les circonstances atténuantes : le chaos des opinions au lendemain de la tourmente, la division des partis, la situation nouvelle et inexplorée faite au clergé, le mauvais vouloir du gouvernement, le choix équivoque de quelques évêques, les prêtres insultés, les religieux expulsés, les violations d'église pour refus de sépulture ecclésiastique, etc. C'était une bataille en règle engagée sur toute la ligne, et ce n'est pas sous le feu des combattants qu'il faut aller chercher le calme et la modération.

N'oublions pas enfin les services rendus par ce journal à la cause religieuse : le clergé animé à la défense de ses droits, le gallicanisme politique et théologique humilié et vaincu, la liberté d'association et d'enseignement sinon gagnée, au moins défendue avec un talent et une ténacité qui présageaient l'infaillible triomphe. Rien de plus faible et de plus désarmé que le clergé d'alors devant l'opinion publique. Renversé de son trône officiel et meurtri dans sa chute, il était en butte à toutes les haines ; et de la haine à la persécution le pas est glissant. Les petits et les grands despotes s'étaient promis de frapper sans merci sur ces restes maudits de la superstition et du fanatisme. Mais, sans leur permission, une tribune s'était élevée, au nom de Dieu et de la liberté, et, chaque matin, du haut de cette tribune, les voix les plus éloquentes dénonçaient les abus, prenaient les victimes sous leur égide, flagellaient les coupables et demandaient justice aux magistrats. Cette tribune fut une puissance et arrêta plus d'une vexation. Si l'on venait à apprendre qu'un sous-préfet avait fait enfoncer les portes d'une église pour y introduire un cadavre ;

qu'un capucin avait été arrêté à la porte de son couvent, pour port illégal de costume ; que six cents hommes, soldats et gendarmes, sur l'ordre d'un ministre, avaient cerné une maison de Trappistes comme une place de guerre, et en avaient chassé les religieux comme des bandits, *l'Avenir* élevait la voix. C'était presque toujours l'abbé Lacordaire qui prenait la défense des opprimés, et avec une verve si incisive et sanglante que les agresseurs portaient longtemps la marque de ses coups.

Toutes les causes faibles mais justes, non-seulement au dedans mais au dehors de la France, avaient, dans *l'Avenir*, un éloquent défenseur. C'est encore dans un article de la plume de l'abbé Lacordaire, que nous trouvons une page sur le pouvoir temporel de la papauté, que l'on croirait écrite pour les événements présents.

« Ni l'Orient ni l'Occident n'ont pu ôter Rome des mains d'un prêtre, depuis le jour où l'aigle se sauva de l'Italie vers le Bosphore, et d'incroyables événements ont, de siècle en siècle, fait un trône de la Chaire apostolique, et une ville éternelle avec neuf générations de ruines *On peut donc croire*, dit Fleury, *que c'est par un effet particulier de la Providence que le Pape s'est trouvé indépendant et maître d'un État assez puissant pour n'être pas aisément opprimé par les autres souverains.* Oui sans doute, on peut le croire. Il fallait que le caractère de paternité indépendante, qui est l'âme du sacerdoce chrétien, eût un type éclatant dans le monde, et tout était perdu si quelque prince eût mis à sa solde l'Eglise romaine avec son chef. Jusqu'à Constantin ce danger n'exista pas, et Dieu ne fit rien pour préparer aux évêques de Rome une souveraineté temporelle; mais dès que l'alliance eut été signée entre la religion et l'empire, on vit tout d'un coup la splendeur des Césars s'enfuir aux extrémités de l'Europe, et le pape sauvé de la honte d'être un jour leur courtisan.

« Toutefois l'Église romaine resta pauvre; elle continua à vivre d'aumônes plus que de son patrimoine, afin que le sacerdoce chrétien n'oubliât jamais que la charité des fidèles est sa véritable fortune. Fille et mère du monde, Rome reçoit et donne la vie, heureuse d'attendre le denier de ses enfants, qu'elle ne changera jamais contre l'or des rois. Les rois lui ont déjà proposé l'échange; ils ont bâti des palais pour elle; ils ont espéré de la voir captive de leur budget : toute la terre sait sa réponse (1). »

Ce n'est pas non plus sans une vive émotion que nous avons retrouvé dans ces pages le premier salut d'une âme généreuse à la Pologne soulevée. Quel charme à reconnaître dans M. de Montalembert, dans l'ardeur de ses vingt ans, le même cri, la même foi, le même enthousiasme qui nous émeuvent encore aujourd'hui dans

(1) Article de *l'Avenir*, t. I, p. 182.

ses plaidoyers pour une cause toujours héroïque, mais, hélas! toujours vaincue!

« Enfin elle a jeté son cri de réveil, enfin elle a secoué ses chaînes, et en a menacé la tête de ses barbares oppresseurs, cette fière et généreuse Pologne, tant calomniée, tant opprimée, tant chérie de tous les cœurs libres et catholiques. Puisse-t-elle reprendre sa place parmi les nations du monde, cette nation qui a si longtemps lutté pour sa liberté, et qui a gardé pure et sans tache l'antique foi de ses pères! Le monument sacrilége que le xviiie siècle nous a légué, est effacé de la carte de l'Europe; l'œuvre impie du congrès de Vienne est anéantie : les peuples asservis et les croyances outragées reconquièrent leurs droits. On ne verra plus l'impitoyable diplomatie distribuer les hommes comme de vils bestiaux, et vendre la foi des nations au plus offrant. Dieu a laissé dormir quinze ans sa colère : elle est debout maintenant. Rois de l'Europe, rois sans foi, sans amour, rois qui avez oublié Dieu, tous vous serez atteints, tous vous connaîtrez la faiblesse de ces trônes où vous avez cru vous asseoir sans lui. Libre et catholique Pologne, patrie de Sobieski et de Kosciusko, toi qui fus au xviie comme au xviiie siècle l'héroïne du catholicisme défaillant, nous saluons ta nouvelle aurore, nous te convions à la sublime alliance de Dieu et de la liberté (1)! »

---

(1) Articles de *l'Avenir*, t. I, p. 403.

Nous avons nommé M. de Montalembert. Au premier bruit de la fondation de *l'Avenir*, il était accouru du fond de l'Irlande engager sa vie publique sous cette bannière de Dieu et de la liberté, qui resta celle de sa foi politique et religieuse. Il vit là, chez M. de la Mennais, l'abbé Lacordaire pour la première fois. Leur amitié date de ce jour. Elle fut vive et profonde. La chaude peinture que M. de Montalembert a faite de cette première rencontre, laisse deviner combien il y fut sensible, et le cœur voudrait être à l'aise pour dire ce qu'il pense de cette belle amitié sur laquelle le survivant, d'une main timide et généreuse, a levé un coin du voile. L'heure n'est pas venue. Quant à l'abbé Lacordaire, il désirait ce jour depuis longtemps. Il n'avait pas encore rencontré l'amitié qu'il cherchait. Désormais il ne sera plus seul, et sa mère ne lui dira plus : « Tu n'as point d'amis ! » Parlant de celui que Dieu venait de lui donner, il disait : « C'est un jeune homme charmant et que j'aime comme un plébéien. Je suis sûr que s'il vit, sa destinée sera pure comme un lac de la Suisse entre les montagnes, et célèbre comme eux. » En relisant le petit traité sur l'amitié chrétienne, qu'il écrivit à la fin de sa vie, à l'occasion de sainte Marie-Madeleine, et en retrouvant ce vivant portrait de l'amitié pure entre jeunes gens, il nous semblait qu'il devait avoir alors devant les yeux quelque chère apparition de ce premier souvenir de 1830. On en jugera.

« Lorsqu'un jeune homme, aidé de cette grâce toute-puissante qui vient du Christ, retient ses passions sous le joug de la chasteté, il éprouve dans son cœur une dilatation proportionnée à la réserve de ses sens; et le besoin d'aimer, qui est le fond de notre nature, se fait jour en lui par une ardeur naïve qui le porte à s'épancher dans une âme comme la sienne, fervente et contenue. Il n'en recherche pas en vain longtemps l'apparition. Elle s'offre à lui naturellement, comme toute plante germe de la terre qui lui est propre. La sympathie ne se refuse qu'à celui qui ne l'inspire pas, et celui-là l'inspire qui en porte en lui-même le généreux ferment. Tout cœur pur la possède, et, par conséquent, tout cœur pur attire à lui, n'importe à quel âge. Mais combien plus dans la jeunesse! Combien plus lorsque le front est paré de toutes les grâces qui attendrissent, et que la vertu l'illumine de cette autre beauté qui plaît à Dieu lui-même! Ainsi parut David à Jonathas, le jour où David entra dans la tente de Saül, tenant la tête du géant dans sa main droite, et qu'interrogé par le roi sur son origine, il lui répondit: « Je suis le fils de votre serviteur Isaï, de Bethléhem. » *Aussitôt,* dit l'Écriture, *l'âme de Jonathas s'attacha à l'âme de David, et Jonathas l'aima comme son âme* (1). Singulier effet d'un seul regard! Tout à l'heure encore David gardait les troupeaux de son père, Jonathas était

---

(1) 1er Livre des Rois, xviii, 1.

sur le seuil d'un trône, et en un instant la distance s'efface : le pâtre et le prince ne font plus, selon l'expression même de l'Écriture, qu'une seule âme. C'est que dans ce jeune homme tout pâle encore des faiblesses de l'enfance, et tenant néanmoins d'une main virile la tête sanglante d'un ennemi vaincu, Jonathas a deviné le héros, et que David, en voyant le fils de son roi se pencher vers lui, sans jalousie de sa victoire et sans orgueil du rang, a reconnu, dans ce mouvement généreux, un cœur capable d'aimer, et digne par conséquent de l'être (1). »

Ces deux natures, issues d'origines si opposées, et si bien faites l'une pour l'autre, s'étaient devinées du premier regard. « Que ne m'est-il donné, dit M. de Montalembert, de le peindre tel qu'il m'apparut alors dans tout l'éclat et le charme de la jeunesse ! Il avait vingt-huit ans ; il était vêtu en laïque (l'état de Paris ne permettant pas aux prêtres de porter leur costume) ; sa taille élancée, ses traits fins et réguliers, son front sculptural, le port déjà souverain de sa tête, son œil noir et étincelant, je ne sais quoi de fier et d'élégant en même temps que de modeste dans toute sa personne, tout cela n'était que l'enveloppe d'une âme qui semblait prête à déborder, non-seulement dans les libres combats de la parole publique, mais dans les épanchements de la vie intime. La flamme de son regard lançait à la

---

(1) *Sainte Marie-Madeleine*, p. 35.

fois des trésors de colère et de tendresse; elle ne cherchait pas seulement des ennemis à combattre et à renverser, mais des cœurs à séduire et à conquérir. Sa voix, déjà si nerveuse et si vibrante, prenait souvent des accents d'une infinie douceur. Né pour combattre et pour vaincre, il portait déjà le sceau de la double royauté de l'âme et du talent. Il m'apparut charmant et terrible, comme le type de l'enthousiasme du bien, de la vertu armée pour la vérité. Je vis en lui un élu, prédestiné à tout ce que la jeunesse adore et désire le plus : le génie et la gloire (1). »

M. de la Mennais, au contraire, n'eut sur l'abbé Lacordaire que l'influence du génie : celle du prêtre, du philosophe, de l'homme, fut à peine sensible. Dans un des procès de *l'Avenir*, devant le jury qui devait les juger tous deux, l'abbé Lacordaire avait bien pu saluer en son illustre maître assis à ses côtés, « l'homme grand et simple qui lui avait permis de l'aimer; » ce fut un mouvement généreux pour son coaccusé, plus qu'un élan du cœur. Loin de nous la pensée de charger la mémoire, hélas! déjà trop malheureuse d'un homme que Dieu a jugé! Loin de nous le vil plaisir de frapper l'ennemi renversé et déjà trop puni! Loin de nous d'oublier que les fautes des hommes, pas plus que leurs lois, ne sauraient avoir d'effet rétroactif! Mais le seul respect de la vérité nous force à dire que l'abbé Lacor-

---

(1) *Le Père Lacordaire*, par M. de Montalembert, p. 13.

daire n'entra qu'à demi dans l'intimité du maître, comme il n'accepta qu'imparfaitement le joug de ses idées philosophiques. Ses lettres d'alors en font foi. Nous citerons surtout celles d'avant 1830, de cette époque où M. de la Mennais était *le plus célèbre et le plus vénéré des prêtres français* (1), où le premier volume de l'*Essai sur l'indifférence* l'avait fait proclamer *le dernier des Pères de l'Église,* où il n'apparaissait enfin au jeune prêtre qu'à travers ce prisme d'une gloire incontestée. En 1825, il écrivait : « Je n'aime ni le système de M. de la Mennais, que je crois faux, ni ses opinions politiques, que je trouve exagérées; » et, en 1827, à un ami qui venait de reproduire, dans un opuscule sur la controverse chrétienne, les convictions du maître : « Croyez que si jamais je suis persuadé de la vérité de vos doctrines, je leur donnerai ma vie. Mais il faut Dieu et le temps. » En 1834, il racontera comment il s'est laissé imposer ce système plutôt par *lassitude* que par *conviction.* « Lorsque, après ma conversion, je lus les ouvrages de M. de la Mennais, cet homme célèbre, ce défenseur de ma foi ressuscitée, que j'avais tant de raisons de goûter, il m'arriva deux choses : je crus comprendre sa philosophie, quoique je ne la comprisse pas du tout, comme je m'en suis aperçu plus tard; et quand elle me fut mieux connue avec le temps, elle me jeta dans des perplexités sans fin. Je m'en occu-

---

(1) M. de Montalembert.

pai pendant six années consécutives, de 1824 à 1830, sans pouvoir parvenir à fixer mes irrésolutions, quoique je fusse pressé par mes amis, dont plusieurs étaient ceux de M. de la Mennais. Ce ne fut qu'à la veille de l'année 1830, que je pris enfin mon parti, plutôt par lassitude que par une entière conviction ; car, même au plus fort des travaux de *l'Avenir,* il passait de temps en temps dans mon esprit des apparitions philosophiques ennemies, et aujourd'hui je crois voir clairement la fausseté de l'opinion que j'avais avec tant de peine embrassée (1). »

Si les idées absolues de l'abbé de la Mennais allaient mal à son jeune collaborateur, son caractère ne lui était guère plus sympathique. Lui, qui dès le premier jour s'était donné à M. de Montalembert, ne s'était jamais senti attiré vers leur commun maître. Ces deux caractères, en effet, se touchaient par certains côtés de l'homme public : la foi indomptable en leur drapeau, la fougue et les emportements dans la lutte ; mais ils s'éloignaient par d'autres côtés de l'homme intime. Autant l'un savait mal s'arrêter lorsqu'il était parti, autant l'autre avait le secret de ces retours soudains qui décèlent autant de respect sincère pour la vérité que de franche humilité de cœur. Le premier avait suréminemment les passions de l'esprit, qui conduisent d'abord et toujours aux systèmes, et de là, pour les

(1) *Considérations sur le système philosophique de M. de la Mennais,* ch. IX, p. 123.

intelligences sans frein, à l'erreur ou à l'hérésie ; le second, mieux équilibré dans ses facultés, après avoir entendu le langage de sa raison, écoutait volontiers le langage du cœur, ce doux conseiller repoussé de tous les séraphins foudroyés. C'est lui, c'est l'abbé Lacordaire qui disait à cette époque cette parole qui explique en partie sa vie : *N'enchaînons pas nos cœurs à nos idées.* S'il admirait le génie dans son maître, il n'y trouvait pas l'homme, et un secret pressentiment le tenait en défiance vis-à-vis d'un si puissant esprit, monté à cette cime sans un contre-poids suffisant du côté du cœur. Ce n'est pas que M. de la Mennais fût dénué de bonté : le témoin le mieux placé pour en juger à cette époque, M. de Montalembert, nous affirme « qu'il savait être à certains moments le plus caressant et le plus paternel des hommes ; » mais ne fallait-il pas pour cela qu'il se sentît pleinement accepté par ceux à qui allaient ces témoignages de tendresse ? Et ainsi, en dernière analyse, n'était-ce pas encore l'esprit se berçant et se complaisant en lui-même ? Or, cette pleine acceptation, l'abbé Lacordaire ne l'avait pas, nous le savons. Sans se l'avouer, l'un et l'autre le sentaient, et le même témoin, cité plus haut, dans la même phrase, ajoute : « M. de la Mennais ne fut jamais tendre pour Lacordaire. »

L'amitié, dans le Père Lacordaire, que nous avons connu, allait tout d'abord, et par un premier mouvement, à la confidence. Si cet ami était un prêtre, son premier besoin, son plus grand bonheur était de se confesser à lui. C'était une vraie confession, mais aussi une confidence, une effusion de cœur dans une ouverture de conscience, un ami dans un pénitent; et le plus heureux, dans ce commerce intime, était certainement lui : tant il avait le goût délicat de ce qu'il y a de plus profond et de plus doux dans l'harmonieuse union de la nature et de la grâce, de l'homme et du chrétien! Mais cette ouverture de cœur exige, de la part de celui qui la reçoit, une certaine bonté d'âme qui le rendait plus difficile dans le choix de ses confidents. Avait-il trouvé cette bonté dans M. de la Mennais, dans celui auquel on attribuait alors cette parole d'un accent sacerdotal équivoque : *Je leur ferai voir ce que c'est qu'un prêtre?* Il est permis d'en douter. Nous entendons encore le Père Lacordaire nous disant : « Lorsque j'arrive dans une réunion de prêtres, un de mes premiers mouvements est de chercher celui à qui je me confesserais volontiers. Je le trouve toujours, mais pas en tous. » J'ignore s'il s'est jamais confessé à M. de la Mennais, mais je ne le crois pas.

Nous n'entrerons pas dans le détail des travaux de *l'Avenir,* ni des péripéties qui amenèrent sa suppression et sa mort. Cela n'est pas de notre sujet. D'ailleurs, ce récit, M. de Montalembert l'a fait. Il a écrit, pour l'histoire du mouvement catholique et libéral au XIXe siècle, cette page, qui en est comme le prologue et qui restera. Ce récit, cependant, a un tort : celui de laisser trop dans l'ombre la part glorieuse qu'a eue l'auteur dans cette lutte. Dans l'affaire de l'École libre, par exemple, dans « le premier acte de ce grand procès qui ne devait être gagné que vingt ans plus tard, » dans cet effort généreux et hardi de trois hommes qui ouvrirent la brèche, M. de Montalembert disparaît derrière son ami, qui est en relief, au premier plan, et qui a tous les honneurs de l'action, soit à l'école devant le commissaire de police, soit à la Chambre devant l'illustre auditoire. Il cite cet exorde connu de tout le monde : « Nobles pairs, je regarde et je m'étonne... » Il dit l'impression profonde et durable produite sur la Chambre par les merveilles de cette éloquence enchanteresse. Puis il ajoute : « C'est à peine s'il existe encore cinq ou six des nobles pairs auxquels on parlait ainsi; mais ils ne me démentiront pas si j'affirme que la Chambre entière, qui avait *froidement et patiemment* écouté les autres plaidoiries, resta sous le charme de la parole et de la personne du jeune orateur. » J'en demande ici pardon à la mémoire infidèle du narrateur. Mais les cinq ou six nobles pairs ne me démentiront pas, si j'affirme à mon tour que les juges ne furent ni *froids,* ni insensibles à la première de ces plaidoiries. Les journaux de l'époque, qui mettaient autant de soin à peindre la physionomie des assemblées qu'à recueillir les paroles des orateurs, nous montrent le Palais-Médicis ému, immobile, respirant à peine devant cette parole

8

si mâle et si jeune, si fière et si humble, si pleine d'ironie, de colère, de vraie chaleur et de ferme logique. L'accusé s'était fait accusateur; on avait oublié le délit, la prévention, les juges; le banc des accusés était une tribune, et l'on écoutait, dans un religieux silence, ce jeune homme de vingt ans qui, du premier bond, se plaçait hors de ligne dans l'élite des orateurs de la Chambre et de la France. En relisant ce discours à un si grand éloignement de date et de température morale surtout, on retrouve les émotions de cette chaude journée, et l'on se rappelle le mot si heureux et si juste d'un spirituel académicien nous montrant la noble Chambre souriant « à l'éloquence pleine de verdeur d'un des complices, *comme un aïeul à la vivacité généreuse et mutine du dernier enfant de sa race* (1). » Nous ne résisterons pas au plaisir d'en citer au moins quelques lignes, ne fût-ce que pour réveiller en celui qui en fait si bon marché, le souvenir de ce premier et éclatant triomphe. — « Quant à nous, en vérité, nous ne savons pas à quel titre nous inspirons de la terreur au ministère, ni pourquoi nous lui avons paru dignes de ses sévices. Que ne nous méprisait-il du haut de sa grandeur ? Il ne nous reste rien de notre antique puissance, de notre ancienne richesse. Le sceptre qui étendait sur nous une protection si enviée, ce sceptre a été brisé,

---

(1) M. le prince de Broglie, *Discours de réception à l'Académie*.

et les tronçons en ont été jetés dans la boue. Le monde, nous crie-t-on de toutes parts, s'est retiré de nous. Eh bien! nous sommes restés seuls, aussi seuls qu'on peut l'être avec dix-huit siècles de souvenirs et une espérance immortelle. Mais ceux qui répudient ces souvenirs et qui dédaignent cette espérance, qu'ils nous laissent au moins la liberté dans notre abandon et notre solitude; qu'ils n'aillent pas s'effaroucher de nos chétifs efforts; et, par prudence, qu'ils défendent à leur épouvante de trahir leur faiblesse. De deux choses l'une, ou nous avons pour nous la vérité et le droit, et alors ils doivent au moins les respecter; ou nous ne sommes que des êtres égarés, impuissants, trahis par la destinée et par l'avenir : alors pourquoi accélérer notre dernier soupir? pourquoi conjurer par votre despotisme contre notre agonie? Ah! si notre foi doit mourir, souffrez au moins que nous lui choisissions un tombeau, et que ce tombeau soit la liberté du monde! C'est notre foi qui, la première, a levé la noble bannière sous laquelle le genre humain aujourd'hui est en bataille. C'est bien la moindre chose qu'elle puisse s'en servir comme d'un linceul (1)! »

On sait l'issue de ce procès. Perdu devant la haute cour, il fut gagné devant une cour plus haute et plus souveraine, celle de l'opinion, et l'abbé Lacordaire put dire déjà de cette défaite cette parole de Mon-

---

(1) Article de *l'Avenir*, t. VI, p. 282.

taigne, qu'il eut plus d'une occasion de citer dans la suite : « Il y a des défaites triomphantes, à l'envi des victoires. »

Les nuages s'amoncelaient sur la tête de *l'Avenir*. S'il comptait de zélés partisans surtout dans le jeune clergé, il avait des ennemis dans tous les camps. Les journaux de toute nuance lui faisaient la guerre : ceux de l'opposition démocratique et ceux du ministère; les feuilles légitimistes et celles de l'ancien clergé. Les opinions philosophiques de M. de la Mennais, et les théories absolues de son journal, celles surtout qui présentaient le traitement du clergé comme le lien de l'asservissement et de la honte, avaient excité dans l'épiscopat une défiance qui croissait chaque jour. La jeune école de M. de la Mennais s'effrayait peu de la guerre; mais sa foi et sa loyauté s'arrangeaient mal de ces vagues soupçons qui planaient sur son orthodoxie. Elle désirait une explication nette, franche, à ciel ouvert. On irait la demander au juge des controverses dans l'Église, au successeur de Pierre.

C'est l'abbé Lacordaire qui eut la première idée de ce voyage à Rome, au moment où les fonds épuisés et l'opposition d'une partie du clergé allaient amener inévitablement la chute du journal. Il y voyait l'avantage « de justifier leurs intentions auprès du saint-siége, de lui soumettre leurs pensées et de donner, dans cette démarche éclatante, une preuve de sincérité et d'orthodoxie qui serait toujours, quoi qu'il arrivât, une bénédiction pour eux et une arme arrachée des mains de leurs ennemis (1). »

Le moindre souci des esprits ardents ou absolus est de compter avec l'opportunité, la patience et le temps; leur tort est d'oublier que la logique des faits n'est pas aussi pressée que celle des idées; que, si le grain n'arrive à maturité que de longs mois après avoir été confié à la terre, l'esprit public est un sol plus froid encore et plus lent; que c'est beaucoup pour une vie d'homme d'avoir jeté dans le monde une idée féconde, et qu'il faut s'estimer heureux si la génération suivante la voit germer et fleurir à son soleil. C'était le tort des hommes de *l'Avenir*. Oubliant le titre de leur journal, ils mettaient tout au présent. Ils s'étaient jetés, en enfants terribles et à l'arme blanche, à l'encontre des puissances humaines; ils allaient se heurter plus inconsidérément encore au pouvoir qui n'est pas de ce monde. Ils allaient demander une solution prompte et définitive à l'oracle qui en donne le moins possible sur les questions controversées, montrant ainsi plus de respect pour la liberté que ceux mêmes qui s'en targuent le plus.

Les trois principaux rédacteurs, l'abbé de la Mennais, l'abbé Lacordaire, et M. de Montalembert, partirent pour Rome, où ils arrivèrent à la fin de décembre 1831. On les reçut froidement. Avant de leur donner audience,

(1) Mémoires.

le Saint-Père leur fit demander un mémoire sur leurs vues et intentions. L'abbé Lacordaire le rédigea. Deux mois après, le cardinal Pacca répondait, par une note, qu'on examinerait leurs doctrines, et qu'en attendant, ils pouvaient s'en retourner en France. Cela fait, le pape Grégoire XVI consentit à les recevoir, les traita avec bonté et ne leur dit pas un mot qui eût trait à *l'Avenir*.

Cette conduite de la cour romaine, dont l'orgueil de M. de la Mennais fut profondément froissé, ouvrit les yeux à l'abbé Lacordaire. Éloigné de Paris, du champ de bataille, rendu à lui-même, éclairé et purifié par cette atmosphère de calme et de lumière qu'on respire à Rome, le jour se fit dans son âme et il comprit. Il comprit d'abord que, ne voulant pas approuver, le saint-siège ne pouvait faire rien de plus favorable et de plus doux que de se taire et de dire : On examinera. Il comprit Rome surtout.

Paris est à Rome, au point de vue religieux, ce qu'est une frontière sans cesse inquiétée par l'ennemi, à une grande capitale qui dort tranquille derrière ses hautes murailles, ce qu'est l'équipage d'un navire, au pilote qui le dirige. Lorsque la tête a blanchi, et qu'on regarde derrière soi à trente ans de distance dans sa propre histoire, qui ne se surprend à sourire à l'évocation des systèmes toujours infaillibles de ses jeunes années, au souvenir de cette persuasion naïve que le monde allait se transformer docilement au souffle de nos idées? Un voyage de Paris à Rome produit souvent la même désillusion. On sort de la ville où tout est jeunesse, ardeur, entraînement, et l'on entre dans la ville des vieillards et des sages, dans la ville qui ne s'étonne de rien, parce qu'elle a vu passer toute grandeur humaine, comme l'eau du fleuve qui baigne le pied de ses collines où la vérité seule reste debout, impassible, éternelle. L'abbé Lacordaire connut ce salutaire désenchantement. Il arrivait de Paris, en compagnie d'un homme qui s'était fait un nom aussi grand que l'Europe. Cet homme avait du génie, une plume éloquente, et des disciples qui le regardaient comme le seul sauveur de l'Église dans ses démêlés avec la société. Qu'allait faire l'Église pour le recevoir? — Elle prit à peine garde à lui. — Mais il apporte un système qui contient le salut! — Un système? L'Église les a tous vus passer à ses pieds, et le salut ne lui est pas venu de là. — Mais cet homme a les secrets de l'avenir, et il vient dire à l'Église comment elle doit parler aux rois et aux peuples! — L'Église a reçu d'en haut l'Esprit de conseil comme l'Esprit de vérité. Les sociétés vivent par elle, et elle n'attend d'aucun homme la leçon de ce qu'elle doit aux peuples et aux rois.

Ce calme de la vérité qui a foi en elle, ce sommeil apparent du vicaire du Christ sur sa barque, au milieu de la tempête, cette grandeur de Rome chrétienne enfin, fut une révélation pour l'abbé Lacordaire. Tandis que l'orgueil du maître l'enchaînait dans son aveuglement, l'humilité du disciple le délivrait de *l'oppression la plus terrible de toutes, celle de l'esprit*. Il avait lutté avec un génie supérieur au sien, et avait fini par être vaincu ; il rencontrait, cette fois, non le génie de l'homme, mais celui de Dieu dans son représentant visible : il s'inclina avec joie devant cette souveraine et douce majesté. Ce ne fut pas sans combat, cependant, ni sans avoir connu « les tourments de la conscience qui lutte contre le génie, » comme il disait alors à son ami. Mais cette puissance qu'il venait d'apprendre à mieux connaître, vint à son secours et le délivra. « Ce n'est pas moi qui me suis délivré, c'est elle. Arrivé à Rome, au tombeau des saints apôtres Pierre et Paul, je me suis agenouillé, j'ai dit à Dieu : « Seigneur, je commence à sentir ma faiblesse ; ma vue se couvre ; l'erreur et la vérité m'échappent également : ayez pitié de votre serviteur qui vient à vous avec un cœur sincère ; écoutez la prière du pauvre. » Je ne sais ni le jour ni l'heure ; mais j'ai vu ce que je ne voyais pas, je suis sorti de Rome libre et victorieux. J'ai appris de ma propre expérience que l'Église est la libératrice de l'esprit humain ; et, comme de la liberté de l'intelligence découlent nécessairement toutes les autres, j'ai aperçu sous leur véritable jour les questions qui divisent le monde aujourd'hui (1). »

Délivré de ce système philosophique du *sens commun*

(1) *Considérations sur le système philosophique de M. de la Mennais*, ch. xii, p. 152.

qui lui pesait comme un remords, et auquel il faisait remonter comme à leur cause ses autres erreurs, il bénissait Dieu et remerciait Rome avec l'accent des âmes vraiment humbles et simples. « Après dix ans d'efforts pour concevoir le véritable rôle de la philophie dans l'Église; après des agitations d'esprit dont j'aperçois à peine la suite, tant le flot a succédé de fois au flot, tant l'orage a troublé l'orage, où suis-je arrivé? Aux mêmes pensées que possédaient sans inquiétude ceux qui avaient plus compté sur l'esprit de l'Église que sur le leur propre. Providence juste et sainte, qui berce doucement dans la vérité ses enfants les plus dociles! D'autres font le tour du monde; ils cherchent quelque chose de plus que la patrie; mais la patrie des esprits est, comme celle qui nous donna le jour, le seul lieu du monde où se repose la pensée. Combien j'ai senti avec admiration la supériorité de l'Église, cet instinct ineffable qui la pousse, ce discernement divin qui écarte d'elle l'ombre d'une illusion!...

« O Rome, c'est ainsi que je t'ai vue! Assise au milieu des orages de l'Europe, il n'y avait en toi aucun doute de toi-même, aucune lassitude; ton regard, tourné vers les quatre faces du monde, suivait, avec une lucidité sublime, le développement des affaires humaines dans leur liaison avec les affaires divines : seulement, la tempête, qui te laissait calme parce que l'Esprit de Dieu soufflait en toi, te donnait, aux yeux du simple fidèle, moins accoutumé aux variations des siècles, quelque chose qui rendait son admiration compatissante. O Rome! Dieu le sait, je ne t'ai point méconnue, pour n'avoir point rencontré de rois prosternés à tes portes; j'ai baisé ta poussière avec une joie et un respect indicibles; tu m'as apparu ce que tu es véritablement, la bienfaitrice du genre humain dans le passé, l'espérance de son avenir, la seule grande chose aujourd'hui vivante en Europe, la captive d'une jalousie universelle, la reine du monde. Voyageur suppliant, j'ai rapporté de toi, non de l'or ou des parfums, ou des pierres précieuses, mais un bien plus rare, plus inconnu : la vérité (1). »

« Ce fut alors, j'ose le croire, dit M. de Montalembert, que Dieu le marqua pour toujours du sceau de sa grâce, et qu'il lui assura la récompense due à l'indomptable fidélité d'une âme vraiment sacerdotale. » Ah! nous le croyons comme lui. Le spectacle de ce jeune prêtre agenouillé sur les marches de la confession de saint Pierre, et faisant à Dieu *la prière du pauvre*, ce spectacle nous émeut; et, en songeant, d'une part, à la lutte si vive qu'il venait de soutenir en France, aux résistances de l'amour-propre devant cette parole toujours dure à l'orgueil : je me suis trompé, — aux préjugés qu'il pouvait avoir conservés de son ancienne

---

(1) *Considérations sur le système philosophique de M. de la Mennais*, ch. xii, p. 150 et 154. — C'était une réfutation du système. L'abbé Lacordaire ne publia cet opuscule qu'en 1834, après l'éclat retentissant des *Paroles d'un croyant*.

éducation contre ce qu'il y a d'infirme dans la vie humaine de l'Église; en songeant, d'autre part, à son adhésion si prompte, si spontanée, si pleine, au jugement de Rome; en le voyant revenir si grand dans son humilité, si libre dans sa soumission, si victorieux dans sa défaite, nous reconnaissons ce noble caractère du prêtre qui ne se démentira plus; nous reconnaissons là l'ouvrier tel que Dieu les veut, les choisit et les façonne pour ses plus difficiles desseins, l'homme qu'il conduira désormais dans toutes ses voies, parce qu'il a su se faire petit enfant; l'orateur qui pourra rencontrer impunément la gloire, parce qu'il a goûté, dans son abnégation volontaire, une gloire plus pure et plus grande; le publiciste qui pourra aimer la liberté et la prêcher sans crainte dans les choses douteuses, parce qu'il a connu les droits de l'unité dans les choses certaines; le religieux qui n'hésitera devant aucun sacrifice d'humiliation et d'indépendance, parce qu'il aura déjà prononcé ses grands vœux sur l'arène des martyrs; l'homme enfin dont l'histoire comptera les pas comme des bienfaits, et les proclamera comme autant de victoires : *Vir obediens loquetur victoriam* (1).

Que n'eût-il pas donné pour inspirer la même sincérité de soumission à M. de la Mennais? que ne lui dit-il pas pour lui en montrer la nécessité et lui en faciliter le courage? Après la note du cardinal Pacca et l'au-

1) Prov., xxi, 28.

dience du Saint-Père, il le supplia de se résigner et d'obéir simplement : « Ou bien, lui dit-il, il ne fallait pas venir, ou bien il faut nous soumettre et nous taire. — Non, répondit l'abbé de la Mennais, je veux hâter et provoquer une décision immédiate, et je veux l'attendre à Rome ; après quoi j'aviserai (1). » Résolu à ne plus reprendre *l'Avenir*, et à ne pas suivre M. de la Mennais dans la voie fausse où il s'engageait, et dont il prévoyait déjà la triste issue, il partit seul pour la France, au mois de mars 1832, quatre mois avant ses compagnons.

A peine de retour en France, poursuivi par les secrètes appréhensions d'une catastrophe prochaine, et par le souvenir de son ami resté seul avec M. de la Mennais, il lui écrit : « Il n'existe entre nous aucune désunion spirituelle ; toute ma vie je défendrai la liberté, et, avant que M. de la Mennais dît un seul mot pour elle, la liberté était le fond de mes pensées et déjà toute ma vie. S'il exécute son nouveau plan, souviens-toi que tous ses plus anciens amis et tous ses plus ardents collaborateurs l'abandonneront, et que, traîné par les faux libéraux dans une action sans possibilité de succès, il n'y a rien dans le langage d'assez triste pour dire ce qui arrivera (1). »

Ce nouveau plan et ses désastreuses conséquences, les actes de M. de la Mennais ne devaient que trop tôt

(1) *Le P. Lacordaire*, par M. de Montalembert, p. 56.
(2) *Ibid.*, p. 57.

les révéler et les justifier. Il voulait à tout prix une explication. Le saint-siége, qui ne discute pas, mais qui juge, continuait à garder le silence. Le prêtre, déjà révolté dans son cœur, perdit patience, et, après six mois de séjour à Rome, il annonça publiquement qu'il rentrait en France pour y reprendre *l'Avenir*. C'était déjà une première et coupable obstination contre l'improbation tacite mais certaine du chef de l'Église. A cette nouvelle, l'abbé Lacordaire, pour séparer ostensiblement sa cause de celle qu'il ne voulait plus suivre, partit pour l'Allemagne, afin d'y vivre quelque temps dans la solitude. Arrivé à Munich, il y rencontra par hasard MM. de la Mennais et de Montalembert. La Providence l'envoyait ainsi au-devant de l'infortuné prêtre pour lui adoucir le nouveau coup qui allait le frapper. C'est à Munich, en effet, qu'ils connurent la fameuse encyclique du 15 août 1832.

« J'étais à peine installé dans mon hôtel, raconte le Père Lacordaire, que ma porte s'ouvrit et que je vis entrer M. de Montalembert. C'était l'habitude des journaux allemands de donner chaque jour dans leurs feuilles le nom et la demeure des étrangers. C'est en les parcourant que M. de Montalembert avait connu mon arrivée et mon logement. Il me conduisit près de M. de la Mennais, qui me reçut avec un ressentiment visible. Cependant la rencontre était solennelle ; la conversation s'engagea, et, pendant deux heures, je m'efforçai de lui démontrer combien était vaine son espérance de reprendre la publication de *l'Avenir*, et quel coup il allait porter tout ensemble à sa raison, à sa foi, à son honneur. A la fin, soit que mon discours l'eût convaincu, soit que ma séparation plus prononcée lui eût fait impression, il me dit ces mots : « Oui, c'est juste, vous avez bien vu. » Le lendemain, les écrivains et les artistes les plus distingués de Munich nous donnèrent un banquet aux portes de la ville. Vers la fin du repas, on vint prier M. de la Mennais de sortir un moment, et un envoyé du nonce apostolique lui présenta un pli au sceau de la nonciature. Il y jeta un coup d'œil et reconnut qu'il contenait une lettre encyclique du pape Grégoire XVI, datée du 15 août 1832. Une lecture rapide lui eut bientôt révélé qu'il y était question des doctrines de *l'Avenir* dans un sens défavorable. Son parti fut pris aussitôt; et, sans examiner quelle était la portée précise des lettres pontificales, il nous dit à voix basse en sortant : « Je viens de recevoir une encyclique du pape contre nous; nous ne devons pas hésiter à nous soumettre. » Rentré chez lui, il dressa immédiatement, en quelques lignes courtes, mais précises, un acte d'obéissance dont le pape fut satisfait

« Dieu nous avait donc réunis à Munich pour signer ensemble une adhésion sincère à la volonté du père des fidèles, sans distinction, sans restriction, sans même faire la réserve de la manière dont nous avions entendu nos doctrines, et dont elles pouvaient concorder avec la prudence théologique dont avait usé le rédacteur de l'acte pontifical. Contents d'avoir combattu pour l'affranchissement de l'Église et sa réconciliation avec le droit public de notre patrie, nous traversâmes la France en vaincus victorieux d'eux-mêmes et attendant de l'avenir l'équité que nous refusait l'ardeur des partis (1). »

Dans le peu de jours que les trois voyageurs passèrent à Paris, un éminent écrivain, qui voyait alors assez intimement l'abbé Lacordaire, lui fit, ainsi qu'à M. de la Mennais, une visite dont il a noté les impressions dans une lettre privée. « Je me rappelle, nous écrit-il, que lorsque l'abbé Lacordaire revint de Rome avec M. de la Mennais, étant allé leur faire visite dans la maison de la rue de Vaugirard, où ils étaient logés, je vis d'abord dans une chambre du rez-de-chaussée M. de la Mennais qui s'exprimait sur ce qui s'était passé à Rome et sur le pape avec un laisser-aller qui m'étonna, puisqu'il venait de se soumettre ostensiblement. Il parlait du pape comme un de ces hommes qui sont destinés à amener les grands remèdes désespérés. Au contraire, lorsque j'allai voir l'abbé Lacordaire, qui était dans une chambre au premier étage, je fus frappé du contraste ; celui-ci ne parlait qu'avec une extrême réserve et soumission des mécomptes qu'ils avaient éprouvés, et il employa notamment cette comparaison du grain « qui, même en le supposant de bonne nature,

(1) Mémoires.

a besoin d'être retardé dans sa germination et de dormir tout un hiver sous terre. » C'est ainsi qu'il expliquait et justifiait, même en admettant une part de vérité dans les doctrines de *l'Avenir,* la sévérité et la résistance du saint-siége. J'en conclus qu'il n'y avait pas grand accord entre le rez-de-chaussée et le premier étage, et je fus moins surpris lorsque, quelque temps après, je sus le divorce qui s'était opéré à la Chesnaie. »

Un noble sentiment de fidélité au malheur, l'espoir d'adoucir au cœur du maître la plaie du sacrifice, décidèrent l'abbé Lacordaire à accompagner M. de la Mennais en Bretagne.

« En descendant pour la seconde fois, dit le Père Lacordaire, dans ce solitaire manoir de la Chesnaie, je crus y ramener un beau génie sauvé du naufrage, un maître plus vénéré que jamais et une de ces infortunes qui ravissent l'âme au-dessus d'elle-même, en mettant sur le front d'un homme *ce je ne sais quoi d'achevé que le malheur ajoute aux grandes vertus,* selon la parole de Bossuet.

« L'illusion était profonde. Bientôt quelques-uns des jeunes disciples du maître tombé vinrent le rejoindre à la Chesnaie. Cette maison reprit son caractère accoutumé, mélange à la fois de solitude et d'animation; mais si les bois avaient leurs mêmes silences et leurs mêmes tempêtes, si le ciel de l'Armorique n'était pas changé, il n'en était pas ainsi du cœur du maître. La blessure y était vivante, et le glaive s'y retournait chaque jour par la main même de celui qui aurait dû l'en arracher, et y mettre à la place le baume de Dieu. Des nuages terribles passaient et repassaient sur ce front déshérité de la paix. Des paroles entrecoupées et menaçantes sortaient de cette bouche qui avait exprimé l'onction de l'Évangile ; il me semblait parfois que je voyais Saül ; mais nul de nous n'avait la harpe de David pour calmer ces soudaines irruptions de l'esprit mauvais, et la terreur des plus sinistres prévisions s'accroissait de jour en jour dans mon esprit abattu. Enfin, ce spectacle navrant fut au-dessus de mes forces, et j'écrivis à M. de la Mennais la lettre qu'on va lire :

« La Chesnaie, 4 décembre 1832.

« Je quitterai la Chesnaie ce soir. Je la quitte par un motif d'honneur, ayant la conviction que désormais ma vie vous serait inutile à cause de la différence de nos pensées sur l'Église et la société, qui n'a fait que s'accroître tous les jours, malgré mes efforts sincères pour suivre le développement de vos opinions. Je crois que, durant ma vie, et bien au delà, la république ne pourra s'établir ni en France, ni en aucun autre lieu de l'Europe, et je ne pourrais prendre part à un système qui aurait pour base une persuasion contraire. Sans renoncer à mes idées libérales, je comprends et je crois que l'Église a eu de très-sages raisons, dans la profonde corruption des partis, pour refuser d'aller aussi vite que nous l'aurions voulu. Je respecte ses pensées et les miennes. Peut-être vos opinions sont plus justes, plus profondes, et, en considérant votre supériorité naturelle sur moi, je dois en être convaincu; mais la raison n'est pas tout l'homme, et, dès que je n'ai pu déraciner de mon être les idées qui nous séparent, il est juste que je mette un terme à une communauté de vie qui est tout à mon avantage et tout à votre charge. Ma conscience m'y oblige non moins que l'honneur, car il faut bien que je fasse de ma vie quelque chose pour Dieu, et, ne pouvant vous suivre, que ferais-je ici que vous fatiguer, vous décourager, mettre des entraves à vos projets, et m'anéantir moi-même?

« Vous ne saurez jamais, que dans le ciel, combien j'ai souffert depuis un an par la seule crainte de vous causer de la peine. Je n'ai regardé que vous dans toutes mes hésitations, mes perplexités, mes retours, et, quelque dure que puisse être un jour mon existence, aucun chagrin du cœur n'égalera jamais ceux que j'ai ressentis dans cette occasion. Je vous laisse aujourd'hui tranquille du côté de l'Église, plus élevé dans l'opinion que vous ne l'avez jamais été, si au-dessus de vos ennemis qu'ils ne sont plus rien; c'est le meilleur moment que je puisse choisir pour vous faire un chagrin qui, croyez-moi, vous en épargne de bien plus grands. Je ne sais pas encore ce que je deviendrai, si je passerai aux États-Unis, ou si je resterai en France, et dans quelle position. Quelque part que je sois, vous aurez des preuves du respect et de l'attachement que je vous conserverai toujours, et je vous prie d'agréer cette expression qui part d'un cœur déchiré. »

« Je quittai la Chesnaie seul, à pied, pendant que M. de la Mennais était à la promenade qui suivait ordinairement le dîner. A un certain point de la route, je l'aperçus, à travers le taillis, avec ses jeunes disciples; je m'arrêtai, et, regardant une dernière fois, ce malheureux grand homme, je continuai ma fuite sans savoir ce que j'allais devenir, et ce que me vaudrait de Dieu l'acte que j'accomplissais (1). »

Cette séparation fut vivement blâmée par ceux qui n'avaient pas jugé comme lui cet infortuné Saül dont l'esprit de Dieu se retirait. Il en souffrit sans se plaindre, se contentant de dire le fond de son cœur à son meilleur ami. « On m'accuse d'être impitoyable envers M. de la Mennais! Ah! si j'avais jamais découvert dans son cœur une seule larme vraie, un seul sentiment d'humilité, ce quelque chose de touchant que donne le malheur, je n'aurais pu le voir et y penser sans en être attendri jusqu'au plus vif de mes entrailles. Quand nous étions ensemble et que je croyais découvrir en lui de la résignation, des sentiments dénués d'orgueil et d'emportement, je ne saurais dire ce qu'il me faisait éprouver. Mais ces moments ont été bien rares; et tout ce dont je me souviens porte un

(1) Mémoires.

cachet d'opiniâtreté et d'aveuglement qui tarit ma pitié (1). »

L'abbé Lacordaire écrivait ces lignes en février 1834. Trois mois après, les *Paroles d'un croyant* éclataient comme un fatal dénoûment sur cette douloureuse crise, et projetaient une sombre lueur sur le sillon qu'allait suivre dans sa chute l'archange révolté.

C'était aussi la justification de la ligne de conduite de l'abbé Lacordaire. Il ne le constatait auprès de son ami que pour rendre gloire à Dieu et à son Église qui l'avaient éclairé et délivré. « Je ne suis pas un saint, je le sens trop ; mais je porte en moi un amour désintéressé du vrai, et, quoique j'aie cherché à me tirer honorablement de l'abîme où j'étais, jamais une pensée d'ambition ou d'orgueil n'a été un instant la source de ma conduite en cette occasion. L'orgueil m'a toujours dit : Reste où tu es, ne change pas, ne t'expose pas aux reproches de tes anciens amis. La grâce divine m'a crié plus fort : Foule aux pieds le respect humain, rends gloire au saint-siége et à Dieu. Ma soumission franche a seule fait mon habileté : si tout a tourné comme je l'avais prévu, je ne l'avais prévu qu'à force d'oublier mon propre sens. Je ne me réjouis pas de l'abîme creusé par l'opiniâtreté sous un homme qui a rendu de grands services à l'Église. J'espère que Dieu l'arrêtera à temps ; mais je me réjouis de ce que le souverain pon-

---

(1) *Le Père Lacordaire*, par le comte de Montalembert, p. 66.

tife, père non pas d'un seul chrétien, mais de tous, ait enfin fixé par sa divine autorité des questions qui déchiraient mon Église natale en sa fleur, qui détournaient de la vraie route une foule d'âmes *sincèrement trompées*, et dont j'avais senti si longtemps et si amèrement le charme malheureux. Périsse mon triomphe personnel, s'il y en a un à quelque degré, et puisse l'Église de France, après cette haute et mémorable leçon, fleurir dans la paix active de l'unité! Puissions-nous tous nous pardonner les erreurs de notre jeunesse et prier ensemble pour celui qui les causa par un excès d'imagination trop belle pour n'être pas pleurée (1). »

Après avoir tant cité, il nous reste à citer encore la plus belle et la plus émouvante page du livre que M. de Montalembert a déposé sur la tombe de son ami. Certes, il ne pouvait rien écrire qui fût plus à la louange du saint prêtre; mais il fallait pour cela s'accuser soi-même. Il l'a fait avec une simplicité d'accent et un attendrissement de souvenirs qui donnent à ce récit le cachet si rare des choses qui vont droit à l'âme pour y produire les plus nobles mouvements : l'admiration, la prière, les larmes. L'Évangile seul a le secret de cette vertu qui élève l'homme en l'abaissant, et il n'appartient qu'à la véritable grandeur d'y atteindre.

« Mais, parmi les âmes *sincèrement trompées* et profondément troublées par l'empire de ce fatal génie, il

---

(1) *Le Père Lacordaire*, par M. de Montalembert, p. 74.

y en avait une que Lacordaire aimait par-dessus toutes et qui s'obstinait, après toutes les autres, dans une fidélité désintéressée, moins peut-être à la personne de l'apôtre déchu qu'à la grande idée qui semblait ensevelie dans sa chute. Du milieu de ses luttes et de ses contradictions personnelles, c'était sur cette âme qu'il reportait l'ardeur suprême de son zèle, la plus pure et la plus violente passion de son cœur. C'était pour elle qu'il dépensait, à l'insu du monde entier, les plus riches trésors de son éloquence : *Vadit ad illam quæ perierat, donec inveniat eam.* Que ne m'est-il donné de tout dire et de citer les lettres nombreuses qui, pendant près de trois années entières, poursuivirent cette tâche ingrate! Un jour peut-être, quand tous les témoins et tous les acteurs de cette lutte auront disparu comme lui, ces lettres tomberont-elles entre des mains qui y puiseront de quoi écrire dans l'histoire de cette glorieuse vie une page qui n'en sera pas la moins touchante. Je viens de les relire, après tant d'années écoulées, avec une émotion que nulle parole ne peut rendre. Je ne sais si son génie et sa bonté ont jamais jeté un plus pur éclat que dans cette lutte obscure et opiniâtre pour le salut d'une âme aimée. Avec le vain espoir de me dérober aux douleurs et aux orages d'un conflit trop cruel, je m'étais réfugié en Allemagne, où j'étais poursuivi par les appels de M. de la Mennais. Tout en se croyant obligé comme prêtre de signer des formulaires, l'infortuné répondait à mes craintes, à mes filiales représentations, en me félicitant de l'indépendance que je possédais comme laïque; il m'exhortait à la maintenir à tout prix. « Cette parole, m'écrivait-il, qui autrefois remua le monde, ne remuera pas aujourd'hui une école de petits garçons. » Mais les mêmes courriers qui m'apportaient ces lettres empoisonnées m'en apportaient d'autres bien plus nombreuses, où le vrai prêtre, où le véritable ami rétablissait les droits de la vérité en me montrant les sommets toujours accessibles de la lumière et de la paix. Il vint même de sa personne me chercher et me prêcher auprès du tombeau de sainte Élisabeth. Avant comme après ce trop court voyage, il revenait sans cesse à la charge avec une inépuisable énergie, avec une indomptable persévérance. Sacrifié, méconnu, repoussé, il n'en prodiguait pas moins des avertissements toujours infructueux, des prédictions toujours vérifiées; mais avec quelle raison, quelle spirituelle et touchante éloquence, quel charmant mélange de sévérité et d'humble affection, quelles salutaires alternatives d'impitoyable franchise et d'irrésistible douceur! Non, la plus tendre des providences n'aurait pu faire plus ou mieux. Après avoir assis la vérité dans son austère et inviolable majesté, il la parait de toutes les fleurs de sa poésie, et, usant tour à tour de la supplication et du raisonnement, il entremêlait à des arguments sans réplique le cri d'un cœur sans pareil dans son fraternel et infatigable dévouement. Qu'on en juge par cette page prise entre cent autres du même ton :

« L'Église ne te dis pas : *Vois*. Ce pouvoir ne lui ap-
« partient pas. Elle te dit : *Crois*. Elle te dit, à vingt-
« trois ans, attaché que tu es à certaines pensées, ce
« qu'elle te disait à ta première communion : Reçois le
« Dieu caché et incompréhensible; abaisse ta raison
« devant celle de Dieu, et devant l'Église qui est son
« organe. Eh ! pourquoi l'Église nous a-t-elle été
« donnée, sinon pour nous ramener à la vérité, quand
« nous prenons l'erreur pour elle?... Tu t'étonnes de
« ce que le Saint-Père exige de M. de la Mennais...
« Certes, il est plus dur de se soumettre quand on
« s'est prononcé devant les hommes que lorsque tout
« se passe entre le cœur et Dieu. C'est là l'épreuve
« particulière réservée aux grands talents. Les plus
« grands hommes de l'Église ont eu à briser leur vie
« en deux, et, dans un ordre inférieur, toute conver-
« sion n'est que cela... Écoute cette voix trop dédai-
« gnée : car, qui t'avertira, si ce n'est moi ? Qui t'ai-
« mera assez pour te traiter sans pitié ? Qui mettra le
« feu dans tes plaies, si ce n'est celui qui les baise
« avec tant d'amour, et qui voudrait en sucer le poison
« au péril de sa vie ? »

« Je n'étais pas rebelle comme on pourrait le croire d'après ces ardentes remontrances. Je n'étais qu'hésitant et troublé. Pendant que je résistais opiniâtrément aux pressantes sollicitations de Lacordaire, j'invoquais auprès de la Mennais la fidélité de mon dévouement, le plus obstiné de tous ceux qu'il avait suscités, pour obtenir de lui la patience et le silence. Mais j'en voulais à mon ami d'avoir suivi une autre voie, plus publique et plus décisive. Je lui reprochais témérairement l'oubli apparent des aspirations libérales dont le souffle nous avait tous deux enflammés. Quand je cédai, enfin, ce ne fut que lentement, comme à regret, et non sans avoir navré ce cœur généreux. Cette lutte avait trop duré. J'en parle avec confusion, avec remords ; car je ne lui rendis pas alors toute la justice qu'il méritait. J'expie cette faute en l'avouant, et je fais de cet aveu un hommage à la grande âme qui a maintenant trouvé le juge qu'elle invoquait avec une si légitime confiance. C'est alors, c'est ainsi que j'ai pu plonger dans les derniers replis de cette âme un regard d'abord distrait et irrité, mais depuis et aujourd'hui baigné des larmes d'une reconnaissance immortelle. C'est d'elle que j'ai appris à comprendre et à vénérer le seul pouvoir devant lequel on grandit en s'inclinant. Captif de l'erreur et de l'orgueil, j'ai été racheté par celui qui m'apparut alors l'idéal du prêtre, tel qu'il l'a lui-même défini : *Fort comme le diamant, et plus tendre qu'une mère.* »

CHAPITRE VI

1832-1833

Il rentre à la Visitation. — Son amour pour la solitude.
— Madame Swetchine.

A son retour de Rome à Paris, au mois de mars 1832, l'abbé Lacordaire s'était trouvé en présence des ravages du choléra. La violence du fléau n'avait point adouci les préjugés antireligieux, et c'est à peine si l'abbé Lacordaire avait pu obtenir d'être admis dans un des hôpitaux établis aux greniers d'abondance. Il y passait ses journées, vêtu en laïque, cherchant « timidement, raconte-t-il, s'il n'y aurait pas quelque âme qui appartînt au troupeau... Çà et là, un ou deux se confessent. D'autres sont mourants sans oreilles et sans voix. Je pose ma main sur leur front, et je dis, en me confiant à la miséricorde divine, les paroles de l'absolution. Il est rare que je sorte sans éprouver quelque contentement d'être venu. Hier, une femme venait d'être apportée, et elle avait à son chevet un militaire, son mari ; je m'approche, et comme je suis en laïque, le militaire me demande à voix basse s'il n'y aurait pas un curé : *Moi, je le suis*. On est heureux de se trouver juste pour sauver une âme et faire plaisir à un homme (1) ». On est heureux aussi de retrouver le grand apologiste au chevet des cholériques, prêchant sa foi par les œuvres avant de la défendre par la parole, se préparant à l'apostolat de l'éloquence par celui de la charité, et se montrant déjà le digne inspirateur de cette jeune milice de saint Vincent de Paul qui devait commencer un an plus tard l'ère glorieuse de ses fécondes et pacifiques conquêtes.

Revenu de la Chesnaie à la fin de 1832, il ne tarda pas à se présenter de nouveau à Mgr de Quélen, son archevêque, « qui le reçut à bras ouverts, comme un enfant qui a couru quelque aventure périlleuse, et qui revient meurtri au logis paternel. « Vous avez besoin d'un baptême, lui dit-il, et je vous le donnerai (2). » Il lui rendit l'aumônerie de la Visitation qu'il avait occupée au sortir du séminaire. C'était un asile après l'orage, un abri pour se reconnaître, une vie d'étude et de préparation à de prochaines et plus éclatantes destinées. Sa mère, qui n'avait pas quitté Paris, vint le rejoindre une seconde fois, et il se remit à jouir en paix de ces longs jours de silence et de travail si conformes à ses goûts, à ses désirs ; si nécessaires aussi aux grands

---

(1) *Le Père Lacordaire*, par M. de Montalembert, p. 84.
(2) Mémoires.

devoirs de l'apostolat providentiel dont l'heure allait bientôt sonner pour lui. Il avait demandé cette cellule, à son entrée dans le sacerdoce, comme un privilége; il la retrouvait comme une récompense, un repos, un rafraîchissement après le bruit et la poussière du combat. Il était né avec ce goût pour la solitude; il y rentrait toujours avec une joie qui déborde et met à nu le fond de cette belle et grande âme. « Je sens avec joie la solitude se faire autour de moi : c'est mon élément, ma vie... On ne fait rien qu'avec la solitude : c'est mon grand axiome. »

Ce penchant à la solitude, dont la vie du Père Lacordaire paraît si profondément empreinte, qu'était-il chez lui? Était-ce une inclination purement naturelle, l'aspiration d'un esprit supérieur ou le poids d'une âme religieuse? C'était le mélange harmonieusement combiné de ces trois forces : la nature, le génie et la grâce. Il est, en effet, des hommes qui naissent avec ce goût pour le silence et la retraite, des hommes à qui le monde pèse, des hommes de la famille de Pétrarque, de Rousseau, de Chateaubriand, dont l'imagination, l'esprit et le cœur, s'exaltant dans la solitude, leur rendent les devoirs de la vie civile insupportables, et qui disent comme l'un d'eux : « J'ai cent fois pensé que je n'aurais pas vécu trop malheureux à la Bastille, n'y étant tenu à rien qu'à rester là (1). » Ce penchant, sans

(1) J.-J. Rousseau.

contre-poids, conduit aisément à la misanthropie et à la manie du suicide. Chez le Père Lacordaire, ce n'était point paresse d'activité, ni haine des hommes, mais un goût vrai et senti des choses naturelles et simples, une recherche d'indépendance tempérée par le sentiment du devoir, un esprit qui allait de lui-même au recueillement de la pensée, avec un vif entraînement vers l'action lorsqu'il en entendait sonner l'heure. Volontiers il eût dit comme Plutarque : « Je fuis le monde par goût, et la douceur de mon caractère m'y ramène. » Désabusé de bonne heure des frivoles joies du monde et touché de la grâce, la solitude lui rendait Dieu, l'homme et la nature. Toute âme religieuse et contemplative aime à se replier ainsi sur elle-même, et à y chercher un type des révélations extérieures plus parfait, plus divin. Comme Dieu qui regarde le monde des êtres créés, non sous leurs formes visibles nécessaires à nos sens, mais dans son Verbe, dans sa pensée, dans l'idéal immatériel et incréé qui fut leur archétype et qui reste leur inimitable exemplaire, l'âme du poëte, du philosophe et du saint tend à fermer les yeux du dehors aux imparfaites images pour en recomposer en elle-même la divine et incomparable représentation. Qu'est-ce que le monde vu des yeux du corps, en comparaison du monde vu des yeux de l'esprit? Qu'est-ce que le réel auprès de l'idéal? Qu'est-ce que Rubens auprès de Raphaël? Aussi toute âme d'artiste qui a su découvrir en elle la rayonnante empreinte du visage de

Dieu, le reflet de sa beauté, est amie du silence et de la solitude : *amant secreta Camenæ*. Cette poésie religieuse des choses naturelles, le Père Lacordaire en avait le sens exquis. « J'ai dit adieu aux montagnes, écrivait-il, aux vallées, aux fleuves, aux ombrages inconnus, pour me faire dans ma chambre, entre Dieu et mon âme, un horizon plus vaste que le monde (1). » Sur ces *ailes du repos*, comme il les appelait, il s'élevait au-dessus des vains bruits et jouissait de cette mélancolie qui navre et enivre à la fois, nostalgie des grandes âmes et des saints, dont il parlait volontiers. « Les âmes faibles et peu élevées, disait-il, trouvent ici-bas un aliment qui suffit à leur intelligence, qui rassasie leur amour. Elles ne découvrent pas le vide des choses visibles, parce qu'elles sont incapables de les sonder jamais fort avant. Mais une âme que Dieu, dans la création qu'il en a faite, a rapprochée davantage de l'infini, sent de bonne heure la limite étroite qui la resserre : elle a des tristesses inconnues, sur la cause desquelles longtemps elle se méprend ; elle croit volontiers qu'un certain concours de circonstances a troublé sa vie, tandis que le trouble vient de plus haut. Il est remarquable, dans la vie des saints, que presque tous ont senti cette mélancolie, dont les anciens disaient *qu'il n'y a pas de génie sans elle.* En effet, la mélancolie est inséparable de tout esprit qui va loin, de tout cœur

---

(1) *Lettres à des jeunes gens*, par M. l'abbé Perreyve, p. 140.

qui est profond. Ce n'est pas à dire qu'il faille s'y complaire; car c'est une maladie qui énerve, quand on ne la secoue pas, et elle n'a que deux remèdes, la mort ou Dieu (1). »

Sa manière d'aimer lui faisait aussi rechercher la solitude. Timide et réservé avec ses amis les plus intimes, l'absence rendait à son cœur la liberté de ses mouvements. « J'ai toujours eu besoin de la solitude, avoue-t-il, même pour dire combien j'aimais. » Sa retraite se peuplait alors des images chéries, et, libre de tout scrupule, affranchi de tout lien, son âme étreignait l'âme aimée, lui versait à flots des trésors de tendresse, lui parlant en silence ce langage du cœur qui tout à la fois se refuse à l'expression et la recherche avec douleur. « Je pèse ce que je dis, malgré moi, pour ne pas paraître trop naïf et trop aimant... Je vous parlerais bien plus tendrement si je n'étais plus hors de l'âge où le cœur s'épanche avec une entière liberté. » Il écrit à un ami, d'une chambre d'auberge en Italie : « Tu remplis ma solitude, cette petite chambre où l'on me sert comme un seigneur pour mon argent, et où, le service fini, je reste seul comme un hibou. » Après une de ces heures d'effusion : « Vous venez, écrit-il, de me donner une des plus belles matinées que j'aie eues depuis long-

---

(1) Lettre tirée d'une correspondance inédite, pleine d'intérêt et que les circonstances permettront peut-être de publier un jour. Les emprunts que nous lui faisons sont indiqués par ces mots : *Correspondance inédite.*

temps : me voici tout jeune, tout vivant, mais pas encore assez pour vous embrasser comme je le voudrais, ce que je fais cependant le moins mal que je puis avec la permission de Dieu et la vôtre (1). » C'est encore d'une de ces retraites préférées qu'il écrivait : « La solitude rapproche tandis que la foule disperse. C'est ce qui fait qu'il y a si peu d'intimité dans le monde, au lieu que les hommes habitués à vivre solitairement creusent leurs affections. Je n'ai jamais vécu avec les gens du monde, et je crois difficilement à ceux qui habitent cette mer où le flot pousse le flot sans que jamais rien y prenne consistance. Les meilleurs perdent à ce frottement continuel, qui, en enlevant toutes les aspérités de l'âme, y détruit aussi la puissance de s'attacher fortement. Je crois la solitude aussi nécessaire à l'amitié qu'à la sainteté, au génie qu'à la vertu (2). »

Son âme, son cœur, son imagination, tout son être rajeunissait dans cette atmosphère de silence et de paix à travers laquelle il aimait à voir Dieu, ses amis et le monde. Autant il se déplaisait au milieu du bruit et des agitations du dehors, autant il aimait les âmes du fond de sa retraite et vues à travers cette douce lumière de la charité du Christ. Il a peu vécu au milieu des hommes; mais combien il les aimait ! C'est dans la solitude qu'il sondait la profondeur de leurs plaies et trouvait ces accents de bienveillance et de force qui sont allés à tant

---

(1) *Lettres à des jeunes gens*, passim.
(2) *Correspondance inédite*.

d'esprits pour les guérir. Sa solitude n'avait rien de sec et d'aride; c'était un colloque intime et animé entre Dieu, ses amis et l'humanité. Que de fois, en le trouvant dans sa cellule de religieux, seul, sans livres et la tête penchée, nous avons surpris dans le feu de son regard et le mouvement de ses lèvres le secret de cette conversation intérieure avec ses hôtes invisibles ! Aussi, en dépouillant sa correspondance, avons-nous souvent fait la remarque que les lettres les plus admirables d'abandon, de douce gaieté, de piété contagieuse, sont presque toutes datées de ses retraites favorites, Sainte-Sabine, Chalais, Sorèze.

Il se plaisait donc dans sa petite cellule de la Visitation, et y vivait sans préoccupation d'avenir. « Mes jours se ressemblent tous ; je travaille le matin et l'après-midi régulièrement; je ne vois personne, sauf quelques ecclésiastiques de province qui viennent me voir çà et là (1). » Il lit saint Augustin, pour lequel il se passionne de plus en plus, et qui sera désormais avec saint Thomas d'Aquin son auteur préféré. « C'est un homme subtil de style plutôt que dans les choses, écrit-il, et celui de tous les Pères qui renferme le plus de pensées profondes sur la Religion, outre que, venu l'un des derniers, il a l'avantage de résumer la doctrine de ses prédécesseurs. C'est le saint Thomas des temps primitifs. »

---

(1) *Le Père Lacordaire*, par M. de Montalembert, p. 90.

Vainement les occasions se présentent d'elles-mêmes pour le faire rentrer dans la vie d'action et de parole. Il refuse par deux fois la direction du journal *l'Univers* qui se fondait alors ; il refuse également une chaire à l'Université catholique de Louvain. Sa passion pour la solitude le servait merveilleusement contre toutes ces séductions de mouvement et d'influence, et il se répétait tranquillement à lui-même : « Un homme se fait en dedans de lui et non en dehors... Un homme a toujours son heure : il suffit qu'il l'attende et qu'il ne fasse rien contre la Providence. » Parfois aussi il regardait avec envie le presbytère d'un simple curé de campagne, son petit troupeau, son église modeste et son jardin. « Je veux, disait-il, m'ensevelir au fond d'une campagne, ne plus vivre que pour un petit troupeau d'hommes, trouver toute ma joie en Dieu et dans les champs. On verra bien que je suis un homme simple et sans ambition. Adieu les grands travaux ! adieu le renom et les grands hommes ! J'en ai connu la vanité, et je ne veux plus que vivre obscur et bon (1). »

On le voit, il y avait, dans ces accents d'une mélancolie passagère, l'illusion d'une âme non-seulement sur sa mission, mais aussi sur elle-même. L'abbé Lacordaire n'était pas plus fait pour une obscurité absolue que pour un apostolat restreint. Il se cherchait lui-même, et le profond ennui qu'il avait ressenti de cette

(1) Lettres à M. de Montalembert, 1832.

vie en butte aux passions et aux intrigues, l'eût violemment rejeté dans un isolement complet. C'était chez lui à certaines heures un danger. Heureusement, Dieu venait de mettre sur sa route, à cette même époque, un nouveau guide, esprit aussi clairvoyant que cœur dévoué, qui sut lui montrer l'écueil et l'en détourner. A Rome, en 1837, ces idées d'une retraite absolue lui étaient revenues; il songeait à s'enfuir, à se cacher, à briser avec tout son passé. L'œil sûr et tendre qui veillait sur lui, lui répondait : « La lettre de vous qui menace d'un long éloignement est sans doute l'objet de mes méditations. Pensez-y devant Dieu, me dites-vous; je ne fais autre chose, et jusqu'ici pourtant vos convictions du moment n'ont rien eu pour moi de contagieux. Oui, je crois que la solitude peut vous être bonne, utile, peut-être nécessaire; la solitude avec tout son cortége de calme, de liberté, de possession de vous-même; mais non l'isolement qui, avec toutes les barrières, ferait disparaître tous les appuis; qui vous forcerait à perdre l'habitude précieuse du contact des hommes, précieuse pour ceux qui sont destinés à vivre avec eux, pour eux, et qui ôterait à votre imagination, avec tous les avertissements de la raison sévère, tous ceux de la sympathie. Dans tous les états, à toutes les régions, la parole divine : « Il n'est pas bon que l'homme soit seul, » trouve son application. Votre adorable humilité sait qu'elle peut trouver des maîtres; mais quand irrévocablement vous le serez devenu à votre tour, l'âge et l'expérience s'ajoutant aux dons les plus rares, alors encore, mon cher ami, il ne vous sera pas bon de rester isolé. Quoi que vous fassiez, il vous faudra des disciples soumis à votre influence immédiate, confiés à vous par l'autorité suprême, ou bien toute une famille de frères, et, à leur tête, un père commun à tous. Au désir ardent de votre perfection ne se joint en moi aucune forme particulière que je voulusse lui donner. Servez Dieu, et faites ce que vous voulez. Monde, solitude, prédication, parole écrite, dignités dans l'Église, renoncement entier, etc., tout me paraît convenable et offrir de rares chances, tout, hors cette retraite où, séparé de tout, je verrais le plus grand des dangers dans l'impossibilité où vous seriez encore de vous affranchir de vous-même (1). »

Qui lui parlait ainsi? Qui donc avait jeté sur ce cœur agité un regard assez profond et avait pris sur lui assez d'empire pour lui parler ce langage nouveau dans sa vie, pour lui signaler le mirage de son esprit abusé, et le détourner de l'isolement absolu, qui est un suicide, sans le rejeter dans la mêlée qui tue avec plus de bruit et non plus de profit? On l'a nommée : c'était Mme Swetchine. Qui ne la connaît aujourd'hui? Qui n'a lu la vie et les œuvres de cette femme que la mort a couronnée d'une gloire d'autant plus vive et plus pure qu'elle avait été plus ingénieuse à se cacher pendant sa vie?

(1) *Mme Swetchine,* par le comte de Falloux, p. 373.

Qui ne connait cette Russe au cœur si français, cette catholique convertie si douce envers les croyances et les opinions différentes des siennes, cette intelligence virile dans un cœur de femme, cet esprit de Joseph de Maistre dans l'âme de Fénelon, cette piété si aimable, cette charité si délicate et si tendre, cette femme enfin qui disait d'elle-même : « Je voudrais n'être plus désignée aux enfants des hommes que par ces mots : celle qui croit, celle qui prie, celle qui aime ? »

Elle avait cinquante ans lorsque M. de Montalembert lui présenta son ami. Ce ne fut point une simple rencontre littéraire entre deux esprits faits pour se comprendre, ce fut pour l'abbé Lacordaire une influence heureuse à un moment décisif de sa vie ; influence aimable, qui cachait son empire à l'ombre d'une tendresse quasi maternelle. Cette providence fut unique dans sa vie ; il devait rencontrer d'autres amitiés et d'autres conseils ; mais l'autorité dans l'amitié, mais la sagesse qui prévoit et signale l'écueil, unie à la bonté qui incline le cœur par une prière : ce don si rare et si parfait, il ne le connut qu'une fois, et Dieu le lui envoyait au moment propice. Où trouver d'ailleurs une âme mieux faite pour cette douce et délicate mission ? L'abbé Lacordaire aimait Dieu, l'Église et la liberté de son pays. Mme Swetchine aimait ces grandes choses autant que lui ; ce que cherchait l'abbé Lacordaire, le droit de cité pour l'Église et l'honneur du baptême chrétien pour la société, Mme Swetchine le voulait comme lui. Esprits d'élite tous les deux, de même trempe morale, jaloux avant tout des droits de la vérité et de la conscience, âmes limpides, transparentes et loyales, Mme Swetchine avait de plus que son jeune ami la connaissance du monde et des plus secrets replis de l'âme : il allait d'où elle revenait. C'est cette expérience de la vie que la patricienne mit avec une bonté sans égale au service du pauvre naufragé : c'est cette bonté qui l'attacha à cette femme comme à une seconde mère, que lui rendirent plus chère encore les duretés et les injustices auxquelles il devait se heurter presque à chaque pas au début de sa carrière. Ange béni, que Dieu avait placé à cet endroit de la route où s'accroissaient devant le prêtre les obscurités et les embûches, quels dangers ne lui avez-vous pas fait éviter ! Femme d'une bonté si souveraine et si rare, puisse votre exemple apprendre à beaucoup d'hommes ce que peut pour le bien, sur une âme ardente et sincère, la divine charité sans étroitesse de vues !

Le Père Lacordaire, en rappelant sur la tombe de son illustre amie, sa première rencontre avec elle, a retrouvé ses émotions d'alors. « J'abordai aux rivages de son âme, écrit-il, comme une épave brisée par les flots, et je me rappelle encore, après vingt-cinq ans, ce qu'elle mit de lumière et de force au service d'un jeune homme qui lui était inconnu. Ses conseils me soutinrent à la fois contre la défaillance et l'exaltation. Un jour qu'elle crut remarquer dans mes paroles un doute ou une lassitude, elle me dit avec un accent singulier ce simple mot : *Prenez garde!* Elle était merveilleuse à découvrir le point où l'on penchait et où il fallait porter secours. La mesure de sa pensée était si parfaite, la liberté de ses jugements si remarquable, que je fus longtemps à comprendre à qui et à quoi elle était dévouée. Au lieu que partout ailleurs je savais d'avance ce qu'on allait me dire, là je l'ignorais presque toujours, et nulle part je ne me sentais davantage hors du monde (1). »

Telle fut, pour ne rien exagérer, la juste mesure d'influence de Mme Swetchine sur l'abbé Lacordaire. Il ne lui dut pas, comme on l'a écrit, l'honneur de ne pas suivre l'abbé de la Mennais dans les voies malheureuses où il s'engageait. La soumission du vrai prêtre, soumission aussi sincère que spontanée, et sa rupture avec le prêtre dévoyé étaient des faits accomplis lorsqu'il vit Mme Swetchine pour la première fois. Mais l'horizon restait chargé de sombres nuages. Les rédacteurs de *l'Avenir* gardaient sur le front les traces de la foudre partie du Vatican, et le temps n'avait pas encore séparé, aux yeux de l'opinion, ceux qui s'étaient relevés humbles et guéris, de celui dont l'orgueil avait empoisonné la blessure. Une défiance générale planait sur leurs têtes. A l'ombre de ce sentiment qui pouvait avoir son excuse s'abritaient des passions que toute dé-

---

(1) *Mme Swetchine*, par le Père Lacordaire.

faite réveille comme de vils serpents dans les plus dangereux recoins du cœur de l'homme. Les rancunes tenues en arrêt tant que la plume était restée aux mains des combattants et maintenant guéries de la peur, les faciles triomphes de la médiocrité, les jalousies du talent, la routine envieuse des succès éclatants, l'orthodoxie à courte vue qui allait, dans le nouvel orateur de Stanislas et de Notre-Dame, épier les hérésies et fatiguer de ses dénonciations l'oreille des prélats : c'étaient là, pour la nature de l'abbé Lacordaire, des périls plus à redouter, j'ose le dire, que celui auquel il venait d'échapper dans sa campagne avec M. de la Mennais. Là, du moins, tout était grand et le devoir facile à connaître ; ici, tout était petit et la route difficile à travers ces sentiers tortueux et obscurs. Dans son noble et franc amour de la loyauté et de la lumière, il eût été toujours tenté de deux choses : ou d'aller lever le masque à ses ennemis quels qu'ils fussent, ou de les mépriser eux et leurs manœuvres et de s'enfuir. Il ne fit ni l'un ni l'autre, et ce furent les conseils de Mme Swetchine qui le soutinrent contre ce double péril de la défaillance et de l'exaltation, et l'aidèrent à s'élever à ces régions sereines où l'âme, plus près de Dieu, enveloppée de paix, de vérité et d'amour, ne s'irrite plus des sifflements de la haine et bientôt ne les entend même plus.

Elle lui écrit pour le prévenir d'une attaque que l'on prépare contre lui. « C'est avec répugnance, lui dit-elle, que je vous transmets ces avertissements. Il ne faut laisser mettre entre l'idée et soi que Dieu et la conscience, élever cette idée qu'on développe au plus haut degré de rectitude possible, pour l'amour de la vérité et sans un regard donné aux attaques de l'aversion, toujours féconde. Mon pauvre cher et aimable ami, comment se peut-il que vous fassiez naître quelqu'un de ces mouvements dans un cœur, je ne dis pas de chrétien, mais d'homme? La contradiction a été prédite, et, à la hauteur où vous êtes placé, c'est une des prophéties qui s'appliquent davantage (1). » Ces généreux conseils allaient bien à l'abbé Lacordaire. Il s'habitua vite à laisser l'intrigue s'user d'elle-même dans le silence, et à ne présenter aux dents de l'envie qu'une âme d'acier. Les injustices des hommes, en le déprenant du monde, l'attachaient plus fortement à Dieu, et lorsque ses yeux étaient fatigués du présent, il les reportait vers l'avenir, qu'il appelait *le grand asile et le grand levier*. Devant les haines des partis, il disait avec Dante : *Je regarde et je passe*. Nul plus que lui n'a eu foi dans la vertu du silence et dans sa force pour vaincre et ruiner à la fin les plus habiles attaques de la malveillance. Il n'y cherchait d'abord que sa justification en Dieu et dans l'avenir; il y trouva de plus sa justification auprès de ses contemporains, ce qui lui faisait dire : « Le silence est après la parole la seconde puis-

---

(1) *M*me *Swetchine,* t. I, p. 373.

sance du monde. Je n'ai plus de vie, disait-il encore, que dans l'avenir et dans l'éternité. C'est là que disparaissent toutes les vaines colères des partis, là qu'on prend la force de n'y pas même penser. Quand le voyageur traverse les Alpes, il vient un moment où les premières brises de l'Italie lui annoncent la présence de cette grande et aimable terre ; il s'arrête pour en respirer le parfum, et il oublie les tempêtes froides qu'il vient de laisser derrière lui. Oh ! que Dieu est bon à ceux qui ne cherchent que lui (1) ! »

Ainsi savait-il se rendre digne des bonnes fortunes que la Providence ménageait à temps sur sa route, occasions et personnes, solitude et repos de l'âme, amitié sainte qui dispose à la longanimité et à l'oubli des injures ; ainsi se préparait-il sans le savoir à des événements qui allaient engager sa destinée dans des voies nouvelles et définitives.

(1) *Lettres à des jeunes gens*, p. 288.

CHAPITRE VII

1833-1836

Conférences au collége Stanislas. — Premières conférences de Notre-Dame.

A la fin de l'année 1833, M. l'abbé Buquet, alors préfet des études au collége Stanislas à Paris, vint lui proposer de donner des conférences religieuses aux élèves dans la chapelle de l'établissement. C'était un rapprochement avec la jeunesse, qu'il avait toujours aimée; c'était aussi une occasion d'essayer enfin ses forces sur son vrai terrain : il accepta. Les conférences s'ouvrirent le 19 janvier 1834. Elles font époque dans la vie du Père Lacordaire. Elles lui révélèrent sa vocation : l'enseignement apologétique du haut de la chaire; elles révélèrent aussi à la capitale le grand orateur religieux. Le succès fut immense. Dès les premières conférences, les élèves durent céder la place au flot grossissant des auditeurs. Des tribunes furent élevées, et la chapelle restait encore trop étroite. Pendant trois mois, l'affluence alla toujours croissant.

A quoi tenait ce succès? Sans doute à de brillantes qualités mélangées d'ombres et de défauts, mais aussi et surtout à un fonds sérieux d'études patiemment poursuivies. Dès son entrée au séminaire, en ouvrant la théologie, l'abbé Lacordaire, on se le rappelle, avait entrevu un nouveau plan d'apologétique chrétienne, consistant à prouver la divinité du catholicisme par ses effets sur la société. Dès lors toutes ses études s'étaient rattachées à ce plan. Comment le réaliserait-il? Par les missions, par les livres ou par la chaire? Il ne le savait pas ; mais il avait son but bien arrêté. Aussi, du jour où il se vit dans une tribune à lui, devant un auditoire fait exprès pour lui, par cette subite révélation de l'homme à lui-même lorsque son heure est venue, il se trouva maître chez lui, le pied sur la terre ferme et sûr de la victoire. Ah! sans doute, il y avait aussi dans cette parole l'accent d'une âme jeune, enthousiaste, pleine d'élans patriotiques et généreux. Du premier bond, elle avait brisé l'enveloppe un peu froide et roide de la parole au XVIIe siècle ; le jeune orateur semblait avoir oublié cette rhétorique sacrée, âgée de trois siècles à peine et déjà réputée inviolable, et se souvenir de préférence de la parole plus libre des saints Pères, et des temps orageux où Florence, sous le souffle inspiré de Savonarole, se levait ou s'apaisait comme les flots de la mer. Ce n'était plus ni le prône, ni l'homélie, ni le sermon, mais une conversation élevée sur les choses divines, où toutes les forces vives de l'auditeur se trouvaient saisies par les feux croisés de l'éloquence, de la foi, de l'enthousiasme, portés à leur dernière puissance. Ce n'était plus seulement le prêtre, mais le poëte, le citoyen, le philosophe, l'homme tout entier, l'homme du présent parlant aux hommes de son temps des choses du passé, d'une religion qu'ils croyaient à l'agonie, et les conduisant de l'admiration pour le talent au respect de la doctrine. Mais les qualités mêmes par lesquelles il séduisait la jeunesse, étaient sa condamnation aux yeux de certains défenseurs intéressés des traditions classiques de la chaire. On faisait à sa parole le reproche d'être trop humaine, trop peu sûre d'elle-même dans l'exposé du dogme, trop hardie dans ses courses à travers la politique et l'histoire contemporaine. N'avait-il pas osé dire à ces hommes de juillet, par exemple, que le premier arbre de la liberté avait été planté, il y a longtemps, dans le paradis, par la main de Dieu même ?

Dénoncé auprès du gouvernement « comme une sorte de républicain fanatique, capable de bouleverser l'esprit d'une partie de la jeunesse, » il le fut aussi auprès de l'archevêque comme un prédicateur de nouveautés, un homme d'un exemple dangereux.

Les conférences de Stanislas furent suspendues. Un secours lui vint de là où il pouvait le moins l'espérer. Ce fut M. Affre, chanoine de la métropole, qui prit sa défense auprès de celui auquel il devait bientôt succéder. Esprit calme, froid, positif, habile théologien, ami des formes sévères du langage et peu sensible aux entraînements de l'éloquence, M. Affre n'avait dans l'esprit rien qui pût l'incliner favorablement vers l'abbé Lacordaire ; il avait même écrit autrefois contre M. de la Mennais un livre où ses tendances gallicanes n'étaient pas dissimulées. Mais c'était en même temps et avant tout un caractère droit, ennemi de l'intrigue et de l'injustice, une âme loyale, agrandie par le sacerdoce et vivement préoccupée des intérêts de l'Église dans le temps présent. Cette simplicité dans la grandeur qui fut le trait de sa vie et de sa mort, lui fit reconnaître d'instinct l'âme élevée du jeune prêtre. Il s'affligea de le voir sacrifier à d'injustes préventions et se constitua son défenseur auprès de M. de Quélen. Voici les curieux souvenirs qu'il a recueillis lui-même dans ses mémoires à ce sujet :

« Je venais de lire l'écrit dans lequel le Père Lacordaire avait consigné une rétractation qui me parut pleine de candeur (1). Je conçus dès lors pour lui un véritable attachement ; j'admirais aussi son talent, et, sans en dissimuler les graves défauts, je crus y trouver les traits qui décèlent une grande âme et les dons d'une intelligence privilégiée

« Peu de temps avant que je connusse le Père Lacor-

---

(1) Rétractation relative aux doctrines de *l'Avenir*.

daire, il avait donné, dans la chapelle du collège Stanislas, une suite de conférences qui avaient excité parmi les jeunes gens le plus vif enthousiasme. Malheureusement elles produisirent l'effet opposé sur quelques auditeurs inquiets, non sans raison, de tout ce qu'il a d'extraordinaire et de hasardé dans le fond des idées, de hardi ou de téméraire dans certaines expressions. Cette inquiétude était d'autant plus excusable, que M. Lacordaire avait été un des rédacteurs de *l'Avenir*. Si ceux qui se plaignaient avaient été à l'abri de tout soupçon de rivalité, leur zèle contre le jeune conférencier eût été probablement moins ardent; mais on les accusait, à tort sans doute, de se venger du peu d'intérêt qu'ils avaient excité en essayant de fermer la bouche à un rival qui avait reçu un accueil plein d'enthousiasme.

« L'archevêque, alarmé, exigea que les conférences fussent écrites et soumises à son examen, avant d'être prononcées en public. M. Lacordaire refusa, alléguant qu'il perdrait tous ses avantages s'il ne pouvait improviser tout au moins l'expression de ses pensées.

« Je crus devoir plaider sa cause, sans me dissimuler les inconvénients d'une improvisation sur les matières qu'il traitait; mais je pensais que ces inconvénients perdaient une grande partie de leur gravité, à raison du caractère si droit et si franc de l'abbé Lacordaire. Il est, en effet, on ne peut plus éloigné de l'esprit de secte, très-disposé à écouter les conseils des personnes qui s'intéressent à lui. Je pouvais donc espérer que si une assertion inexacte lui échappait, ce ne serait pas une erreur volontaire, et encore moins une erreur opiniâtre, qu'elle ne ferait jamais la matière d'un débat, mais disparaîtrait avec l'improvisation qui l'avait produite. Une expérience de quatre ans a confirmé depuis cette prévision....

« Je parlai donc en sa faveur à l'archevêque, lui faisant remarquer combien les temps étaient différents ; que si nous avions à regretter de n'avoir plus, comme autrefois, une Sorbonne toute prête à frapper une proposition mal sonnante, nous n'avions pas non plus de personnes disposées à s'emparer de celles qui pouvaient échapper à M. Lacordaire ; qu'il pouvait craindre, au contraire, que cet ecclésiastique ne devînt, sans le vouloir, un prétexte pour la jeunesse chrétienne de se plaindre du premier pasteur, de se séparer de lui, tandis que sa conduite depuis deux ans faisait espérer une grande docilité, c'est-à-dire la disposition la plus opposée au caractère des novateurs. L'expérience prouve, en effet, que les sectes auraient été étouffées dans leur germe, si elles n'avaient eu pour chefs des hommes pleins d'entêtement et d'orgueil. Ces observations ne produisirent pas d'abord leur effet ; car la permission de prêcher fut retirée à l'abbé Lacordaire.

« Peu de temps après elle lui fut rendue ; et j'ai quelque raison de penser que l'archevêque de Paris se détermina par suite des motifs que je viens d'indiquer. La condition d'écrire les conférences en entier ne fut plus exigée; mais le prédicateur devait soumettre son canevas à un des grands vicaires du diocèse. Autant que je puis m'en souvenir, l'archevêque lui permit de choisir entre M. l'abbé Carrière, savant théologien, membre de la société de Saint-Sulpice, et moi. Je fus préféré par l'abbé Lacordaire, sans doute à cause de l'intérêt particulier que je lui avais témoigné. Les conférences eurent lieu non plus dans une chapelle, mais à Notre-Dame. Je suis certain que la chaire de cette basilique ne fut point désirée par celui qui devait attirer autour d'elle un si nombreux concours. J'ai des raisons de penser que les personnes qui jugeaient sévèrement le jeune conférencier, furent favorables au choix qui fut fait de cette église ; ils espéraient que l'épreuve serait défavorable, et qu'ils parviendraient, par ce moyen assez peu loyal, à faire tomber une renommée dont l'influence leur paraissait dangereuse. Ils furent trompés dans leur attente; mais l'abbé Lacordaire, après des succès éclatants, renonça de lui-même à en poursuivre le cours.... (1). »

On entrevoit dans ces incomplètes révélations combien furent pénibles les premiers pas de l'abbé Lacordaire dans la carrière de la prédication. Mais ces oppositions, communes à toute œuvre d'éclat, épurent l'âme et grandissent le caractère. On sent déjà l'apaisement

(1) *Mémoires de Mgr Affre*, cités dans sa *Vie*, par M. l'abbé Castan, p. 72.

et l'ordre se faire dans cette nature autrefois si prompte à se redresser. Les accusations agaçantes de la jalousie le laissent calme ; les ordres de ses supérieurs le trouvent humble et résigné. « Je méprise les tracasseries qu'on me suscite, écrit-il ; je suis solitaire, occupé, calme, confiant en Dieu et dans l'avenir. » Et encore, lorsque les conférences de Stanislas furent interdites : « L'obéissance coûte ; mais j'ai appris de l'expérience qu'elle est tôt ou tard récompensée et que Dieu seul sait ce qui nous convient... La lumière vient à qui se soumet comme à un homme qui ouvre les yeux. »

La récompense, en effet, ne devait pas se faire attendre longtemps. Elle fut aussi éclatante qu'inattendue. Nous laissons le Père Lacordaire faire lui-même le récit simple et émouvant des circonstances qui l'appelèrent à Notre-Dame, et de son début dans cette chaire qui lui doit sa gloire.

« Le temps s'avançait, et je ne savais à quoi me résoudre. Un jour que je traversais le jardin du Luxembourg, je rencontrai un ecclésiastique qui m'était assez connu ; il m'arrêta et me dit : « Que faites-vous ? Il faudrait aller voir l'archevêque et vous entendre avec lui. » A quelques pas de là, un autre ecclésiastique qui m'était beaucoup moins connu que le premier, m'arrêta pareillement et me dit : « Vous avez tort de ne point voir l'archevêque, j'ai des raisons de penser qu'il serait bien aise de s'entretenir avec vous. » Cette double invitation me surprit, et accoutumé que j'étais à un peu de superstition du côté de la Providence, je me dirigeai lentement vers le couvent de Saint-Michel, non loin du Luxembourg, où l'archevêque demeurait alors. Ce ne fut point la portière qui vint m'ouvrir, mais une religieuse de chœur qui me voulait du bien, *parce que,* disait-elle, *tout le monde m'était opposé.* Monseigneur, selon ce qu'elle m'apprit, avait absolument défendu sa porte; « mais, ajouta-t-elle, je vais le prévenir, et peut-être vous recevra-t-il. » La réponse fut favorable. En entrant chez l'archevêque, je le trouvai qui se promenait dans sa chambre avec un air triste et préoccupé. Il ne me donna qu'un faible témoignage de bienvenue, et je me mis à marcher à ses côtés sans qu'il prononçât une parole. Après un assez long intervalle de silence, il s'arrêta tout court, se tourna vers moi, me regarda d'un œil scrutateur et me dit :

« J'ai dessein de vous confier la chaire de Notre-Dame : l'accepteriez-vous ? » Cette ouverture si brusque, dont le secret m'échappait complétement, ne me causa aucune ivresse. Je répondis à l'archevêque que le temps était bien court pour me préparer, que le théâtre était bien solennel, et qu'après avoir réussi devant un auditoire restreint, il était facile d'échouer devant une assemblée de quatre mille âmes. La conclusion fut que je lui demandai vingt-quatre heures de réflexion. Après avoir prié Dieu et consulté Mme Swetchine, je répondis affirmativement. Que s'était-il donc passé? M. l'abbé Liautard, ancien supérieur du collége Stanislas, et alors curé de Fontainebleau, avait depuis quelques semaines fait circuler dans le clergé de Paris un mémoire manuscrit, où il inculpait vivement l'administration archiépiscopale. Ce mémoire avait été porté à l'archevêque le jour même de la scène que je viens de raconter, et il en achevait la lecture à l'heure où la Providence m'envoyait vers lui. Bien entendu que dans cette pièce accusatrice, il était question des conférences de Stanislas, et que l'archevêque y était taxé d'inintelligence et de faiblesse à propos de la conduite qu'il avait tenue à mon égard. J'ignore si jamais auparavant la pensée lui était venue de m'ouvrir la chaire de Notre-Dame; mais quand il me vit arriver à l'heure même où il était tout ému du jugement porté sur son administration par un homme d'esprit, il est probable que cette coïncidence presque merveilleuse, tant elle était imprévue, le frappa comme un avertissement de Dieu, et qu'un éclair rapide traversant son esprit, lui montra, dans mon élévation à la chaire métropolitaine des conférences, une éclatante réponse à ses ennemis personnels. Quand il eut fait connaître autour de lui l'engagement qu'il avait contracté à mon égard, il fut surpris du peu d'opposition qu'il rencontra. C'est que mes adversaires dont il était entouré, espéraient que ce triomphe serait l'occasion de ma chute, persuadés que je n'avais ni les ressources théologiques, ni les facultés oratoires, capables de me soutenir dans une œuvre où les unes et les autres étaient nécessaires à un haut degré. Ils ne savaient pas que depuis quinze ans je n'avais cessé de me livrer à de sérieuses études philosophiques et théologiques; et que depuis quinze ans aussi, je m'étais exercé au ministère de la parole dans les situations les plus diverses. Il en est d'ailleurs de l'orateur comme du mont Horeb : avant que Dieu l'ait frappé, c'est un rocher aride; mais quand Dieu l'a touché de son doigt, c'est une source qui féconde le désert.

« Le jour venu, Notre-Dame se remplit d'une multitude qu'elle n'avait point encore vue. La jeunesse libérale et la jeunesse absolutiste, les amis et les ennemis, et cette foule curieuse qu'une grande capitale tient toujours prête pour tout ce qui est nouveau, s'étaient rendus à flots pressés dans la vieille basilique. Je montai en chaire, non sans émotion, mais avec fermeté, et je commençai mon discours, l'œil fixé sur l'archevêque, qui était pour moi, après Dieu, mais avant le public, le premier personnage de cette scène. Il m'écoutait la tête un peu baissée, dans un état d'impassibilité absolue, comme un homme qui n'était pas simplement spectateur, ni même juge, mais qui courait des risques personnels dans cette solennelle aventure. Quand j'eus pris pied dans mon sujet et mon auditoire, que ma poitrine se fut dilatée sous la nécessité de saisir une si vaste assemblée d'hommes, et que l'inspiration eut fait place au calme d'un début, il m'échappa un de ces cris dont l'accent, lorsqu'il est sincère et profond, ne manque jamais d'émouvoir. L'archevêque tressaillit visiblement, une pâleur qui vint jusqu'à mes yeux couvrit son visage, il releva la tête et jeta sur moi un regard étonné. Je compris que la bataille était gagnée dans son esprit, elle l'était aussi dans l'auditoire. Rentré chez lui, il annonça qu'il allait me nommer chanoine honoraire de sa métropole. On eut beaucoup de peine à le retenir et à le faire attendre jusqu'à la fin de la station (1). »

Ce fut au commencement du carême de l'année 1835 qu'il inaugura ces conférences de Notre-Dame, une des plus grandes et des plus fécondes œuvres religieuses de ce siècle. Jours glorieux où la vieille métropole, depuis trop longtemps endormie et déserte, se réveillait au bruit d'une multitude envahissant ses parvis, et tressaillait sous le souffle du *prophète nouveau*; jours de triomphe pour la parole sainte comme elle n'en reverra peut-être jamais. Comment redire ces fêtes de l'éloquence à ceux qui n'en ont pas été témoins? Comment remettre sous les yeux le spectacle unique de cette nef immense s'emplissant dès le matin d'hommes de tout âge, de toute croyance, de tout drapeau, jeunes et vieux, jeunes surtout, venus des écoles de droit et de médecine, orateurs, jurisconsultes, savants, militaires, saint-simoniens, républi-

---

(1) Mémoires.

cains et monarchistes, croyants et incroyants, athées et matérialistes, Paris et la France enfin en raccourci, miroir fidèle de cette société d'alors, qui ressemblait assez à cette vision d'Ézéchiel, à ce vaste champ d'ossements arides, qui peu à peu se lèvent, s'agitent, se cherchent, reprennent leurs chairs et leur couleur, et n'attendent plus que la grande voix du prophète pour leur souffler l'esprit de vie, et en faire une armée d'innombrables soldats rangés en bataille (1)? Spectacle étrange et nouveau, où plus d'un sans doute, pendant les longues heures d'attente, dut se demander ce que venaient faire là tant d'hommes accourus de camps opposés : des fils de Voltaire suspendus aux lèvres d'un prêtre catholique ; les descendants de 89, disciples dociles dans ce même temple d'où leurs pères avaient chassé le Christ; des chercheurs d'une religion nouvelle au pied de la chaire qui prêche éternellement le même symbole. Que voulaient-ils? Qui les avait amenés là ?

Il y avait plus d'une cause à cet empressement extraordinaire. Rarement, il faut l'avouer, orateur avait été mieux préparé pour son auditoire, mieux façonné pour le séduire et l'entraîner. Revenu d'un siècle « dont il avait tout aimé, » il savait son mal, il en avait souffert, il avait connu, comme il disait lui-même, *la magie* de l'incrédulité ; il venait lui apporter le remède plus en

---

(1) Steteruntque super pedes suos exercitus grandis nimis valde.
Ezech., xxxvii, 10.

ami qu'en maître, plus en père qu'en juge. A voir ce jeune homme de trente-trois ans apparaître pâle et ému au-dessus du plus bel auditoire d'hommes qui fut jamais, on se sentait déjà sous le charme. Il se faisait un grand silence. Sa voix, d'abord faible, prenait peu à peu de l'ampleur et du timbre. Rien de plus simple que son début : un résumé court et précis de la conférence précédente, un sommaire rapide de la thèse à soutenir, c'était sa manière d'entrer en champ clos, de s'orienter pour le combat. Puis il prenait son essor. Il était vraiment beau à voir ce jeune apôtre, encore illuminé de la grâce de sa conversion, ce racheté de Jésus-Christ, entouré de tous ces captifs de l'erreur, brûlant de les amener à la délivrance, entrant avec eux dans les obscurités de leur esprit, n'affaiblissant aucune objection, les ramenant par les sentiers qu'il s'était frayés lui-même, renversant sur son chemin toute doctrine ennemie, puis, arrivé au sommet de cette vérité conquise, s'éprenant pour elle d'une ardeur passionnée, s'identifiant avec elle et disant : *Mon Église, ma doctrine, mon infaillibilité!* Nouveau saint Paul, il jetait fièrement le défi à toute gloire, toute puissance, toute grandeur. « Vous êtes Français? — je le suis comme vous; — philosophes? — je le suis comme vous; — libres et fiers? — je le suis plus que vous. » Tout rayon de vérité et de beauté tombé du cœur de Dieu dans le cœur de l'homme ou sur l'univers, il le recueillait avec amour pour le faire remonter à sa source en hymne de triomphe. Ce n'était rien pour lui d'avoir prouvé Dieu s'il ne l'avait fait resplendir; rien d'avoir fait dire : C'est vrai ! s'il n'avait entendu le cri : C'est beau ! Debout, l'œil fixé sur la lumière étincelante de l'Épouse du Christ, sa parole inspirée montait et chantait : ce n'était plus l'homme, mais le prophète; plus de l'éloquence, mais de l'extase; son front, son regard, son geste, tout vibrait et frémissait à l'unisson de l'âme. On était là, haletant, enivré, subjugué, ravi. Ah! c'était une belle victoire! Cette Église de Jésus-Christ que le XVIIIe siècle avait pensé faire descendre si bas qu'elle paraissait tombée sous le mépris, tuée dans le ridicule, portée maintenant sur les ailes de l'éloquence et du génie, remontait sous les yeux de l'impiété étonnée à une hauteur qui commanderait désormais le respect et l'admiration à l'incroyance elle-même. On pourrait bien ne pas dire encore : C'est divin; mais on ne pourrait se refuser à reconnaître qu'il n'y a rien de plus grand au monde; on attaquerait encore le christianisme, on ne le flétrirait plus. Cette réhabilitation, commencée par la science et par l'histoire, la parole entraînante du nouvel apologiste la rendait populaire, la transformait au courant de l'opinion et lui donnait force de loi.

L'effet de cette parole sur les jeunes gens surtout était irrésistible. Comment ne l'eussent-ils pas acclamée? Tout ce qu'ils aimaient, le mal excepté, elle le disait et le chantait avec eux et mieux qu'eux. La poésie, le dévouement, l'honneur, les gloires nationales, la patrie, la liberté, tous ces beaux noms animaient cette parole, s'inclinaient devant la vérité, leur reine à tous, et lui formaient comme un cortége d'honneur.

Mais ce qui fut par-dessus tout le caractère propre de cette parole, la marque de sa mission providentielle et la plus haute raison de son succès, c'est d'avoir été une prédication sociale, c'est d'avoir donné à la société d'alors ce dont elle avait faim et soif, le pain vivant dont la privation prolongée l'aurait conduite à la mort, Dieu et son Fils notre Seigneur et Sauveur. Le christianisme a une existence sociale, non pas seulement en ce sens qu'il est lui-même une société, la plus une, la plus universelle, la plus ancienne, la plus catholique, la plus parfaite des sociétés, mais en ce sens aussi que toute société dépend et vit de lui, comme le corps dépend et vit de l'âme, comme l'homme dépend et vit de Dieu. Or, la société à laquelle s'adressait l'abbé Lacordaire avait cela de remarquable qu'elle était sans Dieu. Pour la première fois peut-être depuis que les peuples civilisés ont une histoire, on en voyait un s'essayant à marcher sans le secours d'un commerce positif avec le Ciel. Mais si l'individu vit difficilement sans foi religieuse, un peuple s'en passe plus difficilement encore. Un peuple, qu'est-ce, en effet, qu'une grande communauté de souffrances, de misères, de faiblesses, de maladies du corps et de l'âme? Et sans la religion, sans le christianisme surtout, où serait le remède à tant de maux, la consolation à tant d'infortunes? L'abbé Lacordaire, ramené au catholicisme par cette preuve vivante du besoin qu'a de lui toute société, reçut pour mission spéciale de développer cette vérité devant son pays. « La vieille société, disait-il, a péri parce que Dieu en avait été chassé : la nouvelle est souffrante parce que Dieu n'y est pas entré (1). » Contribuer pour sa part à faire rentrer Dieu dans la foi et les mœurs de sa génération, tel fut son but constant, la pensée qui domine son enseignement, ses œuvres, sa vie. Toutes ses conférences sont sur ce plan. Quelque sujet qu'il aborde, l'Église dans son organisation extérieure ou intime, dans son auteur, dans ses effets ou dans ses dogmes, c'est toujours le côté social qui lui apparaît de préférence. Mettre perpétuellement en regard l'Évangile et la société, la société qui s'unit à l'Église et celle qui s'en sépare, montrer que sans l'Évangile, la famille se désunit, la liberté est licence, l'autorité despotisme, que les vertus dont la société a le plus besoin, l'humilité, la chasteté, la charité, c'est le catholicisme, et le catholicisme seul, qui les produit : telle fut la pensée générale de son enseignement. Sans réfuter directement toutes les erreurs et les calomnies accumulées par le XVIIIe siècle contre l'Église, cet

---

(1) Éloge funèbre de Mgr de Forbin-Janson.

échafaudage de mensonges s'écroulait de lui-même devant le simple et sublime spectacle de l'Église poursuivant en paix sa mission de rachat et de salut. On l'avait accusée d'avoir essayé d'étouffer dans son sein tous les germes de lumière et de vie : elle répondait en montrant, dans les flancs de l'arche sainte, les seuls éléments de rédemption sociale survivant au déluge universel des croyances et des institutions; on l'avait déclarée morte et ensevelie, elle répondait en marchant. C'était une prédication neuve, pleine d'enseignements saisissants et surtout d'à-propos. Si l'erreur et le vice dans l'individu ne portent pas infailliblement leur châtiment en eux-mêmes, si l'apôtre, pour réveiller la conscience endormie du pécheur, doit le plus souvent lui montrer au delà de la tombe la terrible sanction de la loi qu'il méprise, il n'en va pas de même des égarements et des vices d'un peuple; le châtiment est toujours écrit sur le front du coupable; la sanction suit immédiatement et infailliblement le mépris de la loi. Pour une société, point d'enfer à redouter, si ce n'est l'enfer d'un peuple sans principes et sans frein, abîme de l'anarchie permanente qui offre à l'apôtre des tableaux non moins terribles, mais plus connus; point de paradis à espérer, mais l'âge d'or très-réel dont s'approchent plus ou moins les peuples les plus religieux. Rien de plus salutaire que ces peintures auxquelles les tremblements convulsifs d'une société mal assise sur ses bases donnaient trop souvent un relief d'une énergique vitalité. Cette prédication venait surtout à son heure. Ce que ces hommes d'opinions si diverses venaient chercher au pied de la chaire de Notre-Dame, c'était une parole religieuse sans doute, mais qui leur dît en même temps ce qu'elle pensait de leurs systèmes et où était le nœud du grand problème qui agitait alors les esprits et qui les trouve encore inquiets aujourd'hui, le problème des rapports de l'Église et de l'État.

L'année précédente, ces mêmes conférences avaient été inaugurées à Notre-Dame par des orateurs en qui le talent ni l'éloquence ne faisaient défaut, et la grande nef était restée presque vide; nul écho n'avait répondu à leurs voix. Mais lorsqu'on sut que l'orateur de Stanislas allait parler à Notre-Dame, les portes de la vieille église furent assiégées dès le matin; on voulait entendre à tout prix cette parole qui disait les choses anciennes avec un accent nouveau; qui, tout en plaidant la cause éternelle, avait des consolations et des espérances pour les sociétés d'un jour; qui savait que Dieu a fait les nations guérissables, et croyait que la première condition pour leur faire du bien était de ne pas les maudire. On acclamait ce christianisme si large et si ouvert, si sympathique, où l'homme et Dieu, l'Église et la société se rencontraient encore pour s'aimer après un demi-siècle de divorce, comme de vieux amis, un instant divisés par la malveillance, se reconnaissent, et se jurent une éternelle fidélité; ce christianisme où la foi et la raison s'embrassaient comme deux sœurs, où la science et l'industrie s'étonnaient d'être admises et d'inspirer si peu d'effroi, où la liberté retrouvait ses titres de noblesse remontant au Calvaire, où toutes choses grandes et nobles avaient leur place, où l'on respirait à l'aise, où la poésie retrouvait la lyre de David, où la patrie tressaillait, où la vie était partout, où la jeunesse se sentait aimée, où le but et le mot d'ordre étaient toujours : *en avant!* où la victoire enfin appartenait à l'avenir, au bien, à Dieu.

Telles furent les conférences de Notre-Dame. Voici ce qu'en disait, sur la tombe de l'illustre orateur, un évêque qui avait été son auditeur assidu avant d'être son ami. « Les conférences de Notre-Dame sont une date pour la prédication chrétienne; mais cette date est en même temps celle d'un immense mouvement dans la jeunesse d'alors. Chaque année maintenant, sous les voûtes de la métropole de Paris, des milliers d'hommes viennent le jour de Pâques s'agenouiller à la table sainte. Demandez-leur qui les a faits chrétiens. Beaucoup vous répondront que la première étincelle qui ralluma leur foi, ce fut l'éclair qui avait jailli de cet homme (1). »

On a trop dit, en effet, que cette parole n'avait converti personne. Si tous ceux qu'elle a ramenés à la

---

(1) Mgr de la Bouillerie, *Éloge funèbre du R. P. Lacordaire*, prononcé à Sorèze le 22 novembre 1861.

foi pratique se levaient pour protester, on comprendrait mieux combien, pour certaines âmes, les obscurités de l'esprit ayant une fois disparu, le reste de la route est court et facile. Mais enfin, lui-même le reconnaissait, le but premier de cette prédication n'était pas de communiquer la grâce qui brise les liens du péché ; « son but unique, quoique souvent elle ait atteint par delà, c'était de préparer les âmes à la foi (1); » c'était d'ébranler les masses plutôt que les individus, de les prendre comme par la main pour les conduire au seuil de ce temple dont on leur avait dit tant de mal, leur en faire admirer à l'extérieur les divines proportions pour leur donner le désir de voir et de goûter les splendeurs du dedans. Cette mission, il l'a glorieusement remplie. Le mouvement de retour au catholicisme en France date de cette époque. Jusque-là l'Église vivait dans un ostracisme gardé par la haine et le mépris. Des voix qui s'étaient élevées pour sa défense, pas une n'était arrivée à la popularité, à la sympathie, à l'entraînement. La réconciliation commença au pied de la chaire de Notre-Dame. Parlant de ces deux phases d'incrédulité haineuse et de foi ardente, le Père Lacordaire, dans sa notice sur Ozanam, disait lui-même, en faisant honneur au fondateur de la société de Saint-Vincent-de-Paul de la meilleure part dans ce mouvement religieux : « Ceux qui n'ont pas vécu

---

(1) *Conférences de Notre-Dame,* préface.

dans ces deux temps ne se représenteront jamais ce que fut le passage de l'un à l'autre. Pour nous qui avons été de l'une et de l'autre époque, qui avons vu le mépris et qui avons vu l'honneur, nos yeux se mouillent, en y pensant, de larmes involontaires, et nous tombons en actions de grâces devant Celui qui est *inénarrable dans ses dons.* » Les conférences de Notre-Dame et, presque dans le même temps, la société de Saint-Vincent-de-Paul, la foi et la charité, telles furent les premières tiges de cet arbre magnifique qui étend aujourd'hui ses rameaux sur la France entière. Entre Lacordaire déguisé pendant le choléra de 1832 dans les hôpitaux de Paris, et Lacordaire à l'Académie française, quel abîme franchi! et pour ceux qui ont vécu avant et pendant ce quart de siècle, quel prodige! quelle victoire inespérée! Loué soit Dieu qui a fait ce miracle! Quant à celui qui en a été le principal instrument, c'est assez pour sa gloire, et c'est trop pour sa justification. Avouons, si l'on y tient, qu'il n'a converti personne; il nous suffit qu'il ait converti l'opinion, c'est-à-dire tout le monde.

CHAPITRE VIII

1836-1838

Interruption des Conférences. — Séjour à Rome.— *Lettre sur le Saint-Siége.*— Commencements de vocation dominicaine.

Cet enseignement à Notre-Dame dura deux ans sans interruption. Le succès allait croissant; l'archevêque, dans un mouvement d'émotion et de juste gratitude, avait publiquement salué l'apôtre du titre de *nouveau prophète*; il commençait à recueillir les fruits de sa parole dans le commerce des âmes, jouissance nouvelle pour son cœur de prêtre, et dont la trace fut trop profonde dans sa vie pour qu'il ait omis d'en faire revivre le souvenir dans ses mémoires. « Jusque là, dit-il, ma vie s'était passée dans l'étude et la polémique : elle venait d'entrer par les conférences dans les mystères de l'apostolat... Le commerce avec les âmes se révélait à moi, commerce qui est la véritable félicité du prêtre quand il est digne de sa mission, et qui lui ôte tout regret d'avoir quitté pour Jésus-Christ les liens, les amitiés et les espérances du monde. C'est à Notre-Dame, au pied de ma chaire, que j'ai vu naître ces affections et ces reconnaissances dont aucune qualité naturelle ne peut être la source, et qui attache l'homme à l'apôtre par des liens dont la douceur est aussi divine que la force. Je n'ai pas connu toutes ces âmes rattachées à la mienne par le souvenir de la lumière retrouvée ou agrandie ; tous les jours encore il m'en revient des témoignages dont la vivacité m'étonne, et je suis semblable au voyageur du désert à qui une amitié inconnue envoie dans un vase obscur la goutte d'eau qui doit le rafraîchir. Quand une fois on a été initié à ces jouissances, qui sont comme un arome anticipé de l'autre vie, tout le reste s'évanouit, et l'orgueil ne monte plus à l'esprit que comme un souffle impur dont le goût amer ne peut le tromper (1). » Il en était là de cet enseignement ; tous ces liens nouveaux semblaient devoir l'attacher plus fortement à sa belle et féconde mission, lorsque tout à coup, sans prétexte apparent, il renonce à cette chaire de Notre-Dame, et part pour Rome (mai 1836).

Il a expliqué lui-même la cause de cette détermination inattendue. En descendant de chaire, à la fin de la station de 1836, il disait : « Je laisse entre les mains de mon évêque cette chaire de Notre-Dame, désormais fondée, fondée par lui et par vous, par le pasteur et

(1) Mémoires.

par le peuple. Un moment ce double suffrage a brillé sur ma tête : souffrez que je l'écarte de moi-même, et que je me retrouve seul quelque temps *devant ma faiblesse* et devant Dieu. » Dix-sept ans plus tard, rappelant cette même interruption devant le même auditoire, il disait encore : « C'est ici, sous les dalles voisines de l'autel, que reposent mes deux premiers archevêques, celui qui m'appela tout jeune à l'honneur de vous enseigner, et celui qui m'y rappela, après qu'*une défiance de mes forces* m'eut éloigné de vous. » Et enfin, dans ses mémoires, il a dit : *Je compris que je n'étais pas encore assez mûr*. Il se retira donc devant la conscience de sa faiblesse : ce fut là le premier et principal motif. Alors que cette œuvre de l'enseignement apologétique, le rêve de sa vie, paraît assise et fondée, que cette jeune génération qu'il a captivée, applaudit à sa parole et fait bon marché de ses défauts, si même elle ne l'en aime davantage, lui seul hésite; il s'arrête et demande trois années de recueillement, d'études et de prière. C'est le propre des grandes âmes de se posséder dans une enivrante gloire, de se juger de sang-froid, non au vent de l'opinion, mais à la lumière calme de la raison; et c'est le propre de la vertu de savoir s'arracher au triomphe, pour aller approfondir dans la retraite la science qui fait les grands docteurs et les saints.

Il faut le dire aussi : à côté de ce concert de louanges, il y avait le concert des clameurs et des blâmes. Si la jeunesse des écoles, pour qui les conférences avaient été fondées, faisait bruit de son enthousiasme, beaucoup, dans le monde ecclésiastique et pieux, ne comprenaient rien à ce nouveau genre de prédication. « Jamais, disaient-ils, la parole sacrée n'avait été annoncée de cette manière ; n'y avait-il pas danger pour la foi dans un enseignement qui sortait des voies battues, et où les âmes, disait-on, avaient plus de risques d'être égarées que d'espoir d'être éclairées. » D'autres, sans aller si loin et tout en admettant la légitimité de procédés nouveaux pour un auditoire exceptionnel, faisaient leurs réserves sur des mots trop hardis, des idées hasardées. Mais, à la faveur de ces remarques assez souvent fondées, la malveillance et l'envie versaient aussi leur venin. On cherchait à effrayer l'archevêque, cœur plus loyal qu'esprit ferme et profond, par des mots à effet sans cesse rappelés à son oreille : c'était toujours le fantôme de *l'Avenir*, le spectre des idées républicaines et lamennaisiennes (1). L'abbé Lacordaire ressentit le contre-coup de cette influence. Il lui eût été facile de s'expliquer et de montrer que les vrais héritiers des doctrines

---

(1) « Les sermons de l'abbé Lacordaire, bien compris, se réduisent à des articles de journaux qui figureraient assez bien, encore aujourd'hui, dans un nouvel *Avenir*. Ils constituent, selon nous, la plus parfaite dégradation de la parole, l'anarchie la plus complète de la pensée, nous ne dirons pas théologique, mais simplement philosophique. »
Lettre aux membres du clergé et aux auditeurs de Notre-Dame, par l'auteur du *Prêtre devant le siècle*. — Paris, Beaujouan, rue Saint-André-des-Arts, 32. — 1837.

de la Mennais n'étaient point de son côté, mais dans les rangs de ceux qui ne lui pardonnaient pas de reconnaître l'effort individuel de l'homme dans sa raison et sa liberté, et qui restaient attachés, comme leur maître avant 1830, au traditionalisme en philosophie, à l'absolutisme en politique. Mais il comprit aussi l'inutilité de la défense avec de pareils adversaires : il jugea plus sage et plus chrétien de se retirer, et d'attendre du temps, des événements et de la grâce de Dieu une plus complète justification. Il s'en alla donc tranquille où la Providence le conduisait pour lui donner bientôt, dans la pensée de la restauration d'un Ordre de prédicateurs, le complément encore imprévu de son œuvre de Notre-Dame, la récompense de son humilité devant les reproches, et de son abnégation devant le triomphe. S'il n'eut pas la claire vue de ce qui l'attendait à Rome, il est permis de croire qu'il en eut au moins le pressentiment. « Je savais bien pourquoi j'entreprenais ce voyage, écrivait-il à son retour ; mais je n'aurais jamais cru que la Providence me favoriserait si largement. » Et un jour, à la veille d'une décision importante, il nous disait dans un moment d'expansion : « Toujours, aux époques solennelles de ma vie, j'ai entendu la voix de la Providence qui me poussait intérieurement et me disait comment je devais agir ; j'ai toujours suivi cette impulsion secrète qui m'avertissait à temps, et je m'en suis bien trouvé. »

Il choisit donc Rome pour séjour. Il y allait d'instinct, comme la pierre à son centre, comme le fils à sa mère, comme le vaisseau fatigué par les flots cherche le port. Une première fois, après les orages de *l'Avenir*, il y avait trouvé la paix et respiré l'air pur de la vraie liberté; il allait lui redemander le rajeunissement en son âme des mêmes trésors. A l'encontre des rationalistes qui redoutent dans le saint-siége l'oppresseur des intelligences, il savait, « il avait appris de sa propre expérience que l'Église est la libératrice de l'esprit humain; » il avait encore présent au cœur ce sentiment d'ineffable joie qui l'avait fait s'écrier, en se relevant de sa prière : « Je ne sais ni le jour ni l'heure, mais j'ai vu ce que je ne voyais pas, je suis sorti de Rome libre et victorieux ! » Les esprits amoureux de leurs propres pensées fuient Rome avec le même empressement que mettent à la chercher les humbles enfants de la Vérité qui demandent, pour assurer leurs pas, un maître, un conseil, un guide. On l'accusait à Paris d'être resté secrètement attaché au système d'un homme qui s'était violemment séparé de l'unité catholique; il ne trouvait pas de meilleure réponse que d'aller vivre à Rome, au centre même de cette unité, sous les yeux de celui qui est le juge souverain des controverses. Ces attaques nous étonnent aujourd'hui, et on ne sait vraiment comment s'expliquer cet acharnement contre un prêtre qui, le premier, s'était si admirablement soumis, qui, en 1834, aux *Paroles d'un croyant* avait répondu par une réfutation expresse et publique du système de *la raison générale*, et qui, pour achever de dissiper tous les nuages, venait à Rome travailler, pour ainsi dire, sous les yeux du Saint-Père. Et cependant, après dix-huit mois de séjour dans cette ville, lorsque ce prêtre annoncera le dessein de rétablir en France un Ordre tombé, on écrira de Paris à Rome de se défier de cette entreprise, que cet Ordre est destiné à servir de refuge et de citadelle aux anciens amis de M. de la Mennais. Ces faits nous donnent la mesure des obstacles que ce prêtre, aussi humble que ferme, était appelé à rencontrer dans toutes ses démarches même les plus pures et les plus divines ; ils nous montrent combien il fut heureusement inspiré dans cette interruption de ses conférences et ce séjour à Rome, sans lequel peut-être rien de ce qu'il a fait plus tard n'eût été possible.

Installé à Rome, il se met sans retard au travail en homme qui a son but parfaitement défini, et qui prend son temps pour y arriver sûrement. « Je m'occupe, écrit-il, d'un travail de longue haleine qui remplit suffisamment mes jours, et me donne la satisfaction d'apporter ma part de travail sacerdotal à l'Église. »

Il y était depuis quelques mois, lorsque M. de la Mennais publia contre le saint-siége un nouvel ouvrage : *Les Affaires de Rome,* espèce de réquisitoire contre ses anciens juges, et dont Mme Swetchine disait : « Il n'y a qu'un ange et qu'un prêtre qui puissent tomber si bas. » L'abbé Lacordaire, dont le nom était mêlé à ce procès, crut de son devoir de répondre. Il y était tout préparé. Il venait de subir une seconde fois le charme incommunicable de cette ville « où tous les peuples ont passé, où toutes les gloires sont venues, où toutes les imaginations cultivées ont fait au moins de loin un pèlerinage, le tombeau des apôtres et des martyrs, le concile de tous les souvenirs, Rome (1) ! » Il répondit par l'admirable *Lettre sur le Saint-Siége*. M. de la Mennais n'y était point nommé. Mais quelle réfutation ! quelle distance entre l'ancien maître, captif volontaire de l'orgueil, et l'ancien disciple, noble affranchi de la vérité ! Là où le premier n'avait pu élever le débat au-dessus des affaires d'un homme avec Rome, le second l'avait porté dans les affaires de Rome avec l'Europe, avec l'humanité, avec Dieu. Si Dieu veut établir le règne de la Vérité sur terre, dès l'origine il choisit une ville qui en sera la citadelle, et cette ville, ce n'est pas Jérusalem, c'est Rome. S'il veut, après la rédemption de l'humanité par le sang de son Fils, ouvrir sur le monde les quatre grands fleuves de ce sang réparateur, ce n'est plus du rocher du Calvaire, c'est de la pierre du Vatican qu'il fera jaillir cette source divine. Et enfin, si l'Europe, si les nations ont un avenir, une espérance de salut dans leurs commotions présentes, c'est vers Rome qu'elles doivent tourner leurs regards, c'est de là que toujours leur viendra la vie. La mission providentielle de Rome dans le passé, dans le présent

---

(1) *Lettre sur le Saint-Siége.*

et dans l'avenir, tel est le cadre de cet écrit qui brillera au front de son auteur comme une des plus pures gloires de son génie et de sa foi. Ce ne sont que des aperçus, des perspectives, mais d'une grandeur saisissante ; des conclusions, mais d'une clarté que le temps rend chaque jour plus vive et plus profonde. Quelle actualité ! quelle éloquence dans cet élan de foi et d'amour qui couronne si dignement ces belles pages !

« Lorsque le temps aura fait justice des malheureuses théories qui, en asservissant l'Église catholique, lui ont enlevé une grande partie de son action sociale, il sera facile de savoir quel remède y porter ; on connaîtra que l'art de gouverner les hommes ne consiste pas à lâcher sur eux la liberté du mal, en mettant le bien sous fidèle et sûre garde. On délivrera le bien ; on dira aux hommes fatigués d'ennuis séculaires : Vous voulez vous dévouer à Dieu ? dévouez-vous. Vous voulez vous retirer de ce monde trop plein où les intelligences surabondent ? retirez-vous. Vous voulez consacrer votre fortune au soulagement de vos frères mourants ? consacrez-la. Vous voulez donner votre vie à enseigner le pauvre et le petit ? enseignez-les. Vous portez un nom chargé de trois siècles de haines, parce que vos vertus apparurent tard dans un monde qui n'en était plus digne, et vous n'êtes pas rebutés de le porter encore ? portez-le. Vous tous qui voulez le bien sous quelque forme que ce soit, qui livrez la guerre à l'orgueil et aux sens révoltés, venez, et faites. Nous nous sommes usés à combiner des formes sociales, et la vie n'est jamais descendue de nos creusets brisés. Qui a la vie la donne ; qui a l'amour le répande ; qui a le secret le dise à tous ! Alors commenceront des temps nouveaux, avec une nouvelle effusion de richesses; et la richesse, ce n'est ni l'or, ni l'argent, ni les vaisseaux qui rapportent des extrémités de la terre des choses précieuses, ni la vapeur ou les chemins de fer, ou tout ce que le génie de l'homme peut arracher aux entrailles de la nature : la richesse, il n'y en a qu'une, et c'est l'amour. De Dieu à l'homme, de la terre au ciel, l'amour seul unit et remplit tout : il est le commencement, le milieu et la fin des choses. Qui aime sait, qui aime vit, qui aime se dévoue, qui aime est content, et une goutte d'amour, mise dans la balance avec tout l'univers, l'emporterait comme la tempête ferait d'un brin de paille. »

On le voit, sa pensée se préoccupait déjà de la liberté a obtenir pour les Ordres religieux, et cette page était une éloquente plaidoirie en leur faveur.

Le manuscrit de cette *Lettre* fut montré à Rome, par l'auteur, aux juges compétents, qui donnèrent une entière approbation. L'abbé Lacordaire aurait pu s'en contenter et envoyer l'opuscule à son libraire; il préféra, par délicatesse, l'adresser d'abord à Mgr de Quélen, pour avoir son avis. Mme Swetchine fut chargée de cette mission : elle y employa son crédit auprès de l'archevêque; elle y mit son tact habituel pour ces sortes d'affaires, aidé encore par son affection pour l'auteur et par son admiration pour l'écrit. Et, chose étrange autant que triste, elle n'y réussit pas. L'avis de l'archevêque ou plutôt de son conseil fut l'ajournement, mot plus doux qui dissimulait mal une décision plus sévère. On mettait en avant l'inopportunité de cette défense du saint-siége, certaines phrases qui donneraient prise à l'attaque, la tranquillité de l'auteur à ménager, etc. L'abbé Lacordaire ne pouvait se méprendre sur les vraies intentions, non de Mgr de Quélen, qui l'aima toujours sincèrement, mais de ceux qui lui suggéraient de pareilles objections. Toutes les parties de cette apologie du saint-siége avaient été mesurées avec prudence et pesées avec attention. Il avait pris ses précautions pour rassurer ses adversaires de Paris, qui l'accusaient de tendances trop radicales et de haine systématique contre certaines formes de gouvernement; et l'on s'en souviendra, en 1848, lorsqu'on ira puiser dans cette même *Lettre* des armes contre sa candidature à l'Assemblée. En réponse à un livre de passion et de personnalités, il avait placé la politique du saint-siége à une telle hauteur que toute question de parti et de nom propre disparaissait. Rome avait lu son livre et l'avait approuvé : Paris le désapprouvait. Si l'on se rappelle qu'il existait autour de Mgr de Quélen des hommes qui, de l'aveu de M. Affre, avaient poussé l'archevêque à confier la chaire de Notre-Dame à l'abbé Lacordaire, dans le secret espoir de l'en voir descendre avec humiliation, qui, par leurs incessantes tracasseries, l'en avaient éloigné pour un temps, et qui, même à Rome, le poursuivaient de leurs attaques dans les journaux (1), on appréciera mieux l'humble attitude de l'abbé Lacordaire devant un refus si imprévu. Il y eut un échange de lettres et de notes; l'archevêque désira posséder le manuscrit en propre, et l'abbé Lacordaire le pria même de le détruire. L'archevêque, heureusement, n'en fit rien, et la *Lettre sur le Saint-Siége* ne fut publiée que plus d'un an après, au commencement de 1838, à la joie des vrais amis de Rome, et sans qu'aucune des craintes mises en avant (est-il besoin de le dire?) se soit réalisée.

Ces contrariétés n'étaient pas de nature à lui faire regretter Paris. A Rome, au contraire, il recevait partout le meilleur accueil. On lui offrait une place de chapelain à Saint-Louis-des-Français, et il se confirmait dans la pensée d'y prolonger son séjour. Il écrit au commencement de 1837 : « Je suis on ne peut mieux traité à Rome par tout le monde. Je regrette mes amis et cette excellente jeunesse que j'aime tant. Mais mon temps ne sera pas perdu, et il faut bien s'asseoir un peu, même pour faire le bien... A aucune époque je ne me suis senti plus calme et plus heureux. J'ai la conscience d'être au port. Nulle part il ne règne avec autant de sécurité une liberté si grande. Chacun n'y fait pas des

---

(1) Voir *Mme Swetchine*, par M. de Falloux, t. I, p. 373.

dogmes de ses idées, une Église de son parti. Les passions lointaines qui voudraient s'y glisser, y expirent comme l'écume au bord de la mer... J'ai tout à fait renoncé à Paris. Tous mes meubles sont vendus. Le succès de M. de Ravignan, si heureux pour la religion, a facilité beaucoup l'accomplissement de mes résolutions. Il eût été difficile que je ne retournasse pas à Notre-Dame si on n'avait pu m'y remplacer; la Providence y a pourvu, et c'est d'ailleurs en soi une chose bien convenable que l'œuvre de Notre-Dame ne soit pas personnelle, mais devienne une occasion à plusieurs talents de se produire pour la gloire du clergé et l'instruction de la jeunesse. Tout va donc au mieux (1). »

Il parlait ainsi au commencement de 1837, lorsque, dans l'été de cette même année, un de ses anciens condisciples et amis de Saint-Sulpice, M. l'abbé Chalandon, chanoine théologal de Metz, aujourd'hui archevêque d'Aix, le rencontra à Rome et lui offrit de venir prêcher à Metz pendant l'hiver. Cette ouverture lui plut. Les conseils éclairés de Mme Swetchine et sa propre expérience commençaient à lui faire sentir qu'un complet isolement, « une vie de cabinet, toujours froide et non stimulée, n'était pas sa vocation. » Ne serait-il pas utile aussi d'essayer en province le bien qu'il avait fait à Paris, et de répandre l'idée d'un genre d'enseignement nécessaire à une certaine classe d'esprits en

(1) *Lettres à Mme la comtesse Eudoxie de la Tour du Pin.* — Douniol, Paris, 1864.

France? Il le croyait. Nous le voyons cependant, avant de donner sa parole, prendre conseil de ses amis de Paris. Ce n'est pas seulement M. de Montalembert ou Mme Swetchine qu'il consulte; mais un nom nouveau, Mme la comtesse Eudoxie de la Tour du Pin, dont les relations touchantes et peu connues avec le Père Lacordaire nous ont été révélées par une amitié commune. C'est d'elle qu'il écrivait en 1851 : « Elle était depuis vingt ans une des forces de ma vie par l'élévation de son esprit, sa sympathie avec le mien et l'admirable dévouement qui la remplissait. » Souvent, étant à Paris et ayant à prendre une décision, il courait à Versailles consulter celle qu'il appelait « une bien digne et bien rare amie. » Prendre conseil n'était pas un mérite chez lui, c'était un besoin du cœur autant que de l'esprit. Défiant de lui-même par génie et par vertu, il croyait volontiers aux lumières de ses amis, et se faisait, sans s'en douter, de la joie de penser comme eux, une raison d'incliner à leur avis. « Nos propres pensées sont toujours si peu assurées, écrivait-il à cette même amie de Versailles, qu'on est charmé de les trouver conformes à celles des personnes que l'on estime et que l'on aime. » Il la consulte donc sur le projet d'aller prêcher l'hiver à Metz, avec la simplicité d'un enfant, et la conscience du plaisir fait à une amie à laquelle on écrit : « J'ai besoin de vos conseils, et je vous les demande sous le secret... Dites-moi votre pensée sur tout cela... Qu'en pensez-vous? »

La station de Metz arrêtée, il se disposait à rentrer en France, lorsque le choléra le retint à Rome. La crise fut courte, mais terrible. Tout le monde abandonnait la ville ; il alla se mettre à la disposition du Cardinal Vicaire. Il écrit en ce même temps (31 août) : « Vous savez l'état de Rome. Quand même les routes seraient libres, je ne puis plus songer à la quitter dans de si tristes circonstances. Mon peu de connaissance de la langue italienne, surtout parlée par le peuple, ne me permet pas d'être d'un grand secours ; mais c'est une consolation de mon impuissance d'être au moins sous le coup des mêmes dangers. (1). »

A la fin de septembre 1837, les traces du fléau ayant à peu près disparu, il fit ses préparatifs de départ, et le 24 il écrit : « Je pars demain à quatre heures du matin par un voiturin qui me mène en treize jours à Milan sans encombre et sans quarantaine, avec l'abbé de Solesmes, un jeune Français de notre connaissance et un gentleman anglais catholique. Je m'en vais content de mon voyage, de mon séjour à Rome, de tout ce que j'ai appris, aimant le saint-siége, malgré tous ses malheurs, et la France plus que jamais. J'ai vu le pape à temps et reçu de lui des souvenirs précieux (2). »

Il emportait de Rome une autre pensée qu'il ne dit pas, mais qui le poursuit sans relâche, une pensée qui

---

(1) Lettres inédites.
(2) *Ibid.*

l'accable de son poids, et sous laquelle *son âme tombe comme un cavalier sous son cheval* (1), une pensée dont sa correspondance ne porte pas trace, mais qui va changer et transformer sa vie. Il songe non-seulement à se faire religieux, mais à rétablir en France un Ordre détruit. Il n'est pas décidé encore; mais c'est dans ce séjour de dix-huit mois à Rome que la lumière s'est levée sur son âme et qu'il s'est entendu appeler d'en haut. Lui seul peut nous initier aux mystères intimes de sa vocation dominicaine, nous en dire les causes, les difficultés, les progrès, la victoire, et il l'a fait dans des circonstances qui ajoutent à l'intérêt du récit le respect sacré des dernières paroles d'un mourant. Cette *Notice sur le rétablissement en France de l'Ordre des Frères Prêcheurs* a été dictée, nous l'avons déjà dit, sur son lit de mort. Le chapitre que nous en extrayons, et dont M. de Montalembert a déjà cité un long fragment, sera pour nous surtout, ses enfants, comme un dernier regard sur sa famille religieuse, comme un ressouvenir de sa vie à l'endroit le plus divin et le plus voilé. Il ne l'avait jamais ouverte à cette page; ce fut comme ce chant suprême, dernier cri de l'âme, qui clôt une destinée et l'immortalise; après quoi le livre devait être fermé pour toujours.

« Mon long séjour à Rome me permettant beaucoup de réflexions, je m'étudiais moi-même et j'étudiais aussi

---

(1) Mémoires.

les besoins généraux de l'Église. Quant à moi, parvenu déjà à ma trente-quatrième année, entré dans le clergé depuis douze ans, et ayant paru deux fois avec quelque éclat dans ce qui avait été tenté pour la défense et le progrès de la religion en France, je me voyais seul encore, sans liens avec aucune institution ecclésiastique, et plus d'une fois la bonne volonté de M. de Quélen avait essayé de me faire comprendre que le ministère des paroisses était le seul où il pût me soutenir et m'élever. Or je ne me sentais aucune vocation pour ce genre de service, et je voyais bien en même temps que, dans l'état actuel de l'Église de France, aucune autre porte n'était ouverte au désir naturel de sécurité et de stabilité qu'éprouve tout homme raisonnable.

« Si, de ces considérations personnelles, je passais aux besoins de l'Église elle-même, il me semblait clair que depuis la destruction des ordres religieux, elle avait perdu la moitié de ses forces. Je voyais à Rome les restes magnifiques de ces institutions fondées par les plus grands saints, et sur le trône pontifical siégeait alors, après tant d'autres, un religieux sorti du cloître illustre de Saint-Grégoire-le-Grand. L'histoire, plus expressive encore que le spectacle de Rome, me montrait, dès la sortie des catacombes, cette suite incomparable de cellules, de monastères, d'abbayes, de maisons d'étude et de prière, semées des sables de la Thébaïde aux extrémités de l'Irlande, et des îles parfumées de la Provence aux froides plaines de la Pologne et de la Russie. Elle me nommait saint Antoine, saint Basile, saint Augustin, saint Martin, saint Benoît, saint Colomban, saint Bernard, saint François d'Assise, saint Dominique, saint Ignace, comme les patriarches de ces familles nombreuses qui avaient peuplé les déserts, les forêts, les villes, les camps, et jusqu'au siége de saint Pierre, de leurs héroïques vertus. Sous cette trace lumineuse, qui est comme la voie lactée de l'Église, je discernais pour principe créateur les trois vœux de pauvreté, de chasteté et d'obéissance, clefs de voûte de l'Évangile et de la parfaite imitation de Jésus-Christ. Jésus-Christ avait été pauvre, vivant, dans son enfance, d'un travail manuel, et, durant le cours de sa vie apostolique, de la seule charité de ceux qui l'aimaient; il avait été chaste; il avait pratiqué l'obéissance envers son Père jusqu'à la mort de la croix. C'était là le modèle souverain laissé par lui à ses apôtres, et le germe fécond qui avait fleuri plus tard, le long de tous les siècles, dans l'âme des saints fondateurs d'Ordres. C'est en vain que la corruption avait, tantôt d'un côté, tantôt de l'autre, rongé ces vénérables instituts. Là où la chair avait passé, l'esprit ramenait son souffle, et la corruption elle-même n'était que la flétrissure de longues vertus, comme on voit, dans les forêts où la hache n'entre point, tomber des arbres séculaires sous le poids d'une vie qui vient de trop loin pour résister à la caducité. Fallait-il croire que l'heure était venue où l'on ne reverrait plus ces grands monuments de la foi et ces divines inspirations de l'amour de Dieu et des hommes? Fallait-il croire que le vent de la révolution, au lieu d'être pour eux une vengeance passagère de leurs fautes, avait été l'épée et le sceau de la mort? Je ne pouvais le croire; tout ce que Dieu a fait est immortel de sa nature, et il ne se perd pas plus une vertu dans le monde qu'il ne se perd un astre dans le ciel.

« Je me persuadais donc, en me promenant dans Rome et en priant Dieu dans ses basiliques, que le plus grand service à rendre à la chrétienté, au temps où nous vivons, était de faire quelque chose pour la résurrection des Ordres religieux. Mais cette persuasion, tout en ayant pour moi la clarté même de l'Évangile, me laissait indécis et tremblant, quand je venais à considérer le peu que j'étais pour un si grand ouvrage. Ma foi, grâce à Dieu, était profonde; j'aimais Jésus-Christ et son Église par-dessus toutes les choses créées. Je n'avais aucune ambition des honneurs ecclésiastiques, et je n'en avais jamais eu d'aucune sorte, même avant d'être converti à Dieu, qui portât sur les objets ordinaires où s'attache l'espérance des hommes. J'avais aimé la gloire, avant d'aimer Dieu, et rien autre chose. Cependant, en descendant en moi, je n'y trouvais rien qui me parût répondre à l'idée d'un fondateur ou d'un restaurateur d'Ordre. Dès que je regardais ces colosses de la piété et de la force chrétiennes, mon âme tombait sous moi comme un cavalier sous son cheval. Je demeurais par terre découragé et meurtri. L'idée seule de sacrifier ma liberté à une règle et à des supérieurs m'épouvantait. Fils d'un siècle qui ne sait guère obéir, l'indépendance avait été ma couche et mon guide. Comment pourrais-je me transformer subitement en un cœur docile et ne plus chercher que dans la soumission la lumière de mes actes?

« Puis, je me prenais à considérer ceci : la difficulté de réunir des hommes ensemble, la diversité des caractères, la sainteté des uns, la médiocrité des autres, l'ardeur de ceux-ci, la glace de ceux-là, les tendances si opposées des esprits, et tout ce qui fait, même pour les saints, qu'une communauté religieuse est à la fois le plus consolant et le plus douloureux des fardeaux. Après la difficulté des âmes, se présentait à moi celle des corps. J'étais sans fortune; je mangeais à Rome les derniers restes d'un faible patrimoine. Comment acheter de grandes maisons et y pourvoir aux besoins d'une foule de religieux aussi nécessiteux que moi? Devais-je donc, sur la foi de la Providence, me jeter dans les hasards d'une tentative aussi périlleuse?

« Ce n'était pas tout : les obstacles extérieurs se dressaient devant moi comme des montagnes... Devais-je attendre du gouvernement français au moins la tolérance? Bien que les lois de la révolution n'eussent fait que deux choses : déclarer que l'État ne reconnaissait plus les vœux religieux et enlever aux communautés leur patrimoine héréditaire ; bien que le vœu soit, de sa nature, un acte de conscience libre et insaisissable, et que la vie commune soit un des droits naturels de l'homme, cependant, même dans cette limite et sous cette forme, le gouvernement de 1830 était évidemment peu disposé à laisser les Ordres religieux renaître sur le sol français. Il y supportait les Jésuites comme un fait accompli, et encore ces religieux n'y avaient qu'une existence précaire, à tout moment menacée par le cours de l'opinion. Cette opinion était le dernier et le plus difficile obstacle à franchir ; elle avait conservé sur les Ordres religieux toutes les traditions du xviiie siècle, et ne discernait pas la différence fondamentale qui existe entre des communautés vivant au jour le jour de leur travail, et ces associations puissantes reconnues par l'État, elles et leurs biens. Aucune association, même littéraire ou artistique, ne pouvant s'établir en France sans une autorisation préalable, cette servitude extrême, mais acceptée, donnait aux préjugés un moyen facile de se couvrir contre toute invocation du droit naturel et du droit public. Que faire dans un pays où la liberté religieuse, admise de tous comme un principe sacré du monde nouveau, ne pouvait cependant protéger dans le cœur d'un citoyen l'acte invisible d'une promesse faite à Dieu, et où cette promesse, arrachée de son sein par des interrogations tyranniques, suffisait pour lui ravir les avantages du sort commun ? Quand un peuple en est là, et que toute liberté lui paraît le privilége de ceux qui ne croient pas contre ceux qui croient, peut-on espérer d'y voir régner jamais l'équité, la paix, la stabilité, et une civilisation qui soit autre chose que le progrès matériel?

« On le voit, ma pensée ne rencontrait nulle part que des écueils, et, moins heureux que Christophe Colomb, je ne découvrais pas même une planche pour me porter au rivage de la liberté. Ma seule ressource était dans l'audace qui animait les premiers chrétiens, et dans leur inébranlable foi à la toute-puissance de Dieu. Le christianisme, me disais-je, n'existerait pas dans le monde s'il ne s'était rencontré des gens obscurs, des plébéiens, des ouvriers, des philosophes, des sénateurs, des petits et des grands, pour suivre l'Évangile malgré toutes les lois des Césars. La croix n'a pas cessé d'être une folie, et *ce qu'il y a de plus faible en Dieu,* n'a pas cessé, selon la parole de saint Paul, *d'être plus fort que toutes les forces de l'homme.* Celui qui veut faire quelque chose pour l'Église et qui ne part pas de cette conviction, tout en ne négligeant rien des moyens humains que les circonstances lui permettent d'employer, sera toujours impropre au service de Dieu. Les premiers chrétiens ne mouraient pas seulement, ils écrivaient et parlaient; ils s'efforçaient de convaincre le peuple et les empereurs de la justice de leur cause; et saint Paul, annonçant Jésus-Christ à l'aréopage, se servait des ruses de la plus ingénieuse éloquence pour le persuader. Il y a toujours dans le cœur de l'homme, dans l'état des esprits, dans le cours de l'opinion, dans les lois, les choses et les temps, un point d'appui pour Dieu. Le grand art est de le discerner et de s'en servir, tout en mettant dans la vertu secrète et invisible de Dieu lui-même le principe de son courage et de son espérance. Le christianisme n'a jamais bravé le monde ; jamais il n'a insulté la nature et la raison ; jamais il n'a fait de sa lumière une puissance qui aveugle à force d'irriter ; mais, aussi doux que hardi, aussi calme qu'énergique, aussi tendre qu'inébranlable, il a toujours su pénétrer l'âme des générations, et ce qui lui restera de fidèles jusqu'au dernier jour, ne lui sera conquis et gardé que par les mêmes voies.

« Je m'encourageais par ces pensées, et il me venait à l'esprit que toute ma vie antérieure, et jusqu'à mes fautes, m'avaient préparé quelque accès dans le cœur de mon pays et de mon temps. Je me demandais si je ne serais pas coupable de négliger ces ouvertures par une timidité qui ne profiterait qu'à mon repos, et si la grandeur même du sacrifice n'était pas une raison de le tenter.

« Après la question générale venait la question secondaire, qui était de savoir à quel Ordre je me donnerais. Les Ordres religieux se distinguent en deux branches parfaitement distinctes : les uns consacrés, dans l'ombre des cloîtres, à la perfection intérieure du religieux lui-même et n'entrant dans le service public de l'Église que par la prière et par la pénitence ; les autres voués au salut commun par l'action extérieure de la science, de la parole et de vertus qui, nées dans la retraite, en sortent comme Jésus-Christ par le Calvaire ou le Thabor. Entre ces derniers, les seuls où mon choix pouvait se prendre, l'histoire ne me montrait que deux grands instituts : l'un, né au XIIIe siècle pour la défense de l'orthodoxie contre l'invasion des premières grandes hérésies latines ; l'autre, suscité au XVIe siècle pour être une barrière à la diffusion du protestantisme, forme suprême de l'erreur religieuse en Occident. Rivaux partout et toujours parce que leurs armes étaient les mêmes et leur but identique, il y avait cependant entre ces deux instituts des différences notables. Saint Dominique avait chargé le corps en donnant beaucoup de latitude à l'esprit ; saint Ignace avait resserré l'esprit dans des liens plus étroits, mais en affranchissant le corps des prescriptions qui peuvent l'affaiblir et le rendre moins propre au ministère actif de l'enseignement et de la prédication : saint Dominique avait donné à son gouvernement la forme d'une monarchie tempérée par des élections d'où sortaient les supérieurs et par des chapitres d'où sortait la législation ; saint Ignace avait donné au sien la forme d'une monarchie absolue. Il me fallait donc choisir entre la Compagnie de Jésus et l'Ordre des Frères-Prêcheurs, ou plutôt je n'avais pas de choix à faire, puisque les Jésuites existant en France, ils n'avaient pas besoin d'y être rétablis. La force des choses ne me laissait donc aucun doute sur ce second point ;

mais, en me mettant face à face avec la nécessité d'être un religieux dominicain, elle augmentait pourtant mes craintes et mes irrésolutions. Les austérités matérielles de cet Ordre, telles que l'abstinence perpétuelle de chair, le long jeûne du 14 septembre à Pâques, la psalmodie de l'office divin, le lever de nuit se présentaient à moi comme impraticables avec nos corps énervés et avec les travaux de l'apostolat si prodigieusement accrus par la rareté des missionnaires et des prédicateurs. Je savais par expérience la prostration de forces où jette un seul discours sorti de l'âme devant une nombreuse assemblée, et je me demandais comment l'abstinence et le jeûne étaient compatibles avec de tels efforts de la nature et un si profond épuisement. En étudiant néanmoins les constitutions de l'Ordre, je vis qu'elles présentaient des ressources contre elles-mêmes, ou plutôt que l'austérité générale y était sagement tempérée par ce pouvoir qu'ont les supérieurs d'accorder des dispenses, non-seulement pour cause d'infirmité, mais pour cause de faiblesse, et même par le seul motif du salut des âmes. Je remarquai que la seule limite imposée aux supérieurs dans l'usage de ces dispenses, était qu'elles n'allassent jamais jusqu'à embrasser la communauté tout entière. Cette latitude me fit comprendre que là comme ailleurs *la lettre tue, et l'esprit vivifie*. Je m'attachai à connaître la vie de saint Dominique et les saints mémorables qui ont été derrière lui comme l'éclatante poussière de ses vertus Les saints sont les grands hommes de l'Église, et ils marquent sur les sommets de son histoire les points les plus élevés où la nature humaine ait atteint. Plus un Ordre en a produit, plus il est manifeste que la grâce de Dieu a été dans sa fondation et persiste dans son immortalité. Tout cela me rassurait, et des quatre éléments qui composent tout institut religieux, une législation, un esprit, une histoire et une grâce, aucun ne refusait à celui de saint Dominique sa part de grandeur.

« Néanmoins, en rentrant en France vers la fin de 1837, je n'étais point décidé. Après avoir prêché à Metz, pendant tout l'hiver de 1838, une mission qui fut très-suivie, je revins à Paris. Là, je m'ouvris plus ou moins à ceux qui m'aimaient. Nulle part je ne rencontrai d'adhésion. Mme Swetchine me laissait faire plutôt qu'elle ne me soutenait. Les autres ne voyaient dans mon projet qu'une pure chimère. Selon celui-ci le temps des Ordres religieux était passé ; selon celui-là la Compagnie de Jésus suffisait à tout, et il était inutile d'essayer la résurrection de sociétés qui n'étaient plus nécessaires ; quelques-uns ne voyaient dans l'Ordre de saint Dominique qu'un institut décrépit, empreint des idées et des formes du moyen âge, dépopularisé par l'Inquisition, et me conseillaient, si je voulais tenter l'aventure, de créer quelque chose de nouveau. Cependant il fallait se déterminer. J'avais perdu ma mère quelques années auparavant, le 2 février 1836, et je ne pouvais plus m'abriter sous sa vieillesse protectrice; d'une autre part, le retour à Rome n'avait plus de sens. Pressé par la situation même, et sollicité par une grâce plus forte que moi, je pris enfin mon parti; mais le sacrifice fut sanglant. Tandis qu'il ne m'en avait rien coûté de quitter le monde pour le sacerdoce, il m'en coûta tout d'ajouter au sacerdoce le poids de la vie religieuse. Toutefois, dans le second cas comme dans le premier, une fois mon consentement donné, je n'eus ni faiblesse ni repentir, et je marchai courageusement au-devant des épreuves qui m'attendaient. »

Une circonstance qui dut encourager l'abbé Lacordaire dans son projet, fut la tentative et le succès de l'abbé Guéranger pour le rétablissement des Bénédictins en France. Ils s'étaient connus à Rome; la communauté de vues et de pensées les avait mis en relations d'amitié, et, la sanction du saint-siége obtenue pour Solesmes, l'abbé Lacordaire l'annonçait à ses amis de Paris comme un triomphe. « Nous avons enfin un abbé crossé et mitré... Solesmes est érigé en abbaye; l'abbé sera à vie, et tous les autres établissements à venir de Saint-Benoît seront sous sa dépendance... C'est un miracle (1). » Le succès n'était pourtant pas complet, et l'abbé Lacordaire, dans son nouveau voyage à Rome, en 1838, aura le bonheur de changer et d'améliorer la position de l'abbaye de So-

---

(1) Lettres à Mme de la Tour du Pin.

lesmes par un entretien avec le cardinal Lambruschini et un mémoire présenté au cardinal Sala. Ce mémoire, rédigé par l'abbé Lacordaire, eut son effet; quelques jours après le général des Jésuites lui répétait : « Vous êtes venu bien à point pour cette affaire. »

Aussi ne sommes-nous pas surpris de le trouver à Solesmes pendant deux mois de l'été de 1838, étudiant les constitutions de l'Ordre de Saint-Dominique, et mûrissant son projet dans la retraite et la prière. « Solesmes, écrit-il, m'offre un asile très-agréable, du loisir, des livres, des gens pieux et instruits, enfin une grande économie (1). Je m'y trouve parfaitement heureux et content. J'ai déjà dévoré, en huit jours, je ne sais combien de gros livres sur notre affaire, et j'y suis toujours plus confirmé. Chose singulière! il est venu me voir un ecclésiastique, homme de bien tout à fait, pour me conseiller de faire ce dont je m'occupe; la même chose m'était déjà arrivée à Metz. La seule considération qui m'effraie quelquefois, c'est de me trouver trop imparfait. Je reconnais en moi de bonnes choses et surtout un véritable profit depuis quatorze ans que je suis entré au service de Dieu. Il me semble que je suis désintéressé, sobre, point trop orgueilleux, bien plus détaché du monde et du bruit que jamais, bien plus capable de mourir à moi-même, porté vers Dieu par l'intelligence et par le cœur, facilement ému des choses

---

(1) Lettre VIe à Mme de la Tour du Pin.

divines, et cependant ma vie me paraît si ordinaire au fond! Enfin, Dieu disposera de moi selon sa volonté. Je me rassure parce que je n'ai jamais rien fait avec plus de calme et de maturité. Vous ne sauriez croire combien je suis tranquille et patient. Le temps ne me presse pas, ce qui n'est pas l'ordinaire chez moi. L'abbé de Solesmes me croit tout à fait propre à cette œuvre, il m'y encourage beaucoup (1). »

Son séjour en France ne fut pas d'une année entière. Parti de Rome au mois de septembre 1837, il allait y retourner en juillet 1838. Ses plans étaient mûrs, une force secrète le poussait à briser les derniers liens et à mettre la main à l'œuvre. Ses lettres d'alors sont le plus fidèle reflet de son âme, et c'est pourquoi nous ne nous lassons pas de le laisser raconter lui-même sa vie, ses impressions, ses joies intimes et religieuses.

(1) Lettre à Mme Swetchine. Juin 1838.

CHAPITRE IX

1838-1839

Première tentative d'exécution. — *Mémoire pour le rétablissement en France des Frères-Prêcheurs*. — Départ pour Rome avec Réquédat.

Avant de partir pour Rome, l'abbé Lacordaire voulut aller prendre congé de Mgr de Quélen et s'ouvrir à lui. Cette entrevue est racontée dans les Mémoires avec des circonstances singulières.

« M. de Quélen ne connaissait point encore mon projet, et me croyait revenu à Paris pour y reprendre le cours de mes Conférences de Notre-Dame. Je dus aller l'instruire. Il habitait alors au pensionnat des Dames du Sacré-Cœur. Après m'avoir écouté, il me dit froidement : « Ces choses-là sont dans la main de Dieu; mais sa volonté ne s'est point manifestée. » Or il allait à l'instant même m'en donner une manifestation, et, avec elle, le premier encouragement que j'eusse encore reçu. Comme je me levais pour prendre congé, je lui dis que si nous rétablissions en France l'Ordre des

Frères-Prêcheurs, sans doute saint Hyacinthe nous serait favorable. Saint Hyacinthe était un de ses noms du baptême et en même temps l'un des grands saints de la famille dominicaine. « — Sans doute, me répondit-il, et peut-être est-ce vous qui accomplirez mon songe. — Quel songe, Monseigneur? — Quoi! vous ne connaissez pas mon songe? — Non, Monseigneur. — Eh bien, je vais vous le raconter; asseyez-vous. » Et alors, d'une manière charmante, comme un homme tout à fait changé, il me fit le récit qu'on va lire :

« J'avais été nommé coadjuteur de Paris, avec le titre d'archevêque de Trajanople. Au mois d'août 1820, M. le cardinal de Périgord voulut donner dans son palais une retraite particulière aux seuls curés de Paris, et, à cette occasion, je vins prendre un appartement à l'archevêché. Dans la nuit du 3 au 4 août, veille de la fête de saint Dominique, comme l'horloge de Notre-Dame sonnait deux heures du matin, du moins il me le parut, je me crus transporté dans les jardins du palais, en face du petit bras de la Seine qui coule entre les bâtiments de l'Hôtel-Dieu. J'étais assis dans un fauteuil. Au bout de quelques moments, je vis une grande multitude qui s'amassait sur les bords du fleuve et qui regardait vers le ciel. Le ciel était pur et sans nuages, mais le soleil y paraissait couvert d'un voile noir d'où ses rayons s'échappaient comme du sang; sa course était rapide, et il semblait se précipiter vers l'extrémité de l'horizon. Bientôt il y disparut, et tout le peuple s'enfuit en s'écriant : « Ah! quel malheur! » Resté seul, je vis les eaux de la Seine s'enfler par un flux qui venait du côté de la mer et monter à gros bouillons dans l'étroit canal qu'elles remplissaient. Des monstres marins arrivaient avec les flots, s'arrêtaient en face de Notre-Dame et de l'archevêché, et faisaient effort pour se précipiter du fleuve sur le quai. Alors une seconde vision commença : je fus transporté dans un couvent de religieuses vêtues de noir où je demeurai très-longtemps. Cet exil fini, je me retrouvai au même lieu où mon songe avait commencé. Mais le palais archiépiscopal avait disparu, et, à sa place, s'étendait sous mes yeux une pelouse fleurie. Les eaux de la Seine avaient repris leur cours naturel; le soleil brillait de son éclat accoutumé, l'air était frais et comme parfumé des baumes du printemps, de l'été et de l'automne mêlés ensemble : c'était, dans toute la nature, quelque chose que je n'avais jamais senti. Pendant que j'en jouissais avec une sorte d'ivresse, j'aperçus à ma droite dix hommes vêtus de blanc; ces dix hommes plongeaient leurs mains dans la Seine, en retirant les monstres marins que j'y avais vus, et les déposaient sur le gazon, transformés en agneaux. Vous le voyez, ajouta M. de Quélen, tout ce songe de 1820 s'est fidèlement accompli. La monarchie, représentée par le soleil couvert d'un voile noir, est tombée précipitamment, au milieu de la confiance et de la joie causées par la prise d'Alger; le peuple s'est jeté sur Notre-Dame et sur mon palais. Le palais a été détruit, et une pelouse semée d'arbres en couvre l'emplacement. J'ai longtemps habité et j'habite encore ici même où je vous parle dans une maison de religieuses vêtues de noir. Que reste-t-il pour que mon songe ait tout son accomplissement, sinon de voir à Paris ces hommes vêtus de blanc et occupés à en convertir le peuple? Or, c'est peut-être vous qui les y amènerez. »

« Chose singulière! quelques mois après, lorsque j'eus revêtu l'habit des Frères Prêcheurs au couvent de la Minerve, à Rome, j'en fis part à M. de Quélen par une lettre pleine de reconnaissance et de respectueuse affection. Il resta deux mois sans me répondre, contre son habitude ; enfin, je reçus de lui un mot où il m'annonçait que le lendemain même du jour où ma lettre lui était parvenue, il avait été atteint d'une maladie grave dont il n'était pas encore remis, et dont il mourut vers les derniers jours de l'année 1839.

« Ainsi, dans ce songe de 1820, il avait vu tous les grands événements de sa carrière épiscopale, et le terme lui en avait été indiqué par l'apparition de ces religieux qui devaient bientôt, en ma personne et du haut de la chaire de Notre-Dame, évangéliser son peuple. »

Parti de Paris le 31 juillet 1838, l'abbé Lacordaire arriva à Rome le jour même de l'Assomption. Nous le laisserons raconter encore lui-même, dans ses lettres intimes, ce voyage décisif, cette vie nouvelle des cloîtres qui se révèle à lui et l'exalte, ses actions de grâces à Dieu pour le succès si rapide de son entreprise. Quel style remplacerait cette vive peinture, cette joie qui déborde sous l'étreinte inconnue de la fraternité religieuse, les larmes d'attendrissement de ces vieux moines de la Minerve à l'arrivée inattendue de ce rejeton de leur race? Dans les plus minces détails, il voit la main de la Providence qui le conduit. Qu'on nous pardonne donc de respecter dans ces pages ces minutieux souvenirs et de les garder avec amour. Dans une bataille mémorable, l'histoire ne sait-elle pas les moindres incidents de la journée, les marches et contre-marches des troupes engagées? Ne dit-elle pas les noms d'un pli de terrain, d'un ruisseau obscur? Or, pour nous, ce voyage de notre Père c'est sa campagne d'Italie : chacune de ses étapes aura son nom dans nos annales.

Il écrit de Spolète le 13 août :

« Comment peut-on être à Spolète? J'y suis cependant, et je vous écris sur un méchant papier d'auberge, avec une plume affreuse et du plus mauvais augure, pour vous dire que je serai à N. mercredi soir. J'y arriverai sans passer par Rome, comme un vrai conspirateur, ayant toutefois son passe-port dans sa poche. Avant d'entrer à Rome, je veux avoir écrit au cardinal Lambruschini, l'avoir mis au courant et être en mesure d'être reçu par lui. Tout cela demandera quelques jours. Je suis bien touché de l'hospitalité que vous me donnez dans cette occasion si intéressante pour moi. Je n'ai pas de peine, du reste, à trouver dans mon cœur les sentiments qu'exigent vos bontés.

« Je suis parti de Paris le 31 juillet, et arrivé à Gênes assez rapidement, tant par la diligence que par le courrier. A Gênes, la mer était si belle et le trajet si court, que je me suis hasardé jusqu'à Livourne par le bateau à vapeur, et, en effet, je n'ai presque pas souffert. Le courrier m'a amené de Florence jusqu'à Foligno, où, la correspondance de Bologne étant pleine *providentiellement*, ce qui ne m'était pas arrivé pendant tout le voyage, j'ai compris que je devais prendre un voiturin, tourner les murs de Rome et me rendre à N. *incognito* (1). »

Le 22 août, il rend compte à Mme Swetchine de ses premières démarches : « Le surlendemain de mon arrivée à Frascati j'ai écrit au cardinal Lambruschini pour lui demander une audience, ne voulant rien faire sans m'appuyer au centre même. Hier, Mgr Capaccini m'a répondu que le cardinal était allé à son abbaye de Poggio-Mirteto; qu'il avait reçu ma lettre avant son départ et qu'il me recevrait samedi, dimanche ou tel jour à mon choix. Le billet de Mgr Capaccini était conçu dans les termes les plus aimables. Je viens de lui répondre, et, samedi prochain, je le verrai lui et le cardinal, après quoi, selon leurs conseils, je ferai mes ouvertures à la Minerve. Voilà, chère amie, où nous

(1) Lettres inédites.

en sommes. Pour moi, je suis plus calme et plus ferme que jamais. Mon plan s'est beaucoup mûri dans ma tête ; priez beaucoup pour moi. Adieu ; je ne saurais assez vous recommander de me dire le plus crûment possible toute votre pensée. Pour moi, avec mes amis, je suis dur comme du bronze (1). »

Cinq jours après, il annonce à la même Mme Swetchine le résultat de ses démarches : c'est un bulletin de victoire. « Vous avez donc bien prié pour moi, chère bonne amie, car jamais bataille n'a été plus complétement gagnée que celle-ci. Je vous écrivais de Frascati que j'avais une audience du secrétaire d'État pour le 25. Je suis arrivé dès le matin à Rome, et je suis entré d'abord chez Mgr Capaccini. Après que je lui eus exposé mon dessein, dont je crois qu'il était instruit par ailleurs, il me dit que cela ne souffrirait aucune espèce de difficulté. Nous causâmes longtemps et avec une grande confiance de sa part. Il me dit que le cardinal allait à la chapelle de Saint-Louis, et que je ferais mieux de remettre à le voir le mardi suivant, qui est demain, lorsque j'aurais terminé du côté de la Minerve. Je compris que le cardinal savait tout, et qu'ils étaient d'accord sur la réponse. J'allai immédiatement à la Minerve, chez le Père Lamarche. Il m'accueillit, en vérité, comme un envoyé du ciel, et me donna rendez-vous pour le lendemain soir, 26, avec le Père Général.

(1) 22 août 1838.

Le Général actuel se nomme Ancaroni. Il vient d'être élu pour six ans, et c'est un homme qui ne songe qu'à la réforme de son Ordre. Je ne puis vous dire, chère amie, quelle délicieuse conversation j'ai eue avec ce bon et saint vieillard. Il me semblait entendre saint Siméon disant le *Nunc dimittis.* Bref, on nous donne Sainte-Sabine pour y faire seuls notre noviciat, et on envoie ailleurs les novices qui s'y trouvent ; nous ne serons là que des Français. Le noviciat sera d'une année, après quoi la colonie retournera en France, moi étant provincial, ou même vicaire général, avec carte blanche. Toutes les modifications nécessaires seront faites à la règle. Nous pourrons fonder des colléges pour l'éducation de la jeunesse, avec exemption de l'office public pour les Pères occupés dans les colléges, et nous aurons ainsi trois sortes de maisons : les noviciats, les maisons professes, les colléges, unissant par là la vie des clercs réguliers à celle des ordres monastiques, ce qui est une grande nouveauté, mais nécessaire, et qu'on nous concède (1). Cela seul assure notre vie et notre utilité pratique. Enfin, j'ai obtenu sans contestation au delà de tout ce que je pouvais désirer,

(1) Nous verrons comment ce plan, qui eût exigé une trop grave atteinte à la règle du Grand-Ordre, fut réalisé plus tard par la création d'un Tiers-Ordre exclusivement appliqué à l'enseignement. Ce passage n'en est pas moins remarquable en ce qu'il montre la pensée du Père Lacordaire préoccupée, dès le début, de cette jeunesse qu'il aimait tant, et ne séparant point l'enseignement de la prédication dans l'œuvre à laquelle il se vouait.

avec une bonne grâce, une joie, un sentiment qui me ravissaient. Joignez à cela que tous ceux que j'ai déjà vus, Mgr Capaccini, Mgr Acton, le cardinal Odescalchi, etc., m'ont fait un accueil incroyable, et qui m'a prouvé que la confiance est arrivée à sa plénitude. Mgr Capaccini m'a présenté à un auditeur de la légation de Vienne, lequel m'a dit qu'il avait entendu plusieurs fois M. de Metternich faire mon éloge. J'ai remarqué partout un accroissement de bienveillance.

« Les Jésuites se conduisent admirablement. J'ai dit la messe dans leur église avant tout autre, et le Général m'a offert le chocolat chez lui, où nous avons eu une grande conversation, qui m'a prouvé qu'ils nous traiteraient en amis. Le Père Rosaven a votre lettre.

« Donc, chère amie, dès que j'aurai eu mon audience du pape, et achevé mes visites, je repars pour la France. J'y passerai l'hiver à chercher cinq jeunes gens de foi et de courage, capables de se donner réciproquement les uns aux autres avec un dévouement sans bornes et une humilité véritable. C'est là le grand et dernier point. Après Pâques, qui est le 31 mars, nous reviendrons à Rome, et il est probable qu'au commencement de mai 1839, nous ferons à Sainte-Sabine notre entrée solennelle. J'ai eu bien du bonheur de m'être ouvert en mai 1837 sur mon projet : cela a donné à tout ceci un grand air de maturité... Que Dieu soit béni ! Je commence à avoir peur de tout ce qu'il fait pour moi (1). »

On vient de voir que le couvent de Sainte-Sabine, à Rome, avait été mis à la disposition des nouveaux religieux français. Revenant sur cette première résolution, le cardinal Sala, préfet de la congrégation des évêques et réguliers, eut la pensée de les envoyer faire leur noviciat en Piémont. L'abbé Lacordaire, devant les nouveaux obstacles qu'il prévoyait, tenait à s'appuyer sur Rome. Il fit donc représenter au cardinal, par une personne influente, « que l'opinion publique ne supporterait pas en France des religieux allant se former en Piémont, pays étranger et antipathique ; que le centre de la chrétienté était le seul endroit d'où l'on pût voir venir des religieux en France sans trop s'étonner. » Il ajoutait : « Il importe d'ailleurs au saint-siége que nous partions de dessous ses ailes. » *Rome et l'opinion publique*, j'ai bâti là-dessus. »

Les choses ainsi arrangées, il revient en France. Il en avertit Mme Swetchine par la lettre suivante :

« Demain soir, chère amie, à minuit, je repars pour la France par le courrier de Bologne. Je n'ai rien de nouveau à vous apprendre depuis la lettre qui vous a annoncé le succès de mon voyage, sinon qu'il s'est de plus en plus confirmé. J'ai vu le Saint-Père, qui m'a reçu avec la plus cordiale bonté. Je m'en vais donc

---

(1) Rome, 27 août 1838.

aussi content et tranquille qu'il est possible à un homme sur la terre... Vos réflexions sur ma vocation sont excellentes. Je vous assure que jamais, en pareilles matières, le respect humain ne m'a fait avancer ou reculer. Les désagréments de Paris n'ont été pour rien dans ma résolution, car je n'avais pas encore autant aimé Paris, autant senti le bien que j'y pouvais faire, ni recueilli là de pareils témoignages d'estime et de confiance. Ma force m'apparaissait plus grande que jamais. C'était précisément le sentiment que j'en avais qui me faisait hésiter à accomplir le sacrifice que Dieu me demandait intérieurement. Ma carrière, me disais-je, est faite, mon action assurée; pourquoi recommencer sur nouveaux frais? Sans doute aussi les tracasseries me frappaient comme motifs de détermination, mais très-faiblement. Je les appelais à mon secours pour aider la grâce de Dieu, pour vaincre ma lâcheté. Je n'ai eu, Dieu le sait, dans cette affaire, qu'un seul combat, celui de la faiblesse en présence d'un grand dévouement. J'étais heureux, content, sans soucis, et j'allais me jeter sur les épaules, non pas tant une vie dure, une robe de laine, que ce fardeau pesant d'une famille à élever et à nourrir. Moi, sans besoins, j'allais me trouver des enfants qui me demanderaient du pain! L'égoïsme me disait : Reste! Jésus-Christ me disait : Lorsque la gloire et la tranquillité me furent proposées, j'ai choisi la vie et la mort de la croix! Voilà toute mon âme dans ces derniers mois. Aujourd'hui, j'ai terrassé l'ennemi ; je ne me sens plus l'ombre de la lâcheté humaine, et c'est ce qui m'assure du succès encore plus que les facilités que j'ai trouvées. Quand je suis entré au séminaire, il y a quatorze ans, j'ai éprouvé absolument les mêmes mouvements : d'abord une lutte où je me faisais les mêmes discours, puis, ma décision prise, une fermeté, une certitude que nul déboire n'a troublées un seul instant ni une seule fois. A ces deux grandes époques de ma vie, j'ai sacrifié un état fait à un état incertain, un état dont j'étais content à un autre qui m'effrayait. Quant au séjour d'Italie dont vous me parlez, chère amie, je ne l'ai jamais vu que comme un pis aller, un asile, un hôpital, en cas que Dieu vînt à permettre ma ruine complète, ce morceau de pain que la bonté divine laisse au riche qui a tout perdu (1). »

Qui n'admirerait la beauté de cette âme ainsi mise à nu par une analyse sûre et profonde, et par une candeur qui dit naïvement le bien comme le mal? Pour expliquer cet étrange attrait de vie claustrale, le monde, qui ne comprend rien aux choses de Dieu, parlera de vues ambitieuses, de la gloire de chef d'Ordre, du désir d'échapper à de mesquines tracasseries. C'est simplement le contraire de tout cela. Toutes ces voix lui disent de rester là où il est. Dieu seul lui ordonne de passer outre, et de se jeter aveuglément

(1) Rome, 14 septembre 1838.

dans le sacrifice. Il obéit, non sans lutte, mais avec virilité, et voit avec raison, dans cette victoire sur lui-même, la première et plus infaillible preuve de l'appel divin.

Il prit sa route par Bologne, afin d'y prier sur le tombeau de son nouveau Père, saint Dominique, et rentra en France par Turin et Genève.

A peine de retour en Bourgogne, dans sa famille, la publicité donnée à son projet lui envoie des coopérateurs. Il les éprouve, les encourage, mais sans les presser. Il écrit à l'un d'eux : « Mon cher ami, je ne suis pas étonné, je vous assure, des combats intérieurs que vous éprouvez. Ils sont naturels, et quel homme, quel saint ne s'est pas senti défaillir en méditant quelque grand sacrifice pour Dieu ? Seulement, laissez-vous aller à l'empire de la grâce, sans vous presser, sans vouloir que ce soit aujourd'hui ou demain. Pour ma part, j'ai employé près de dix-huit mois à me résoudre, et plusieurs fois j'avais comme abandonné cette pensée. Je me borne donc, mon cher ami, à vous donner simplement les renseignements que vous me demandez. » Suivent ces renseignements sur la vie dominicaine. Nous aurons occasion d'y revenir ailleurs plus complétement. Il ajoute : « J'ignore votre âge au juste ; mais saint Augustin n'a été prêtre qu'à trente-cinq ou trente-six ans, et cela ne l'a pas empêché d'écrire dix volumes *in-folio* sur la religion, ni d'être un grand et puissant évêque. La seule chose difficile, mon cher ami, c'est de savoir à quel point vous aimez Jésus-Christ et son Église, quel sacrifice vous êtes capable de faire. Tout le reste n'est rien. Pensez-y devant Dieu, et écrivez-moi votre décision lorsque vous l'aurez prise. Je serai prêt, pour ma part, à vous ouvrir mes bras et mon cœur (1). »

Cependant l'affaire du rétablissement de l'Ordre avançait. Les journaux en avaient saisi l'opinion. On en parlait à Paris et à Rome, et l'on attendait. Qu'allait dire la presse irréligieuse? Qu'allait faire le gouvernement? A Rome, surtout, les amis du futur religieux étaient inquiets, et leur sollicitude, ne comprenant pas la raison et la portée de la publicité au-devant de laquelle il allait de lui-même, l'accusaient, en secret, de téméraire empressement. Averti de ces craintes, l'abbé Lacordaire les rassure en expliquant sa conduite et son plan.

« Votre lettre me donne occasion de vous expliquer les raisons de la publicité qui a été jetée sur le but de mon voyage à Rome. Les Romains les meilleurs, les plus spirituels, les plus dévoués, commettent toujours une grande erreur quand il est question de la France. Le *gouvernement* est toujours pour eux en première ligne, tandis que c'est l'*opinion publique* qui est avant tout la chose à considérer. Sans l'opinion publique on ne fait rien; avec elle et de la patience on finit par ob-

---

(1) Aisey le-Duc, 18 octobre 1838.

tenir du gouvernement le concours qui est nécessaire. Voyons quelle était ma position.

« Mon voyage à Rome commençait à être connu; on en parlait; on disait pourquoi j'y étais allé. Encore quinze jours, quelques feuilles publiques en auraient occupé leurs lecteurs. Qu'eussé-je gagné dès lors au silence? Mes amis ont pris le devant pour dire hautement et sincèrement ce qui ne pouvait pas être ignoré; ils ont fait feu une minute avant qu'on tirât sur eux, et m'ont donné le mérite assez important de n'avoir pas craint la publicité. Ce mérite a été si bien senti, que, sauf *le Semeur,* journal protestant, aucun journal ne s'est permis d'attaques, et encore celles du *Semeur* n'avaient rien que d'honorable. Ma position aujourd'hui est très-bonne devant le public; il n'a pas condamné de prime abord; il attend, et je me garderai bien de repartir pour Rome sans lui avoir rien dit.

« A l'égard du gouvernement, ma position n'est ni meilleure, ni pire. Il est possible même que le silence des journaux l'ait frappé, en ce sens qu'il ne craigne plus autant une explosion universelle. Mais je ne sais rien de positif jusqu'à présent. Je ferai tout ce qui sera nécessaire pour le bien disposer, sans, du reste, subordonner mon œuvre à son approbation. Le temps est pour nous, et, fallût-il trente années pour rétablir en France les Dominicains, j'espère que, Dieu laissant aux choses leur cours naturel, ces trente années ne me manqueront pas. Fallût-il commencer par être le seul frère prêcheur français, je serai le seul, je porterai dans les chaires mon nouvel habit, et je lui attirerai la bienveillance que peut-être on accordera à ma personne. Tout ici est nouveau, parce que la situation de la France est nouvelle. Sous l'Empire et la Restauration on introduisait une congrégation en France à l'insu de tous, sous la protection équivoque du pouvoir, jusqu'à ce que le pouvoir, accablé par l'opinion, renvoyât sa protégée. Aujourd'hui le progrès des idées politiques et religieuses est assez grand pour essayer de prendre un point d'appui plus fort dans l'opinion de la France elle-même. Je ne dis pas que la tentative soit sans danger, surtout dans un moment donné; mais cette tentative est au moins possible, et le temps est pour elle. Le saint-siége lui-même, dans cette grande affaire de l'Allemagne, n'a-t-il pas pris son point d'appui dans l'opinion (1)? Et s'il l'eût tenté, il y a dix ans, eût-il réussi comme aujourd'hui? L'art souverain est de connaître où est la force dans le temps où l'on vit. Assurément ce n'est pas par une vaine gloriole que j'ai consenti à la publicité; cette publicité était inévitable, et je n'y gagne rien que d'avoir pu la soutenir depuis un mois sans être déjà écrasé... Quel appui me reste-t-il donc? *Rome et l'opinion publique.* J'ai bâti là-dessus,

---

(1) Il s'agit sans doute ici de l'affaire de Cologne qui excita dans toute l'Allemagne une polémique ardente, ce qui permit aux souverains pontifes Pie VIII et Grégoire XVI de stigmatiser avec plus de force dans leurs bulles la conduite du gouvernement prussien.

parce que je n'ai pas d'autre terrain : là je périrai ou je me sauverai. Mais que de chances en trente ans de vie ! Quels antécédents déjà puissants en ma faveur ! Une certaine persécution même me sera utile ; l'opinion s'attache à quiconque souffre injustement. Enfin, je suis plein de confiance et de tranquillité. Dieu m'a protégé jusqu'ici ; je fais son œuvre et non la mienne, et les obstacles n'ont jamais manqué aux choses les meilleures qui ont le mieux réussi. — Il n'est pas probable que je prêche nulle part cet hiver ; je serai trop occupé, je travaille à un *Mémoire* qui paraîtra avant mon retour à Rome (1). »

Quelques semaines après, il écrit à la même personne : « Vous saurez par le Père de Géramb où j'en suis. Tout va bien, beaucoup mieux même que je n'aurais osé l'espérer. De tous côtés on m'encourage ; la presse, je crois, me sera favorable, et le gouvernement, qui n'est pas hostile, paraît seulement inquiet de la manière dont la tribune et les journaux prendront la chose. M. l'archevêque m'a reçu de la manière la plus gracieuse. Je crois savoir néanmoins qu'on a écrit à Rome contre moi. Le fond de la lettre serait qu'il est très-dangereux de laisser s'établir un Ordre qui peut devenir, et qui est peut-être destiné à servir de refuge et de citadelle aux anciens amis de M. de la Mennais. C'est toujours ce fantôme dont on veut effrayer. Je n'ai

---

(1) Châtillon-sur-Seine, 3 novembre 1838. — Lettres inédites.

pas encore écrit au cardinal Lambruschini à ce sujet, parce que je crois être assez connu à Rome pour qu'on ne fasse pas d'attention à ces pauvretés. Je vous serai pourtant obligé d'en parler au cardinal, quand vous le verrez, et de lui dire qu'aucun des amis de M. de la Mennais ne fait partie de notre œuvre, et qu'il est impossible d'exprimer à quel point une pareille imputation est ridicule pour qui connaît l'état des choses en France. Un siècle a déjà passé sur la tombe de ce pauvre M. de la Mennais, et il n'y a pas d'homme de bonne foi à qui il fasse peur.

« Pardonnez-moi de vous charger ainsi du soin de ma défense ; vous avez bien voulu que je comptasse sur vous, et vraiment ce n'est pas de moi seul qu'il s'agit, mais un peu de la religion et de notre pays. Je suis de plus en plus frappé de la pente des esprits vers l'Église, et toute l'Europe semble se préparer à des événements où les questions religieuses joueront un grand rôle. *La terre tourne* et ramène sans cesse aux hommes Dieu pour but et pour point de vue (1). »

Les moments étaient précieux. De nouvelles intrigues pouvaient lui créer des embarras à Rome et à Paris, et compromettre sa situation. Dans une entreprise hardie, il y a le plus souvent avantage à aller surprendre l'ennemi avant de lui donner le temps de se reconnaître. Il le savait, et sa merveilleuse activité le servit à souhait.

---

(1) Lettres inéd. — Paris, 21 novembre 1838.

Ces quelques mois d'hiver lui suffirent à rédiger le *Mémoire pour le rétablissement en France de l'Ordre des Frères Prêcheurs*. Il parut au printemps de 1839.

Il se divise en deux parties. Dans la première il dit loyalement à *son pays* ce qu'il prétend faire, les motifs qui l'y ont déterminé et ses droits à suivre la voie dans laquelle il se sent appelé. S'adressant non à des légistes, mais au simple bon sens, il s'étonne de se voir obligé, dans une aussi juste cause, de prendre le rôle d'avocat. « Mais, dit il, nous vivons dans un temps où un homme qui veut devenir pauvre et le serviteur de tous, a plus de peine à accomplir sa volonté qu'à se bâtir une fortune et à se faire un nom. Presque toutes les puissances européennes, rois et journalistes, partisans de la monarchie absolue ou de la liberté, sont ligués contre le sacrifice volontaire de soi, et jamais dans le monde on n'eut tant de peur d'un homme allant pieds nus et le dos couvert d'une casaque de méchante laine (1). » Il s'étonne et s'indigne qu'après avoir eu la liberté de tout faire, il ne rencontre des chaînes que le jour où il veut servir Dieu plus généreusement. Quoi ! « quand nous, ami passionné de ce siècle, s'écriet-il, né au plus profond de ses entrailles, nous lui avons demandé la liberté de ne croire à rien, il nous l'a permis. Quand nous lui avons demandé la liberté d'aspirer à toutes les charges et à tous les honneurs, il

(1) Page 2.

nous l'a permis. Quand nous lui avons demandé la liberté d'influer sur ses destinées en traitant, tout jeune encore, les plus graves questions, il nous l'a permis. Quand nous lui avons demandé de quoi vivre avec toutes nos aises, il l'a trouvé bon. Mais aujourd'hui que, pénétré des éléments divins qui remuent aussi ce siècle, nous lui demandons la liberté de suivre les inspirations de notre foi, de ne plus prétendre à rien, de vivre pauvrement avec quelques amis touchés des mêmes désirs que nous, aujourd'hui nous nous sentons arrêté tout court, mis au ban de je ne sais combien de lois, et l'Europe presque entière se réunirait pour nous accabler, s'il le fallait (1). »

Il étudie ensuite l'essence de la vie religieuse, met en lumière ses harmonies avec les meilleurs instincts du cœur de l'homme, et fait voir qu'essayer de la détruire serait aussi impossible que d'anéantir un des germes tombés de la main du Créateur dans le sein fécond de la terre : « les chênes et les moines sont immortels. » Quel est le rêve des économistes et des politiques, sinon la perfection de la société? et ne serait-ce pas une perfection rejetée dans les chimères de l'utopie celle qui prétendrait établir l'égalité dans les droits, la liberté et la spontanéité dans l'obéissance, et la fraternité partout ? Et cependant la communauté religieuse qu'est-ce autre chose ? Le prince et le gardeur

---

(1) Page 4.

de pourceaux mangent le même pain à la même table ; tous obéissent librement au maître de leur choix, et tous, maîtres et sujets, tous s'aiment comme on n'aime que là. « Aussi, ajoute-t-il, nous voilà revenus, nous, moines, religieuses, frères et sœurs de tout nom... Nous voilà revenus, comme la moisson couvre un champ que la charrue a bouleversé, et où le vent du ciel a jeté la semence. Nous ne le disons pas avec orgueil : l'orgueil n'est pas le sentiment du voyageur qui est de retour dans sa patrie, et qui frappe à la porte pour demander du secours. Nous voilà revenus parce que nous n'avons pu faire autrement, parce que nous sommes les premiers vaincus par la vie qui est en nous ; nous sommes innocents de notre immortalité, comme le gland qui croît au pied d'un vieux chêne mort est innocent de la séve qui le pousse vers le ciel. Ce n'est ni l'or ni l'argent qui nous ont ressuscités, mais une germination spirituelle déposée dans le monde par la main du Créateur, et qui est aussi indestructible que la germination naturelle. Ce n'est ni la faveur du gouvernement, ni celle de l'opinion qui ont protégé notre existence, mais une force secrète qui soutient tout ce qui est vrai (1). »

Dans la seconde partie, il trace, par une vue d'ensemble, le tableau de l'Ordre qu'il va ressusciter en France. Après avoir esquissé à grands traits la belle et

---

(1) Page 20.

douce figure de saint Dominique, il l'entoure d'une auréole de saints et illustres personnages de sa famille : les apôtres, saint Hyacinthe en Pologne et dans le Nord, saint Vincent Ferrier en Europe, Barthélemy de Las Casas en Amérique ; les docteurs, Albert le Grand et saint Thomas d'Aquin ; les artistes, Fra Angelico de Fiesole et Fra Bartolomeo della Porta, ami de « ce Jérôme Savonarole, vainement brûlé vif au milieu d'un peuple ingrat, puisque sa vertu et sa gloire s'élevèrent plus haut que les flammes du bûcher. »

« Si l'on nous demande, ajoute-t-il, pourquoi nous avons choisi de préférence l'Ordre des Frères Prêcheurs, nous répondrons que c'est celui qui va le mieux à notre nature, à notre esprit, à notre but : à notre nature, par son gouvernement; à notre esprit, par ses doctrines ; à notre but, par ses moyens d'action, qui sont principalement la prédication et la science divine... On nous demandera peut-être encore pourquoi nous avons préféré rétablir un Ordre ancien plutôt que d'en fonder un nouveau. Nous répondrons deux choses : premièrement, la grâce d'être fondateur d'Ordre est la plus haute et la plus rare que Dieu accorde à ses saints, et nous ne l'avons pas reçue. En second lieu, si Dieu nous accordait la puissance de créer un ordre religieux, nous sommes sûr qu'après beaucoup de réflexions nous ne découvririons rien de plus nouveau, de plus adapté à notre temps et à ses besoins, que la règle de Saint-Dominique. Elle n'a d'ancien que son histoire, et nous ne verrions pas la nécessité de nous mettre l'esprit à la torture pour le seul plaisir de dater d'hier (1). »

Ce *Mémoire* produisit son effet. Cette autorité, *reine du monde*, à laquelle il s'adressait, fut surprise par la hardiesse de l'œuvre et la franchise du langage, et se sentit favorablement inclinée vers cet homme singulier qui avait le don de lui plaire et le droit de tout oser. L'abbé Lacordaire put s'applaudir d'avoir eu foi dans son pays. Nulle attaque, dans la presse, à la tribune ou ailleurs, ne signala le livre à l'opposition; nul ennemi ne se leva devant le nouveau pèlerin de la liberté religieuse. « Et pourtant il s'agissait de saint Dominique et des Dominicains, il s'agissait de replanter sur le sol français une institution longtemps calomniée dans son fondateur et dans sa postérité ! » Certes, depuis vingt-cinq ans, les choses religieuses ont marché en France, et cependant, si une œuvre semblable était ainsi publiquement annoncée par un mémoire un an à l'avance, qui oserait espérer que ce mémoire fût accueilli par le silence et le sauf-conduit de la faveur publique ?

Ces quatre ou cinq jeunes gens de foi courageuse qu'il était venu chercher en France, le Mémoire les lui amena. Nous verrons bientôt les premiers Dominicains français se présenter successivement, peu nombreux

(1) Pages 45-47.

d'abord, mais choisis. Le premier de tous, qui devait être aussi le premier rappelé au ciel, fut Hippolyte Réquédat. « Je ne sais quelle main lui avait porté mon Mémoire, dit le Père Lacordaire; il l'avait lu avec ardeur, et, passant tout d'un coup de la spéculation intellectuelle des choses divines au désir de l'apostolat, il était venu me trouver. Je l'accueillis comme un frère envoyé de Dieu ; aucune question ne fut débattue, aucun éclaircissement demandé, aucune crainte manifestée : c'était un passager tout prêt à monter mon pauvre vaisseau, et qui ne regardait même pas l'océan inconnu dont il allait traverser les flots. Des âmes semblables me vinrent plus tard, mais aucune plus belle, aucune plus pure et plus dévouée, aucune empreinte au front d'une prédestination plus rare. Il eut sur tous les autres la gloire d'être mon premier compagnon, et la mort, en le frappant bientôt d'un arrêt précoce, y a laissé dans ma mémoire une virginité que rien n'a ternie.

« On était au printemps de l'année 1839 ; je refis avec Réquédat ce chemin de Paris à Rome que j'avais déjà parcouru trois fois. Mais précédemment le doute et l'inquiétude agitaient mon esprit. Cette fois tout était lumineux comme le ciel sous lequel nous marchions. Les lignes de mon existence m'apparaissaient clairement ; je n'avais plus qu'à mener à fin les conférences de Notre-Dame, et à rétablir en France l'Ordre dans lequel j'allais entrer. Mon compagnon de voyage allégeait encore mon cœur par la sérénité de ses traits et l'intrépidité de son dévouement. Aussi ce voyage fut-il une sorte de fête continuelle (1). »

Cette fête du voyage et de l'arrivée, ses lettres du temps en ont conservé l'empreinte radieuse ; c'est toujours Mme Swetchine qui avait la primeur de ces joies nouvelles.

Rome, le 27 mars 1839.

« Que je vous suis obligé, chère amie, de ce petit mot du 16! Je l'ai eu le lendemain de mon arrivée à Rome, et il m'a fait tant de bien! La consolation que j'éprouve ici n'est pas moindre. Vous ne sauriez croire l'accueil qu'on nous fait, et combien nos Pères sont aimables et excellentes gens. Je vois pour la première fois de ma vie la fraternité chrétienne et la vraie expression et ressemblance de Jésus-Christ dans des hommes. Nous aurions vécu ensemble depuis cinquante ans qu'ils ne seraient pas plus simples, plus remplis de cordialité, et, de plus, la physionomie de ces braves Pères est on ne peut mieux d'accord avec leurs paroles. Nous avons dîné hier chez le vieux Père Olivieri, commissaire de l'inquisition, qui a pleuré comme un enfant en lisant mon chapitre de saint Thomas, et qui veut nous revoir une seconde fois à sa table. Le cardinal Pacca, secrétaire de la congrégation de l'inquisition, a été ravi de notre Mémoire et de la manière dont

---

(1) Mémoires.

l'inquisition y est traitée. Tous les Dominicains qui l'ont lu en sont contents et le trouvent d'une exactitude à l'abri de tout reproche. C'est un concert unanime. Ce que vous m'en apprenez d'autre part, chère amie, me console infiniment et me rassure tout à fait. Je vois aussi qu'aucun journal ne nous a encore attaqués, à ma connaissance, et c'est d'un bon augure. Voici maintenant où nous en sommes pour le fond.

« Aucune opposition ne s'est manifestée du côté de l'ambassade de France, ni de la secrétairerie d'État. Le cardinal Sala continue à vouloir que le noviciat se fasse hors de Rome, et l'on est convenu que nous le ferions à Viterbe, à une journée de Rome, dans un couvent magnifique qu'y ont nos Dominicains. Nous avons accepté avec joie cette modification, parce que nous serons là beaucoup plus tranquilles, plus éloignés du monde et dans un air meilleur que celui de Rome pour l'été. Je regarde comme un nouveau bienfait de la Providence cette sorte de contrariété apparente, d'autant plus sans conséquence, que nous prendrons l'habit à Rome avant de nous rendre à Viterbe, et que nous recevrons la bénédiction du Souverain Pontife. L'époque de notre prise d'habit n'est pas encore déterminée. On s'occupe de préparer nos habits nouveaux. Toutefois elle ne peut tarder beaucoup. En attendant, je distribue des Mémoires en bon lieu, et nous assistons, mes amis et moi, aux cérémonies de la semaine sainte. Nous sommes presque toujours ensemble, ravis du dedans et du dehors du couvent de la Minerve et de Rome. Nous avons le plus beau temps du monde, et cela depuis notre départ de Paris, sauf deux jours à Milan et une journée à Rome. Adieu, chère bonne amie ; si vous n'aimez pas les Dominicains, il faut que vous ayez le cœur d'un tigre. A Viterbe, comme partout, vous aurez un fils et un ami. »

Rome, le 6 avril 1839.

« C'est mardi prochain, 9 avril, à sept heures du soir, chère amie, que nous recevrons l'habit de Saint-Dominique, des mains du Père Général, dans l'église de la Minerve, à la chapelle de Saint-Dominique. Depuis ma lettre du 29 mars, les choses se sont grandement éclaircies. J'ai vu le cardinal Sala, qui m'a reçu très-bien et m'a dit expressément que si l'occasion se présentait de nous servir, il y donnerait les mains. Le cardinal Lambruschini m'a accueilli comme à son ordinaire. Il est un peu effrayé de l'état de la France, et avait donné au Général, avant notre départ de Paris, le conseil d'attendre. Mais notre arrivée a dissipé ce nuage. Le pape nous a accordé à tous trois une audience très-favorable jeudi dernier. Nous savions par le Père Vaurès, pénitencier français, qu'il avait très-souvent parlé de notre affaire, toujours avec le plus grand intérêt, et ne témoignant d'autre inquiétude que celle de ne pas nous voir présentement réussir à cause de l'état de la France. C'est aussi ce qu'il nous a dit. Nous lui avons répondu que dans tous les cas, avec du temps et de la patience, nous trouverions l'occasion favorable ; que les révolutions ne duraient pas toujours, et que si une tempête éclatait sur la France, le beau temps reparaîtrait ensuite. Il avait sur sa table notre Mémoire, et nous l'a montré. J'en ai reçu de grands éloges de plusieurs cardinaux, entre autres des cardinaux Polidori et Castracane. Le cardinal Orioli, ancien ami de ce pauvre abbé de la Mennais, m'a parlé fort ouvertement et m'a raconté plusieurs traits de l'époque 1824, au sujet de M. de la Mennais. Ce matin nous avons été voir ensemble le Général des Jésuites ; il a été très-cordial et nous a parlé beaucoup de l'union future des Dominicains et des Jésuites. Nous devons aller dire la messe dans les chambres de Saint-Ignace avant notre départ pour Viterbe.

« Ce départ aura lieu le lendemain de notre prise d'habit. Le couvent que nous habiterons s'appelle *la Quercia*, du nom d'une forêt de chênes où fut trouvée une image de la sainte Vierge, qui existe encore. C'est un lieu de pèlerinage. Le couvent renferme trente-cinq religieux, dont neuf ou dix *profès étudiants* et seulement deux novices. Il est en bonne odeur à Rome, et tout le monde nous en a parlé comme d'une maison très-sainte où l'obéissance est entière. C'est un grand bonheur pour nous.

« Voilà, chère amie, tout ce qu'il y a de plus nouveau. Vous remarquerez que le 9 avril c'est la fête de saint Vincent Ferrier, qui devait avoir lieu le 5, mais qui a été transférée à cause de l'octave pascale. Adieu, chère amie, priez bien pour que nos cœurs changent avec nos habits, mais ce ne sera jamais à votre égard. Voici les dernières lignes que je vous adresse sous l'habit *du monde;* je souhaite qu'elles vous fassent plaisir et qu'elles vous disent tout ce que je sens et suis pour vous. »

H. LACORDAIRE.

CHAPITRE X

1839-1840

Noviciat au couvent de la Quercia.

La Quercia, 15 avril 1839.

« Il y aura demain huit jours, chère amie, que nous avons pris l'habit de Saint-Dominique, et voici le quatrième que nous habitons le couvent de la Quercia. Il me serait difficile de vous dire tous les sentiments de joie et d'attendrissement qui m'ont remué dans la soirée du 9 avril. Le souvenir de mon sacerdoce est bien vivant en moi, et je m'en rappelle tout le bonheur; mais ce qui manquait à cette première fête s'est trouvé ici dans une plénitude tout à fait enivrante, je veux dire l'effusion autour de nous d'une fraternité admirable. Jamais je n'ai reçu de si tendres embrassements. Les Français qui étaient là m'ont également accablé de marques d'amitié, et cette scène a recommencé le lendemain jusqu'à l'heure de midi, où nous sommes montés en voiture pour Viterbe. Nous étions rassasiés sans être las. Le jeudi, à onze heures du matin, nous sommes entrés au couvent dominicain de Gradi, aux portes de Viterbe, et nous y avons dîné avec le Provincial de la province de Rome et tous les Pères du couvent. Dans la soirée, le Provincial nous a conduits à la Quercia, qui est environ à une demi-lieue de Gradi, et il nous a intimé le commencement de notre noviciat, dans un petit discours, en présence de la communauté. Après quoi chacun de nous est entré dans sa cellule. Il faisait froid, le vent avait tourné au nord, et nous n'avions qu'un habit d'été dans une chambre sans feu; nous ne connaissions plus personne; tout le prestige, tout le bruit s'était évanoui; l'amitié nous suivait de loin sans nous presser plus; nous étions seuls avec Dieu en présence d'une vie dont la pratique nous était encore inconnue. Le soir, nous allâmes à matines, puis au réfectoire et enfin nous coucher. Le lendemain, le froid était plus vif encore, et nous ne comprenions qu'à demi la suite de nos exercices. J'eus un moment de faiblesse; je tournai les yeux vers tout ce que j'avais quitté, cette vie faite, ces avantages certains, des amis tendrement aimés, des journées si pleines de conversations utiles, les foyers chauds, mes petites chambres si douces, les mille joies d'une vie comblée par Dieu de tant de bonheur extérieur et intérieur! C'était payer cher l'orgueil d'une forte action, que de perdre cela pour toujours! Je m'humiliai devant Dieu, et lui demandai la force dont j'avais besoin. Dès la fin de la première journée, je sentis qu'il m'avait exaucé, et depuis trois jours les consolations ont été croissant dans mon âme avec la douceur d'une mer qui caresse ses grèves en les couvrant. »

Belle et touchante confession! Mme Swetchine, qui recevait de pareilles confidences, avait bien raison de dire que ses lettres seules le feraient connaître. Ces choses ne sont pas de celles que l'on raconte soi-même au public. Mais quelle vérité d'accent! quelle lumière sur les replis de cette âme les plus discrètement voilés et qu'on aime le mieux à regarder!

Cette vie religieuse, en effet, à laquelle il se consacre, a deux formes, deux aspects : l'aspect extérieur et l'aspect du dedans. Vue du dehors, cette vie est d'un homme qui, ayant quitté le monde pour l'Évangile, s'est encore trouvé trop isolé dans cette grande famille de l'Église, et a senti le besoin de se faire une famille moins grande et plus intime; elle nous montre ce prêtre se promenant dans les rues de Rome, repassant dans son esprit les inappréciables services rendus à l'Église et au monde par les ordres religieux, et songeant à transplanter sur le sol natal, déshérité de cette gloire, une de ces vieilles et immortelles souches; elle nous le montre priant dans les basiliques, rencontrant, sous la coupole de Saint-Pierre, les fondateurs de cette chevalerie religieuse rangés à la place d'honneur, et se déterminant à choisir parmi les blasons de cette aristocratie de la sainteté celui qui va le mieux à sa nature, à son esprit, à son but; elle nous le montre réalisant enfin ce rêve après l'avoir conçu, passant les vingt dernières années de sa vie à asseoir cette nouvelle colonie, la divisant en deux camps, l'un, pour l'éducation, l'autre, pour l'enseignement apostolique, et s'en retournant à Dieu avec la consolation de laisser ce jeune arbre, sinon à l'abri des tempêtes, qui sont sa vie, au moins assez fort et dans un sol assez généreux pour se passer désormais de tuteur visible.

Tel est l'aspect extérieur de cette belle vie, le plus connu, et j'ajoute, le seul dont le Père Lacordaire ait pu consentir à parler au public. Mais il en est un autre plus intime, plus caché, plus merveilleux, celui de l'âme dans son commerce avec Dieu. Ici, c'est l'âme seule avec Dieu seul. La famille religieuse, les œuvres de l'apostolat subsistent, mais au second plan et comme rayonnement de la première vie. C'est Dieu créant dans un cœur d'homme le tourment de l'éternel amour, la faim et la soif de l'infini, et se présentant lui-même pour guérir cette ineffable blessure : c'est l'âme sous l'étreinte divine. Fiançailles enivrantes et douloureuses à la fois, car c'est l'amour d'un Dieu juste qui poursuit de sa haine les moindres vestiges du mal dans l'âme, d'un Dieu saint qui ne veut rien de souillé dans le Moïse qui gravit la montagne ardente, d'un Dieu jaloux qui n'admet aucun partage. Un jour, dans la solitude profonde de son exil, l'âme élue s'entend appeler,

« Homme de désirs, sors, et tu me verras! *Egredere!* sors de ton pays, de ta famille, de toi-même. Tous ces amours sont bons, mais entachés de corruption, d'ambition, d'égoïsme. Tu as une patrie, viens, et je te donnerai l'univers pour héritage; tu as une famille, des amis, quitte-les et je te ferai des amis innombrables comme les étoiles du ciel et le sable de la mer. Sors de toi-même surtout! Déracine ta vie pour la transplanter dans une terre meilleure, car l'obstacle, c'est toi; l'ennemi, c'est la chair et c'est l'orgueil. Tu es chrétien, tu es prêtre et tu as une plus haute ambition : eh bien! va! vends tout ce que tu possèdes et viens dans la terre de l'alliance promise et consommée. Victime volontaire de mon amour, abrége l'épreuve de l'absence imposée aux victimes moins généreuses de ma justice. Au lieu d'attendre que la main de la mort purifie, déchire les voiles et ouvre le ciel, fais en toi chaque jour l'œuvre de la mort, accomplis en toi toute justice par le glaive de la pénitence; au lieu d'attendre que le flot t'arrache au rivage, pousse au large de toi-même et perds pied dans l'abîme : *duc in altum!* »

Dans cette provocation de l'amour d'un Dieu pour l'homme, les premiers pas ne sont pas les plus douloureux. Dieu les fait avec lui et le porte plus qu'il ne l'accompagne. Mais, arrivé au milieu de la route, tout d'un coup il se retire et disparaît, laissant à l'homme l'honneur d'un choix libre et désintéressé. Nouvel Abraham, le religieux a quitté la Chaldée, mais il n'est pas encore en Chanaan. Au sommet de cette colline qui partage sa vie, au moment de consommer le sacrifice, seul entre un passé qu'il abandonne et un avenir qu'il ne connaît pas, il se retourne pour jeter un dernier regard sur tout ce qu'il laisse : sa patrie, *des amis tendrement aimés, les foyers chauds, les mille joies d'une vie comblée par Dieu.* Ah! c'est une heure cruelle! Abandonner tout cela à vingt ans, alors qu'on ne sait rien encore de la vie, qu'elle ne s'est enracinée à rien, et pourtant laisser derrière soi les visages baignés de pleurs d'un père et d'une mère, sentir qu'on leur fait au cœur une blessure inguérissable, c'est déjà un sacrifice dont Dieu seul peut inspirer le courage et mesurer le mérite; mais briser sa vie à quarante ans, pour la refaire dans l'inconnu, le nouveau, dans l'impossible peut-être, s'arracher tout vivant à une existence pleine des réalités les plus enviées, des espérances les plus douces, risquer un présent certain pour un avenir enveloppé de ténèbres et de périls, avec la chance, si l'œuvre réussit, d'être accusé d'ambition, et de passer pour fou, si elle ne réussit pas, c'est ce que le Père Lacordaire appelait avec raison le plus grand acte de foi qu'il ait jamais accompli.

Et cependant, sauf la différence des situations, la vocation religieuse n'est rien si elle n'est d'abord cela, et ce serait mal comprendre cette nouvelle phase dans la vie du Père Lacordaire que de ne pas la regarder avant tout par ce côté. « Il n'y a dans le monde, dit saint Augustin, que deux amours, l'amour de Dieu jusqu'au mépris de soi, et l'amour de soi jusqu'au mépris de Dieu (1). » Tous les autres amours s'échelonnent entre ces deux extrêmes. Le religieux est celui qui fait état sinon d'atteindre, au moins de tendre toujours au degré le plus élevé, à l'amour de Dieu jusqu'au mépris de lui-même. Toute la discipline religieuse repose sur cette grande loi de l'alliance rétablie entre Dieu et l'homme par le sacrifice. Le monde, qui voit le sacrifice, et pas la récompense, qui voit le glaive et pas la main qui fait la blessure, le monde s'étonne et se scandalise : il n'entendra jamais rien à ce mystère : *Abscondisti hæc a sapientibus et prudentibus*. Mais pour les esprits initiés au scandale et à la folie de la croix, ils jugeront du degré d'intimité du disciple avec le Maître à cette passion de pénitence, à « cette soif d'immolation qui est la moitié généreuse de l'amour. »

La dernière partie de la lettre citée plus haut renferme un abrégé de la vie du nouveau novice au couvent de la Quercia. Ce régime, où le jeûne et l'abstinence tiennent une large place, pourra paraître assez sévère. Nous verrons cependant le Père Lacordaire, de retour en France, fonder ses premiers couvents sur une observance plus rigoureuse encore des règles primitives.

(1) « Fecerunt itaque civitates duas amores duo, terrenam scilicet amor sui usque ad contemptum Dei, cœlestem verò amor Dei usque ad contemptum sui. » *De Civit. Dei*, lib. XIV, cap. xxviii.

« Voici la vie que nous menons. A cinq heures et un quart du matin la cloche nous fait lever. Un quart d'heure après nous sommes dans un petit chœur intérieur, à la porte du noviciat, où nous psalmodions prime et entendons la messe en faisant une méditation. Nous disons la nôtre ensuite. Avant midi, on va au chœur de l'église psalmodier tierce, sexte et none et chanter une grand'messe dans les jours de grandes fêtes et des principaux saints de notre Ordre. A midi, nous dînons ; tous les repas sont maigres, sauf une dispense particulière, et tous les vendredis il y a jeûne. Les autres jours nous mangeons un morceau de pain dans la matinée. Mais du 14 septembre à Pâques, le jeûne est continuel, sauf dispense. Après le dîner, nous avons une récréation en commun ou une sieste chez nous, comme nous le voulons. Vers trois heures, vêpres et complies ; les complies sont chantées. De quatre à huit heures nous sommes libres : nous pouvons faire une promenade au dehors, si cela nous plaît. A huit heures, nous psalmodions les matines et les laudes ; à neuf heures moins le quart, le souper suivi d'une conversation dans la chambre commune, et le coucher à dix heures. Nous avons en outre, au noviciat, une petite chapelle où nous faisons, matin et soir, une courte méditation, à l'heure qu'il nous convient. Les autres exercices se font avec la communauté, sauf les Pères exempts du chœur par le genre de leur office. Dans les temps libres, c'est-à-dire en dehors des exercices communs, nous pouvons nous réunir au salon de conversation du noviciat, pour y étudier ensemble et nous entretenir de choses sérieuses. On est pour nous d'une bonté et d'une libéralité parfaites. Une fois la semaine on psalmodie l'office des morts, et tous les jours les novices récitent un très-petit office de la sainte Vierge, en allant d'un lieu à l'autre. Pour les Pères, l'office divin ne prend pas plus de deux heures par jour. C'est moins de temps que pour les chanoines.

« La maison est composée de profès, dont plusieurs sont Espagnols et y reçoivent une généreuse hospitalité, les profès étudiants sont au nombre de huit ou neuf, et enfin de nous trois et de deux autres novices italiens qui sont fort bien.

« La Quercia est un couvent magnifique composé de deux cloîtres carrés, dont l'un est un chef-d'œuvre, d'autres cours de plus petite dimension et d'une église grande, simple, élégante, toute remplie d'ex-voto. L'autel principal, au-devant du chœur, renferme l'image miraculeuse de la sainte Vierge et le tronc de chêne où cette image fut trouvée. Il y vient assez de monde. De la porte de l'église, une magnifique avenue conduit à la porte de Viterbe, qui s'ouvre sur la route de Toscane. C'est par cette porte que j'entrai dans Viterbe en 1836, et jetant les yeux à ma gauche, j'aperçus le portail et le clocher de la Quercia, sans en savoir le nom. Les environs sont délicieux. Au midi, tout proche du couvent, s'élève la tête du mont Cimino ; au nord, la ville de Montefiascone, sur la colline ; à l'orient, les Apennins ; à l'occident, les hauteurs abaissées qui descendent jusqu'à la mer et la laissent voir à qui monte un peu pour la chercher de loin. Entre cet encadrement s'étend une riche vallée, dont les riantes plantations reçoivent un nouveau prix de belles forêts qui couvrent les pentes du Cimino. C'est un vrai paradis. Nous y voilà pour un an, tous trois fort satisfaits et sûrs les uns des autres. Vous vous rappelez la belle et sainte figure de Réquédat ; elle a encore pris un nouveau charme de religion, qui fait que je suis heureux rien qu'en le regardant. C'est un admirable jeune homme, et, si je mourais maintenant, je serais sûr par lui du rétablissement des Dominicains en France. Aussitôt après notre profession, il recevra le sacerdoce, en vertu d'un privilége accordé aux religieux, et l'évêque de Viterbe, qui est venu nous voir, ainsi que le délégat de la province, lui a offert spontanément de l'ordonner après sa profession. Nous serons donc tous les trois prêtres à notre retour en France.

« Maintenant, chère amie, c'est à vous à me donner de bonnes et longues nouvelles. Songez que je suis dans une solitude profonde et ignorant de tout. Donnez-moi les grandes nouvelles politiques ; cela peut se dire en quelques mots, et j'ai besoin de ne pas perdre de vue l'état de la France. Je vous créé mon journaliste à cent *Ave Maria* d'appointements par mois.

« Aimez-moi toujours, chère amie ; si je vous ai fait quelquefois du chagrin, c'est le moment de me le pardonner. Il n'y a plus rien du vieil homme à votre égard, que le souvenir de votre affection et le retour constant de mon cœur. Votre place est marquée à jamais dans ma vie, par le moment où vous l'avez prise et par tout le bien que vous y avez semé. Adieu ; la madone de la Quercia salue votre madone domestique.

« F. Henri-Dominique Lacordaire,

des Frères Prêcheurs. »

Nous avons peu de détails sur ces débuts du Père Lacordaire dans la vie religieuse. Celui qui reçut ses premières et intimes confidences, le frère Pierre Réquédat, n'est plus. Nous avons voulu pourtant consulter son ancien maître des novices, le Père Palmegiani, vieillard vénérable, mort il y a deux ans (1863), à l'âge de quatre-vingt-cinq ans, laissant une mémoire bénie de tous ceux qui avaient connu sa bonté et son aimable sainteté. Il porta l'habit de frère prêcheur pendant plus de soixante ans, et passa la plus grande partie de cette longue carrière dans les fonctions de maître des novices à la Quercia. Entre les religieux illustres qui furent ses enfants, il se plaisait à citer le Père Lacordaire, le cardinal Guidi, et le révérendissime Père Jandel, général de tout l'Ordre. Voici la lettre qu'il fit répondre, un an avant sa mort, à un religieux français, qui avait été aussi son disciple après le Père Lacordaire :

« Bien-aimé et très-estimé Père en Jésus-Christ,

« J'ai ressenti la plus vive consolation à revoir, après tant d'années, votre nom sous mes yeux, et à lire la tendre expression de votre affection filiale, que le temps n'a pu éteindre. Que votre charité me continue, je vous prie, ces bons sentiments, et recommandez bien au Seigneur un pauvre vieillard qui a plus besoin que jamais des prières et de l'amour de ses frères, au moment de se présenter au tribunal de Dieu. Pour moi, je me souviens toujours, je vous assure, avec plaisir et avec une paternelle tendresse, de cette petite troupe de jeunes Français qui furent les prémices de votre province, et qui, après avoir édifié notre couvent par leurs vertus, y laissèrent le germe de l'observance et de la vie commune.

« Pour en venir maintenant à l'âme bénie du révérend Père Lacordaire, je regrette de ne pouvoir, par le récit d'un grand nombre de faits, consoler les désirs de votre cœur et du mien. Mais les années m'ont emporté les forces du corps, et avec elles les facultés de l'âme, par conséquent la mémoire. Je me bornerai donc à dire que le Père Lacordaire, durant son noviciat, fut un vrai modèle de régularité et de perfection religieuse. Parmi les nombreuses et grandes vertus qui le distinguèrent, il en est une qui lui fut souverainement chère : l'humilité. Se tenant pour le dernier des novices, il lisait à table comme les autres, balayait les corridors, puisait l'eau, entretenait les lampes, en un mot, se portait volontiers aux services les plus vils, sans vouloir en cela ni distinction ni dispense d'aucune sorte. Il refusa même l'exemption de six mois de noviciat que le révérendissime maître général lui offrait.

« On ne l'entendit jamais parler de lui-même ni de ce qui le concernait, et il ne souffrait pas qu'on en parlât. A ce propos, je me souviens qu'un jour un novice lui demandait si la foule était vraiment si grande à ses conférences que les chaises fussent payées aussi cher qu'on le disait; l'humble Père fit semblant de ne pas entendre, et, se tournant vers son voisin, il passa d'une façon aimable à un autre sujet.

« Voilà, mon Père, le peu que je puis vous raconter d'une vie si belle aux yeux de Dieu. N'en soyez pas surpris; car, n'y eût-il pas, pour m'empêcher d'en dire davantage, mon oubli presque total du passé, le Père Lacordaire, par sa grande modestie, était comme ces astres qui, tout en répandant au ciel des flots de lumière, n'en laissent arriver à la terre que de faibles et pâles rayons.

« J'ai dû avoir recours, pour vous écrire, à une

main étrangère, le grand âge ne me permettant plus de le faire moi-même. Veuillez, etc.

« Fr. V. Palmegiani (1). »

Cette lettre, témoignage touchant d'un vieillard prêt à paraître devant Dieu, nous montre le religieux humble, soumis, régulier, ennemi pour lui-même des distinctions et des dispenses, mais elle laisse dans l'ombre le côté plus intime dont nous parlions plus haut, le ressort secret qui met en mouvement ces vertus ; en un mot, l'amour de Jésus-Christ crucifié. Il ne pouvait en être autrement. La séve religieuse apportée par le Père Lacordaire ne dut se révéler qu'en partie aux Italiens : elle ne leur était pas destinée, et ne trouva son libre épanouissement qu'en France. Il y avait, dans sa pensée, entre un Dominicain français et un Dominicain italien la même différence qu'entre la situation morale des deux Églises italienne et française ; l'habit et la règle étaient les mêmes, mais le milieu, les idées, les mœurs, les hommes entièrement dissemblables, et par conséquent aussi l'esprit et les moyens d'action. C'est donc plus tard seulement, et dans ses rapports avec des Français, que nous verrons comment le Père Lacordaire avait compris la vie religieuse, et ce qu'il y cherchait avant tout. Avec ses frères de la

---

(1) Quercia, 10 décembre 1862.

Quercia, il n'en était pas moins d'une bonté, d'une charité dont le souvenir se conserve encore en Italie. Jamais une parole de blâme ou de critique pour des usages qu'il respectait sans vouloir les adopter pour la France. Plus tard, nul plus que lui ne se montra difficile à admettre en France des religieux étrangers ; mais cette règle d'administration dont il s'était fait une loi, se conciliait avec une telle estime et affection des personnes, que son nom est resté vénéré et aimé entre tous par ceux qui l'ont connu en Italie.

Quelques fragments de ses lettres à cette époque nous diront où était le plus habituellement sa pensée.

« La manière dont nous faisons notre noviciat, sans adoucissement aucun, a produit à Rome une excellente impression. Le pape est de mieux en mieux disposé pour nous. Il a reçu plusieurs lettres de prélats français qui appuient le rétablissement des Ordres religieux dans notre pays ; quelques autres ont écrit dans un sens contraire, mais sans nous attaquer directement. D'un autre côté, je reçois beaucoup de lettres de jeunes gens et d'ecclésiastiques qui demandent à partager notre œuvre...

« Mon jeune compagnon Réquédat est un saint, et en même temps pour moi un ami tendre, dévoué, une vraie pierre précieuse parmi les belles âmes que Dieu m'a fait la grâce de connaître et d'aimer jusqu'à présent.

« Je suis calme, laborieux, rarement troublé par la

pensée de nos adversaires; je vois mieux le néant et l'orgueil de ma vie passée; je crois être plus humble; je comprends mieux l'ordonnance générale du christianisme : il me semble que je touche à la maturité, et que je ferai moins de fautes que par le passé. Les ennemis que nous trouverons nous seront fort utiles pour achever d'épurer notre cœur; c'est là la vraie pénitence. Quelques coups de verges sont bien vite effacés du corps, quoiqu'il y ait mérite à les recevoir et à sentir qu'on en est digne : mais la persécution incessante des gens qui ne comprennent rien et qui sont envieux, est le crucifiement réel du chrétien. Priez Dieu pour qu'il nous donne le courage de supporter cette croix sans amertume, et d'y trouver notre triomphe comme Jésus-Christ y a trouvé le sien. Les années coulent, les cheveux grisonnent : il est temps de travailler sérieusement pour l'éternité...

« En considérant ce qu'il y a de prompt en moi dans l'ordre de l'intelligence, je m'étonne d'être arrivé si lentement à une pleine vue du christianisme. Semblable à un navigateur hardi et heureux dans le détail, mais qui fait de longues courses avant de découvrir la terre qu'il cherche, j'ai abordé à une foule d'îles qui n'étaient point le continent. A quoi cela tient-il ?

« Je vois à côté de moi un jeune homme qui a passé comme moi par des erreurs; mais une fois chrétien, il m'a rejoint en un bond, quoique j'eusse sur lui l'avantage de quinze années. Il est vrai qu'il a trouvé les questions plus avancées que de mon temps. Ce qui m'a toujours manqué, c'est un homme supérieur à moi en qui j'eusse confiance, un introducteur dans la foi et ses innombrables applications. J'ai fait mon chemin tout seul, abordant où je pouvais, sondant des écueils, y échappant par miracle, et gagnant toujours à chaque essai quelque chose. C'est ce progrès dans la tempête qui a trompé et trompera toujours mes adversaires; ils me prennent à un point de vue où depuis longtemps je ne suis plus, et la bonté de Dieu me porte toujours plus avant que leur malice. Je suis comme un cerf qui échappe au chasseur par un bond. Aussi, malgré mes imperfections, mes défauts, mes froideurs, je suis sans inquiétude pour l'avenir; les difficultés dont vous me parlez ne m'effraient point. Un seul évêque nous suffit en France, et nous en avons plusieurs sincèrement et réellement à nous (1). »

Parfois, du fond de cette cellule de moine, jaillissaient des éclairs de la plus haute éloquence. La folie des princes persécutant le christianisme dans la plénitude de sa force comme ils l'avaient fait à son berceau, et se heurtant obstinément à cette pierre qui finalement les écrase tous, remplissait son âme d'une sainte indignation, et il s'écriait : « *Dieu et la force des choses sont plus que jamais les seuls appuis du christianisme*

---

(1) Lettres à Mme de la Tour du Pin. — XIIIe et XIVe lettres.

et de toutes les œuvres qu'inspire son esprit. Nous revenons au temps des apôtres et du chaos de l'empire romain. Les catacombes, les déserts, les ruines, les révolutions sont là pour servir d'asile à tous les opprimés, à toutes les âmes fortes qui se dévouent au service de Dieu et du genre humain. Malheur à qui compte sur autre chose! Ne voyez-vous pas l'Asie, l'Afrique, la Turquie, l'Angleterre s'ouvrir à la propagation catholique? N'entendez-vous pas de toutes parts le vent qui souffle sur les rois et sur les peuples aveuglés pour renverser toute puissance qui s'oppose à la vérité et à la charité? Insensés qu'ils sont! L'égoïsme les dévore, le paupérisme les ronge; la plèbe humaine, soulevée par leur impiété, se remue comme un océan furieux; et ce qui les inquiète, c'est d'arrêter le progrès du dévouement chrétien, c'est d'empêcher les âmes de se donner à la pauvreté, à la chasteté, à tous les biens qui leur manquent! Ce que nous avons vu n'est rien, en comparaison de ce que nous verrons. Cette société est semblable à un naufragé qui poignarderait l'homme venu à son secours au milieu des flots. Nous nous présenterons à la France en son temps, nous réclamerons nos droits d'homme, de citoyen, de chrétien; si elle nous repousse, nous irons ailleurs, nous écrirons, nous viendrons individuellement l'évangéliser. Dieu n'a jamais permis que la liberté fût sans ressource sur la terre. Ne vous occupez donc pas de cette question, elle n'en vaut pas la peine, et quiconque y a songé n'a jamais rien fait ici-bas que dormir au soleil de la fortune (1). »

On voit si le cloître énervait cette forte nature, et si au contraire cette vie sobre, austère et recueillie, se greffant sur une âme d'une aussi mâle vigueur, ne l'élevait pas à cette foi enflammée et indomptable qui est le signe de Dieu sur les hommes de son choix.

C'est pendant cette année de noviciat qu'il écrivit la *Vie de saint Dominique*. Il y employa les seuls moments laissés libres par les exercices religieux, et ne voulut jamais être dispensé, sous ce prétexte, d'aucune des fonctions imposées aux autres novices. Cette vie ne parut qu'en 1841; nous en parlerons à cette époque. Chateaubriand a dit de ce livre qu'il contenait *quelques-unes des plus belles pages des lettres françaises et modernes*. Nous ne voulons en ce moment en détacher qu'une page, une de celles sans doute qu'avait remarquées Chateaubriand; c'est, dans la description d'un couvent, la ravissante peinture de la maison qu'il habitait alors :

« Un cloître est une cour entourée d'un portique. Au milieu de la cour, selon les traditions anciennes, devait être un puits, symbole de cette eau vive de l'Écriture qui *rejaillit dans la vie éternelle*. Sous les dalles du portique on creusait des tombeaux; le long des murs on gravait des inscriptions funéraires; dans

---

(1) Correspond. inéd. — La Quercia, 13 mars 1840.

l'arc formé par la naissance des voûtes, on peignait les actes des saints de l'ordre ou du monastère. Ce lieu était sacré; les religieux mêmes ne s'y promenaient qu'en silence, ayant à l'esprit la pensée de la mort et la mémoire des ancêtres. La sacristie, le réfectoire, de grandes salles communes régnaient autour de cette galerie sérieuse, qui communiquait aussi à l'église par deux portes, l'une introduisant dans le chœur, l'autre dans les nefs. Un escalier menait aux étages supérieurs construits au-dessus du portique et sur le même plan. Quatre fenêtres ouvertes aux quatre angles des corridors y répandaient une abondante lumière; quatre lampes y projetaient leurs rayons pendant la nuit. Le long de ces corridors hauts et larges, dont la propreté était le seul luxe, l'œil ravi découvrait à droite et à gauche une file symétrique de portes exactement pareilles. Dans l'espace qui les séparait pendaient de vieux cadres, des cartes de géographie, des plans de villes et de vieux châteaux, la table des monastères de l'Ordre, mille souvenirs simples du ciel et de la terre. Au son d'une cloche, toutes ces portes s'ouvraient avec une sorte de douceur et de respect. Des vieillards blanchis et sereins, des hommes d'une maturité précoce, des adolescents en qui la pénitence et la jeunesse faisaient une nuance de beauté inconnue du monde, tous les temps de la vie apparaissaient ensemble sous un même vêtement. La cellule des cénobites était pauvre, assez grande pour contenir une couche de paille ou de crin, une table et deux chaises; un crucifix et quelques images pieuses en étaient tout l'ornement. De ce tombeau qu'il habitait pendant ses années mortelles, le religieux passait au tombeau qui précède l'immortalité. Là même il n'était point séparé de ses frères vivants et morts. On le couchait, enveloppé de ses habits, sous le pavé du chœur; sa poussière se mêlait à la poussière de ses aïeux, pendant que les louanges du Seigneur, chantées par ses contemporains et ses descendants du cloître, remuaient encore ce qui restait de sensible dans ces reliques. O maisons aimables et saintes! On a bâti sur la terre d'augustes palais; on a élevé de sublimes sépultures; on a fait à Dieu des demeures presque divines; mais l'art et le cœur de l'homme ne sont jamais allés plus loin que dans la création du monastère (1). »

Au milieu de ces travaux d'historien et de vie claustrale, le temps s'écoulait vite. A la fin de décembre 1839, il écrivait : « Notre noviciat s'achève avec rapidité; nous toucherons avant Pâques à l'époque de nos vœux. De grandes consolations nous sont venues de toutes parts, dans ces huit à neuf mois, de France, d'Angleterre, de Belgique, de Rome. Nous avons eu souvent le cœur pénétré de joie en voyant les bénédictions que Dieu répandait sur notre dessein, et il est bien vrai qu'on ne se donne jamais tout entier à Dieu sans trouver

---

(1) *Vie de saint Dominique*, ch. VIII, à la fin.

des pères, des mères, des frères et des sœurs en échange du peu que l'on a quitté.

« J'ai une grâce à vous demander. Notre église de la Quercia, qui date de la fin du xve siècle, possède une image célèbre et miraculeuse de la sainte Vierge, patronne des Frères Prêcheurs, et qui joue un rôle immense dans notre Ordre. L'église de la Quercia, bâtie par les habitants de Viterbe, pour abriter cette image qui avait été longtemps à l'air entre les branches d'un chêne, fut donnée aux Dominicains par un événement où la France joue le premier rôle. Le sénat de Viterbe ne savait à quel ordre religieux la donner. On résolut d'envoyer à la porte de la ville qui s'ouvre vers Florence une députation, et de remettre les clefs au premier religieux qui entrerait. Le premier qui entra fut le *Français* Martial Auribelle, général de l'Ordre. La Providence nous y a conduits trois siècles après, et nous avons résolu de prendre pour notre patronne la madone de la Quercia. Un peintre de nos amis, français et saint, va venir en faire une copie que nous laisserons dans le sanctuaire jusqu'à notre départ. Nous l'emporterons ensuite avec nous, et elle nous accompagnera partout, jusqu'au jour où nous l'installerons solennellement dans notre premier monastère français sous le titre de madone de la Quercia. La grâce que je vous demande donc est d'attacher votre souvenir à cette image en nous en donnant le cadre (1). »

(1) Lettres inéd. — La Quercia, 21 décembre 1839.

Cette pensée de mettre la restauration de l'Ordre en France sous la protection de Marie, révèle bien la douce et délicate piété du Père Lacordaire. Marie, protectrice de la France, de l'ordre de Saint-Dominique, et patronne spéciale du couvent de la Quercia, quels heureux présages! Elle sera donc encore la gardienne du premier couvent de l'Ordre à rétablir en France. Et, en effet, la copie de la madone de la Quercia, faite par le Père Besson, le jeune peintre *français et saint,* fut déposée solennellement sur l'autel du couvent de Nancy, le premier érigé en France. Elle y est encore, regardant le chœur des religieux et leur rappelant la tendre confiance de leur Père en Marie. Plus tard, il voudra une consécration plus solennelle encore à Paris, et, après avoir célébré le saint sacrifice à l'autel de Notre-Dame-des-Victoires, entouré de tous les frères du Tiers-Ordre, il offrira, plein de joie, à la sainte Vierge un cœur d'argent où seront gravés ces mots : *Consécration à Notre-Dame-des-Victoires du rétablissement en France de l'Ordre et du Tiers-Ordre de Saint-Dominique, le* 15 *janvier* 1844.

Le cadre demandé ne se fit pas attendre, on le pense bien. Le Père Lacordaire, dont la pensée montait naturellement des plus petits faits aux larges horizons de la foi, écrivait en remerciant : « J'ai reçu dimanche soir le magnifique cadre que vous avez destiné à Notre-Dame de la Quercia, et je m'empresse de vous en remercier. Bien des frères, bien des amis et des enfants, s'agenouilleront devant le cadre et l'image, confondus en une sainte unité. Je montrais l'autre jour à un Français peu chrétien encore, la toile où fut peinte, il y a quatre siècles, la madone de la Quercia, et je lui disais : C'est ce morceau de brique qui a bâti l'église que vous voyez, les cloîtres et les maisons qui l'entourent, défriché les champs voisins, creusé cette route par où vous êtes venu de Viterbe, institué deux foires populeuses, attiré ici des millions d'hommes ! Je souhaite que notre copie soit aussi heureuse que l'original, et j'ai grande confiance qu'elle le sera davantage, non en considérant ma trop pauvre personne, mais le cours des choses qui nous emportera, et qui pousse visiblement le monde à une grande rénovation chrétienne.

« Dans quatre jours, je prononcerai mes vœux devant cette image ornée par vous. Qui nous eût dit cela dans l'automne de 1837 ? Qui nous eût dit tant de liens brisés et contractés ? Mais tous ces mystères ont un but lucide où nous allons; toutes les séparations du temps ne sont qu'un rendez-vous pour l'éternité. Un jour nous verrons dans la sainte et vraie patrie que le sacrifice n'était qu'un chemin plus court pour se joindre (1). »

Nous ne saurions mieux terminer ce chapitre que par une page de mystique sacrée de la plus incomparable beauté. C'est une lettre de consolation qu'il écrivit peu

---

(1) Lettres inéd. — La Quercia, 7 avril 1840.

de temps après son séjour à la Quercia. Elle peut se lire après les plus belles élévations de Bossuet sur les mystères. C'est une élévation sur le mystère de la douleur. Je ne sais si la pensée et le style peuvent monter plus haut. Le prince à qui ces consolations étaient adressées et qui était digne de les entendre, venait de perdre coup sur coup sa femme et deux jeunes enfants. Nous aimerions à pouvoir dire son nom ; mais, si nous devons respecter le sentiment de discrète réserve derrière lequel s'est voilée cette noble infortune, qu'il nous soit au moins permis de la remercier de la publication d'une pareille lettre :

« Mon prince,

« J'ai appris hier les nouvelles pertes qui viennent de vous frapper coup sur coup, et je ne puis m'empêcher d'approcher mon cœur du vôtre dans de si cruelles circonstances. Je n'ai pas l'espérance de vous donner la moindre consolation. Si la foi ne m'enseignait que Dieu est tout-puissant, à peine oserais-je dire qu'il peut vous consoler. Mais peut-être me sera-t-il permis de vous dire quelque chose d'utile. Dans les malheurs semblables à ceux qui vous ont atteint, les hommes sont inquiets des causes en même temps qu'ils sont accablés sous le poids des effets. Je me suis demandé en présence de Dieu pourquoi vous aviez été précipité si vite dans un abîme de douleurs ; j'ai cherché l'origine de vos maux avec la préoccupation d'un ami et la conscience d'un religieux. Laissez-moi, prince, vous dire ma pensée.

« Les saintes Écritures nous présentent en divers endroits l'exemple de subites et épouvantables catastrophes. Nous ne voyons jamais qu'elles aient eu d'autres causes que celles-ci : de grands crimes à punir ou de grandes vertus à récompenser. Ni vous, ni votre famille, ni vos ancêtres ne permettent de s'arrêter à la première supposition ; mais qu'il nous est aisé de tout expliquer par la seconde ! Vous aviez uni votre sort à une personne trop accomplie pour ne pas s'unir à Dieu prématurément. Il fallait qu'elle mourût dans la fleur de l'âge et de la grâce, parce qu'il n'y avait plus que cette mort qui pût ajouter à sa couronne. L'homme lui-même laisse-t-il à une fleur parfaite le temps de s'ouvrir? Hélas! nous oublions toujours que ce que nous aimons est aimé par un autre que par nous, et que Dieu s'est appelé dans ses Écritures le *Dieu jaloux!* Nous oublions dans nos amours celui qui aime plus que toutes les créatures ensemble, et qui, afin de leur ôter tout droit de se plaindre jamais de lui, a voulu mourir pour elles, tout éternel qu'il fût de sa nature. Levez, prince, levez vos yeux vers ces régions de l'amour sans bornes; c'est là que vous connaîtrez le secret de vos larmes; vous y verrez dans les embrassements de Dieu l'âme qui s'était partagée entre lui et vous dans une mesure si juste, que les attraits même du ciel ne vous l'auraient point ravie, si un ordre tout-puissant ne lui fût venu. Vous y verrez les raisons de cet ordre qui vous semble cruel, et comment la beauté sans tache d'une âme chrétienne fait violence à celui qui fut son premier époux dans le baptême. Malheureux que nous sommes, nous ne croyons pas à ces divins mystères! Ils ne tiennent que la seconde place dans notre intelligence aveuglée par les ombres de ce monde; et lorsque le véritable époux entre dans la chambre nuptiale, nous ne le reconnaissons même pas. Nous appelons la vie et la naissance du nom de mort; nous faisons un tombeau de l'entrée du ciel, et nous y pleurons comme des hommes qui sont sans espérance.

« Mais s'il est vrai que c'est nous et non Dieu qui se trompe, jugez, prince, de ce qui se passe dans le cœur d'une épouse et d'une mère lorsqu'elle lit l'Évangile en Dieu même, et qu'elle y voit aussi le monde avec tout ce qu'elle y a laissé. Ah! si nous pouvions comprendre la sublimité de cette transformation, nous entendrions mieux ce que nous appelons le malheur! Qu'est-ce que le monde vu de l'infini? Qu'est-ce que le monde vu de la paix éternelle? Qu'est-ce que le monde vu du haut de la chasteté et de la charité? Qu'est-ce que le monde vu du chœur des saints et des anges? Qu'est-ce que le monde vu des entrailles du Père, du Fils, et du Saint-Esprit? Là, en bas, au plus loin, dans des ténèbres et des misères inexplorables, sous l'empire du démon qui n'est qu'à demi brisé, une âme couronnée, mais encore toute tremblante des périls auxquels la mort vient de l'arracher, regarde sa maison, son époux, ses enfants. Les jugera-t-elle avec la gloire qui la remplit, ou avec les fausses lueurs du monde? Pèsera-t-elle leur bonheur dans la balance des hommes ou dans celle de Dieu? Un père priait un saint d'obtenir à son fils une longue vie. L'enfant mourut, et comme le père était tombé dans le doute et le découragement, le saint lui apparut et lui dit : *Pouvais-je obtenir à ton fils une plus longue vie que la vie éternelle?*

« O Prince! votre épouse bien-aimée a partagé entre vous deux les fruits de votre amour. Elle en a demandé deux pour elle et deux pour vous. La moitié de votre maison est allée au ciel; l'autre est restée sur cette terre pleine d'épines pour y acquérir des mérites plus laborieux. Nous vivrons dans des temps sévères, nous aurons souvent occasion de penser qu'il est plus aisé de mourir que de vivre. En tournant la vue vers l'horizon douloureux qui va chaque jour s'éloigner de vous, vous connaîtrez peut-être qu'il y eut plus de peines épargnées que de joies ravies aux objets de votre affection, et vous bénirez la main incompréhensible qui bénit toujours quand elle s'étend sur ses serviteurs et ses élus.

« Voilà, cher prince, les pensées qui me sont venues en méditant vos malheurs. Si impuissantes qu'elles soient pour vous consoler, elles vous porteront du moins quelque témoignage d'un attachement qui vous est déjà bien connu, mais qui se fût fait trop de violence en se taisant pendant que vous êtes si à plaindre. »

Si l'homme se peint dans son style, qui n'admirera dans de pareils accents, bien au-dessus du génie de l'écrivain, l'âme du prêtre et du religieux! Voilà l'homme! l'homme du dedans, si peu connu; voilà le religieux et les sublimes régions où son âme plus libre apprenait à respirer et à vivre. Cette seule page nous console de tous les détails que nous aurions pu souhaiter sur cette première année de vie monastique.

CHAPITRE XI

Premiers Dominicains français : Réquédat, Piel, Hernsheim,
Besson, le R^{me} P. Jandel.

Le Père Lacordaire prononça ses vœux solennels au couvent de la Quercia, le 12 avril, dimanche des Rameaux 1840, et le jour de Pâques il prêchait à Saint-Louis-des-Français à Rome. Son discours débutait ainsi : *Nous avons vaincu ! nous avons vaincu !* Ce qu'il disait du Christ, chef de l'Église, il pouvait le dire de son œuvre à lui aussi. Elle était désormais assise et vivante. Cette œuvre va se développer, la vie du Père Lacordaire va s'élargir. Dieu lui donne dès le début des coopérateurs et des enfants. Quelle fut cette première génération ? Nous permettra-t-on de nous arrêter un instant à la faire connaître ? N'est-ce pas retrouver encore l'ouvrier dans l'œuvre, le maître dans les disciples, l'arbre dans ses fruits ? Outre le charme qui s'attache à l'histoire des origines, en dehors de ce parfum de piété, de sainte poésie, de sublime dévouement, de ces premières fleurs choisies par la main de Dieu, et qu'on ne respire que là, il n'est pas sans intérêt de savoir comment cette œuvre se forma, quels hommes furent appelés les premiers, quels motifs les amenèrent, comment ils comprirent leur mission, l'aimèrent et s'y consacrèrent. Ils furent peu nombreux ; mais quelle élite dans l'intelligence, le caractère et les saints dévouements ! Le Père Lacordaire en exprimait avec ravissement sa joie et sa reconnaissance pour Dieu. Nous serons à l'aise pour en parler ; des cinq premiers qui vinrent à lui, tous, excepté un, sont morts. C'étaient le Frère Réquédat, le Frère Piel, le Père Hernsheim, le Père Besson, et le révérendissime Père Jandel, qui survit à tous et gouverne l'Ordre entier.

Le premier est déjà connu. On sait l'affection qu'avait pour Réquédat le Père Lacordaire ; mais on ne sait pas à quel degré il en était digne. Le Père Lacordaire a dit de lui-même : « Avant d'aimer Dieu, j'avais aimé la gloire et rien autre chose ; » on pourrait dire de Réquédat : « Avant d'aimer Dieu, il avait aimé la France et rien autre chose. » Il avait pour sa patrie une passion, un culte. Il voulait la France grande, libre, heureuse, la première en tout. Dans cette passion s'absorbaient ses autres facultés : sa personnalité s'effaçait devant cet amour exclusif qui le rendait fou et ne lui permit de s'arrêter à aucun autre. Il ne connut pour lui-même ni l'ambition, ni la gloire, ni les séductions des sens. Cette fièvre de patriotisme peut paraître aujourd'hui bizarre et quelque peu extravagante ; c'est une maladie, en effet, dont est guérie généralement la jeunesse contemporaine, mais qui était sérieuse alors, et dont on ne riait pas; ce ne fut, si l'on veut, qu'une effervescence de cœurs jeunes et généreux, mais salutaire à plusieurs, inoffensive à tous et plus saine, en définitive, que l'engourdissement actuel. D'un esprit cultivé, entouré dans sa famille de tous les moyens de succès, Réquédat ne sut s'arrêter à aucune carrière. Il ne trouvait rien qui répondît à l'idéal de sa religion politique. En attendant, il étudiait les questions sociales, surtout au point de vue de l'amélioration des classes souffrantes, et appliquait ses théories à sa manière en épuisant sa bourse au profit des pauvres. De tout l'argent que son père lui donnait pour faire honneur à sa position et satisfaire largement ses goûts, il ne se réservait que le strict nécessaire, vivant en Spartiate et s'achetant des vêtements au Vieux-Temple : tout le reste allait aux pauvres. Au fond, tout le secret de cette étrange nature est là : c'était une âme passionnée de dévouement comme d'autres le sont d'égoïsme. Aimer était sa vie : mais aimer pour donner plus que pour recevoir; se donner soi-même toujours et au plus grand nombre possible, c'était son rêve, son mal, son martyre. Sa passion pour son pays n'eut pas d'autre mobile. Il voulait à tout prix en bannir toutes les causes de troubles et de malheurs, en faire une grande famille de frères. C'était une illusion, mais l'illusion d'un cœur généreux, et qui lui mérita deux grâces : celle de connaître bientôt une plus noble passion, la passion des âmes à sauver, et la grâce plus rare encore de se conserver pur au centre même des plus contagieux entraînements. Voué à la brûlante poursuite du bien, tyrannisé par ce noble amour, il n'eut pas le temps de voir le mal, et ce jeune homme de vingt ans, riche, beau, maître de lui et de sa liberté, pourra s'agenouiller aux pieds d'un prêtre et lui ouvrir son âme sans avoir à lui découvrir une seule de ces flétrissures précoces, tribut cruel prélevé par les sens révoltés sur les prémices de la vie.

Né à Nantes, en 1819, d'une famille enrichie par le commerce, Hippolyte Réquédat, à dix-huit ans, faisait déjà partie d'une réunion de jeunes gens sérieux et enthousiastes qui discutaient deux fois par semaine les plus hauts problèmes de philosophie et de religion. Saint Thomas d'Aquin était leur oracle, quelquefois attaqué, mais toujours triomphant. — *Comment saint Thomas comprenait-il le progrès?* — *Quelles étaient les idées et les principes de saint Thomas sur le droit naturel,* — *sur l'esclavage,* — *sur la propriété,* — *sur la souveraineté?* Telles étaient les thèses à l'ordre du jour dans le jeune cercle. Réquédat n'avait pas la part la moins active à ces travaux écrits, à ces controverses animées, dont le juge et le docteur était un savant italien, catholique ardent, possédant sa *Somme* comme elle ne l'est plus qu'au delà des monts, et impitoyable aux imprudents contradicteurs du grand maître dominicain. C'est dans ces réunions que Réquédat connut Piel, qui devait le premier le suivre sous l'habit de frère prêcheur, et le premier aussi le rejoindre au ciel.

Piel était né à Lisieux, en 1808. Après avoir essayé de plusieurs carrières, sans y prendre goût, tout à coup, à vingt-quatre ans, il déclare à son père sa ferme volonté d'être architecte. Aux objections de ce dernier il répond : « Je serai architecte, ou je ne serai rien. » C'était une vraie vocation. D'une âme énergique, et ayant reçu, je ne sais d'où, la flamme sacrée de l'artiste, il se mit au travail avec ardeur, et, en dépit de son âge et de ses préférences pour les formes gothiques, alors fort peu en honneur, il arriva vite à se faire un nom parmi ses émules.

Appelé à Nantes par un curé de cette ville pour y construire une église gothique, il fit prévaloir son projet contre celui de son concurrent, malgré les résistances locales, les préjugés administratifs, et le parti pris des juges. Il y vécut un an, voyant beaucoup son nouvel ami, travaillant avec lui, et se préparant de son côté, par une étude sérieuse de l'art chrétien, à la haute mission qu'il se croyait appelé à remplir. « Voici à peu près la vie que je mène, écrivait-il à cette époque : outre mon projet et mon devis, j'ai fait plusieurs articles pour l'Encyclopédie. J'en ai préparé un sur Vitruve, que j'enverrai bientôt à mon cher *Européen* (1).

(1) Journal de l'école de M. Buchez.

Je dispose un autre travail sur les nombres impairs de l'Ancien Testament, qui me servira plus tard pour une symbolique des nombres de toutes les anciennes traditions, et qui conduira à dévoiler un des mystères encore cachés de la synthèse des cathédrales gothiques. Pour ne point perdre l'habitude d'écrire, je jette sur le papier les bonnes pensées qui me viennent. Je traduis quelquefois, comme exercice, du latin en français, de l'italien en latin. Ce sont des discussions d'Origène traduites du grec par Rufin, qui nous a laissé aussi quelques vies des Pères du désert. Quant à l'italien, ce sont des strophes du *Purgatoire* ou du *Paradis* de Dante. Voilà à peu près comme mon temps est employé (1). »

Dans ce mouvement d'idées chrétiennes et ces travaux sérieux et élevés, les deux amis approchaient de la pleine lumière, mais n'y étaient pas encore arrivés. Ils se disaient catholiques et s'en faisaient honneur au dehors; mais entre eux et devant leur conscience, ils ne se dissimulaient pas qu'il restait un dernier pas à faire. Réquédat, fatigué des théories, cherchait l'action; Piel, moins vertueux, songeait simplement à se convertir. « Combien il est difficile, disait Réquédat, de choisir une spécialité aujourd'hui que l'avenir paraît si obscur! Et cependant, sans but spécial, on ne fait rien qui vaille. Je m'en aperçois tous les jours lorsque je n'ai jamais d'autre réponse à faire chaque soir à cette

(1) *Notice sur Piel*, par Am. Teyssier. — Paris, Debécourt, 1843.

question : *Qu'as-tu fait aujourd'hui?* — que celle-ci : *Rien ou presque rien.* » Quant à Piel, voici les sentiments que lui inspirait l'exemple de son ami, et de quelle trempe étaient cette âme et ce caractère. Il écrivait de Nantes à son père après des revers de fortune : « Nous ne serons jamais riches, tant mieux ; nous aurons des devoirs moins lourds à remplir, puisqu'il sera demandé plus à qui aura reçu davantage. Mais nous avons en nous un trésor inépuisable aux plus prodigues, j'entends la charité, non-seulement qui nourrit et vêtit, mais aussi la charité qui enseigne, qui redresse et qui console ; cette charité chrétienne qui agrandit et ennoblit l'âme, qui rend précieux les actes de la simplicité, qui empêche les facultés de l'esprit d'être stériles ou de conduire à l'aberration et à la folie. Je souhaite que nous soyons toujours riches de ce trésor-là, le reste nous sera donné par surcroît. Je prie Dieu qu'il vous donne la santé à tous, et qu'il vous bénisse comme vous l'aimez ; qu'il vous accorde la douceur de la patience et la fermeté de la volonté. Si les larmes du repentir, après les joies de l'innocence, ont encore du prix devant lui, s'il veut bien entendre un homme qui ne fut jamais méchant quand il fut le plus coupable, il m'exaucera ; car ma prière vient d'un cœur contrit et humilié (1). » Ce jour d'une complète réconciliation avec Dieu allait bientôt arriver.

---

(1) *Notice sur Piel,* pag. 37.

En 1838, les deux amis sont à Paris. Ils ne se quittent plus. Ils ont les mêmes pensées, le même but, les mêmes aspirations. Piel, d'une intelligence plus puissante et né pour le commandement, subissait pourtant sans s'en défendre la douce influence du cœur plus généreux et plus tendre de Réquédat. Piel s'était logé en face de l'église Notre-Dame pour avoir constamment devant les yeux ce chef-d'œuvre de temps réputés barbares : il le savait par cœur et s'était constitué son défenseur officieux, dénonçant sans relâche à l'autorité les scènes de dégradation dont il était journellement témoin. Il aurait pu s'arrêter longtemps encore à admirer la structure extérieure de l'édifice, sans songer à prendre rang à l'intérieur au milieu des fidèles, si son ami ne lui eût donné l'exemple. Réquédat fut le premier à reconnaître que le meilleur moyen de faire de bons prosélytes était de se soumettre en tout à l'Église; que ce n'était pas assez d'acheter les saints Évangiles par centaines, et de les distribuer à tout venant, de rappeler aux simples notions du catéchisme ceux de ses amis qui se perdaient dans de vagues théories d'un spiritualisme platonique; qu'il fallait faire ce que ce catéchisme enseigne. Un jour donc il entre à Saint-Étienne-du-Mont, et, voyant des femmes autour d'un confessionnal, il s'agenouille et attend son tour. Lorsqu'il fut venu, le prêtre, entendant ce jeune homme qui ne s'était pas confessé depuis sa première communion, s'accuser d'avoir voulu beaucoup de mal à tous les ennemis de la France, et répondre négativement à toutes ses autres questions, ne put croire à sa sincérité et refusa de l'absoudre. Ce ne fut qu'après plusieurs épreuves qu'il comprit l'étonnante candeur de cette âme d'élite, et quelle perle le bon Dieu lui mettait entre les mains.

Sous l'influence de la grâce divine, ce cœur, déjà si généreux, s'élargit encore. Son patriotisme s'épura. « Mon Dieu, disait-il, je vous en supplie, que la nation française réalise librement votre divine parole, et que j'aie part à cette réalisation. Rendez-moi humble, charitable, chaste, actif et patient. » Il disait à la sainte Vierge : « Obtenez-moi la grâce de distinguer ma vocation, de connaître le chemin dans lequel je pourrai faire le plus de bien possible, ramener le plus de monde à l'Église, et être le plus chaste, le plus humble, le plus charitable, le plus actif et le plus patient. » Il écrivit ces prières étant encore dans le monde et les récitait chaque jour. Il eût voulu voir tous ses amis suivre son exemple et partager sa joie. « Si c'était une affaire de logique, écrivait-il, la faiblesse de leurs arguments me ferait croire ce jour peu éloigné. Mais non : c'est l'humilité qu'il faut ; l'individu doit se soumettre devant la société à laquelle des secours divins ont été promis jusqu'à la fin des siècles, et c'est chose difficile pour quelques-uns. » Piel fut le premier à suivre son ami. Le jour où il communia, sa sœur écrivait à leur père : « Quel jour, cher père, et tous ceux qui le suivent comme ils sont bons! Si tu voyais de quel pas il marche dans la voie des parfaits! »

On était à la fin de 1838. L'abbé Lacordaire revenait de Rome, où il s'était assuré des favorables dispositions de tous pour son projet. On en parlait à Paris. Le *Mémoire* n'avait pas encore paru et laissait le champ libre aux interprétations. Mais nulle part l'idée ne fut plus chaleureusement accueillie que par les deux jeunes convertis et le cercle de leurs amis. Réquédat fut député pour rendre visite à l'abbé Lacordaire, et savoir de lui le fond de sa pensée. L'entente fut prompte, et la conclusion ne se fit pas attendre. L'abbé Lacordaire exposa ses vues. L'Église, la France, l'apostolat par la prédication, peut-être par le martyre, toutes ces paroles arrivaient comme des traits enflammés du cœur du prêtre au cœur ardent du néophyte; sa *spécialité* était trouvée, sa vie allait être remplie. Il tomba aux genoux de son nouveau maître, et le conjura de le prendre pour son premier enfant. Ce qui dut se passer en ce moment dans l'âme du nouveau patriarche, ce que furent ces embrassements, ces larmes de joie bénies et fécondes, cette rencontre entre deux âmes si bien faites pour s'entendre, il est plus facile de le deviner que de l'écrire.

Réquédat revint tout joyeux annoncer à ses amis qu'il partait avec l'abbé Lacordaire. Nul n'en fut surpris, nul n'essaya de l'arrêter. Cette vocation si soudaine n'inspirait aucun doute à ceux qui le connaissaient. Tous le félicitèrent et l'encouragèrent, se consolant de son départ par la pensée de le revoir bientôt au milieu d'eux sous l'habit de frère prêcheur. Quant à Piel, il subit une fois encore l'irrésistible attrait du charme fascinateur, et reçut là le premier éclair de sa vocation. Mais cet entraînement, où l'amitié pouvait avoir une trop large part, demandait à être mûri par le temps et la réflexion, et il fut décidé qu'il attendrait dans le monde un ordre plus formel du Ciel et de l'Italie. En partant, Réquédat lui dit : *A un an, frère Piel; je vous attends comme novice.*

Quelques jours après la séparation, Piel écrivait : « Nous sommes tout tristes encore du départ de notre meilleur ami. Si vous aviez vu avec quelle simplicité il a fait tout ce que Dieu lui demandait, vous auriez été convaincu aussitôt que nous de la vérité de sa vocation, comme nous vous auriez été touché de la candeur avec laquelle il l'a suivie. Pas une voix, parmi celles des véritables amis qu'il s'était faits ici, ne s'est élevée pour le retenir, et pas un de ceux qui l'aiment comme il mérite d'être aimé, ne l'a vu partir sans verser des larmes... Il sera excellent pour nous d'avoir un ami qui aime la France plus que tout après Dieu, et que cet ami soit placé de telle sorte que la lumière ne lui manque jamais... Ils sont partis trois pour un voyage que je prie Dieu de bénir. Je ne les ai quittés qu'au dernier moment. Nous nous sommes embrassés encore une fois; après, nous nous sommes séparés. Qu'ils nous reviennent bientôt ! »

L'âme généreuse de Piel fut profondément remuée par la résolution de son ami. Sans rien changer à sa vie d'architecte, toutes ses pensées, tous ses regards se tournaient vers l'Italie. Il parlait souvent à ses amis de son intention de suivre Réquédat. Pour s'y préparer, il se mit à assister à la messe tous les jours, à se confesser chaque semaine, et à travailler, par de courageux efforts, à corriger l'âpreté naturelle de son caractère.

Les deux religieux français de la Quercia ne le laissaient pas oisif. Le Père Lacordaire, entouré à Rome de jeunes artistes français et catholiques, avait eu la pensée de commencer par eux son apostolat dominicain, et de les fortifier dans leurs convictions religieuses et artistiques par l'association. Une première confrérie fut érigée sous le nom de Saint-Jean-l'Évangéliste, et le Père Lacordaire, de sa cellule de novice, en rédigea le règlement. L'article premier portait : « Le but de la confrérie de Saint-Jean-l'Évangéliste est la sanctification de l'art et des artistes par la foi catholique, et la propagation de la foi catholique par l'art et les artistes. » Piel fut chargé de réaliser la même pensée à Paris, et il fut nommé premier prieur de Saint-Jean-l'Évangéliste. Réquédat, dévoré sous son froc de la fièvre du bien à faire, stimulait son zèle dans des lettres nombreuses. Rien ne peint mieux que cette correspondance cette âme enthousiaste touchée, dans une égale mesure, de la flamme de la contemplation et de l'action. Elle donne aussi de nouveaux et intéressants détails sur les origines dominicaines. A ce double titre, nous allons en citer quelques extraits. On comprendra mieux après quelles espérances le Père Lacordaire avait fondées sur ce jeune homme de vingt ans, et quels inexprimables regrets sa mort prématurée lui a laissés.

Il écrit de Rome à son bien-aimé frère Piel deux jours avant sa prise d'habit :

« Rome, 7 avril 1839, couvent de la Minerve.

« C'est dans deux jours que pour la première fois nous porterons la robe blanche de l'innocence et le manteau noir de la pénitence. Si mes prières sont écoutées, ce grand jour luira aussi pour vous, mon frère bien-aimé, et nous pourrons alors sous la loi, sous l'habit de Saint-Dominique, continuer une fraternité qui m'a laissé les plus doux souvenirs après m'avoir coûté bien des larmes. Le frère prêcheur garde son nom de famille, et prend un nouveau patron dans les saints de l'Ordre. Nous eûmes à choisir entre les quatre plus grands saints : saint Dominique, saint Pierre de Vérone, saint Thomas et saint Vincent Ferrier. Le Père Lacordaire prit le nom de Dominique, le Père Boutaud celui de Vincent, et moi je me jetai sous la protection de saint Pierre. Lorsque je choisis ce nom, je ne connaissais que la fin de l'histoire de ce grand saint, dont aujourd'hui je possède quelques autres parties (1); mais une force intérieure dont je ne me rendais pas bien compte, me poussait à ce choix. Lorsque vous lirez cette vie, que vous penserez au chef des apôtres, et à beaucoup d'autres choses que vous saisirez parfaitement sans que je vous les indique, vous comprendrez facilement pourquoi j'ai pris ce nom plutôt qu'un autre. Les souvenirs religieux dont Rome abonde nous ont beaucoup servi à nous préparer à la prise d'habit. Ce n'est pas que le luxe et la grandeur de ses églises m'éblouissent; non, cela m'a seulement prouvé que Rome possédait de beau marbre et donnait beaucoup d'or à ses églises, mais je n'en ai pas vu encore une seule qui puisse me faire oublier Notre-Dame de Paris. Mais il y a tant de souvenirs précieux, tant de saintes reliques, que l'honneur qu'on leur rend donne de la confiance. Celui qui prie avec sincérité aime à se reposer des difficultés de ce monde sur les grandes intercessions célestes. Et quelles richesses ne possède-t-elle pas, cette sainte ville? Elle s'appuie sur saint Pierre et sur saint Paul. Une seule de ses nombreuses catacombes rappelle la mort de soixante mille martyrs; mais je m'arrête, car le temps me presse.

(1) « Saint Pierre de Vérone, tombé sous le fer des assassins après une longue carrière apostolique, écrivait sur le sable avec le sang de ses blessures les premières paroles du Symbole des Apôtres : *Je crois en Dieu.* » — Le P. Lacordaire, *Mémoire pour le rétablissement en France des Frères Prêcheurs*, chap. III.

« Ici nous avons été très-bien reçus par tout le monde, et notre projet a été l'objet de bien des sympathies, quelquefois même enthousiastes. Ce n'est pas que nous n'ayons contre nous quelques difficultés. La France effraie tout le monde ici ; notre projet paraît fabuleux lorsqu'on pense à la révolution qui la menace : on ne conçoit pas comment, dans un temps d'orage, on pense à jeter de pareils fondements. Tout le monde a les yeux sur la France, c'est la seule nation qui occupe ; et elle a laissé ici de si fâcheux souvenirs, qu'au moindre mouvement de sa part on s'attend encore à revoir ses soldats aussi irréligieux que braves. A notre égard aussi on se crée souvent bien des difficultés, en considérant le gouvernement français comme absolu. Et il faut ajouter à tout cela quelques inimitiés tant italiennes que françaises, qui ne doivent pas moins exister, pour se tenir dans l'ombre. Mais que sont ces difficultés lorsque nous les comparons à tous les secours que doivent nous apporter et la bénédiction toute particulière que le Saint-Père nous a donnée dans une audience obtenue jeudi dernier, et les prières de tous nos amis italiens et français, religieux et séculiers ; lorsque nous les comparons à notre sincérité, et enfin aux demandes que nous ne cessons d'adresser à Dieu pour qu'il accorde à nos ennemis toutes les grâces spirituelles et temporelles utiles à leur salut. Priez aussi pour eux, chers amis ; car ils sont plus à plaindre que nous. Enfin, mardi, nous prenons l'habit, et, avec la grâce de Dieu, dans une année nous reverrons la France.

« Les Dominicains voient pour eux poindre un bel avenir. Ils sont déjà en Russie, à Saint-Pétersbourg, où ils ont une paroisse de plus de trente mille âmes; en Turquie, à Constantinople, en Irlande, en Angleterre, en Belgique, en Pologne. Ils viennent de se rétablir en Hollande. La répugnance de l'empereur d'Autriche est vaincue à leur égard; ils vont être bientôt rétablis à Milan, et demain un couvent de Dominicains s'ouvrira à Venise, pendant que trois Français prendront, au nom de leur patrie, l'habit de frères prêcheurs.

« Je vous ai déjà dit que le Saint-Père nous a accordé une audience particulière; il nous a reçus très-affectueusement, surtout le Père Lacordaire, qui l'a déjà vu cinq ou six fois. Le matin, le Père général est allé lui parler de notre prise d'habit, et le Pape lui a répondu : « C'est un brave et noble projet, qu'ils marchent en avant. » Les cardinaux ont aussi parfaitement accueilli le Père Lacordaire; un d'eux doit offrir le saint sacrifice pour notre projet. Ce qui vous étonnera peut-être plus, c'est l'amitié que nous portent les Ordres religieux. Les Bénédictins nous disent que l'Ordre des Frères Prêcheurs est celui qu'ils ont toujours le mieux aimé après le leur. Les Franciscains nous rappellent avec amour l'entrevue de saint François et de saint Dominique. Nous sommes allés voir le Père général des Jésuites; il nous a très-bien reçus, et s'est plu à nous raconter l'union future des Dominicains et des Jésuites prédite par une sainte Macrine d'Espagne. Prions donc, et que la sainte volonté de Dieu soit faite.

« Le Père Lacordaire a dit une bien grande vérité lorsqu'il a accordé aux Dominicains une grande partie du caractère français. Si vous voyiez tous les bons Pères de la Minerve, vous croiriez voir autant de Français. Tous sont plus ou moins enthousiastes de notre projet, et il y en a plusieurs qui déjà, si cela était possible, solliciteraient la faveur de venir consacrer leur vie au rétablissement de l'Ordre en France. Il y a entre eux la plus grande franchise, et les frères convers y sont traités avec la plus grande amitié et la plus grande égalité. Tout cela est français; glorifions-nous-en, car tout cela est catholique, et notre devoir est de le rendre universel. Et n'allez pas croire que ce soit un sentiment irréfléchi de nationalité qui me rende glorieux d'être Français. Oh! non, c'est comme catholique que je regarde ma patrie comme la première, comme la plus grande nation. C'est parce que je crois que Dieu accorde plutôt ses grâces aux prières ferventes qu'aux nombreuses prières, aux élans du cœur qu'aux oraisons d'habitude, que je regarde les Français comme les premiers catholiques. En Piémont, en Lombardie, en Italie enfin, les églises sont beaucoup plus fréquentées, les prières beaucoup plus longues, les exercices religieux beaucoup plus nombreux qu'en France; mais il y a dans cette religion d'habitude un tel caractère de ressemblance avec l'état religieux de la France avant 1789, qu'on se demande si la Providence a réservé à ces pays des révolutions semblables à celles qui bouleversèrent le nôtre. Ce n'est pas qu'il faille être exclusif dans ces appréciations ; il y a sans doute dans tous les pays de bien bons, de bien saints catholiques, et en grand nombre ; ce n'est pas même qu'il faille ajouter foi à ces scandales du clergé romain que toutes les bouches racontent, que toutes les oreilles entendent, sans que jamais œil humain les ait vus. Tout ce que je veux dire, c'est qu'en France on ne se croit pas bon catholique à moins de suivre l'Évangile, et comme membre de l'Église, et comme membre de la nation, et comme membre de la famille ; tandis qu'ailleurs on se croit trop souvent bon catholique en allant souvent à l'église, mais en ne pensant pas le moins du monde à conformer à ses enseignements les relations extérieures.

« Les artistes français qui sont venus à Rome depuis nombre d'années, ont rendu un bien mauvais service à leur patrie en perpétuant dans l'esprit de beaucoup d'Italiens, surtout des ecclésiastiques, la mauvaise réputation d'athéisme que la France a gagnée à la révolution. Cette triste observation engagea le Père Lacordaire à proposer à Besson, à C... et à M. Cartier de fonder à Rome une société dont le but serait, pour les membres, de se sanctifier et de s'instruire, et pour la France, de prouver qu'elle a des enfants qui connaissent le Symbole des Apôtres. Vous connaissez Besson, sa bonté et son dévouement. C... est un peintre ami du Père Lacordaire, et de tous ceux qui le connaissent. Il vit avec Besson : ce sont deux anges qu'abrite un même toit. M. Cartier est un jeune peintre français, ami de Besson et de C..., et bon catholique. Ils ont saisi cette proposition avec empressement, et doivent se réunir tous les dimanches pour entendre la messe, non plus seulement comme catholiques, mais aussi comme artistes français. Ils feront ensuite un petit fonds commun afin d'établir une bibliothèque et de faire en outre certaines œuvres de charité. Leur intention est d'accepter tous les artistes catholiques, surtout français, qui se présenteront. Cette sainte association aura en outre l'immense avantage de donner une famille et nombreuse et charitable à tous les pauvres jeunes gens qui viennent à Rome, et qui, dans les maladies ou les contrariétés, sont complétement abandonnés. Mais, mon frère bien-aimé, cette œuvre entreprise par des enfants de la France et pour sa réhabilitation ne sera complète que lorsqu'elle aura des représentants à Paris. Aussi je viens vous prier, je viens vous conjurer de vous mettre immédiatement en rapport avec Besson, pour fonder cette société à Paris. Il sera bien qu'un futur dominicain finisse son existence dans le monde par une pareille œuvre, indiquée par un Père qui sera bientôt le sien, et qui déjà aime à se dire son ami. Nous comptons trop sur votre activité, sur les bons amis artistes catholiques qui vous entourent, pour douter de la réussite de ce projet.

« Je vous embrasse en frère.

H. Réquédat. »

« P. S. Nous remontons du réfectoire où on a mis en délibération parmi les frères (suivant l'usage) si l'on nous accepterait. Les braves frères n'ont pas voulu suivre la coutume qui est de voter; ils ont voulu attendre notre arrivée pour faire, comme ils disent, une acceptation *à la française;* ils se sont tous mis à claquer dans leurs mains aussitôt qu'ils nous ont vus. On ne se rappelle pas à la Minerve de semblables acclamations. Puissions-nous les mériter! Je tremble pour moi. »

Cependant le nom de Piel commençait à être connu, et la gloire lui souriait. Ses articles de critique dans les Revues avaient été remarqués. Nul ne portait plus haut que lui la royauté de l'art, nul ne soutenait plus vigoureusement la thèse de l'illustre auteur du *Vandalisme.* Outre son église de Saint-Nicolas de Nantes, plusieurs travaux importants lui arrivaient de divers côtés. M. le comte de Montalembert l'encourageait et lui demandait un projet d'église pour la Franche-Comté. M. Vitet, à qui M. Guizot l'avait vivement recommandé en partant pour son ambassade de Londres, lui faisait espérer pour l'année suivante une inspection des monuments historiques. Fallait-il abandonner cette carrière si glorieuse et si chrétienne ? Fallait-il briser tous ses engagements, interrompre les travaux commencés, abandonner son vieux père qui allait revivre à ces premiers rayons d'un peu de gloire, pour s'enfermer dans une cellule, et partager les destinées d'une œuvre incertaine et encore dans les langes ? Tels étaient les motifs que les amis de Piel mettaient en avant pour le retenir. Le frère Pierre l'apprenant lui écrit : « Quant aux objections qu'on a apportées à votre future vocation de dominicain, elles me paraissent aussi faibles qu'elles devaient l'être. Vous avez reçu de Dieu des talents : eh bien ! pouvez-vous jamais mieux faire que de les consacrer à leur auteur. Et je ne sache pas que le compas ne puisse convenablement orner la ceinture du frère prêcheur, lorsqu'il s'allie au chapelet. Mais laissons dire les hommes, et suivons la route que nous trace le Seigneur. Toujours est-il qu'il me paraît peu probable que Dieu veuille séparer dans l'avenir deux frères jumeaux dans la foi. Non, Dieu ne séparera pas deux amis dont la seule crainte, en entrant ensemble dans un couvent, était de s'aimer trop.

« Pour moi, je profite de l'ombre du couvent pour faire cette route immense qu'il reste à parcourir à tous ceux qui, sortis de l'Église, y rentrent par un chemin détourné : c'est-à-dire revenir à la foi comme un petit enfant ; ne plus prendre le principe pour les conséquences, ni les conséquences pour le principe ; ne plus affirmer la doctrine religieuse pour sa conformité avec la doctrine sociale, mais déduire la doctrine sociale de la doctrine religieuse ; ne plus aimer Jésus-Christ parce que j'aimais les pauvres, mais aimer les pauvres parce que j'aime Jésus-Christ. Travail immense et impossible sans le secours de la grâce. Oh ! mon ami, combien il est plus facile de démontrer la fausseté du rationalisme que de cesser complétement d'être rationaliste ! Un autre avantage de l'année d'épreuve, c'est de faire connaître si on est capable de persévérer dans la vérité au milieu des circonstances les plus périlleuses, c'est-à-dire dans la solitude, abandonné à son plus grand ennemi, c'est-à-dire à soi-même. Dans la lutte, quelques fatigues qu'on éprouve, on se trouve toujours soutenu par cette action de lutter ; l'orgueil y participe aussi ; mais dans la solitude, toutes les forces qu'on déployait naguère contre l'ennemi extérieur se tournent contre vous-même, et la lutte intérieure qui s'établit est de toutes la plus terrible, la plus dangereuse, et j'ajouterai, la plus glorieuse. Maintenant je comprends parfaitement la nécessité de l'action extérieure aussi bien pour la société que pour l'homme ; et il me paraît certain que, quelques rares exceptions réservées, toute nation ou tout homme qui ne cherche pas extérieurement son but d'activité est destiné à succomber.

« Chaque jour je reconnais avec peine combien je suis indigne d'être appelé à la vie toute céleste que le bon religieux peut passer sur la terre. Heureux celui qui sent toujours dans la maison de Dieu son cœur enflammé d'amour ! Heureux moments que ceux où les embrassements du crucifix brûlent les lèvres et mouillent les yeux ! Mais malheureux aussi les moments où, accablés sous le manque de foi, d'espérance et de charité, les yeux restent secs et les lèvres froides en touchant un signe dont le sens échappe ! Et pourquoi ces malheureux moments sont-ils si fréquents pour moi (1) ! »

Ces lettres, dont nous ne citons à regret que quelques fragments, parurent si belles à ceux qui les recevaient, qu'ils trouvèrent à propos de leur donner la publicité d'un journal quotidien. Qu'on juge de la surprise et de la peine de l'humble frère Pierre ! Il écrit aussitôt :

« Mon bon frère Piel,

« A notre grand étonnement, nous venons de voir dans *l'Univers religieux* l'insertion de mes lettres, et je vous écris à la hâte pour vous prier, au nom de notre amitié, de terminer cette publication aussitôt. J'ai, dans le cours de ma vie, chargé trop de fois ma conscience de jugements téméraires, pour en augmenter encore le pénible fardeau en condamnant sans réserve

(1) La Quercia, 19 mai, 6 juin 1839.

la détermination que vous avez prise. Mais, permettez-moi de vous le dire, j'ai épuisé toutes les explications que je crois possibles, et je n'en ai trouvé aucune satisfaisante. C'est, en effet, une bien grave décision que de fouler sous les pieds de la publicité l'intimité de la correspondance. J'aimais à vous écrire comme je vous aurais parlé. J'aimais à me venger de l'absence qui m'empêchait de vous presser sur mon cœur, en versant sans ordre et sans mesure dans les vôtres toutes les pensées du mien, et vous avez pu trouver une assez forte raison pour ne pas respecter cette intimité ! Vous m'avez donc oublié pour ne pas songer combien me contrarierait personnellement la publicité ? Et, en outre, ce qui est plus grave, parce que cela ne m'est pas personnel, avez-vous assez pensé qu'un religieux ne s'appartenait plus, qu'avant tout il devait obéir à ses supérieurs, et Dieu veuille qu'ils n'en éprouvent aucune contrariété ! Quoi qu'il en soit, le seul mérite de cette publication, celui de faire savoir publiquement que, pour l'accomplissement de ses desseins, Dieu prend plaisir à mêler les doctes et les ignorants, l'homme de génie et le pauvre d'esprit, le Père Lacordaire et un Réquédat, ce mérite, dis-je, étant accompli, de grâce ne confiez plus une seule ligne aux journaux. Non, vous ne serez jamais assez cruels pour me retirer la consolation de vous ouvrir quelquefois mon cœur (1). »

(1) La Quercia, 6 juillet 1839.

L'année de noviciat touchait à sa fin. Revoir la France, planter sa tente au centre de Paris, recommencer sous l'habit de Saint-Dominique sa vie d'apôtre et sauver des âmes, c'était pour le frère Pierre une joie qu'il ne cherchait pas à dissimuler Il répond à ses amis, qui craignaient de voir le Père Lacordaire s'établir d'abord en Belgique, où une maison leur était offerte, qu'ils les calomnient, qu'ils oublient combien ils sont jaloux de leur titre de Français, que pour eux le proverbe : *Tout chemin mène à Rome,* signifie : *Tout chemin mène à Paris.* Il les prie de faire dire une neuvaine de messes à sainte Geneviève pour leur heureux retour en France : « Ayons, leur dit-il, sainte Geneviève pour nous, et nous entrerons dans Paris, quand même les portes nous en seraient fermées. »

Il en était là, lorsque, au mois de février 1840, le Père Lacordaire prit une décision qui dut leur être à tous deux un dur sacrifice, mais où se révèle la sage et prudente lenteur du nouveau religieux appelé à donner l'esprit de conduite à sa nombreuse famille. Voici comment le frère Pierre annonçait cette détermination à l'un de ses amis de Paris (1) :

« Je n'ai pas oublié que vous êtes le protecteur des Frères Prêcheurs, et, à ce titre, je dois vous faire la

---

(1) M. Amédée Teyssier, qui a écrit sur Piel une *Notice biographique*. Paris, Debécourt, 1843.— Au départ de Réquédat pour Rome, M. Teyssier lui avait dit en plaisantant : « Vous m'écrirez ainsi de Rome : A M. Teyssier, protecteur de l'Ordre de Saint-Dominique en France. »

communication suivante : Après y avoir bien des fois pensé devant Dieu, le Père Dominique a écrit à notre révérendissime général pour lui demander la grâce de rester trois ans à Rome après notre profession, pour nous initier à la doctrine de notre frère saint Thomas. C'est, comme vous le voyez, une grave détermination ; mais, je crois pouvoir le dire, encore plus sage et plus louable pour mon bien-aimé Père Lacordaire. Premièrement, les services, quoique divers, que doivent rendre les Frères Prêcheurs, peuvent se réduire à un seul, ainsi exprimé algébriquement : *Rome-Paris*, et que je traduirai ainsi pour vous qui ne connaissez pas l'algèbre : unir la France à Rome, le bras droit à la tête. Or, pour cela, il nous faut avoir de profondes racines au centre de la catholicité, et rien ne nous en donnera plus que le temps que nous désirons y rester, les études que nous y ferons, etc. etc. Quant à la France, comme nous voulons lui donner notre vie tout entière, elle aura, si Dieu le permet, le temps de connaître et d'aimer les enfants de saint Dominique.

« En outre, il est temps de rappeler en France les études sérieuses de la théologie. Aujourd'hui, presque partout, on étudie seulement des élèves et des commentateurs de saint Thomas : il est temps d'en revenir au grand maître, et, sous ce rapport, je ne sais pas dire si mon bien-aimé Père Dominique a donné à la France un plus bel exemple en abandonnant la route des honneurs pour suivre celle de la pauvreté, qu'en voulant aujourd'hui se faire écolier pendant trois ans.

« Je recommande bien particulièrement à mon bon frère Piel, et à vous et à tous nos amis, de demander très-souvent à Dieu que je vive et que je meure humble et fidèle frère prêcheur (1). »

Les prières et les saints conseils du frère Pierre avaient porté leurs fruits. Piel, renonçant à sa passion pour l'art chrétien et à toutes les perspectives de gloire humaine, résolut de suivre l'attrait qui le poussait vers la vie religieuse. Il hésita longtemps; mais, son parti une fois pris, il marcha d'un pas ferme au sacrifice et retrouva toute l'énergie de son caractère. Il écrit au curé de l'église qu'il devait construire à Nantes, qu'il lègue ses plans et ses droits à un architecte habile. « Je ne puis, ajoute-t-il, faire aucune ouverture sans que vous m'y autorisiez. Faites-le donc; car, je vous le répète, que les plans soient acceptés, qu'ils soient rejetés, je suis mort : ni le gain, ni la gloire, rien ne peut m'ébranler dans l'obéissance que j'ai promise. »

« Vous souvient-il, écrit-il à l'un de ses amis, de la gratitude que j'exprimais envers Notre-Seigneur pour toutes les grâces dont il n'a cessé de me combler, surtout dans ces derniers temps? Je ne vous en disais qu'une partie, parce que ma langue n'était pas libre et que mon amitié la retenait. Aujourd'hui je vous ouvre mon cœur. Je pars le 20 avril, lundi de Pâques, pour

---

(1) La Quercia, 12 février 1840.

aller rejoindre M. Lacordaire et notre cher Hippolyte. Rien n'y fera obstacle que la sainte volonté de Dieu. Je crois à la vérité de ma vocation, et je la suis. Vous n'êtes pas assez tiède pour croire que je sois disposé à m'unir aux enfants de saint Dominique, par l'espérance que j'ai de les servir en mettant à leur disposition ce que je sais de l'art que je professe. Ils m'appellent, ils savent bien pourquoi. Je n'ai que mon obéissance à leur offrir, ils l'ont acceptée; je n'ai point à m'occuper du reste. Dieu m'est témoin qu'en m'attachant plus étroitement à lui, j'accepte les conditions qu'il me fait en toute simplicité. Je voudrais avoir à lui sacrifier davantage; si je ne le puis faire, c'est qu'il ne l'a pas voulu : j'adore sa volonté sainte. J'espère que vous ne mettrez pas devant mes yeux ni mon intérêt, ni ma gloire, ni les soi-disant services que je puis rendre dans le monde à l'art chrétien, et partant à la religion de Jésus-Christ. Aujourd'hui je ne connais que l'intérêt de mon âme qui me dit de suivre une vocation que je crois véritable; qu'une gloire, celle de Dieu, que je vais chercher, avec mon salut, dans la pauvreté, dans la chasteté et dans l'obéissance. Quant à l'art et à la religion, Notre-Seigneur y pourvoira. Son serviteur n'a point la conscience d'avoir mission ni d'être maître en ces choses dans le monde qu'il quitte. Il va à Rome pour lui obéir, et s'il est dans ses desseins de l'employer dignement au rétablissement de la religion par l'art, son serviteur est disposé à lui obéir en cela comme en tout. »

Tel était le frère Piel, tel il se montre jusqu'à la fin, âme élevée, cœur héroïque, incapable de partage, et aspirant dès la première heure à la plus haute perfection. Accompagné d'Hernsheim, il quitta la France le 1er mai avec le pressentiment de ne plus la revoir. La veille, il écrivait à son père : « Je te dis adieu encore une fois avant de quitter cette terre de France où mon cœur restera autant que l'obéissance le permettra. Dieu m'a fait la grâce d'avoir toujours bien aimé la patrie; je l'en remercie en ce moment où il juge bon de m'en éloigner. J'y laisse une famille bien-aimée, des amis bien chers; j'y laisse surtout des tombeaux précieux. Je n'ai pas pu y prier comme je l'avais ardemment désiré lors de mon dernier voyage; tu acquitteras cette dette avec la famille. Quand vous verrez des étrangers dans le besoin, assistez-les au nom de Jésus-Christ, en mémoire de mon absence. »

Ce fut au couvent de Sainte-Sabine, sur le mont Aventin, que Piel put embrasser son ami. Les deux premiers dominicains français, le Père Lacordaire et le frère Réquédat, avaient prononcé leurs vœux le 12 avril aux pieds de la madone de la Quercia, et, « pour la première fois après cinquante ans, saint Dominique avait revu la France au banquet de sa famille. » Revenus à Rome aussitôt après, ils habitaient le couvent de Sainte-Sabine, où ils reçurent successivement de nouvelles recrues. Rien n'était encore décidé sur le lieu où les

Français, récemment arrivés, feraient leur noviciat ; ils attendaient là, priant, étudiant la théologie dans saint Thomas, faisant de pieux pèlerinages à quelque tombeau de martyr, et fortifiant leur foi à cette atmosphère de Rome chrétienne, connue de ceux-là seuls qui l'ont respirée. Il faut entendre Piel, l'architecte, dire ses impressions dans ce style mâle et nerveux qui le peint admirablement. Il écrit à une dame de Lisieux, qui l'avait protégé dans sa carrière d'artiste : « Je vous prie de ne lire jamais ces fastidieuses relations de voyages à la ville éternelle. Ceux qui les ont écrites n'ont pas entendu la voix qui disait à Moïse : *Dénoue tes sandales, la terre que tu foules est sainte*. C'est que, si vous avez marché sur cette poussière des saints, vous perdriez à cette lecture le parfum des souvenirs chrétiens qu'elle a dû réveiller en vous ; si vous n'avez point fait ce pèlerinage au tombeau des saints apôtres, il faut que vous choisissiez d'entre vos amis le meilleur chrétien pour le faire pour vous. Les ruines de Rome ne m'ont rien appris sur l'architecture d'un peuple qui fut grand, mais sans cœur et sans pitié au temps qu'il exerça les arts. Seulement j'ai compris, à les voir, ce qu'ajoute de pompe et de majesté à ces vieilles pierres l'histoire sanglante de nos pères dans la foi. Chacune est un autel sur lequel le plus pur sang des justes a coulé ; cela les rend bien plus chères au nouveau chrétien qui vous parle, que le ciseau du sculpteur ne les a faites précieuses à l'architecte que vous avez peut-être oublié. Je vois, de la loge du couvent, toute la ville de Rome, et principalement les quartiers historiques : c'est d'une beauté unique. »

A peine arrivé à Rome, Piel eut à subir une épreuve digne de son grand caractère et qui montre le chemin qu'avait fait la grâce en cette âme. Ses plans de l'église Saint-Nicolas étaient critiqués et tronqués, et ses amis le conjuraient de se défendre. « On me critique, répond-il, ah ! mon ami ! je suis justement puni par où j'ai tant péché. Encore aujourd'hui, que Dieu m'appelle à une vie toute de douceur et de charité, je sens bouillonner en moi l'ancien sang qui me rendait si âpre à proclamer les défauts des œuvres que j'examinais, et si lent à en relever les qualités. Ma chair n'est point vaincue, et je remercie Dieu de m'avoir fait sentir la cruauté que j'ai exercée envers les autres. Que ma main sèche, ô mon Dieu, si je dois avoir jamais l'intention de toucher une plume pour écrire une seule ligne de critique. Votre lettre a été comme un trait rapide qui m'a percé ; mais Dieu, par sa grâce, m'en a bientôt consolé. Si vraiment je compatissais aux douleurs de mon Dieu qui a été bien plus méprisé, malgré sa majesté, que je ne le serai jamais dans ma bassesse, m'inquièterais-je de ce que Pierre dit de moi et de ce que Paul en pense ? Pierre, Paul, moi, nous serons tous jugés un jour. Il ne sera nullement question d'architecture à cette heure. La loi de la chair est trop vivante en moi pour que je supporte dignement ces humiliations, qui seraient pourtant ma richesse devant Dieu si je le remerciais autrement que des lèvres (1). »

Dans le petit groupe des religieux ou postulants de Sainte-Sabine, Piel, par l'énergie de son caractère et le tranché de ses aspirations ascétiques, exerçait une sorte de prestige dont le Père Lacordaire lui-même ne savait pas toujours se défendre. Cet homme était vraiment taillé pour faire un grand orateur et un saint. Un de ceux qui l'ont le mieux connu disait de lui : « Sa parole rappelait le style de Pascal. »

L'union la plus étroite régnait entre les nouveaux frères; mais les sacrifices, base nécessaire de ce qui doit durer, allaient commencer. « Voici bientôt trois semaines, écrivait le Père Lacordaire, que notre petite colonie française est installée à Sainte-Sabine. Nous avons déjà eu le temps de nous connaître les uns les autres, et je suis fort content de cette expérience. Tous ensemble nous n'avons vraiment qu'un cœur; nous sommes trop heureux. Mais il faut toujours que la main de Dieu frappe par quelque côté! Le surlendemain de notre installation, le frère Pierre a eu une attaque de sang à la poitrine très-violente. Le médecin a d'abord été très-effrayé. Il a jugé ensuite plus favorablement du mal. Il a agi en conséquence, et, grâce à ses soins, après ceux de Dieu, notre cher malade est en pleine convalescence (2). » C'était malheu-

(1) *Notice biographique sur Piel*, p. 85.
(2) Sainte-Sabine, 3 mai 1840.

reusement une illusion de l'amitié. Le Père Lacordaire le reconnut lui-même trois mois après dans une lettre où il est amené à parler des dispositions testamentaires de son ami. « Vous n'avez sans doute pas cru que j'eusse acquis la terre de Saint-Vincent, ni que j'eusse des millions dans mes coffres. Jamais je n'ai entendu parler de cette terre de Saint-Vincent, et je n'ai pas le premier sou pour l'acheter. Si la Providence me mettait des millions dans les mains, je regarderais mon œuvre comme maudite. Tout ce qu'elle a fait, sachant que nous devions passer plusieurs années hors de notre pays, sans moyen par conséquent d'intéresser la charité pour nous, c'a été de pourvoir à nos besoins pendant ce temps d'exil. J'ai même été l'auteur que Réquédat ait donné la moitié de son patrimoine à sa famille, tant pour l'avenir que pour le présent. Mais, hélas! l'avenir existera-t-il pour lui ? Sa santé ne se rétablit point, et je suis bien souvent dans de vives inquiétudes. Il a instruit sa famille de son état par mon conseil. C'est là notre plaie. Sans ce malheur, nous eussions été trop heureux (1). »

Le frère Pierre était atteint d'une phthisie pulmonaire. Pendant cette longue maladie, le Père Lacordaire le soigna comme son enfant. A la fin du mois d'août, les derniers symptômes parurent. Le 28, fête de saint Augustin, il reprit espoir et redevint tel qu'il avait été, gai, vif, confiant. « Je n'ai jamais rien vu de plus

---

(1) Lettres inéd. — Sainte Sabine, 31 juillet 1840.

douloureux que cette joie, » disait le Père Lacordaire. Le lendemain, le malade comprit qu'il s'était trompé, et se prépara à la mort avec la plus simple et la plus tranquille résignation. « Le Père Lacordaire, disait-il à Piel, assure que le bon Dieu me traite avec une grande bonté : s'il me veut maintenant, qu'il me prenne ; s'il veut que je reste, je le prie de m'accorder de le bien servir sous l'habit de notre Père saint Dominique. » Le 30 août, au soir, il pria le Père Lacordaire de lui faire *une petite leçon* sur le sacrement d'extrême-onction qu'il devait recevoir le lendemain. Ainsi préparé, et toute la communauté s'étant réunie autour de sa couche, il demanda très-humblement pardon à ses frères des scandales et des peines qu'il leur avait causés, et s'endormit dans le Seigneur le 2 septembre, au matin.

Ce fut une dure blessure au cœur de ceux qui l'aimaient, particulièrement du Père Lacordaire. « C'est le premier ami que je perds, écrivait-il, et le plus nécessaire. Aucun ne s'était donné à moi avec plus de dévouement, aucun ne me promettait plus de joies, aucun ne joignait plus de qualités naturelles à plus de vertus chrétiennes ; et il m'est enlevé ! Ah ! Dieu est impénétrable ! Rien encore ne m'avait frappé aussi avant que cette mort prématurée, et la certitude que j'ai de la présence invisible de mon ami ne peut combler le vide qu'il m'a laissé en partant (1). » Piel ne res-

(1) Lettres inéd. — Sainte-Sabine, 19 octobre 1840.

sentit pas moins vivement la douleur de cette séparation. Au moment de déposer dans le cercueil le corps de son bien-aimé frère Pierre, il ne se contint plus ; il se jetta sur son ami, le couvrant de baisers et de larmes ; puis, serrant convulsivement la main d'un de ses frères, il poussa un grand cri devant le couvent étonné. « Oh ! Dieu est un Dieu jaloux ! écrivait-il sous le coup de cette déchirante émotion. Nous lui payons aujourd'hui la dîme et les prémices !... Un meilleur Français pouvait-il mourir pour le rétablissement des Frères Prêcheurs en France? Qui a plus aimé la patrie? Qui se serait plus volontiers sacrifié pour elle? Il l'a fait : c'est une bénédiction pour nos travaux. »

Un an après, le Père Lacordaire fit exhumer les restes du frère Pierre Réquédat du caveau où ils avaient été déposés, et les fit placer sous un sarcophage en briques à l'extrémité de la nef gauche de l'église de Sainte-Sabine. Il composa lui-même l'inscription qui se lit sur la table de marbre, et qui atteste *les regrets précoces et immortels qu'il a laissés* (1).

(1)   Hic Dominum expectat
Fr. Petrus REQUEDAT,
ordinis prædicatorum,
piissimæ memoriæ juvenis,
quem mors,
anno salutis MDCCCXL,
instaurationi sancti Dominici in Gallia
immature rapuit,
ut nuncius operis ascenderet
et primitiæ,
et numen.

Huit mois après la mort de Réquédat, une nouvelle victime s'offrait à Dieu pour le succès de l'œuvre commencée: c'était Piel, que son ami semblait attirer encore au ciel, après l'avoir attiré à la foi et à la vocation religieuse. Les postulants français avaient quitté le couvent de Sainte-Sabine pour celui de Saint-Clément, où ils devaient enfin prendre l'habit et faire leur noviciat. On était au mois de mai 1841. La cérémonie de la prise d'habit était précédée d'une retraite pendant laquelle chaque jour les futurs religieux s'en allaient en silence visiter quelque sanctuaire de Rome, et y prier pour l'œuvre commune. Le vendredi de cette semaine, ils se rendirent à la *Scala-Santa*; et comme ils montaient à genoux, selon la pieuse coutume, les degrés qu'une victime divine avait gravis la première, Piel, resté en arrière, se sentit inspiré d'offrir sa vie pour ses frères. Eut-il alors le pressentiment qu'il était exaucé? C'est assez probable; ce qui est certain, c'est que, frappé à quelques jours de là des premières atteintes du mal, il s'en alla au-devant de la mort avec une tranquillité et une sérénité dont tout le monde était surpris. Le Père Lacordaire étant venu le voir au couvent de Bosco, où il avait été envoyé, rendait ainsi ses impressions : « La maladie a fait en quatre mois des progrès affreux, et je n'ai plus retrouvé de lui que son âme encore toute vivante, calme, sereine, résignée, et même d'une inconcevable gaieté. Frère Pierre était résigné comme lui; il avait comme lui fait à Dieu le sacrifice de sa vie ; mais sa paix avait quelque chose d'austère, tandis que Piel semble jouer avec la mort, et n'éprouver pas plus de regrets que de tentations. Il semble qu'il se soit attendu toute sa vie à mourir comme il meurt, et à l'âge précis où il meurt (1). »

Il était heureux de mourir pour l'Ordre qu'il avait tant aimé, et pour l'expiation de ses fautes passées. Il se confessait tous les jours et souvent avec d'abondantes larmes. Un de ses amis étant venu le voir de Paris, il l'embrassa, et lui annonça qu'il n'avait plus que quelques jours à vivre. « J'attends cela depuis six mois, lui dit-il; et voyez quelle grâce! Je suis venu mourir dans un couvent et dans l'Ordre où l'on prie le plus pour les morts! Écoutez! ce sont les Pères qui disent le *De profundis* : on doit le réciter toutes les fois qu'on passe dans le cloître; vous les entendrez à chaque instant. »

Lorsque l'Ordre pour lequel Piel mourait fut rétabli en France, le Père Lacordaire rappelait la mémoire de cette seconde victime en ces termes devant les frères réunis en chapitre provincial: « Architecte éminent déjà, homme éloquent, esprit vaste et créateur, Piel nous promettait une de ces âmes destinées par Dieu à soutenir les choses qui naissent. Il nous trompa tous par la brièveté de son temps. La mort nous l'enleva au

---

(1) Bosco, 26 septembre 1841.

moment même où, dispersés loin de Rome par des ordres dignes de tout notre respect, il nous était le plus nécessaire pour nous consoler et nous fortifier. Le même mal qui avait atteint le frère Réquédat, le surprit brusquement entre Rome et Bosco, qui était le lieu désigné pour son exil et son noviciat. Il entra dans Bosco, célèbre monastère fondé par saint Pie V, dont il portait le nom, déjà menacé et courbé. Sa mort devait être le second holocauste offert à Dieu pour expier nos fautes et nous préparer dans l'adversité à des bénédictions plus grandes que nos malheurs. Piel expira le 19 décembre 1841. Son corps fut descendu dans les caveaux funéraires du couvent, où notre mémoire ne cessera de le chercher. »

Piel n'était pas venu seul de France demander une cellule à Sainte-Sabine. Il avait un compagnon dont nous avons déjà dit le nom : c'était Hernsheim. Né à Strasbourg, en 1816, de parents israélites, converti et baptisé de bonne heure, il avait de nouveau perdu la foi dans des études arides, lorsque, allant prendre possession d'une chaire de philosophie, au sortir de l'École normale, il fut arrêté par une maladie qui rappela son âme aux divines clartés de la vérité religieuse. Il raconte ainsi lui-même comment se fit en lui ce changement soudain : « Au moment de la mort, le monde m'a paru comme rien; j'ai tout à coup aimé Dieu plus que la créature qu'on aime le plus ; j'embrassais le crucifix en pensant à la passion de Notre-Seigneur ; je priais avec une ferveur que je ne connaissais pas, la sainte Vierge et les saints, et je répétais dans une sorte d'extase ces paroles simples et consolantes : *Je vous salue, Marie, pleine de grâce...* Surtout je répétais avec ravissement les dernières paroles : *maintenant et à l'heure de notre mort.* Je sentais, en effet, qu'il fallait alors que Dieu accumulât sur moi toutes ses miséricordes ; car j'étais bien coupable devant lui. Qui m'eût parlé alors d'un système philosophique eut été bien pauvre à mes yeux, et cependant j'avais là tous mes cahiers, avec toutes les doctrines qui ont été imaginées depuis le commencement du monde ; tout cela m'abandonnait au moment de la mort ; ce n'était plus que du vent et de la fumée. Quand un homme, au moment de la mort, aura quitté la foi pour la philosophie, quand j'aurai vu cela de mes yeux, alors on pourra me faire l'éloge de la philosophie (1). »

Retiré de l'abîme, il envoya sa démission à l'Université, et vint demander à la petite colonie française de Sainte-Sabine l'étude d'une philosophie plus saine et plus sûre. La *Somme* de saint Thomas le ravissait. « J'ai donc trouvé, s'écriait-il, une vraie philosophie qui n'est pas sous le vent de tous les

(1) *Notice sur le P. Hernsheim,* par le R. P. Danzas, p. 33. — Paris, Vᵉ Poussielgue et fils, 1856.

systèmes, et qui est la tradition de l'ordre des Dominicains. Mon cher ami, je n'ai lu encore qu'un demi-volume; mais le rouge me monte au visage, et je suis honteux pour notre siècle, quand je pense qu'il ne s'occupe pas de pareils livres, qu'il réfute les enseignements qui y sont contenus, et qu'il les réfute sans les connaître (1). »

Nous ne suivrons pas cette vie dans ses détails. Le Père Lacordaire l'a résumée en quelques lignes d'une touchante simplicité. « Hernsheim fut de ceux qui soutinrent à Saint-Clément de Rome l'orage imprévu qui sépara notre petit troupeau. Le couvent de la Quercia lui fut assigné pour le lieu de son noviciat, et il eut la douleur d'en sortir sans avoir prononcé ses vœux, à cause du doute que faisaient planer sur sa tête les restes du mal auquel il avait échappé. Bosco le reçut, et il y prononça enfin ses vœux. Assigné au couvent de Nancy, le premier que la divine Providence nous avait permis de fonder en France, il y vécut plusieurs années dans un progrès constant, soit pour la piété, soit pour l'éloquence apostolique. C'était un esprit ferme, ingénieux, profond, d'où sortaient de temps à autre des vues qui ravissaient, mêlées à une onction douce et pénétrante. Nous croyions déjà posséder en lui un vrai prédicateur de Dieu, lorsque le mal qui l'avait mis sept

---

(1) *Notice biographique*, p. 30.

années auparavant proche de sa tombe, la lui rouvrit pour toujours. Il mourut le 14 novembre 1847, s'estimant une de ces pierres obscures que la main de l'architecte cache dans les profondeurs de la terre, et qui, tout inconnue qu'elle est, a cependant sa part dans la solidité de l'édifice. Son corps a été enseveli à la Chartreuse de Bosserville, près de Nancy, et il est le premier, parmi nos morts, qui ait eu pour couche dernière le sol de la patrie. »

C'est encore le Père Lacordaire qui va nous raconter, dans ses Mémoires, les premières années du Père Besson. « L'histoire du jeune Besson était singulière. Amené à Paris du fond des vallées du Jura par une mère pauvre, il était entré avec elle dans la maison du curé de Notre-Dame de Lorette. Cet homme généreux l'avait placé à ses frais dans un pensionnat de Paris, où il réussissait très-peu, et quelquefois on faisait appel à sa raison contre son cœur au sujet de cet enfant. Mais il répondait avec une sorte de pressentiment prophétique : *Ayons patience, quelque chose me dit que cet écolier indocile sera un jour un instrument entre les mains de Dieu.* Cette persuasion était si forte chez lui, qu'en mourant il laissa à la mère un legs de 40,000 francs, qui était, je crois, tout son patrimoine. Les prévisions du pieux curé se réalisèrent, et Sainte-Sabine, en recevant le jeune Besson dans sa petite colonie française, y reçut un accroissement de piété et de grâce qui renfermait toute une bénédiction. »

Nous ne dirons rien de la vie du Père Besson. Cette vie, qui méritait une place à part, a heureusement trouvé dans M. Cartier l'interprète le plus digne (1). Ami de cœur du saint religieux, depuis l'atelier jusqu'à sa mort, nul n'était mieux préparé à faire revivre cette ravissante physionomie, ce *Fra Angelico* de la France. Il l'a fait avec une élégance de style, une élévation d'idées et de sentiments, un charme dans le récit qui entraînent l'esprit et le cœur d'un bout à l'autre de cette belle vie. M. Cartier, qui avait déjà rendu de si précieux services à la *Bibliothèque dominicaine* par de nombreuses publications, a dignement couronné ses travaux par ce livre écrit avec amour, et qui est à la fois un pieux hommage à la sainte mémoire de son ami, et un titre impérissable à la reconnaissance de la famille dominicaine et du public pour l'auteur.

Des six Français qui habitèrent pendant un an le couvent de Sainte-Sabine, les cinq premiers sont morts : nous avons dit leurs noms et quelques traits de leur vie. Le sixième devait leur survivre à tous pour la haute mission à laquelle Dieu le destinait. C'était l'abbé Jandel. Il connut le Père Lacordaire à Metz, pendant la station de l'hiver de 1837. Supérieur du petit séminaire de Pont-à-Mousson, à

---

(1) *Le R. P. Hyacinthe Besson, sa vie et ses lettres,* par E. Cartier, 2 volumes. — Vᵉ Poussielgue et fils, 1865.

six lieues de Metz, il alla l'entendre, subit, comme tant d'autres, le charme de sa parole, et reçut sa visite à Pont-à-Mousson. « Autant, dit-il, j'avais été ébloui et subjugué par la puissance et l'éclat de sa parole, autant j'étais demeuré édifié et ravi de la modestie, de la candeur et de la simplicité de sa conversation. Aussi laissa-t-il dans mon âme, à son départ de Metz, une profonde impression d'affectueuse sympathie et de respectueuse admiration. »

Lorsque, au printemps de 1839, parut le *Mémoire pour le rétablissement en France des Frères Prêcheurs*, l'abbé Jandel en fut vivement ému. « Tout ce que cette entreprise avait de généreux, d'important pour l'avenir de l'Église de France, de hardi même et d'aventureux, le séduisait. » Décidé à entrer chez les Jésuites, il se détermina, aux vacances de 1839, à aller à Rome pour conférer avec le Père Lacordaire, et s'éclairer sur sa vocation. Ce fut un Père de la Compagnie de Jésus, le révérend Père Villefort, qui l'envoya au Père Lacordaire en lui disant : « Vous êtes appelé à vous faire dominicain ; offrez-vous au Père Lacordaire, et demain, en disant la sainte messe, remerciez Dieu de la grâce qu'il vous a faite en fixant votre vocation. »

Il fut donc de la première génération de Sainte-Sabine, prit l'habit à la Quercia, le 15 mai 1841, fit profession l'année suivante et partit pour Bosco. Rentré en France avec les autres, après avoir rempli les premières charges dans plusieurs maisons, il devait bientôt être appelé par la confiance du Souverain-Pontife à l'éminente dignité de maître général de tout l'Ordre, dans laquelle le dernier chapitre général, tenu à Rome en 1862, vient de le confirmer pour douze ans. Cette vie, d'une sainteté si universellement reconnue, et qui aura rendu de si grands services à notre Ordre dans le monde entier, ne saurait être encore racontée; il faut plus de liberté pour l'éloge et aussi pour une complète impartialité.

Tels furent les hommes qu'il plut à Dieu de donner au Père Lacordaire pour premiers coopérateurs. Tous étaient des hommes distingués par l'esprit, le cœur ou le caractère. Mais, ce qui nous touche plus, tous furent des hommes d'une foi rare. Ils crurent à ce qui n'existait pas encore, à ce qui était taxé de folie par des catholiques nombreux à Paris et à Rome. Ils crurent non pas seulement à la puissance de Dieu (il n'y aurait pas eu grand mérite), mais à l'homme de son choix. Ils crurent que cet homme, resté suspect en dépit de ses paroles, de ses actes et de sa vie, était l'instrument dont Dieu voulait se servir pour une noble et périlleuse entreprise, et ils se donnèrent à lui. Frappés, dispersés par l'épreuve, décimés par la mort, ils restèrent unis, invincibles dans leur foi et leurs espérances. Ah! nous les en bénissons, mais nous ne les plaignons pas. Ouvriers de la première heure, apôtres de l'église naissante, s'ils eurent leurs catacombes, ils eurent aussi leur cénacle. Ils connurent ce premier épanouissement de la foi dans des cœurs voués à une œuvre difficile; ils connurent ces élans dans le sacrifice, ces saints enthousiasmes, cette gaieté dans la souffrance qu'exprime si bien cette parole du Père Lacordaire à l'abbé Jandel, qui paraissait surpris des austérités de l'Ordre : « Oh! lui disait-il avec un accent pénétré, quand l'âme est unie à Dieu, et que le cœur est content, tout le reste devient bien facile. » Ils connurent ces pures amitiés, ces épanchements intimes, ces saints transports sous le souffle de Jésus, qui ravissent l'âme, embaument toute une vie, et faisaient dire à l'un d'eux : « Vous rappelez-vous cette matinée de Sainte-Sabine où tous trois, vous, le frère Piel et moi, causant ensemble des choses du bon Dieu, le bon frère Piel me sauta au cou, tout en larmes, et m'embrassa avec effusion de cœur? Il me semblait alors que nos cœurs n'en faisaient qu'un, et que le bon Dieu nous unissait dans cet embrassement spirituel pour nous élever vers lui et nous rendre capables de grands sacrifices (1). »

Non, nous ne les plaignons pas. Nous envierions plutôt leur part et leur couronne. Mais il est plus

(1) Le P. Hernsheim au P. Besson.

juste de vénérer leur mémoire et d'imiter leurs vertus. Ils sont nos pères : nous garderons leurs vies. Hélas! que ne pouvons-nous aussi garder et vénérer leurs tombes! Chose triste à dire! les restes d'aucun d'eux ne reposent en France sous les pieds de leurs frères. Réquédat, Piel, Hernsheim, Besson, le Père Lacordaire lui-même, tous dorment sur une terre plus ou moins étrangère. Espérons qu'un jour viendra où la justice de notre pays, nous faisant des destinées moins précaires, nous permettra de réunir, non plus sous des tentes sans cesse menacées, mais dans des édifices durables, les os vénérés de ceux qui ne séparèrent jamais dans leur amour Dieu et la patrie.

CHAPITRE XII

1840-1841

Premiers commencements de l'Ordre à Sainte-Sabine. — Discours à Notre-Dame sur la *Vocation de la nation française*. — *Vie de saint Dominique*. — Épreuve de Saint-Clément. — Bosco.

Le Père Lacordaire, nous l'avons dit, avait prononcé ses vœux solennels, le 12 avril 1840, au couvent de la Quercia. De tous les disciples qui devaient lui venir dès la première heure, et dont nous venons d'esquisser les traits, il n'en avait à ce moment-là qu'un seul avec lui, Pierre Réquédat, qui s'en allait mourant de la poitrine. Il entrait donc dans la lice à peu près seul, et sa liberté était engagée à jamais. Qu'il réussît ou qu'il échouât, sa vie restait irrévocablement fixée aux destinées de son Ordre: justifiée et couronnée si le succès, malgré les prévisions contraires, donnait raison à sa foi courageuse; frappée d'un irrémédiable avortement si la défaite lui donnait tort. De toutes les difficultés qu'il avait prévues lorsqu'il mûrissait son dessein dans son séjour à Rome, aucune ne devait faire défaut à l'appel, du côté de sa propre nature et de celle de son œuvre, comme de la part du gouvernement français et de Rome elle-même. Il n'éprouva cependant au moment décisif aucune hésitation; au contraire, il s'en alla gaiement et de grand cœur au-devant du sacrifice. Dieu, pour récompenser cette simplicité dans l'obéissance, voulut lui donner, pendant un an, comme une heureuse perspective et un avant-goût des joies qu'il recevrait un jour de la vie religieuse abritée enfin sous ses cloîtres restaurés.

Le lendemain de sa profession solennelle, il prit la route de Rome, emportant avec lui l'image de la madone de la Quercia, comme les anciens Romains leurs dieux pénates. A Ponte-Molle, aux portes de la ville, plusieurs jeunes Français l'attendaient pour lui faire honneur.

On lui donna pour habitation le couvent de Sainte-Sabine, où ses premiers compagnons vinrent successivement se retirer avec lui, en attendant qu'on eût statué régulièrement sur le lieu et le mode de leur noviciat canonique. Le Père Lacordaire décrit ainsi, dans la Vie de saint Dominique, le couvent qui fut le premier asile de la colonie française : « L'église de Sainte-Sabine était bâtie sur le mont Aventin. Ses murs se dressaient à l'endroit le plus élevé et le plus abrupt du mont, au-dessus de l'étroit rivage où le Tibre murmure en fuyant de Rome, et en heurtant de ses flots les débris du pont qu'Horatius Coclès défendit contre Porsenna. Deux rangs de colonnes antiques, supportant un toit sans déguisement, partageaient l'église en trois nefs, terminées chacune par un autel. C'était la basilique primitive dans toute la gloire de sa simplicité. Des fenêtres du couvent, l'œil plongeait sur l'intérieur de Rome et s'arrêtait aux collines du Vatican. Deux rampes sinueuses conduisaient à la ville : l'une tombant sur le Tibre, l'autre à l'un des angles du mont Palatin, près de l'église de Sainte-Anastasie. C'était cette voie que suivait Dominique pour aller de Sainte-Sabine à Saint-Sixte. Nul sentier sur la terre ne conserve davantage la trace de ses pas. Presque chaque jour, pendant plus de six mois, il en descendit ou en remonta la pente, portant d'un couvent à l'autre l'ardeur de sa charité. Une colonie des enfants de Dominique n'a cessé de vivre à l'ombre des murs de Sainte-Sabine, protégée aussi par la beauté de son architecture. Le couvent possède l'étroite cellule où le saint se retirait quelquefois, la salle où il donna l'habit à saint Hyacinthe et au bienheureux Ceslas; et, dans un coin du jardin, un oranger, planté par lui, tend ses pommes d'or à la pieuse main du citoyen et du voyageur (1). »

(1) *Vie de saint Dominique*, ch. xii. — Saint François de Sales constatait déjà de son temps la tradition qui attribuait à saint Dominique

C'est du vieux tronc de cet arbre que, pendant cette année même, sortit une nouvelle et forte tige, aujourd'hui encore pleine de vigueur et couverte de fleurs et de fruits. On regarda ce fait comme un heureux présage d'une séve rajeunie dans l'Ordre de Saint-Dominique, et comme un prophétique encouragement du patriarche à ses nouveaux enfants.

Ils étaient là sept Français vivant en religieux, quoique les deux premiers en portassent seuls l'habit. Tous n'avaient qu'une pensée et qu'une vie. Leur temps, partagé entre l'étude et la prière, s'écoulait dans une ravissante paix qu'aucun bruit du dehors ne venait troubler. De temps en temps, quelques Français, attirés par la curiosité, montaient à Sainte-Sabine, et s'en allaient émerveillés de ce qu'ils avaient vu et entendu. C'était un parfum de sainteté antique dans des âmes jeunes, enthousiastes, dévorées de ce feu nouveau que Dieu rallume dans le cœur des générations qu'il veut sauver. C'était la vie de famille si souvent rêvée par le Père Lacordaire, et dont il goûtait pour la première fois la douce réalisation. « Rien ne saurait peindre, écrivait-il, ces bons jeunes gens, ni la vie que nous menons ensemble

---

la plantation de cet oranger. « J'ai vu, écrit-il à sainte Chantal, un arbre planté par le bienheureux saint Dominique à Rome : chacun le va voir et le chérit pour l'amour du planteur ; c'est pourquoi ayant vu en vous l'arbre du désir de sainteté que Notre-Seigneur a planté dans votre âme, je le chéris tendrement, et prends plaisir à le considérer... »

avec Dieu. » Leurs fréquentes visites aux principaux sanctuaires de Rome, la sainteté et les miracles de Dominique et de ses premiers compagnons, dont toutes les pierres du couvent leur rappelaient le souvenir, enflammaient leur courage et les poussaient à ces saintes folies de l'amour que l'on retrouve à l'origine glorieuse de toute résurrection monastique. Un jour, le Père Lacordaire se promenait avec le Père Besson dans la campagne romaine. Ils s'entretenaient de l'amour de Notre-Seigneur Jésus-Christ pour nous : c'était le thème favori du Père Lacordaire. Arrivés dans le bois de la nymphe Égérie, le Père Lacordaire s'arrête devant un buisson tout hérissé d'épines, et, le montrant à son compagnon : « Voulez-vous, lui dit-il, souffrir quelque chose pour Celui qui a tant souffert pour nous? » Et, avant la réponse, tous deux s'étaient jetés dans le fourré épineux et relevés tout sanglants, renouvelant ainsi pour apaiser leur soif d'immolation ce que d'autres saints avaient fait pour calmer les ardeurs de la chair. Sans vouloir donner à ces faits plus de valeur qu'ils n'en ont dans l'ordre de la sainteté, nous les mentionnerons cependant, parce que, loin d'être isolés, ils tiennent une place capitale dans la vie spirituelle du Père Lacordaire. Notre seul embarras sera de choisir et de tout dire. Il écrivait lui-même de son ami Réquédat : « Je possède tous les secrets de sa vie spirituelle; j'oserais à peine dire ce que j'en sais, tant cela paraîtrait peu croyable. » Oserai-je, à mon tour, dire ce que je sais du maître qui formait de tels disciples? Dieu le veuille!

Après avoir vécu huit mois de cette douce et sainte vie avec ses frères, il lui parut qu'il était temps de revoir la France et « d'unir, comme il disait, l'activité à la préparation laborieuse de la retraite. » C'était, au reste, le désir des siens : ils craignaient qu'une trop longue absence ne nuisît au succès de l'œuvre. Il était heureux, lui aussi, de montrer à *son pays son serviteur le plus dévoué,* resté le même sous le vieil habit du moyen âge; il était temps de voir le nouvel archevêque de Paris, de reparaître, si c'était possible, dans la chaire de Notre-Dame, en un mot, de reconnaître son terrain, en homme prudent, avant d'y venir fixer ses tentes.

Il partit de Rome le 30 novembre 1840, et traversa la France avec ce costume religieux qu'elle n'avait pas revu depuis cinquante ans. Çà et là quelques marques d'étonnement et parfois d'hostilité l'accueillirent. A Paris, où personne, à part ses amis les plus intimes, ne l'attendait, beaucoup se réjouirent; les ennemis d'autrefois n'eurent pas le temps de songer à leurs rancunes refroidies, les légistes à leurs vieilles lois rouillées; tous cédèrent à la curiosité du fait. Tous voulaient voir un moine, ce revenant d'un autre âge, un fils de Dominique *l'inquisiteur*, et savoir, en particulier, ce que celui-ci allait faire et allait dire. Mgr Affre, le nouvel archevêque de Paris, reçut le Père Lacordaire avec bonheur, ne vit aucune difficulté à ce qu'il parlât à Notre-Dame sous son nouvel habit, et le pria simplement de désigner le jour qu'il voulait choisir. Laissons le Père Lacordaire raconter lui-même cette tentative hardie :

« Je parus dans Notre-Dame avec ma tête rasée, ma tunique blanche, et mon manteau noir. L'archevêque présidait; le garde des sceaux, ministre des cultes, M. Martin (du Nord) avait voulu se rendre compte par lui-même d'une scène dont personne ne savait bien l'issue ; beaucoup d'autres notabilités se cachaient dans l'assemblée au milieu d'une foule qui débordait de la porte au sanctuaire. J'avais pris pour sujet de mon discours la *Vocation de la nation française,* afin de couvrir de la popularité des idées l'audace de ma présence. J'y réussis, et le surlendemain le garde des sceaux m'invitait à un dîner de quarante couverts qu'il donnait à la Chancellerie. Pendant le repas, M. Bourdeau, ancien ministre de la justice sous Charles X, se pencha vers un de ses voisins et lui dit : « Quel étrange retour des choses de ce monde! Si, quand j'étais garde des sceaux, j'avais invité un dominicain à ma table, le lendemain la Chancellerie eût été brûlée. » Il n'y eut pas d'incendie, et même aucun journal ne réclama contre mon *auto-da-fé* la vengeance du bras séculier (1). »

Ce fut, en effet, un de ses plus heureux coups de main, une de ces surprises qu'il aimait, et qui allaient au côté aventureux de son génie. La portée de cette réapparition était immense : l'étendard religieux avait été planté au cœur même de la place; mais la victoire n'était pas complétement gagnée, et plusieurs de ceux qui avaient été déconcertés et éblouis par l'imprévu et l'éclat de l'attaque, ne tardèrent pas à se tourner contre lui, et à lui demander raison, au nom de l'État, de l'illégalité de son triomphe.

En même temps que le religieux montrait pour la première fois à la France l'habit de son Ordre, l'historien lui apportait une vie de son nouveau Père. Il l'avait écrite pendant l'année de son noviciat; elle parut pendant cet hiver de 1841. Elle eut le succès qu'elle méritait, et que le temps a consacré. M. de Chateaubriand, dont nous avons déjà cité l'opinion, en parlait avec ravissement. « Personne, disait-il, n'était en état d'écrire les pages que j'y admire davantage. Ce n'est pas seulement un talent hors ligne, c'est un talent unique. C'est immense comme beauté, comme éclat; je ne sais pas un plus beau style (2). » On était alors plus pauvre encore qu'aujourd'hui en bonnes vies de

---

(1) Mémoires.
(2) *Correspondance du P. Lacordaire avec M*me* Swetchine*, p. 346.

saints. Seul, M. de Montalembert avait donné, dans sa Vie de sainte Élisabeth de Hongrie, un modèle d'hagiographie qui n'a pas été surpassé. Le Père Lacordaire, sans l'imiter, mais avec un talent égal, sut résoudre avec succès le difficile problème d'un saint exhumé des légendes du moyen âge et des froides et sèches dissections de ses historiens plus modernes; d'un saint qui revit sous nos yeux, qu'on voit, qu'on entend, qu'on aime; d'un saint qui est en même temps un homme, c'est-à-dire qui a un cœur et des larmes, des amis et des frères, des mouvements d'une tendresse toute maternelle et d'une naïveté charmante; d'un saint qui laisse voir à travers un corps spiritualisé une âme rayonnante de lumière, de douceur, d'amour; d'un saint enfin dont on ne peut lire la vie sans se sentir transporté dans une atmosphère plus pure, avec des désirs meilleurs et une soif plus ardente de Dieu et de la perfection. Le grand mérite de cette vie c'est d'avoir été écrite avec amour. Il faut avoir aimé ces illustres morts pour avoir le droit de les raconter aux vivants. Or, c'est le charme de cette lecture : on sent un fils qui écrit de son père, un artiste qui peint à genoux, comme Fra Angelico peignit cette figure de Dominique qui est en tête du livre.

Cette vie est entre les mains de tout le monde; nous n'en ferons donc ni l'analyse, ni de longs extraits. Qu'on nous permette cependant d'en reproduire deux pages, l'une qui nous montre ce qu'était Dominique, l'autre ce que fut son Ordre, et qui nous serviront ainsi à mieux connaître la famille religieuse dans laquelle était entré le Père Lacordaire.

« Dominique voyageait à pied, un bâton à la main, un paquet de hardes sur les épaules. Quand il était hors des lieux habités, il ôtait sa chaussure et marchait nu-pieds. Si quelque pierre le blessait en chemin, il disait en riant : « Voilà notre pénitence. » Il logeait de préférence dans les monastères, ne s'arrêtait jamais à sa fantaisie, mais selon la fatigue et le désir des frères qui étaient avec lui. Le voyage n'interrompait aucune de ses pratiques de piété. Tous les jours, à moins qu'une église ne lui manquât, il offrait à Dieu le saint sacrifice avec une grande abondance de larmes; car il lui était impossible de célébrer les divins mystères sans attendrissement. Lorsque le cours des cérémonies lui annonçait l'approche de Celui qu'il avait aimé de préférence dès ses jeunes années, on s'en apercevait à l'émotion de tout son être; une larme n'attendait pas l'autre sur son visage pâle et rayonnant. Il prononçait l'Oraison dominicale avec un accent séraphique qui rendait sensible la présence du *Père qui est aux cieux*. Le matin, il gardait et faisait garder le silence à ses compagnons jusqu'à neuf heures, et, le soir, depuis complies. Dans l'intervalle, il parlait de Dieu, soit par forme de conversation, soit par manière de controverse théologique, et de toutes les façons qu'il pouvait imaginer. Quelquefois, surtout dans les lieux solitaires, il priait ses compagnons de rester à une certaine distance de lui, en leur disant gracieusement avec le prophète Osée : *Je le conduirai dans la solitude et je lui parlerai au cœur.*

« Il prêchait à tout venant, sur la route, dans les villes, les villages, les châteaux, et jusque dans les monastères. Sa parole était enflammée. Initié par ses longues études de Palencia et d'Osma à tous les mystères de la théologie chrétienne, ils sortaient de son cœur avec des flots d'amour qui en révélaient aux plus endurcis la vérité. Un jeune homme, ravi de son éloquence, lui demanda dans quels livres il avait étudié. « Mon fils, répondit-il, c'est dans le livre de la charité plus qu'en tout autre, car celui-là enseigne tout. » Aussi pleurait-il souvent en chaire, et généralement il était rempli de cette mélancolie surnaturelle que donne le sentiment profond des choses invisibles. Quand il apercevait de loin les toits pressés d'une ville ou d'un bourg, la pensée des misères des hommes et de leurs péchés le plongeait dans une réflexion triste dont le contre-coup apparaissait aussitôt sur son visage. Il passait ainsi rapidement aux expressions les plus diverses de l'amour, et la joie, le trouble et la sérénité se succédant à tout propos dans les plis de son front, portaient en lui la majesté de l'homme à une incroyable puissance de séduction.

« Il donnait le jour à la prédication, aux voyages, aux affaires, et lorsque le soleil, en se retirant, préparait le repos de tous, lui, quittant aussi le monde, cherchait en Dieu la réparation dont avaient besoin son âme et son corps. Il restait au chœur à l'issue des complies, après avoir pris soin qu'aucun des frères ne l'imitât, soit qu'il ne voulût point leur imposer un exemple au-dessus de leurs forces, soit aussi qu'une sainte pudeur lui fît craindre qu'on ne découvrît les secrets de son commerce avec Dieu. Mais la curiosité l'emporta plus d'une fois sur ces précautions; des frères se cachaient dans l'obscurité de l'église pour épier ses veilles, et c'est ainsi qu'on en a connu les touchantes particularités. Quand donc il se sentait seul, protégé dans son amour par l'ombre et le silence, il entrait avec Dieu dans d'ineffables épanchements. Le temple, symbole de la cité permanente des anges et des saints, devenait pour lui comme un être vivant, qu'il attendrissait de ses larmes, de ses gémissements et de ses cris. Il en faisait la ronde en s'arrêtant à chaque autel pour prier, tantôt incliné profondément, tantôt prosterné, tantôt à genoux. Encore les larmes ne lui suffisaient pas : trois fois chaque nuit il mêlait son sang à ses prières, satisfaisant ainsi, autant qu'il le pouvait, cette soif d'immolation qui est la moitié généreuse de l'amour. On l'entendait se meurtrir les reins avec des nœuds de fer, et la grotte de Ségovie, témoin de tous les excès de sa pénitence, a gardé pendant des siècles la trace du sang qu'il y avait répandu. Il faisait dans son cœur trois parts de ce sang : la première était pour ses péchés, la seconde pour les péchés des vivants, la troisième pour les péchés des morts. Plus d'une fois même il contraignit quelqu'un des frères de le frapper, afin d'augmenter l'humiliation et la douleur de son sacrifice. Un jour viendra où, en présence du ciel et de la terre, les anges de Dieu apporteront sur l'autel du jugement deux coupes remplies : une main irrécusable les pèsera toutes deux, et il sera connu, à la gloire éternelle des saints, que chaque goutte de sang donnée par l'amour en a sauvé des flots.

« L'heure était venue de créer la législation de la famille dominicaine ; car il est nécessaire que les lois secondent les mœurs, afin d'en perpétuer la tradition. Dominique, déjà père, allait devenir législateur. Après avoir tiré de son sein une génération d'hommes semblables à lui, il allait pourvoir à leur propre fécondité, et les armer contre l'avenir de la force mystérieuse qui donne la durée. Or une première question se présentait : un Ordre destiné à l'apostolat devait-il adopter la tradition des mœurs monastiques, ou bien se rapprocher de l'existence plus libre du sacerdoce séculier, en abandonnant la plupart des usages claustraux? On ne pouvait faire entrer dans ce doute les trois vœux de pauvreté, de chasteté et d'obéissance, sans lesquels aucune société spirituelle ne se conçoit, pas plus qu'on ne conçoit un peuple sans la pauvreté de l'impôt, la chasteté du mariage, et l'obéissance aux mêmes lois sous les mêmes chefs. Mais convenait-il au but de l'apostolat de conserver des coutumes telles que la récitation publique de l'office divin, l'abstinence perpétuelle de chair, les longs jeûnes, le silence, le chapitre appelé de la coulpe, les pénitences pour les manquements à la règle, et le travail des mains. Toute cette discipline rigoureuse, propre à former le cœur solitaire du moine et à sanctifier le loisir de ses jours, était-elle compatible avec l'héroïque liberté d'un apôtre qui s'en va devant lui semant à droite et à gauche le bon grain de la vérité? Dominique le crut. Il crut qu'en remplaçant le travail des mains par l'étude de la science divine, en mitigeant certaines pratiques, en usant de dispenses à l'égard des religieux plus strictement occupés à l'enseignement et à la prédication, il serait possible de concilier l'action apostolique avec l'observance monastique. C'est pourquoi il fut statué que l'office divin se dirait dans l'église, brièvement et succinctement, pour ne pas diminuer la dévotion des frères, ni empêcher l'étude; que les frères en voyage seraient exempts des jeûnes réguliers, si ce n'est pendant l'Avent, à certaines vigiles et le vendredi de chaque semaine; qu'ils pourraient manger de la chair hors des couvents de l'Ordre; que le silence ne serait point absolu; que la communication avec les étrangers serait permise, même dans l'intérieur des couvents, à l'exception des femmes; qu'un certain nombre d'étudiants seraient envoyés aux plus fameuses universités; qu'on recevrait des grades scientifiques; qu'on tiendrait des écoles : toutes constitutions qui, sans détruire dans le Frère Prêcheur l'homme monastique, l'élevaient au rang d'homme apostolique.

« Sous le rapport administratif, chaque couvent devait être gouverné par un prieur conventuel; chaque province, composée d'un certain nombre de couvents, par un prieur provincial; l'Ordre tout entier, par un chef unique, qui eut depuis le nom de maître général. L'autorité, descendue d'en haut et se rattachant au trône même du Souverain Pontife, devait affermir tous les degrés de cette hiérarchie, pendant que l'élection, remontant du bas au faîte, maintiendrait entre l'obéissance et le commandement l'esprit de fraternité. Un double signe brillerait ainsi sur le front de tout dépositaire du pouvoir, le choix de ses frères et la confirmation du pouvoir supérieur. Au couvent appartiendrait l'élection de son prieur; à la province, représentée par les prieurs et un député de chaque couvent, celle du provincial; à l'Ordre entier, représenté par les provinciaux et deux députés de chaque province, celle du maître général, et, par une progression contraire, le maître général confirmerait le prieur de la province, et celui-ci le prieur du couvent. Toutes ces fonctions étaient temporaires, excepté la suprême, afin que la providence de la stabilité s'unît à l'émulation du changement. Des chapitres généraux, tenus à des intervalles rapprochés, devaient contre-balancer le pouvoir du maître général, et des chapitres provinciaux celui du prieur provincial; un conseil était donné au prieur conventuel, pour l'assister dans les devoirs les plus importants de sa charge. L'expérience a prouvé la sagesse de ce mode de gouvernement. Par lui l'Ordre des Frères Prêcheurs a librement accompli ses destinées, aussi bien préservé de la licence que de l'oppression. Un respect sincère de l'autorité s'y allie à quelque chose de franc et de naturel, qui révèle, dès la première vue, le chrétien affranchi de la crainte par l'amour. La plupart des Ordres religieux ont subi des réformes qui les ont partagés en divers rameaux : celui des Frères Prêcheurs a traversé, toujours un, les vicissitudes de six siècles d'existence. Il a poussé dans tout l'univers ses branches vigoureuses, sans qu'une seule se soit jamais séparée du tronc qui l'avait nourrie (1). »

D'après cette esquisse des constitutions des Frères Prêcheurs, il est aisé de concevoir pourquoi le Père Lacordaire a préféré cet Ordre aux autres, pourquoi il le croyait mieux adapté à certains esprits des temps présents. S'il eût essayé, comme on le lui conseillait, de fonder quelque Ordre nouveau, l'eût-il fait sur des bases aussi *avancées*? Il est permis d'en douter, et, pour ma part, j'ai plus d'une fois entendu le fondateur

---

(1) *Vie de saint Dominique*, ch. VIII et XIV.

de *l'Ère nouvelle* s'étonner du libéralisme hardi du prétendu fondateur de l'Inquisition.

Après deux mois de séjour à Paris, le Père Lacordaire rentrait à Rome, le 7 avril 1841, avec cinq nouveaux frères. On venait de transférer la petite colonie de Sainte-Sabine dans le vieux cloître de Saint-Clément. La belle basilique et le couvent leur avaient été donnés pour y faire leur noviciat. Dix Français devaient bientôt prendre l'habit : on n'attendait plus que la décision de la congrégation des Réguliers pour l'érection canonique du noviciat. Depuis son entrée dans l'Ordre, tout jusqu'à ce moment avait admirablement réussi au nouveau religieux, et il venait encore de recueillir sur sa route les plus hauts encouragements, les témoignages d'une sympathie croissante. A Paris, l'internonce l'invitait à dîner; à Gênes, le cardinal Tadini lui disait : « Allez, allez devant vous, et ne vous laissez pas effrayer, *sbigottire*. » Retenu dix jours à la Quercia par la petite vérole, il reçoit la visite du cardinal-archevêque de Viterbe, ainsi que du délégat-gouverneur; le Saint-Père lui fait parvenir ses compliments de condoléance, et le reçoit à Rome avec la plus grande bienveillance. Tout semblait donc lui sourire, et cependant c'était l'heure de l'épreuve la plus dure, la plus inattendue. Il en eut comme un pressentiment, lorsque la veille il écrivait : « Je suis sensible à toutes ces marques d'estime et d'affection; mais ce qui me rassure, c'est que jamais il ne me fut plus aisé de tout rapporter à Dieu et de sentir ma misère. *Je vois le peu qu'il faudrait pour que tout croulât autour de moi*, et l'insuffisance de mes moyens naturels et spirituels pour l'œuvre dont j'ai le fardeau. Me voilà père d'une maison tout entière : dix-sept personnes à nourrir, vêtir, et dont je réponds à Dieu (1). » Ce regard tranquille sur Dieu et sur sa propre misère va lui donner de rencontrer la contradiction sans trouble ni défaillance, et d'y trouver ce qui manquait encore à sa vie religieuse, l'auréole sacrée du malheur.

Le 29 avril, la congrégation avait rendu sa réponse, d'après laquelle les religieux français étaient libres de choisir un couvent de la province romaine pour y faire leur noviciat. D'accord avec le maître général, ils avaient choisi le couvent de la Quercia. Avant de quitter Saint-Clément, ils voulurent se préparer à leur prise d'habit par une retraite en commun. L'église fut ornée de fleurs et de feuillages : la joie et la paix régnaient dans tous les cœurs ; chaque jour la communauté française se rendait en silence à l'une des églises de la ville pour la dévotion des stations, si touchante et si populaire à Rome. Un soir, comme ils rentraient dans le cloître de Saint-Clément, le Père Lacordaire reçut un ordre de la secrétairerie d'État, qui lui enjoignait de rester seul à Rome et dispersait la petite colonie, la moitié devant se rendre à la Quercia et

---

(1) Lettres à Mme Swetchine, 28 avril 1841.

l'autre moitié à Bosco, en Piémont. Ce fut un coup de foudre. Humainement, l'œuvre était dissoute par la dispersion de ses membres, la séparation d'avec leur chef et la défaveur ostensible dont on la frappait. Heureusement le Père Lacordaire avait mis plus haut ses espérances. Il répondit que l'ordre serait exécuté immédiatement. Il réunit les Frères, et après leur avoir déclaré avec le plus grand calme que son devoir à lui était tout tracé par ses obligations religieuses, qu'il obéirait simplement et sans retard, il leur rappela que pour eux, n'ayant encore contracté aucun engagement, ils étaient libres, et qu'ils eussent à prendre devant Dieu, leur conscience et l'incertitude de l'avenir, telle décision qu'ils jugeraient convenable. Tous furent admirables, et répondirent d'un seul cœur qu'ils obéiraient comme lui et resteraient à jamais fixés à la vocation qu'ils croyaient avoir reçue. Cela fait, la retraite se continua dans la plus grande tranquillité, et quelques jours après, le **13 mai**, le Père Lacordaire, resté seul à Rome, traçait ces lignes tristes et résignées : « Je vous écris de Saint-Clément désert. Ce matin, à six heures, ceux de nos Frères destinés pour Bosco sont partis ; les autres de la Quercia les avaient précédés de trente-six heures. Je suis seul après m'être vu entouré d'une nombreuse et charmante famille. Nous nous sommes séparés avec la plus grande douleur et joie, pleins de confiance les uns dans les autres, nous aimant tous et espérant nous revoir un jour réunis en France. C'était hier le jour de ma naissance et aujourd'hui celui de mon baptême (1). »

Pensait-il, en reliant ainsi ces deux dates, à un rapprochement d'idées? C'était, en effet, un second baptême qu'il venait de recevoir à quarante ans de distance, le baptême de la virilité religieuse, celui qui *ensevelit l'homme tout entier dans la mort,* selon l'énergique expression de saint Paul (3). Simple prêtre, le Père Lacordaire avait su se taire et se soumettre à l'Église lorsque certaines de ses idées n'étaient pas exemptes de blâme; mais, devenu religieux, saura-t-il encore se soumettre lorsqu'elle paraîtra le repousser à l'heure où il aura tout fait pour lui plaire, lorsqu'un ordre, signé de la main qui le bénissait hier, frappera le pasteur et dispersera le troupeau? Voudra-t-il regarder en arrière ou demander à l'Église ses raisons de se défier de son enfant le plus soumis au moment où il renonce à tout pour son service? Il ne fera ni l'un ni l'autre : il obéira et se taira.

Le monde peut appeler cela faiblesse. Qui pourrait dire cependant de quelle force cet acte fut le principe et le germe dans la vie du Père Lacordaire? Son caractère a-t-il perdu pour cela sa trempe virile? a-t-il été moins constant dans ses opinions, moins ferme devant toute séduction d'orgueil, moins fier devant les bassesses, moins franc et sincère devant toute vérité à

---

(1) Lettres à Mme Swetchine.
(2) Consepulti per baptismum in mortem.

dire et à tous, moins homme enfin dans toute sa vie? Je crois bien plutôt que cette épreuve et celles qui suivirent furent une des conditions de la grandeur de son caractère et du succès de son œuvre. Le Père Lacordaire avait besoin comme tout autre, plus qu'un autre peut-être, de ce qui corrige le levain d'orgueil, qui est le fond de l'homme et l'ennemi de tout progrès moral. C'est en nous, bien plus qu'au dehors, qu'est l'obstacle au développement du caractère, à la perfection de nos actes, au succès de nos entreprises. Ne croire et n'obéir qu'à soi est la plus féconde source d'erreurs et de misères, et c'est la plaie capitale du siècle dont le Père Lacordaire avait aimé tant de choses! Rien de grand a-t-il été fondé dans le monde par un homme qui n'ait su abaisser souvent sa raison devant les lumières d'autrui, et parfois croire sans comprendre? Et quel plus noble usage une intelligence d'élite peut-elle faire d'elle-même, sinon de se défier de sa force et de se courber humblement devant Dieu? Appelé à commander aux autres, le Père Lacordaire avait besoin plus que personne d'apprendre les difficultés et le mérite de l'obéissance, et il était juste qu'il donnât à ses enfants l'exemple des vertus et des devoirs qu'il exigerait d'eux plus tard. Ainsi, au moment où tout semblait aller à la ruine de son dessein, il posait la pierre angulaire de l'édifice, et fondait parmi les siens la vertu la plus essentielle, le respect de l'autorité; car c'est de la vie religieuse surtout que l'on doit répéter cet éloge si vrai du catholicisme, qu'il est la plus grande école de respect.

Devant cette religieuse déférence aux ordres de ses supérieurs, on se sent moins curieux de connaître les raisons qui avaient pu faire éclater cet orage sur la tête du Père Lacordaire. Avait-il donc démérité en quelque chose? Non, grâce à Dieu, et son obéissance silencieuse et sincère fut d'autant plus admirable qu'il était tout à fait innocent des accusations portées contre lui. Des lettres et une brochure étaient arrivées de France à Rome, dénonçant le Père Lacordaire comme le continuateur des idées de la Mennais, mais plus adroit et plus souple; sa tentative d'Ordre religieux n'avait d'autre but, disait-on, que de reprendre en sous-œuvre et par un biais l'école détruite par l'encyclique de 1832, et de répandre dans le clergé français l'idée de la séparation de l'Église d'avec l'État. Par sa prompte et filiale soumission, le Père Lacordaire faisait la meilleure réponse à ces odieuses calomnies qu'il ne connut que plus tard, et regagnait ainsi, dès le premier jour, la faveur et l'estime de ceux dont elles avaient pu tromper un instant la bonne foi.

Séparé de ceux qu'il appelait *ses enfants*, et retiré à Rome au couvent de la Minerve, le Père Lacordaire reprit avec sa tranquillité ordinaire ses habitudes de travail et de retraite. « Mon temps, écrit-il, est partagé entre l'étude de saint Thomas et la préparation de mes conférences. Le passage de l'activité à la contemplation, de la vie de famille à la solitude, m'est moins pénible qu'à tout autre, grâce à l'habitude que j'ai depuis longtemps de cette alternative. Les premiers jours, je souffre, puis le pli se retrouve ; sans cette flexibilité, il y a longtemps que je serais mort. J'ai passé des années sans voir personne et sans être mêlé à rien, et je m'en souviens aujourd'hui avec une sorte d'effroi ; car je ne suis déjà plus le même ; les eaux ont baissé, et viendra le temps du repos entre les frères et les enfants. Je m'étonnerai alors de bien des choses de moi, comme un vieux soldat qui ne peut plus remuer son épée. Nos enfants de la Quercia et de Bosco sont heureux. Le noviciat de Bosco et toute la maison sont dans un grand état de ferveur et de régularité. Nous avons trouvé là ce qu'il nous fallait (1). »

A la fin de cette année 1841, il demanda et obtint la permission de revenir en France reprendre le cours de ses prédications. Il partit au mois de septembre et visita, en passant, ses pauvres exilés de la Quercia et de Bosco. Il fut ravi de l'union et de la paix qui régnaient entre les Frères, et de leurs progrès dans la vie spirituelle. A la Quercia, le Père Jandel avait vite gagné la confiance des autres religieux français. Il était seul prêtre, et c'était à lui que les Frères s'adressaient comme à un père pour les diriger et les conduire. Il justifiait ainsi ce que le Père Lacordaire disait

(1) Lettres à Mme Swetchine. — Rome, 5 juin 1841.

de lui un an plus tard : « Le Père Jandel est admirable. C'est l'homme qu'il me fallait ; je serai l'homme du dehors, et lui du dedans ; car, bien que je fasse des progrès dans la vie spirituelle, l'homme actif et ardent se fait jour encore (1). »

A Bosco, il trouva le frère Piel mourant ; mais, habitué à reconnaître la bonté de Dieu dans les afflictions plus encore que dans les faveurs, il lui élevait son cœur et disait : « Cette perte est grande pour nous au point de vue de l'homme, mais Dieu sait ce qu'il fait ; il veut sans doute nous donner dans le ciel des protecteurs capables de nous soutenir dans les difficultés et les adversités qui nous sont prédestinées. Sa volonté soit faite jusqu'au bout ! (2) » Il a consigné plus tard, dans une lettre à M. de Falloux, les souvenirs de cette première visite à Bosco et à ses enfants. C'est une charmante esquisse peu connue, qu'on nous saura gré de reproduire ici.

« Mon cher ami,

« Vous me demandez ce qu'il reste de ce fameux couvent de Sainte-Croix de Bosco, fondé par notre très-cher et très-saint pape Pie V. Ce qu'il en reste, mon cher ami, c'est justement tout. Le général Bona-

---

(1) Lettres à Mme de la Tour du Pin, p. 89.
(2) Lettres à Mme Swetchine. — Bosco, 28 septembre 1841.

parte y ayant logé pendant deux ou trois jours, en 1796, laissa un ordre écrit de sa main pour qu'on le respectât. Dans les guerres postérieures, on y établit une compagnie de vétérans français qui s'y conduisit avec la douceur et la régularité d'un corps de religieux. Ils prirent un soin particulier de l'église, toute riche de marbres et de tableaux précieux; pas un ne fut enlevé. Ils y assistaient à la messe le dimanche, et chaque jour, dans l'ombre et dans la lumière, on voyait plusieurs de ces vieux soldats venir s'y agenouiller. Cependant cette heureuse situation fut un moment troublée. Napoléon avait résolu de faire d'Alexandrie une immense place d'armes; le génie convoita les briques et tous les matériaux du couvent et envoya un ordre conforme. L'officier qui commandait les vétérans de Bosco était protestant; il répondit que le couvent était sous sa protection, que, s'il lui arrivait malheur, il aurait la responsabilité de cette ruine, et que l'Empereur ayant autrefois laissé un ordre écrit de le respecter, il ne pouvait l'abandonner à la démolition sans en avoir référé directement avec lui. Aussitôt, et à ses propres frais, il expédia un courrier à Paris. Le jour où le courrier revint, il y avait devant la porte de l'église un grand nombre de voitures envoyées d'Alexandrie pour enlever tous les marbres et les objets précieux : on ouvrit la dépêche; elle contenait l'ordre impérial de ne pas enlever une pierre du couvent de Bosco. C'est ainsi que Napoléon sauva l'œuvre de saint

Pie V. Il y a encore au couvent un vieux frère convers qui l'a servi pendant son séjour en 1797, et qui aime à raconter qu'un de ces jours-là, lui portant le café du matin, il le trouva au coin du feu, le coude appuyé sur une pelle, éveillé, mais si profondément attentif, que, pendant plusieurs minutes, il n'aperçut pas le frère qui était devant lui...

« Au mois de septembre 1841, après avoir suivi quelque temps la route qui mène d'Alexandrie à Novi, je me détournai sur la droite, et, après trois quarts d'heure de marche, je vis devant moi, au sein d'une plaine couronnée d'arbres verdoyants, un édifice imposant par sa masse. Je descendis d'une méchante petite voiture où j'étais seul; j'entrai avec émotion; un religieux que je rencontrai me mena à une petite porte au-dessus de laquelle étaient écrits ces mots : *Domus probationis*; elle s'ouvrit, je montai un escalier, et je me trouvai dans les bras de cinq ou six Français, vêtus, comme moi, de l'habit de Saint-Dominique. L'un d'eux, artiste d'un mérite déjà éprouvé, homme de trente ans, sorti du monde par un coup vigoureux de la grâce, était gisant sur son lit, d'où il ne devait plus se relever. Comme nous avions laissé à Sainte-Sabine de Rome le corps chéri d'une âme plus chère encore, nous devions laisser à Bosco, comme un mémorial de notre passage, le bien-aimé frère Piel. Depuis, nous avons été réunis là ; nous y avons été rejoints par les frères demeurés à la Quercia de Viterbe, et par d'autres âmes venues du cher pays de France. Après la Quercia, après Sainte-Sabine et Saint-Clément de Rome, Bosco a été le dernier asile de la colonie française dominicaine. Saint Pie V nous l'avait préparé et gardé. Au sein de la plus aimable hospitalité de nos frères d'Italie, nous n'avons eu qu'à lever les yeux pour apercevoir devant nous le sommet brillant des Alpes, frontière de notre patrie. O Bosco! un temps viendra où nous ne reposerons plus sous tes cloîtres, où nous ne nous agenouillerons plus dans ta pieuse église, sauvée par des soldats français, où nous ne verrons plus autour de toi ta brillante et profonde ceinture de saules et de peupliers, où nous ne suivrons plus le cours des innombrables et limpides ruisseaux qui arrosent tes prairies, où nous laisserons sous ta garde nos chers morts; mais, ô Bosco! la patrie elle-même ne nous fera jamais oublier ton hospitalité, ta piété, l'accroissement que nous avons reçu de toi, la joie et l'union que tu nous as données, et avant de mourir, notre œil te cherchera de loin entre le ciel et la terre!... »

CHAPITRE XIII

1841-1844

Stations de Bordeaux et de Nancy. — Lutte avec le gouvernement pour la liberté des Ordres religieux. — Premières fondations de Nancy et de Chalais.

A dater de l'époque de sa rentrée en France, et à part l'incident de 1848, la vie du Père Lacordaire n'a plus que deux actes : l'enseignement du haut de la chaire et le rétablissement de l'Ordre de Saint-Dominique. Avant de dire ce qu'il fut comme religieux, et de pénétrer plus avant dans les secrets de son commerce avec Dieu et avec les âmes, suivons-le encore dans sa vie publique pendant ces deux ou trois premières années de son retour dans son pays, années les plus fécondes de son apostolat, les plus heureuses pour son œuvre et pour l'Église de France.

Il partit de Bosco dans l'automne de 1841, et se rendit à Bordeaux pour y prêcher tout l'hiver. Cette station dura quatre mois, de décembre 1841 à la fin de mars 1842. Elle fut un événement pour la ville de Bordeaux. Dans la cathédrale on avait élevé deux immenses tribunes, pour augmenter la nef, déjà très-vaste. Tous les corps d'autorités sans exception, la cour, le barreau, l'armée, etc., avaient leurs places dans une enceinte réservée. L'émotion et l'enthousiasme de cet immense auditoire élevèrent l'orateur au-dessus de lui-même; plusieurs fois il dut comprimer des applaudissements prêts à éclater. C'était de la frénésie : dans les salons, dans les cafés, sur les places publiques, on ne parlait que des conférences du dimanche. Cette faveur de l'opinion alla croissant jusqu'à la fin. Les fruits de conversion et d'ébranlement furent sérieux et abondants. Mais ce qu'il importe de ne pas oublier et de mettre en relief, c'est la portée et le résultat de ces triomphes sur l'opinion publique et sur la cause de l'Église.

On entrait alors dans la période des luttes glorieuses pour la liberté d'enseignement et d'association. Tandis que la haine invétérée des libéraux de la Restauration s'unissait aux frayeurs de l'Université et du gouvernement pour résister, le clergé et les laïques se groupaient pour le combat. On se rangeait en ordre de bataille, et jamais depuis longtemps plus belle armée ne s'était vue; car l'unité y présidait, et, sous le drapeau de la liberté chrétienne, tous les dévouements s'étaient donné rendez-vous, toutes les dissidences s'étaient effacées. On voulait reprendre de gré ou de force la plus sainte, la plus imprescriptible de toutes les libertés, la liberté religieuse; on voulait être libre d'élever ses enfants dans sa foi, et de leur choisir des maîtres selon ses croyances; on voulait pouvoir servir Dieu sous toutes les formes de dévouement reçues dans l'Église, sans être pour cela mis au ban de la nation, traité d'étranger, de paria, de rebelle : liberté d'enseignement et des Ordres religieux, tel était le *Dieu le veut* de cette croisade. On se comptait, on choisissait les chefs, ou plutôt les chefs s'improvisaient d'eux-mêmes dans la lutte, chefs illustres, éloquents, infatigables. Les évêques allaient élever la voix, de puissants orateurs se chargeaient de répondre aux adversaires dans les deux chambres; la presse y ferait écho; des comités allaient s'organiser pour diriger et soutenir le mouvement. C'est à ce moment que l'orateur de Notre-Dame reparaissait en France. Or qu'était-il cet homme qui pendant quatre mois tenait la ville de Bordeaux captive sous la magie de sa parole; cet homme qui allait passionner de même Nancy, Grenoble, Lyon, Paris et tant d'autres villes; cet homme qui le premier, depuis des siècles, avait fait à la parole sacrée des auditoires comme Bossuet ni Bourdaloue n'en avaient jamais eus? C'était un proscrit; c'était un moine, un descendant des inquisiteurs; sa tête était rasée, et la laine blanche de son froc se cachait mal sous la dentelle de son rochet (1). Sa seule présence était un délit ; les foules l'acclamaient, mais il avait contre lui je ne sais quel article d'une loi caduque. Il arrivait avec le prestige des plus pures gloires réunies sur une même tête : une parole de feu, le front illuminé de génie, des services rendus, des erreurs réparées plus grandes que ses vertus, le culte presque exagéré de son pays et de son temps, une âme de saint dans un cœur de grand homme ; mais il était moine... Il ne s'en effraya guère. Il semblait même n'avoir quitté Paris et la France que pour reparaître au plus fort de la lutte, et couvrir son nouvel habit de la popularité de son nom et de l'éclat de son irrésistible éloquence. Quel plus fort argument qu'un tel moine en faveur de la liberté religieuse ? Si sa présence était une contravention à la loi, n'était-elle pas aussi une démonstration péremptoire de l'absurdité de cette loi ? C'est dans ce sens qu'il s'appelait lui-même *une liberté* ; c'est à cette hauteur qu'il faut voir et juger ces prodigieux triomphes de parole, non comme les triomphes d'un homme, mais d'un principe ; c'est ainsi qu'il en jugeait lui-même, et qu'il en pouvait parler sans fausse humilité et sans orgueil. « C'est Dieu, disait-il, qui fait les hommes quand il veut s'en servir, et qui leur donne juste ce qu'il faut, par une suite d'événements impré-

---

(1) M. le ministre des cultes avait écrit à Mgr l'Archevêque pour le prier de ne point permettre que le P. Lacordaire prêchât en habit religieux. Il fut alors convenu qu'il le couvrirait d'un simple rochet.

vus dont la liaison ne se découvre qu'à la longue. En repassant ma vie tout entière, je la trouve convergeant vers le point où je suis, de quelque côté que je la regarde (1). » Ce ne sera pas un des moins admirables conseils de cette divine Sagesse, d'avoir donné à la France, au moment où se plaidait le procès des Ordres religieux, les deux plus grandes et plus pures figures monastiques de ce siècle, le Père de Ravignan et le Père Lacordaire, et de les avoir présentés l'un à côté de l'autre, dans la chaire de Notre-Dame, un peu au-dessus des combattants, permettant ainsi de juger de l'arbre par ses fruits. Voici, du reste, comment M. de Montalembert, dont le nom revient de droit le premier dans cette lutte immortelle, et qui s'est acquis à la reconnaissance des Ordres religieux des titres que, pour notre part, nous nous ferons honneur de n'oublier jamais, voici, dis-je, comment M. de Montalembert apprécie le rôle et l'influence de son ami sur ce grand débat. « Ne l'oublions pas, ce procès (des Ordres religieux) il l'avait gagné hautement, et non-seulement le procès de son Ordre, qu'on croyait écrasé à toujours sous le poids de l'impopularité de l'Inquisition, mais encore le procès de tous les instituts religieux et celui des Jésuites eux-mêmes. Ceux-ci avaient été un instant menacés par un ordre du jour fameux, un instant dispersés en appa-

---

(1) 2 novembre 1838.

rence par un ordre de leur général ; mais la haine antimonastique n'avait pas osé aller plus loin. Pourquoi ? Parce que le Père Lacordaire avait osé paraître en froc à Notre-Dame, et, invoquant hardiment et franchement la liberté de conscience proclamée en 1789, mettre de son côté cette masse flottante qui, dans tous les pays et dans tous les temps, a toujours décidé toutes les questions (1). »

La station de Bordeaux compta parmi les meilleures de celles données en province. Un avocat distingué de cette ville écrivait au Père Lacordaire quelque temps après : « Vous avez laissé à Bordeaux autant d'amis que d'admirateurs. J'ai eu l'honneur de vous le dire quelquefois, vous avez trouvé le secret, si difficile par le temps qui court, de concilier tous les suffrages, de confondre toutes les nuances politiques, et d'absorber tous les esprits dans un seul sujet, le plus grand de tous. »

De Bordeaux, qu'il quitta au mois d'avril, il se rendit par Paris à Bosco, auprès de ses Frères, et y passa tout l'été de cette année 1842. Le temps de la dispersion allait finir. Les religieux de la Quercia avaient terminé leur année de noviciat. Trois d'entre eux prononcèrent leurs vœux solennels le 15 mai 1842, le quatrième, le Frère Hernshcim, n'ayant pu le faire encore à cause du mauvais état de sa santé. Tous quatre

---

(1) *Le P. Lacordaire*, par M. de Montalembert, p. 127.

vinrent rejoindre leurs Frères de Bosco. Ils étaient sept profès et trois novices. Ainsi se trouvait réunie de nouveau sous le père commun la petite famille dispersée un an auparavant par l'orage de Saint-Clément. Nul n'y mit obstacle : la fausseté des accusations les avait fait tomber d'elles-mêmes, et, mieux que tout le reste, la vie sainte des religieux avait plaidé leur cause.

Le révérend Père Morassi, maître des novices italiens et français, nous a laissé des souvenirs de ce séjour du Père Lacordaire à Bosco, dans une lettre dont nous transcrivons quelques passages.

« C'était, dit-il, un religieux très-fidèle observateur de la règle et très-édifiant. J'étais maître des novices alors, et j'avais par conséquent sous la main les jeunes Français qu'il admettait à faire leur noviciat. Dans les circonstances où nous traitâmes ensemble des affaires de quelque importance, je vis toujours en lui une âme magnanime qui, sans réserve, s'abandonnait à la Providence, et jugeait de ces hauteurs les événements humains. Deux fois je m'abandonnai en sa présence à une grande amertume ; deux sujets aussi courageux que capables allaient m'être enlevés par la maladie et par un accident imprévu, et je regrettais la perte de ces jeunes gens, en qui j'aimais à voir des colonnes de l'édifice projeté. Mais lui, tranquille et confiant, me dit : « Laissons faire la divine Providence, laissons « les choses suivre leur cours. »

« Il ne supportait ni distinctions ni singularités. Ceux qui ne le connaissaient pas l'auraient confondu avec le plus humble des religieux, tant il mettait de familiarité et de respectueuse aménité dans ses rapports avec tous. L'honneur et le respect lui étaient indifférents : les visites qu'il recevait de personnages illustres venus de loin pour lui parler lui étaient à charge.

« Durant le temps des récréations il n'allait pas à la promenade, il préférait demeurer au couvent; là il travaillait le jardin avec les novices, charriait la terre et s'occupait de semblables travaux. L'affabilité et la simplicité de ses manières le faisaient prendre par les étrangers pour un simple étudiant. La finesse de son corps, la vivacité de son visage, un regard transparent où se peignaient toutes les émanations de son âme, lui donnaient d'ailleurs un air de jeunesse.

« Un ecclésiastique distingué était venu de très-loin pour voir le Père Lacordaire et lui offrir l'hommage de son admiration. A peine arrivé, il se fait conduire au supérieur, et lui expose le motif qui l'amène. Le supérieur l'invite à dîner, car l'heure du repas était venue, et, pour lui permettre de satisfaire plus pleinement son désir, il le place, sans lui rien dire, à côté du Père Lacordaire, qui était lui-même à la tête d'une table. L'ecclésiastique, impatient de connaître l'homme qu'il cherchait, se penche vers son voisin, et le prie, à voix basse, de lui indiquer le révérend

Père Lacordaire. « C'est, répondit le Père avec cette « finesse dont il avait le secret, celui qui se trouve à « la tête de la table. » L'ecclésiastique ne pouvant soupçonner son voisin, crut qu'on lui indiquait un religieux placé à la tête de la table en face de lui. Il se prit donc à observer ce dernier, et, autant que la politesse le lui permit, il étudia avec soin tous ses mouvements. Le repas terminé, il court à sa rencontre et lui exprime sa joie de pouvoir révérer un homme si grand par son mérite et sa renommée. Le religieux vit l'erreur, et lui répondit en souriant : « Je ne suis « pas le Père Lacordaire; il était auprès de vous pen- « dant le repas. » Le Père Lacordaire s'était déjà dérobé...

« Il traitait son corps avec si peu de soin, qu'il ne semblait pas en tenir compte. Toute nourriture lui était bonne ; il n'en recherchait aucune, et si parfois il choisissait, c'était pour prendre la plus grossière. Il aimait avec passion toutes les austérités de l'Ordre ; les délicatesses et le bien-être lui étaient en horreur... Aussi accoutumait-il ses jeunes disciples à mener une vie rude et austère, à coucher sur la dure, à se couvrir de vêtements grossiers, etc. Il voulait les aguerrir aux difficultés que leur offriraient le rétablissement de l'Ordre en France et la rigoureuse observance qu'il se proposait d'établir ; et il exigeait qu'ils fussent, comme lui, prêts à dompter tous les obstacles.

« Il n'aimait pas à se produire dans les conversations communes ; il écoutait plus volontiers discourir les autres ; mais il répondait aux demandes qu'on lui faisait d'une manière très-affable et toujours à voix basse. Lorsque le cours de la conversation l'amenait à toucher un point intéressant, il exposait sa pensée avec tant de grâce et d'habileté, qu'il entraînait tous ses auditeurs.

« La *Somme* théologique de saint Thomas était son livre de prédilection : il la lisait et la méditait beaucoup, et il en faisait ses délices.

« Le général de Sonnaz, gouverneur d'Alexandrie, l'invita deux fois à prêcher à la brigade de Savoie, alors en garnison dans cette ville. Son extrême complaisance lui fit accepter : il prit des sujets de circonstance, et ses discours eurent le succès qu'on devait en attendre.

« Tel fut le révérend Père Lacordaire pendant les séjours qu'il fit dans notre couvent, et tel l'ont vu les religieux qui l'y ont connu comme moi. Je vous envoie ces quelques souvenirs avec bonheur, et croyez-moi, etc... »

Bosco resta la maison de noviciat pour les religieux français jusqu'en 1845, où il fut remplacé par le couvent de Notre-Dame de Chalais, près de Grenoble. L'année d'épreuves qui venait de s'écouler, au lieu d'ébranler les courages, les avait raffermis, et le Père

Lacordaire, sûr maintenant des éléments qu'il avait sous la main, allait pouvoir prendre bientôt pied en France par la fondation d'une première maison à Nancy.

Il partit de Bosco au mois de novembre 1842, et se rendit directement à Nancy. Mme Swetchine se plaignait qu'il n'eût pas fait un détour sur Paris pour y voir ses amis. Il lui répond gaiement qu'il est lié maintenant par son vœu de pauvreté, et qu'il doit son temps et son argent aux seules nécessités de son devoir. « Je suis mendiant, lui écrit-il, je vis, moi et les miens, d'aumônes, et, par conséquent, je ne puis plus rien faire uniquement pour mes affections et mon plaisir, mais par devoir et nécessité. Toute dépense que je ne puis pas justifier à mes yeux, au poids du sanctuaire, est une dépense répréhensible. Chaque état a ses convenances rigoureuses. C'était à moi à ne pas me faire mendiant; dès que j'ai pris ce parti, il ne faut pas que je fasse dire au public : Le Père Lacordaire mange assez gaiement l'argent que nous lui donnons. Mes démarches doivent être toutes claires et justifiées. Quand on est en présence de Dieu et du public, il ne faut pas jouer avec ses actes. Ma conscience et l'opinion exigent que je sois au couvent avec mes frères tout le temps que je ne suis pas employé aux fonctions apostoliques; le couvent et la chaire, voilà les deux lieux où l'œil de mes amis et de mes ennemis doit me trouver. Partout ailleurs j'ai un compte à rendre, je suis en état de suspicion. Cela est dur, j'en conviens; mais je l'ai voulu (1). »

La station de Nancy dura cinq mois, de décembre 1842 au mois de mai 1843. « Il s'en fallait bien, raconte-t-il lui-même, que cette ville eût l'ardeur de Bordeaux, et cependant c'était elle que la Providence avait choisie pour être le lieu de notre première fondation. Il s'y rencontra parmi mes auditeurs un homme jeune encore, libre de sa personne, possesseur d'une fortune qui n'était pas très-considérable, mais qui lui donnait pourtant une grande latitude pour la satisfaction de goûts élevés et généreux. Artiste, voyageur, doué d'un esprit de salon remarquable et d'une aménité qui charmait tout le monde, il avait vécu jusque-là dans les plaisirs honnêtes mais inutiles d'une société qui l'aimait, étranger, du reste, aux sérieuses pensées de la religion. Et néanmoins il était marqué du signe invisible des prédestinés. Quelques mois auparavant, au retour d'un voyage d'Italie, entré par hasard dans une église de Marseille, il y avait entendu le premier appel de Dieu. Depuis lors son âme portait le trait fatal, et elle errait sur ces confins brûlants où le monde et l'Évangile se livrent les derniers combats. La lumière n'était plus douteuse; mais elle ne régnait encore qu'imparfaitement sur sa nouvelle conquête. M. Thiéry de Saint-Beaussant, ainsi s'appelait-il, compta bien-

(1) *Correspondance du R. P. Lacordaire avec Mme Swetchine*, p. 338.

tôt parmi les jeunes Lorrains qui faisaient de ma prédication une affaire de cœur en même temps qu'une affaire de foi. Circonspect sous le feu d'une vive imagination, il me charmait à la fois par son ardeur et sa solidité, et je fus longtemps à pressentir le dessein qui travaillait son esprit. Tous les disciples qui m'étaient venus jusque-là, parmi les laïques, avaient été emportés par un enthousiasme dont ils n'étaient pour ainsi dire pas les maîtres; M. de Saint-Beaussant se dominait sans effort. Enfin il s'ouvrit à moi de la pensée où il était de nous établir à Nancy, et, tous deux d'accord, nous sondâmes le chef du diocèse, qui était alors Mgr Menjaud, coadjuteur du siège avec future succession. Il eut le courage de nous donner sa parole sans prendre l'avis du ministère, et tout en prévoyant bien que notre projet ne se réaliserait pas sans difficulté, soit du côté de l'opinion, soit du côté du gouvernement.

« M. de Saint-Beaussant nous acheta donc une petite maison, capable de loger tout au plus cinq à six religieux. Nos amis la garnirent de meubles les plus indispensables; on dressa un autel dans une chambre, et, le jour même de la Pentecôte 1843, j'en pris possession. Tout était petit, étroit, aussi modeste que possible; mais en songeant que depuis cinquante années nous n'avions en France ni un pouce de terre sous nos pieds, ni une tuile sur notre tête pour nous couvrir, j'étais dans un inexprimable ravissement.

Quelques jours après nous reçûmes une magnifique bibliothèque de dix mille volumes, que M. l'abbé Michel, curé de la cathédrale, avait léguée à ses neveux, avec l'ordre exprès d'en faire don au premier corps religieux qui s'établirait à Nancy. Plus tard, M. de Saint-Beaussant compléta lui-même sa fondation en y ajoutant une chapelle, un réfectoire et quelques cellules pour y loger des hôtes. Il en fut le premier, et, comme autrefois d'illustres fondateurs venaient reposer leur vie à l'ombre des cloîtres qu'ils avaient bâtis, il se fit une joie d'habiter parmi nous. Quoique d'une santé faible, qui exigeait des ménagements infinis, il voulut s'astreindre à notre nourriture, et essayer peu à peu ses forces dans des austérités qu'il souhaitait embrasser un jour. J'eus le bonheur de le voir novice. Ce grand changement dans sa vie n'en apporta aucun dans le charme de son commerce : il conserva sous le froc toutes les grâces de sa brillante nature, gai, simple, entraînant, faisant aimer Dieu avec lui. Nous ne le gardâmes pas longtemps ; il mourut, en 1852, à notre collége d'Oullins, et fut enseveli dans la chapelle de cet établissement. Je plaçai une inscription sur sa tombe, comme je l'avais fait pour le Frère Réquédat. L'un et l'autre, dans un ordre différent, furent les prémices de notre résurrection : le Frère Réquédat me donna la première âme de l'édifice, le Frère de Saint-Beaussant m'en donna la première pierre (1). »

Les soins de ce premier établissement le retinrent à Nancy tout l'été de 1843. Il resta seul jusqu'au mois de juin, non sans regarder souvent du côté de sa chère communauté de Bosco. Son cœur le poussait vers cette vie de fraternité où il avait trouvé autant de force que de consolation. « Je regrette amèrement d'être seul, écrivait-il au Père Besson; je voudrais désormais avoir un compagnon, afin de pouvoir au moins m'édifier et me soutenir avec lui; seul, on est toujours trop faible et impuissant à mille choses. Vous savez tout ce que je suis pour vous, et ce que vous êtes

---

(1) Mémoires. Voici cette touchante inscription, qui résume toute la vie du Frère de Saint-Beaussant.

Hic
Dominum expectat
Fr. Augustinus THIÉRY de SAINT-BEAUSSANT,
ordinis fratrum prædicatorum,
qui,
post multos ultra juventutem annos
in sæculi erroribus et flore ductos,
lucem æternæ pulchritudinis, improviso ictu,
aspexit,
et fratribus prædicatoribus e Francia exulibus
primam domum in patria dedit,
corpus deinde suum, animam et nomen,
dono faustiori,
et tandem,
post breve, sed mirabile, religionis stadium,
anno salutis MDCCCLII,
dulciter hic ad Deum transiens,
mortem suam illis piissimam,
ultimum et æternum donum,
reliquit.

pour moi. Mon principal regret est de ne pouvoir vous le dire par écrit comme je le voudrais, et de ne pouvoir non plus me croire à la veille de me retrouver près de vous (1). »

Au mois de juin il appela le Père Jandel auprès de lui, et en donna avis aux Frères de Bosco par la lettre suivante. C'est l'accent de simplicité des vieux âges chrétiens.

« Mes Frères bien-aimés,

« Le Père Jandel va vous quitter pour venir me rejoindre à Nancy, où la divine Providence nous a donné la première maison qui ait été habitée en France par des Frères Prêcheurs depuis cinquante ans. Quelque grande que soit pour vous et pour moi, pour nous tous ensemble, la consolation de poser en France la première pierre de notre établissement, il en résulte toutefois une séparation que je ressens vivement pour ma part. Dieu nous y avait préparés sans doute par des séparations préliminaires; mais celle-ci est plus complète que les autres, et me fait éprouver le besoin de vous dire la peine qu'elle me cause. Un jour viendra où Dieu nous réunira dans notre patrie, où nous ne formerons tous ensemble qu'une seule maison comme un seul cœur; mais lui seul connaît

(1) Nancy, 4 mars 1843.

l'heure qu'il a fixée dans ses décrets éternels. Notre dessein est d'agir au jour le jour, sans nous inquiéter du lendemain, sûrs qu'il veille sur nous comme le père le plus tendre. Vous en avez déjà bien des preuves, et celle qu'il nous en donne aujourd'hui doit nous pénétrer d'une confiance sans bornes. Nous voici possesseurs, dans une des grandes villes de France, d'une maison et d'une bibliothèque : d'une maison qui nous est donnée par un homme qui, il y a trois ans, n'était pas même chrétien ; d'une bibliothèque formée par quarante ans de patience, et dont nous n'aurions pu réunir à aucun prix les riches et rares matériaux. Ne voyons-nous pas se vérifier en nous la parole de Notre-Seigneur, que *quiconque abandonnera pour lui son père, sa mère, ses frères, ses sœurs, sa maison, recevra ici-bas des pères, des mères, des frères, des sœurs, et le centuple de tout ce qu'il aura laissé, même au milieu des persécutions ?* Que notre cœur ne se trouble donc point, qu'il ne se laisse jamais aller à la défiance ; rappelons-nous sans cesse les épreuves que nous avons subies depuis cinq ans, les Frères que nous avons perdus, les calomnies par où l'on a essayé de nous perdre, la dispersion qui a été faite de nous, les prédictions que jamais nous ne poserions le pied en France : tout cela nous a purifiés sans nous abattre, et il en sera de même par la suite, et bien mieux encore, parce que plus nous allons, plus, grâce à Dieu, nous acquérons le mérite de la persévérance, de la prière, des mortifications et de toutes les bonnes œuvres, selon la mesure de l'esprit qui nous est donné.

« Après ces paroles d'encouragement, mes Frères bien-aimés, je dois remplir un autre devoir, en pourvoyant à remplacer auprès de vous le Père Jandel. Je devais naturellement jeter les yeux sur le plus ancien après moi et le Père Jandel, je veux dire sur le Frère Besson, que Dieu m'avait envoyé pour compagnon il y a trois ans, qui a été des Frères de Sainte-Sabine et de Saint-Clément, qui a vu mourir les Frères Réquédat et Piel, et qui a souffert de toutes nos tribulations passées. Je vous présente donc Frère Besson comme chargé de toute l'autorité qu'il m'est permis d'avoir sur vous, tant par la volonté de nos supérieurs que par la disposition de la Providence; c'est lui qui présidera le chapitre, et qui correspondra avec moi pour toutes les affaires de notre petite communauté. Je suis sûr que vous lui rendrez le gouvernement facile par votre obéissance, comme il vous rendra l'obéissance aimable par l'esprit de fraternité qui est en lui. Ce sera pour moi une bien grande consolation, au milieu des travaux sans cesse renaissants qui me sont imposés, et au milieu desquels je ne cesse de penser à vous, me disant que c'est pour vous que je travaille, et qu'un jour vous recueillerez le fruit de cette semence laborieuse dont il a plu à Dieu de me charger le premier. Le Père Jandel vient m'aider à présent; que chacun de vous aspire à se rendre digne de coopérer un jour à nos faibles efforts. La France est affamée de la parole de Dieu ; son retour à la foi s'opère visiblement, malgré les contradictions ; déjà l'ennemi, étonné de nos progrès, cherche à réveiller les vieilles haines ; mais sans doute elles seront impuissantes ; elles doivent seulement nous avertir qu'il nous faut redoubler de soins et d'ardeur pour devenir un jour de bons ouvriers dans cette riche moisson de l'avenir.

« Je me recommande instamment à vos prières, mes Frères bien-aimés, et suis tout à vous tous du fond de mon cœur. »

Le même jour il écrivait au Père Besson : « Cette charge est un grand fardeau pour vous, mon cher ami ; vous le supporterez comme imposé par Notre-Seigneur pour le bien d'une œuvre utile à son Église. Je vous recommande, mon cher enfant, une grande douceur envers les Frères, du respect pour les Pères ; évitez dans les conversations de vous énoncer d'une manière trop absolue ; sachez souffrir et comprendre les opinions des autres ; faites vous tout à tous, afin que le joug de l'obéissance paraisse toujours aimable. Il faut dans le gouvernement de la fermeté sans doute, mais aussi beaucoup de flexibilité, de patience, de compassion. Je ne vous dis que ce peu de mots, mon cher enfant, et vous mets entre les bras de Notre-Seigneur et de sa très-sainte Mère, en vous embrassant moi-même de tout mon cœur (1). »

(1) Nancy, 6 juin 1843.

Cependant l'établissement de Nancy ne s'était pas fait sans de vives oppositions de la part du gouvernement et des autorités locales. Ces oppositions se renouvelleront à Paris, pour la reprise des Conférences, et à Grenoble à l'occasion de la fondation de Chalais; et il n'est pas douteux que le Père Lacordaire y eût succombé s'il n'eût trouvé dans l'estime où le tenait élevé l'opinion un secours providentiel et tout-puissant.

A peine le bruit d'une prise de possession à Nancy s'était-il répandu, que le ministre des cultes, ce même M. Martin (du Nord) qui, en 1841, invitait le Père Lacordaire à dîner le lendemain de son discours à Notre-Dame, prenait l'alarme, et écrivait lettre sur lettre à Mgr de Joppé, coadjuteur de Nancy (2), pour le presser de refuser son consentement, lui disant que c'était une affaire très-grave, qu'il en appelait à sa bonne foi, et qu'on lui dissimulait la portée de ce que voulait faire l'abbé Lacordaire. Le préfet, dans de longues visites à Mgr Menjaud, redisait et amplifiait les mêmes choses. Le coadjuteur, plus ferme que jamais, répondit qu'il n'avait pas le pouvoir de chasser de son diocèse un bon prêtre qu'il aimait et estimait, surtout au moment où il remplissait près de lui le ministère le plus sublime, le plus consolant et le plus fructueux, non-seulement au point de vue chrétien, mais sous le rapport social; qu'il le laisserait donc faire,

---

(1) Mgr Menjaud, mort archevêque de Bourges.

et que, si plus tard il était question d'un couvent réel, il s'en entendrait avec le gouvernement. Repoussé du côté de l'autorité ecclésiastique, on prit un autre biais, et l'on voulut s'appuyer sur l'opinion antireligieuse pour forcer le Père Lacordaire à quitter Nancy. C'était bien mal le connaître.

Il avait donné un discours au lycée de la ville, à la suite duquel le recteur de l'académie, cédant à la crainte de s'être compromis en permettant à un religieux de prêcher ostensiblement dans une maison de l'État, avait interdit à ses subordonnés toute relation publique et privée avec le Père Lacordaire. L'odieux de cette mesure arbitraire avait encore été grossi par les déclamations du *Patriote,* journal de Nancy. Pendant plus d'un mois, cette feuille, s'autorisant de l'acte du recteur, avait, en termes violents, incriminé la doctrine et la personne du Père Lacordaire. Sommé par le coadjuteur de faire justice au religieux outragé, le ministre des cultes s'y refusa, n'étant pas fâché de voir les mauvaises passions lui prêter main-forte dans sa malheureuse campagne contre l'habit religieux. Mais le Père Lacordaire n'était pas homme à lui laisser cette trop facile satisfaction. Il prit résolûment l'offensive, et intenta un procès en diffamation au *Patriote* : c'était mettre indirectement en cause le recteur et même le gouvernement. L'opinion s'émut : la grande majorité de la ville prit parti pour l'orateur qu'elle venait d'applaudir pendant cinq mois, qu'elle s'honorait d'avoir pour concitoyen, et qu'elle voyait calomnié publiquement d'une manière révoltante. Le premier avocat de Nancy plaidait pour le Père Lacordaire, qui devait lui-même prendre la parole et défendre la légalité des Ordres religieux en France. Il voyait dans cette affaire un coup de la Providence pour arracher les associations religieuses aux mesquines tracasseries du pouvoir, et les placer sous la sauvegarde plus équitable de tous les honnêtes gens. Il s'y préparait donc en bon religieux autant qu'en intrépide soldat. Il demandait à cet effet des prières à ses enfants de Bosco. « C'est le 25 août, leur écrit-il, que notre procès sera plaidé. Ce jour-là, je prie tous les profès de dire pour nous les litanies de la sainte Vierge et l'*O spem miram!* Le dimanche précédent, ils offriront la sainte communion à cette intention (1). » L'administration comprit qu'on s'était trop engagé, et que les choses, quelle que fût l'issue du procès, tourneraient contre elle. On s'arrangea donc pour assoupir l'affaire; on mit une sourdine aux diatribes de la presse de Paris et de Nancy, et l'on fit de la conciliation. Mgr Menjaud, dans une lettre publique, déclara que le Père Lacordaire avait été calomnié, que sa doctrine avait toujours été aussi pure que sa vie, que le recteur avait outre-passé ses droits, et qu'il se réservait de lui en demander satisfaction en ce qui regardait la personne de l'aumônier du

---

(1) Nancy, 30 juillet 1843.

lycée. Nul ne réclama, et le Père Lacordaire, se croyant suffisamment justifié, et cédant aussi aux conseils d'un prélat auquel il était trop redevable pour lui rien refuser, consentit à retirer sa plainte.

A peine rendu à la liberté de ses mouvements, il en profite pour courir à Bosco embrasser ses Frères, leur donner des nouvelles de France, les encourager et régler tout ce qui regardait leurs études. Il n'y resta que trois semaines, et se hâta de revenir à Nancy, de peur d'un nouvel orage. Il y arriva le 28 octobre, et y trouva toutes choses dans l'état où il les avait laissées, c'est-à-dire dans le calme le plus complet. Tout était fini de ce côté; c'était partie gagnée, et il put faire venir à Nancy un nouveau Père sans qu'on s'en émût autrement que par un accroissement de faveur.

La petite maison de Nancy comptait donc déjà trois religieux : le Père Lacordaire, le Père Jandel et le Père Hiss. Mais le Père Lacordaire n'y demeura pas longtemps. Un mois après son retour de Bosco, il fut obligé de se rendre à Paris pour la station de l'Avent à Notre-Dame. De nouvelles luttes plus sérieuses l'y attendaient.

Le Père de Ravignan n'avait point fait oublier le Père Lacordaire à Notre-Dame. Plus on goûtait la parole élevée, pathétique et suppliante du premier, plus on désirait la parole souveraine, unique et inimitable du second, et l'on pensait avec raison que si la France avait été assez riche pour produire à la fois ces deux maîtres incomparables de l'éloquence sacrée, il y avait place aussi pour tous les deux dans la première chaire du monde. Mgr Affre avait plusieurs fois fait instance au Père Lacordaire pour le décider à reprendre ses Conférences, interrompues depuis sept ans, et c'était pour cet Avent de 1843 qu'il avait donné sa parole. Le Père de Ravignan conservait la station du Carême.

Le moment était solennel. Depuis six mois la lutte était engagée entre l'Université et le clergé à propos de la liberté d'enseignement ; d'un côté, tous les priviléges du monopole universitaire menacés: de l'autre, les espérances trompées d'une liberté officiellement promise et obstinément refusée ; d'un côté, la volonté arrêtée de ne rien céder et de se défendre à outrance : de l'autre, le cri d'une guerre sans paix ni trêve jusqu'à la pleine victoire ; d'un côté, toutes les résistances d'une possession de longue date : de l'autre, toutes les énergies et les talents ravivés dans le sein d'une Église qui, pour la première fois depuis cinquante ans, entendait reprendre à ses risques et périls sa part de liberté au soleil. Ce n'était pas trop, à une pareille heure, des efforts réunis de tous les chefs du mouvement religieux, et, en appelant le Père Lacordaire à Paris, Mgr Affre n'ignorait pas quel auxiliaire il se donnait. Tous le comprirent ainsi. Le gouvernement s'en effraya : le roi manda l'archevêque aux Tuileries, et là, pendant une heure, en présence de la reine, il essaya d'obtenir de lui qu'il retirât la parole au Père Lacordaire. L'archevêque lui répondit avec fermeté : « Le Père Lacordaire est un bon prêtre ; il appartient à mon diocèse ; il y a prêché avec honneur. C'est moi qui l'ai rappelé volontairement et qui lui ai donné ma parole publique : je ne pourrais maintenant la lui retirer sans me déshonorer aux yeux de mon diocèse et de toute la France. » Le roi, ne pouvant vaincre son courage, finit par lui dire : « Eh bien ! monsieur l'archevêque, s'il arrive un malheur, sachez que vous n'aurez ni un soldat, ni un garde national pour vous protéger (1). »

Cependant, tout en résistant avec une énergie qu'on ne saurait trop louer, l'archevêque voulait une concession touchant l'habit religieux. Il demandait au Père Lacordaire de quitter son froc pour la soutane. Plus il avait tenu ferme pour maintenir l'orateur dans sa chaire de Notre-Dame, plus il se croyait en droit d'insister pour ce qu'il estimait une simple question de détail et une satisfaction de nature à prévenir de graves désordres. Cet incident fit éclater dans le Père Lacordaire la hauteur des vues, l'indomptable courage, et, au-dessus de tout, la noblesse et la grandeur du caractère. Là où ses meilleurs amis n'avaient aperçu qu'une concession sans importance qui sauvait l'archevêque et l'avenir, il fait voir, lui, avec une force écra-

---

(1) Mémoires.

sante de raison et de style, qu'il s'agit d'une question de principe, et que là seulement est le vrai courage et le salut pour l'archevêque comme pour lui, pour le clergé comme pour les Ordres religieux. Pour obtenir plus sûrement ce qu'il souhaitait, l'archevêque avait prié Mme Swetchine d'écrire à son ami, et elle avait prêté sa main, quoiqu'*en tremblant*. « Songez, lui disait-elle, qu'en vous refusant à ce que la nécessité infligera peut-être, vous abandonnez l'Église dans une des plus lamentables crises où on l'ait vue, que vous nous ôtez toute l'espérance qui nous restait. Songez que deux immenses et redoutables solidarités pèseront sur vous : celle des Ordres religieux, passibles de tous vos actes, et celle du blâme qui retombera sur M. l'archevêque, si vous refusez de prêcher ici. » Elle développait ces considérations dans une très-longue lettre (1), et le conjurait de venir sans retard à Saint-Germain-en-Laye, où, près de Mgr Affre et près d'elle, il se ferait une plus juste idée de la gravité des circonstances. Le Père Lacordaire répondit alors cette magnifique lettre, qu'il faut citer tout entière, et qui révèle à elle seule quel cœur d'homme et de prêtre battait sous ce vêtement religieux, objet de tant d'alarmes.

« Il était impossible, chère amie, que vous me donnassiez une plus grande preuve d'attachement que celle dont votre lettre du 6 novembre est la vivante et

---

(1) 6 novembre 1843.

sainte expression, et si je ne consultais que mon désir de vous en témoigner ma reconnaissance, je vous obéirais à l'instant même, sans réflexion ni réserve. Mais vous ne m'approuveriez pas, dans une occasion aussi grave, de me livrer au seul sentiment de l'amitié; il s'agit d'intérêts qui, à vos yeux comme aux miens, sont au-dessus de tout, et qui nous commandent à tous deux l'oubli de nous-mêmes. Je ne craindrai donc point, chère amie, de vous faire de la peine, et vous exposerai avec la plus grande sincérité les motifs qui ne me permettent pas de vous laisser, ni à vous ni à M. l'archevêque, l'espoir d'une condescendance qui plus que jamais m'est interdite.

« Je ne reviens pas sur le passé, je n'examine point si, en me couvrant publiquement de l'habit religieux, j'ai ajouté aux obstacles qui s'opposent au rétablissement de mon Ordre en France. Je l'ai fait; j'ai porté cet habit dans les chaires de Paris, de Bordeaux, de Nancy; j'ai traversé la France six fois sous ce costume; je lui ai obtenu partout le respect; je l'ai gardé malgré les poursuites officielles du ministère : c'est un fait acquis. Et à qui le sacrifierais-je aujourd'hui? Aux clameurs de la presse irréligieuse! aux craintes du gouvernement! aux esprits irrités contre nous par trois mois d'une guerre implacable! J'irais donner dans Notre-Dame à nos ennemis le spectacle d'un religieux qui a peur après avoir affiché le courage, qui se cache après s'être montré, qui demande grâce et merci en considération de son déguisement volontaire ! Cela n'est pas possible. Plus la situation est grande, plus les catholiques attendent de ma parole une éclatante consolation, moins je dois leur préparer une si douloureuse surprise. Ils ont besoin de prouver à la France que leur cœur n'a point faibli et que leur parole a conservé toute sa liberté. Il vaut mieux cent fois se taire que de trahir leurs espérances. La religion n'a pas besoin de triomphes, elle peut se passer de ma parole à Notre-Dame : Dieu est là pour la soutenir et l'honorer dans l'opprobre ; mais elle a besoin que ses enfants ne l'humilient pas eux-mêmes, et ne déshonorent pas ses épreuves. Tout ce qui lui vient de ses ennemis est bon pour elle ; la honte qui lui vient des siens est la seule chose qui soit capable de lui inspirer du découragement.

« Quant à M. l'archevêque, vous savez les sentiments que je professe pour lui ; je l'aime par reconnaissance, par une appréciation sentie de ses qualités, par une sorte de familiarité qui m'a permis de saisir plus librement ce qu'il y a en lui de droiture, d'élévation et de bonté ; je serais malheureux de lui causer la moindre peine. Aussi n'en suis-je point là. M. l'archevêque, dans la situation sévèrement jugée où l'a mis son esprit d'impartialité, a besoin d'une occasion solennelle pour prouver à tous son indépendance épiscopale. Il la trouve en moi. Je suis pour lui en ce moment une de ces rares fortunes que la Providence accorde aux hommes qu'elle aime. M. l'archevêque sait bien que nul ne m'insultera dans la chaire de Notre-Dame ; il sait bien qu'un immense auditoire me couvrira contre tout désir isolé et honteux ; il sait que je ne donnerai pas le temps à tout ce monde de se reconnaître, et qu'à ma troisième phrase je me serai fait dans leur cœur un asile sacré. On ne peut rien contre l'entraînement populaire. La curiosité seule tiendra la haine immobile, et l'audace même touchera ceux qui ne voudraient pas être touchés ; la France a un instinct de l'honneur qui la charme partout où elle en trouve l'ombre. Si quelque chose pouvait m'anéantir à Notre-Dame, ce serait d'y paraître avec un costume emprunté. L'étonnement, la défiance, le mépris, le regret, s'empareraient des âmes avant toute réflexion, et rien ne me préserverait plus assez. La responsabilité de M. l'archevêque est donc à couvert ; il doit savoir qu'il n'a rien à craindre, qu'il n'a besoin pour sauver Notre-Dame que du désir qu'on a de m'y voir. Sans doute le gouvernement n'a pas la même confiance ; mais que nous importe ? L'événement le rassurera. Il faut avoir du courage et de la présence d'esprit pour ceux qui n'en ont pas. Si, au contraire, je cédais, je rendrais à M. l'archevêque le plus triste service du monde : on verrait qu'il m'aurait concédé la parole au prix d'une lâcheté de ma part, et l'humiliation des catholiques retomberait tout entière sur lui.

« Il est d'ailleurs un autre évêque à qui je dois infiniment, à qui je dois même plus qu'à M. l'archevêque de Paris. Mgr de Joppé m'a non-seulement permis d'établir une maison à Nancy, mais il a sacrifié son repos pour me soutenir contre le recteur de Nancy. Et qu'attaquait le recteur de Nancy ? Qu'attaquait-il sinon l'habit religieux ? Après donc avoir engagé Mgr de Joppé dans une lutte qui n'est point terminée et qui peut abreuver son épiscopat d'amertume, j'irais, en quittant mon habit, donner gain de cause à nos ennemis communs, au recteur de Nancy, aux feuilles irréligieuses de ce pays et à toutes celles de la capitale qui l'ont accablé d'injures ! J'irais le livrer au ridicule pour le récompenser de son courage et de son dévouement à mon égard ! je vous le demande, cela est-il possible?

« Enfin, après tous les autres, je puis bien aussi m'occuper de la question en ce qui m'est personnel. Le caractère est ce qu'il faut toujours sauver avant tout ; car c'est le caractère qui fait la puissance morale de l'homme. Eh bien ! ne voyez-vous pas, chère amie, vous dont l'esprit et l'amitié ont le coup d'œil si sûr, ne voyez-vous pas à quel point j'avilirais mon caractère en me dépouillant de l'habit religieux pour monter dans la chaire de Notre-Dame ? Qui douterait qu'après l'avoir pris par vanité, je l'ai quitté pour la gloriole de prêcher dans la cathédrale de Paris ? Qui verrait en moi autre chose qu'un esprit faible, léger, inconsistant, dominé avant tout par le besoin du bruit?

Ah ! sachons montrer que je n'accepte point la parole et la gloire au prix du déshonneur. Sachons montrer que je sais me taire dans un moment où la parole serait si regardée et si fastique. Sachons mettre le devoir et la dignité avant tout. Plus je vieillis, plus je sens que la grâce de Dieu opère en moi le détachement de ce monde ; je ne me soucie plus que de faire la volonté de Dieu. S'il lui plaît que je prêche à Notre-Dame, j'y prêcherai ; s'il m'en ferme les portes, je prêcherai ailleurs ; si toutes les chaires de France me sont successivement interdites, comme c'est peut-être le dessein du gouvernement, j'attendrai d'autres temps, et je ferai le bien quelconque qui me restera possible. Je n'en ferai même aucun, si aucun ne m'est possible. Le présent est peu de chose, l'avenir est tout. Mais, très-chère amie, quand toutes ces raisons n'auraient aucune valeur, il en reste une qui suffit et qui rend inutile toute délibération. Je n'ai pas le droit de quitter mon habit ; il m'a été donné avec l'obligation de ne le dépouiller qu'en cas de force majeure, sous peine d'encourir l'excommunication. Or il n'y a point ici de force majeure. Mon général même n'a pas le droit de m'autoriser à quitter l'habit ; le saint-siége s'est réservé cette faculté. Toute discussion est donc inutile, puisque la brièveté du temps ne nous permet point de recourir à Rome.

« J'arriverai à Paris le 15 au matin ; je dois descendre rue Chanoinesse, n° 11, près Notre-Dame, chez la mère d'un des nôtres, qui met un appartement et sa table à ma disposition. Cet arrangement m'éloigne de vous, je le regrette bien vivement; mais il m'offre beaucoup d'avantages que je dois accepter. Il était plus convenable que je ne descendisse point à l'hôtellerie dès que je le pourrais. Mes affaires, quoi qu'il arrive, me retiendront à Paris jusqu'au 25 janvier. J'irai vous voir et voir M. l'archevêque à Saint-Germain dès le jour de mon arrivée. Ma détermination parfaitement arrêtée vous expliquera pourquoi je n'accepte point entièrement votre rendez-vous à Saint-Germain; le plaisir que ce séjour me causerait serait contrarié par une lutte inutile. J'aime mieux en finir en un jour et en une fois. Ce serait un grand bonheur pour moi, si mes raisons vous persuadaient. Du moins elles vous prouveront que j'ai étudié la question, et que je sens sa gravité aussi bien que tout l'intérêt qu'y prend votre chère et inestimable amitié (1). »

Ce qui étonne après une pareille lettre, c'est que Mgr Affre ne se soit pas encore rendu. Telles étaient l'agitation des esprits et les craintes de l'archevêque, qu'il crut devoir écrire au Souverain Pontife pour lever les scrupules du Père Lacordaire, et lui enjoindre de quitter son habit religieux. Quelques jours après, en effet, il recevait, par l'intermédiaire du nonce apostolique et de l'archevêque, une lettre du maître général

(1) Correspondance du R. P. Lacordaire avec Mme Swetchine. — Vendières, 12 novembre 1843.

qui l'autorisait à prêcher en *prêtre séculier*. Il fut alors convenu avec Mgr Affre que, pour prêcher seulement, il prendrait par-dessus son habit le rochet et la mozette de chanoine. Les choses ainsi arrangées, le Dominicain reparut dans la chaire de Notre-Dame le 3 décembre 1843. Qu'allait-il se passer? Tout le monde attendait; l'immense nef était trop petite pour contenir la foule qu'agitait un sourd murmure. L'archevêque, sur son banc, paraissait en proie à une émotion visible. Des jeunes gens armés s'étaient placés au pied de la chaire pour défendre au besoin leur grand orateur. On pouvait se croire à Florence aux temps agités de Savonarole. Qu'allait dire le nouveau Frère Jérôme? Apportait-il la paix ou la guerre dans les plis de sa robe? Lorsqu'il parut il se fit un grand silence. Il promena lentement son regard sur ces rangs pressés, où il put reconnaître les loups à côté des frères, les *Piagnóni* et les *Arrabbiati* de sa turbulente Florence, et débuta ainsi : « Après la bataille d'Arbelles, Darius, roi de Perse... » Tout le monde tendit l'oreille; on n'avait pas eu le temps de se reconnaître, et « à sa troisième phrase, comme il l'avait prévu, il s'était fait dans le cœur de tous un asile sacré. » Il n'y eut aucun cri, aucun désordre. La presse se tut ou fut favorable, et *le Siècle* lui-même fit un article louangeur, « sans que je sache, disait le Père Lacordaire, comment cela s'est passé dans son esprit. »

Il traita, cette année là, des effets de la doctrine

catholique sur l'esprit, de la passion des hommes d'État et des hommes de génie contre l'Église. C'était un terrain brûlant, c'étaient des flammes vives sur l'herbe desséchée, au milieu de ces luttes ardentes de l'Église de France. Jamais peut-être il ne fut plus grand et plus modéré à la fois. Il sut rester dans la région des principes, et ne descendit jamais à ces personnalités blessantes qui déconsidèrent les meilleures causes. Sa voix n'en obtint qu'un plus pur succès, un plus universel empire. S'il eut à cœur de réveiller dans l'âme des catholiques le courage dans la lutte et la confiance dans l'avenir, il n'eut pour ses adversaires aucun accent de haine, aucune parole amère. Il se plaisait, au contraire, à les grandir aux yeux de tous avant de les combattre. Il leur disait, sur ce ton d'aimable et noble courtoisie qui lui allait si bien, à lui l'orateur favori : « La question est grave, Messieurs, elle est délicate. Mais rassurez-vous ; je vous traiterai comme Massillon traitait Louis XIV dans la chapelle de Versailles. Quelles que soient vos exigences et ma bonne volonté, je ne puis mieux faire pour vous que de vous traiter comme le grand siècle traitait son grand roi (1). »

Qui ne se souvient de ce portrait de l'homme d'État, si neuf, si original, si habile? « Un homme est comblé de tous les dons de la naissance et de la fortune ; il peut vivre dans les jouissances de la famille, de

(1) XVI° Conférence.

l'amitié, du luxe, des honneurs, de la paix : il ne le veut pas. Il s'enferme dans un cabinet, il y amasse à plaisir des travaux et des difficultés. Il blanchit sous le poids d'affaires qui ne sont pas les siennes, n'ayant pour récompense que l'ingratitude de ceux qu'il sert, la rivalité des ambitions parallèles à la sienne, et le blâme des indifférents. Le premier enfant sorti des langes de l'école prend en main la plume, et lui, qui n'a qu'une ombre de talent à son aurore, qui n'a pas d'aïeux, pas de services, à qui la société ne doit rien que le pardon de sa témérité, il attaque l'homme d'État, qui, au lieu de jouir de sa fortune et de son nom, s'est réservé à peine le temps de boire, entre l'inquiétude du matin et celle du soir, un verre d'eau tout sanglant. L'homme d'État n'y prend pas garde ; il passe de son cabinet sur les champs de bataille ; il veille à côté de l'épée d'Alexandre pour la conseiller ; il signe des traités dont les passions lui demanderont compte avant la postérité. Et enfin il meurt, abrégé dans sa course par les travaux, les soucis, la calomnie ; il meurt, et, en attendant que l'avenir se lève pour lui, les contemporains gravent sur sa tombe une épigramme (1). »

Après avoir ainsi salué l'ennemi, il pouvait se tourner vers la nombreuse phalange de prêtres qui l'écoutaient, et s'écrier : « Nous, prêtres catholiques, on

---

(1) XVIe Conférence.

nous a donné la force et la grâce de vous résister... Le martyre est peu de chose. Ce qui est plus difficile, c'est de résister aux puissances non persécutrices, aux désirs d'hommes d'État souvent dignes de la plus haute estime ; c'est de lutter pied à pied, jour par jour, avec eux. Ah ! quand un prêtre veut être tranquille et jouir de ce monde, son chemin est tout tracé : qu'il cède, qu'il se retire devant la souveraineté humaine ; qu'à chaque exigence il agisse en prêtre païen au lieu d'agir en prêtre chrétien : les honneurs, la piété publique, le renom de tolérance, la faveur de l'opinion l'entoureront à l'envi, et même il ne lui faudra pas beaucoup d'habileté pour voiler sa faiblesse et sauver les apparences de la dignité pontificale et catholique. Mais qu'un pauvre prêtre tienne à sa conscience plus qu'à sa vie, qu'il en défende l'entrée aux efforts de la souveraineté humaine, c'est là que commence le martyre douloureux de combattre ceux qu'on estime et qu'on aime, et de boire au calice d'une haine d'autant plus imméritée qu'on travaille et qu'on souffre pour ceux-là mêmes qui vous poursuivent (1). »

Il pouvait se tourner, par un mouvement qui lui était familier, vers la partie la plus sympathique de son auditoire, vers ses chers jeunes gens et leur dire : « O vous, qui êtes l'espérance et la couronne présente de l'Église de Dieu, ô mes amis ! Dieu seul connaît vos

---

(1) XVI° Conférence.

destinées; mais, quoi qu'il arrive, premièrement et avant tout, ne vous étonnez pas : le christianisme catholique, c'est Milon de Crotone sur son disque huilé : nul ne l'y fera glisser, et nul ne l'en arrachera. Quand donc vous verrez les vents s'élever, les nuées se noircir, souvenez-vous que si votre part est de prouver la vérité de la doctrine par la fermeté de votre adhésion et de votre amour, c'est la part de vos adversaires de la prouver aussi, malgré eux, par la violence de leur répulsion; souvenez-vous que c'est la rencontre permanente de ces deux mouvements, le croisement invincible de ces deux épées sur la tête de l'Église, qui forme éternellement son arc de triomphe. Et en second lieu, ô mes amis! que vos vertus soient toujours plus grandes et plus visibles que vos infortunes, afin que la postérité, qui est le premier jugement de Dieu, en vous trouvant par terre, vous y trouve comme ces soldats qui tombent la poitrine vers l'ennemi, et prouvent, tout morts qu'ils sont, qu'ils étaient dignes de vaincre, si c'était le sort du courage et du droit de l'emporter toujours (1) ! »

Si ces accents nous émeuvent encore aujourd'hui, à une telle distance et dans notre froid sommeil, qu'on juge de quel effet ils étaient sur des esprits échauffés par la lutte et au plus vif de la mêlée. Ah ! si c'était là de l'éloquence de tribun, comme on le disait de son

---

(1) XVe Conférence.

temps, et comme on l'a écrit depuis, nous le voulons bien, et nous souhaitons à l'Église de Dieu beaucoup de tribuns de cette trempe.

Désormais il poursuivit sans interruption, dans cette chaire de Notre-Dame, l'exposition du dogme catholique jusqu'en 1851. Il n'en continua pas moins ses stations de province, qui lui servaient comme d'esquisses des grandes Conférences, et lui donnaient l'occasion de ses principales fondations religieuses.

A la fin de l'hiver de 1844, il prêcha à Grenoble. « C'est un peuple ouvert, bon, généreux, disait-il, point hostile à la religion et en entendant parler avec plaisir (1). » Il eut à y soutenir un dernier et définitif assaut du *vigilant M. Dessauret* (2) contre l'habit religieux. « J'ai prêché avec mon habit religieux, sans déguisement aucun, écrit-il à Mme Swetchine; reste à savoir si le vigilant M. Dessauret, qui traque ce pauvre habit depuis trois ou quatre ans, ne nous enverra pas quelque lettre foudroyante. » La lettre ne se fit pas attendre, et nous la citerons en mémoire d'un si beau zèle pour les intérêts religieux, et de l'ingrate indocilité du moine réfractaire. La lettre était adressée à Mgr Philibert de Bruillard, évêque de Grenoble, « petit vieillard de quatre-vingts ans passés, vif, souriant, spirituel, plus ferme et plus dévoué que

---

(1) Lettre xxxiiie à Mme de la Tour du Pin.
(2) Directeur au ministère des cultes.

tel évêque qui ne porte pas le poids de tant d'années (1). »

« Paris, le 4 février 1844.

« Monseigneur,

« Je viens d'être informé que M. l'abbé Lacordaire est parti pour Grenoble, sans doute avec l'intention d'y faire quelques prédications. Je me suis jusqu'ici fait un devoir d'écrire à tous les prélats dans les diocèses desquels s'est rendu cet ecclésiastique, que sa persistance à paraître en France avec le costume d'un Ordre qui n'est point légalement autorisé était de nature à émouvoir l'opinion publique, et à soulever de sérieuses difficultés. J'ai, en conséquence, engagé successivement Mgr l'archevêque de Bordeaux, Mgr le coadjuteur de Nancy, Mgr l'archevêque de Paris, à ne donner à M. l'abbé Lacordaire l'autorisation de prêcher dans leurs diocèses qu'à la condition qu'il revêtirait le costume des prêtres séculiers, et qu'il mettrait dans son langage une grande retenue et une extrême prudence. Les prélats auxquels je me suis adressé ont compris parfaitement mon invitation, et tous ont prescrit à M. Lacordaire d'en tenir compte. C'est ainsi que récemment il n'a pu paraître dans le chœur de l'église métropolitaine de Paris qu'en prenant le costume des chanoines honoraires du chapitre.

(1) Lettres à Mme Swetchine.

« J'ai la confiance, Monseigneur, que, si M. Lacordaire prêche dans votre diocèse, vous lui imposerez la condition qu'il a eu à remplir à Paris, à Bordeaux, à Nancy. Vous savez quelles sont les dispositions du gouvernement pour tout ce qui se rattache au sentiment religieux ; mais vous n'ignorez pas non plus combien il importe aux intérêts sacrés que vous êtes spécialement appelé à défendre, de ne fournir aux passions aucun prétexte d'élever la voix et de soulever l'opinion. Je compte en cette occasion, Monseigneur, sur votre sagesse et sur votre fermeté, et je désire être informé par vous de la suite que vous aurez jugé convenable de donner à cette communication.

« Agréez, etc.

« Le garde des sceaux,

« ministre de la justice et des cultes,

« Signé : MARTIN. »

L'évêque crut de sa *sagesse* et de sa *fermeté* de ne pas répondre, et M. Dessauret s'en tint là. Mais, quelques semaines après, son zèle eut à se réveiller pour une affaire bien autrement grave. Le Père Lacordaire venait d'acheter à trois lieues de Grenoble, dans les montagnes, un vieux couvent en ruines. Le ministre des cultes et son secrétaire n'eurent pas de peine à comprendre où allait l'audace de cette entreprise, et qu'elle ne pouvait avoir pour résultat *que de nuire essentiellement aux intérêts de la religion.* Aussitôt ils écrivent :

« Paris, le 10 avril 1844.

« Monseigneur,

« M. l'abbé Lacordaire a vainement cherché, à diverses reprises, à rétablir l'Ordre des Dominicains en France, et des tentatives faites par lui dans ce but, soit à Paris, soit à Bordeaux, soit à Nancy, ont constamment trouvé le gouvernement inébranlable dans ses résolutions à cet égard. Je m'empresse donc, en réponse à votre lettre du 1er du courant, qui me donne avis du projet conçu par lui d'établir une maison dans l'ancienne chartreuse de Chalais, de vous faire connaître, Monseigneur, que l'autorité ne donnera jamais aucun assentiment, ni tacite, ni exprès, à sa réalisation. Si jusqu'à ce moment quelques établissements religieux, existant depuis fort longtemps déjà, ont pu continuer de jouir d'une certaine tolérance, au moins est-il convenable d'empêcher toute fondation nouvelle, qui serait une violation actuelle et flagrante de la législation en cette matière. Quoique M. l'abbé Lacordaire n'ignore point les dispositions du gouvernement, puisque déjà elles lui ont été déclarées par plusieurs de vos collègues dans l'épiscopat, je vous prie de les lui notifier de nouveau.

« Il ne peut s'établir, à titre religieux, dans votre diocèse, qu'avec votre autorisation, Monseigneur, et je compte sur votre sagesse et sur votre fermeté dans cette circonstance.

« Assez de préventions existent déjà contre le clergé et les envahissements qu'on lui attribue; assez d'irritation est produite, même chez les meilleurs esprits, pour que les premiers pasteurs des diocèses appliquent tous leurs soins à rendre vaines, ou à réprimer au besoin, des entreprises qui n'auraient d'autres résultats que de nuire essentiellement aux intérêts de la religion.

« Votre pacifique intervention, Monseigneur, pouvant suffire à l'avortement des desseins de M. l'abbé Lacordaire, je conserve l'espérance que je n'aurai point à prescrire des mesures coercitives, auxquelles néanmoins j'aurais certainement recours au besoin.

« J'adresse à M. le préfet de l'Isère une copie de cette dépêche, en l'invitant à surveiller toutes les démarches de M. Lacordaire, et à me tenir au courant de tout ce qu'il pourrait essayer, dans le cas où, contre mon attente, il n'obéirait pas à vos avis. Je me fais un devoir de vous en informer.

« Agréez, etc.

« Le garde des sceaux,

« ministre de la justice et des cultes,

« Signé : MARTIN. »

Le digne et habile vieillard, peu ému de tant de sollicitude, et pleinement rassuré sur les intérêts de la religion dans son diocèse, répondit :

« Monseigneur,

« J'ai communiqué à M. Lacordaire le contenu de la lettre que Votre Excellence m'a fait l'honneur de m'adresser le 10 du mois courant.

« Il m'a confirmé ce qu'il m'avait déjà dit, qu'en achetant Chalais en son nom et au nom de quatre de ses amis, dont trois ne sont pas prêtres, il se proposait d'avoir pour eux et pour lui, de loin en loin, une maison de retraite et d'étude.

« Ces messieurs sont donc des propriétaires et des habitants dans mon diocèse. M. Lacordaire n'a plus que deux Conférences, après lesquelles il quittera Grenoble.

« Agréez, etc. »

Quelques jours avant, le Père Lacordaire remerciait en ces termes Mgr de Grenoble, de l'appui qu'il espérait trouver dans son cœur d'évêque et dans sa fermeté.

« Grenoble, 1ᵉʳ avril 1844.

« Monseigneur,

« J'ai l'honneur de vous retourner la lettre de M. le préfet de l'Isère (1), que Votre Grandeur a bien voulu me communiquer. Je serais allé la lui reporter moi-même, si une première course à Chalais n'avait été arrêtée pour aujourd'hui. La prudence m'en avait empêché depuis dix jours ; maintenant que la chose est publique, il n'y a plus de raisons de s'en abstenir, d'autant plus que j'attends nos quatre Dominicains d'un moment à l'autre. Ils seront certainement arrivés, Monseigneur, avant que Votre Grandeur ait à répondre au ministre des cultes. Nous avons pris des mesures pour les recevoir dans la maison de M. Gaime, mon notaire ; ils se rendront de là à Chalais en voiture particulière et à la nuit tombante, afin d'éviter non la publicité, ce qui est impossible, mais l'éclat.

« Je n'ai pas besoin, Monseigneur, de vous rien dire sur la correspondance qui va s'engager entre Votre Grandeur et le ministre. Votre Grandeur sait mieux que moi où en sont les choses et la valeur réelle de ces oppositions. Moins que jamais, dans l'état présent,

---

(1) M. Pellène, préfet de l'Isère, avait écrit le 31 mars à Mgr de Bruillard dans le même sens que le ministre des cultes.

le gouvernement se porterait à une violence contraire à ses intérêts, à nos mœurs, à tous les antécédents, et qui nous ferait trouver à Grenoble plus de partisans que nous n'en avons encore. Tout ce que j'apprends me prouve que la ville voit notre établissement avec plaisir, clergé, laïques, magistrats, jeunes gens. Votre Grandeur, en soutenant une lutte, ne fera que s'attirer de nouveaux respects, et acquérir à son épiscopat, déjà si plein, une gloire plus éclatante. Le clergé a en mains toutes les armes pour conquérir les libertés évangéliques; il lui suffit d'en user. Nul plus que vous, Monseigneur, n'est digne de contribuer à l'émancipation du devoir et de l'Évangile en France.

« Je m'en repose donc absolument, Monseigneur, sur votre cœur et votre fermeté. Ma part sera de vous rendre la tâche plus facile par ma prudence et ma modération, comme aussi de n'oublier jamais tout ce que vous aura dû notre Ordre pour son rétablissement en France. Le nom de votre prédécesseur saint Hugues s'est attaché pour jamais à la fondation des Chartreux; le vôtre, Monseigneur, demeurera uni pour toujours au souvenir de la restauration des Ordres religieux en France, et particulièrement de l'Ordre de Saint-Dominique.

« Je suis, etc. »

Il en arriva comme le Père Lacordaire avait prévu. Le gouvernement, si menaçant en paroles, l'était moins dans ses actes ; il savait faire de l'intimidation, mais ne voulait pas de violence. Il en essaya un an plus tard, il est vrai, contre la Compagnie de Jésus ; mais, soit qu'il fût moins effrayé des projets du Dominicain, soit qu'il redoutât sa popularité et les stigmates sanglants d'une défense par la presse ou les tribunaux, il le laissa vivre en paix dans son nid d'aigles de Chalais. Au reste, son parti était pris d'enlever de vive force et par tous les moyens légaux le droit de vivre selon sa conscience, solennellement inscrit dans la Charte. « Se laisser tirer de chez soi par la force, y rentrer dès que la force sera loin, protester publiquement, réclamer judiciairement la jouissance de sa propriété ; la jouissance recouvrée, y rentrer avec les siens » : telle était la ligne qu'il s'était tracée et qu'il conseillait à toutes les communautés menacées (1).

Le couvent de Notre-Dame de Chalais, sorti de ses ruines et réparé à la hâte, allait devenir le premier couvent régulier en France. L'ampleur des constructions, leur primitive destination, le calme de la solitude, permettront d'y transférer bientôt les novices et étudiants de Bosco, et d'en faire la première maison où la vie religieuse, les observances monastiques et les joies de la fraternité s'épanouiront à l'aise. A tous ces titres, Chalais va devenir le séjour de prédilection du Père Lacordaire. C'est là, dans le silence de cette douce

---

(1) *Le P. Lacordaire*, par M. de Montalembert, p. 125.

retraite, au milieu de ses frères et enfants, qu'il aimera à se reposer de ses fatigues apostoliques, et à demeurer plus volontiers. C'est là aussi que nous allons pouvoir l'étudier de plus près dans sa vie religieuse proprement dite. Laissons-le d'abord nous tracer lui-même le tableau de cette magnifique solitude, et écoutons-le retrouver sur son lit de mort, aussi vifs et gracieux, les souvenirs de cette première arrivée dans la montagne sainte avec ses frères.

« Presque en même temps que saint Bruno créait la grande Chartreuse au centre d'âpres montagnes, séparées des Alpes par le cours de l'Isère, quelques religieux de l'ordre de Saint-Benoît voulurent établir, sur ces mêmes hauteurs, une réforme qui n'eut ni une grande célébrité ni une longue durée. Mais, au lieu de se cacher dans la partie la plus inaccessible de ce désert, ils choisirent sur le versant du midi, entre des rochers, des forêts et des prairies, un plateau inondé de soleil, et d'où la vue s'étend, par deux larges échancrures, d'un côté sur la vallée de Graisivaudan, de l'autre sur la plaine où la Saône et le Rhône entourent Lyon de leurs eaux. Ils bâtirent dans cette riante solitude un couvent qu'ils appelèrent du nom de Chalais, et d'où ils prirent eux-mêmes celui de Calésiens. Après y avoir fait un séjour de deux siècles, ils le cédèrent aux religieux de la grande Chartreuse, qui le destinèrent à donner un peu de soleil à ceux de leurs vieillards qui ne pouvaient plus suffire à l'austérité des cloîtres de Saint-Bruno. A l'époque de la révolution, ce domaine fut détaché du vaste ensemble qui composait le patrimoine de la grande Chartreuse, et vendu au nom de la nation. Le dernier propriétaire vint me l'offrir pendant ma prédication de Grenoble. Je l'achetai, après avoir pris le consentement du chef du diocèse, Mgr Philibert de Bruillard, alors âgé de quatre-vingt-deux ans, et qui, malgré sa vieillesse, ne craignit pas de s'exposer pour nous à une lutte avec le gouvernement. Le contrat fut signé dans le plus grand secret; aucun préparatif de possession n'eut lieu, de peur d'éveiller l'attention publique, et surtout celle du préfet. Je me rappelle encore le jour où, réunis dans une maison de campagne, aux portes de Grenoble, avec quelques-uns de nos jeunes religieux que j'avais fait venir de Bosco, nous partîmes pour cette chère montagne de Chalais. La voiture nous déposa à ses pieds, aux bords de la grande route; il nous fallut trois heures de marche pour en gravir les escarpements et les détours. Nous arrivâmes vers l'heure où le soleil se couchait, accablés de fatigue, sans provisions, sans meubles, sans ustensiles, chacun ayant son bréviaire sous son bras. Heureusement les fermiers n'étaient pas encore partis, et nous avions compté sur eux. Ils nous firent un grand feu, et nous nous mîmes gaiement à table autour d'une soupe et d'un plat de pommes de terre. La nuit, passée sur la paille, nous donna un profond sommeil, et le lendemain, au point du jour, nous pûmes admirer la magnifique retraite que Dieu nous avait préparée. La maison était pauvre; l'église, avec ses épais murs du moyen âge, n'était plus qu'un grenier à foin; mais quelle majesté dans les bois! quelle puissance dans ces lignes de rochers qui s'élevaient au-dessus de nos têtes! quel charme dans ces prairies qui étendaient plus près de nous leur gazon et leurs fleurs! De longues allées séculaires, ombragées d'arbres inégaux, nous conduisirent dans toutes sortes de lieux cachés, aux bords des précipices, au fond des torrents, sous des massifs de sapins et de hêtres, entre des taillis plus jeunes, et enfin jusqu'aux sommets, qui étaient comme la couronne de ces sites enchantés. Il fallut du temps pour réparer la maison et organiser le service; mais les privations nous étaient douces au milieu de cette nature, élue, depuis plus de sept siècles, par la grâce de Dieu, et où les ruines de quelques années n'avaient pas ôté le parfum de l'antiquité religieuse. La cloche des Bénédictins et des Chartreux existait encore dans sa flèche couverte de tuiles de sapin, et l'horloge qui avait sonné pour eux les heures de la prière, nous y appelait à notre tour.

« On sut bientôt que le désert de Chalais avait refleuri sous la main de Dieu. Des hôtes nous vinrent de toutes parts, et ce qui n'était plus qu'un séjour de gardes et de bûcherons redevint un pèlerinage connu des âmes pieuses. Le soir, dans la chapelle à demi-restaurée, nous chantions le *Salve Regina*, selon la coutume de l'Ordre, et il y avait une grande joie à entendre sur ces cimes, au milieu des murmures du vent, la psalmodie qui porte jusqu'aux anges un écho de leur propre voix (1). »

(1) Mémoires.

CHAPITRE XIV

Vertus du Père Lacordaire. — Sa vie au couvent. — Son amour de la Croix.

En 1845, le couvent de Chalais ayant repris son ancien aspect de maison religieuse, le Père Lacordaire écrivit à Rome pour obtenir l'autorisation de transférer en France le noviciat resté jusqu'alors à Bosco. Le maître général, en lui envoyant de pleins pouvoirs à cet effet, y joignait un diplôme de *maître en théologie*, le plus haut des grades scientifiques accordés dans l'Ordre. Le 4 août 1845, fête de saint Dominique, le noviciat fut canoniquement institué au couvent de Notre-Dame de Chalais, et l'œuvre du rétablissement de l'Ordre en France solidement assise, après six ans d'un laborieux enfantement. Le Père Besson fut nommé premier maître des novices, et le Père Jandel, premier prieur.

La pensée du Père Lacordaire avait toujours été de rétablir en France, dès qu'il le pourrait, l'observance de la règle de Saint-Dominique selon toute sa rigueur, et de n'y apporter que les seules dispenses autorisées par les constitutions, ou imposées par les nécessités du ministère de la prédication. Il avait souffert, en Italie, de l'absence de mouvement religieux et apostolique, et c'est de la Quercia qu'il écrivait : *Quand nous nous faisons moines, nous autres Français, c'est avec l'intention de l'être jusqu'au cou.* Voici quelles furent les bases de cette observance de fondation, qui est encore aujourd'hui celle de la province de France. Après divers essais sur l'heure du lever de nuit, on s'en tint à trois heures, où l'on descendait à l'église pour psalmodier matines. Après matines on pouvait reprendre un peu de sommeil jusqu'à six heures. A six heures, méditation, suivie de prime et de la messe chorale entendue par tous les religieux, même prêtres. Depuis ces exercices du matin jusqu'à onze heures et demie, le temps était consacré à l'étude. A onze heures et demie, la partie de l'office divin appelée les petites heures. A midi, le dîner, suivi d'une récréation. A deux heures moins un quart, les vêpres, suivies du temps donné à l'étude ou au ministère jusqu'à sept heures. A sept heures, le souper, suivi d'une courte récréation. Puis complies, la méditation et le coucher à neuf heures. On reprit l'abstinence perpétuelle de chair à l'intérieur du couvent, sauf le cas de maladie ; l'usage de la laine pour le corps et pour le lit, le grand jeûne, consistant en ceci, que du 14 septembre jusqu'à Pâques on ne prend rien jusqu'à midi, et le soir seulement une légère collation. On rétablit le chapitre de la coulpe, c'est-à-dire qu'une fois chaque semaine, tous les religieux doivent s'accuser devant la communauté des moindres manquements extérieurs à la règle, et s'entendre accuser par leurs frères des fautes qu'ils auraient oubliées; les plus petites irrégularités de ce genre sont punies des châtiments les plus durs et les plus humiliants. Nous verrons bientôt quelle importance le Père Lacordaire attachait à cette confession publique des fautes extérieures, et comment il voulait qu'on tînt le chapitre. Quelques points de la règle, en très-petit nombre, furent regardés comme inobservables, soit à cause du personnel peu nombreux des frères, comme le chant de l'office de jour et de nuit, soit à cause des santés affaiblies déjà par le travail des prédications, comme la privation d'œufs, de beurre et de laitage pendant l'Avent, le Carême et certains autres jours de l'année. Mais en revanche on suivit l'instinct de la générosité sur d'autres points, et l'on se fit un devoir d'aller au delà du précepte pour établir une sorte de compensation. Ainsi s'introduisit l'usage de coucher sur la planche, encore que la règle permît une couche moins dure; et là où elle ne prescrit qu'un quart d'heure de méditation, on en fit une demi-heure, qui, surajoutée à la messe chorale, donnait une heure entière de méditation le matin et un quart d'heure le soir.

Cette manière de vivre, que le monde trouvera sans

doute austère, et que nos meilleurs amis regardent comme au-dessus des forces humaines aujourd'hui, l'eût été davantage si le Père Lacordaire eût suivi, sans le modérer, l'élan généreux de ses premiers disciples. Mais il avait suréminemment l'esprit de la vraie sainteté, qui est aussi sévère à elle-même qu'indulgente pour autrui. Il savait en outre combien il faut se défier, au début d'une fondation religieuse, comme d'une conversion, de ces aspirations ardentes vers un idéal trop élevé, qui tombent bientôt avec le sentiment éphémère qui les a inspirées, et font place à la lassitude et au découragement. Il n'ignorait pas que ce qui est possible à certaines âmes appelées de Dieu à une mission spéciale et favorisées de grâces particulières, ne l'est pas au grand nombre et ne doit pas être imposé comme règle universelle. Investi du rôle providentiel de rétablir en France l'Ordre des Frères Prêcheurs, il reçut la grâce de se tenir également éloigné d'une interprétation littérale et impossible des constitutions et d'un affranchissement trop large et relâché; il eut le mérite de donner, en cette occasion, une nouvelle preuve de cet esprit de mesure, ennemi de tout excès, qui marquera ses idées et ses actes du caractère de durée, privilége de tout ce qui est vrai. Aussi l'observance que nous venons de rappeler, et qui maintient toutes les grandes lignes de la règle des Frères Prêcheurs, est-elle encore, après vingt ans, conservée sans modification dans la province de France, et y vivra, nous l'espérons, aussi longtemps que cette province gardera l'amour et le respect de son saint fondateur.

Le tableau de sa vie religieuse, que nous allons esquisser, fera mieux comprendre encore si la modération qu'il s'efforça d'inspirer à ses premiers compagnons était l'effet de la prudence de la chair ou d'une sagesse éclairée par la connaissance des hommes, et mûrie par l'expérience.

Il était d'une parfaite exactitude à tous les exercices de la règle. Levé au premier son de la cloche, il arrivait au chœur pour les matines avec tous les frères. Il commençait les prières de l'office avec un accent de piété grave et recueillie qui édifiait tout le monde. Il assistait régulièrement à toutes les heures canoniales, bien qu'il en fût dispensé de droit par son titre de *maître en théologie*. Ses occupations multipliées et sa correspondance très-étendue n'étaient jamais un prétexte. Esclave du devoir, il faisait chaque chose en son temps, se possédait pleinement, et, dès que la cloche l'appelait, il posait tranquillement sa plume, mettait toutes choses en ordre, et sortait de sa cellule. Au couvent de Paris, il confessait dans l'église à certains jours et à heures fixes. Lorsque le coup de deux heures frappait à l'horloge, la porte de la sacristie s'ouvrait : c'était le Père se rendant à son confessionnal. Cette scrupuleuse exactitude avait été remarquée, et suscitait d'ordinaire un léger sourire parmi le petit groupe de ses pénitentes.

Il cherchait à inspirer aux Frères le même amour de la régularité, n'usant presque jamais de dispenses pour lui-même, de sorte que celui qui avait le plus de droits et de motifs légitimes de s'exempter parfois des observances monastiques était un de ceux qui s'y soumettaient avec le plus de rigueur. Au début de la fondation du couvent de Toulouse, il se trouva seul avec un autre religieux pendant tout le carême, les autres Pères prêchant au dehors. La petite communauté continua de fonctionner à deux comme auparavant. On observait les jeûnes et l'abstinence; on tenait le chœur et même le chapitre. Un jour, pendant ce carême, le religieux chargé de réveiller le Père à trois heures s'oublia, et n'entra dans sa cellule qu'à quatre heures. Le Père s'aperçut que l'heure était passée, et lui dit : « Allons ! que cela ne vous arrive plus; avant tout, la règle ! » Le lendemain, même accident : le réveille-matin s'était arrêté, et quatre heures sonnaient lorsque le religieux se présenta. Dès que le Père s'en aperçut : « Mais, mon cher ami, lui dit-il, *la communauté* ne peut pas marcher comme cela ! c'est moi désormais qui réveillerai. »

Mais il est temps, je le sens, de pénétrer plus avant dans les secrets de cette âme religieuse; il est temps de déchirer les voiles et d'arriver à ce qui fut en elle le principe des vertus, le ressort caché des plus héroïques déterminations, l'explication de toute sa vie, je veux dire son amour pour Jésus-Christ crucifié.

A quelle heure de son existence cette vue du Christ en croix s'est-elle imprimée en traits de feu dans son cœur ? Je ne sais. Seulement, chose étrange, même avant sa conversion, cette idée de la croix du Fils de Dieu semble déjà le poursuivre. Le 15 mars 1824, n'ayant pas encore la foi, il écrit : « *Je veux être attaché vif à une croix de bois*, si je n'ai pas pensé sérieusement à me faire curé de village ! » Il a raconté souvent lui-même que, dès les premiers jours de sa conversion, cette vision du Fils de Dieu soumis, par amour pour nous, au supplice infamant de la croix, ne lui laissait aucun repos ; il souhaitait pâtir, comme son Maître, en public ; il ne rêvait que fouets et potence : cette idée le poursuivait dans les rues, chez lui, partout ; et très-souvent, au souvenir de ses péchés, il lui venait en pensée de prier un petit Savoyard de le flageller aux yeux de tous pour de l'argent. Un Dieu et une croix ! ce fut, en effet, entre tous les dogmes du christianisme, le trait qui porta coup et pénétra plus avant dans cette fière et ombrageuse nature. Cette croix divine, illuminée d'un rayon d'en haut, fut pour lui comme une sorte de révélation. Son intelligence en fut épouvantée, et son cœur encore plus profondément attendri. A travers les plaies de l'Homme de douleurs, il comprit le mystère de la force dans l'amour ; il vit le remède à toutes nos misères dans l'humiliation et la souffrance, dans la peine de l'esprit et celle du corps. Tout son être fut inondé de cette lumière, et n'en perdit plus jamais l'impression. Il se fit religieux pour suivre de plus près ce Maître adoré dans ses anéantissements; il choisit un Ordre où les pénitences corporelles fussent en usage pour s'animer par l'exemple de ses Frères et obtenir d'eux un service qu'il ne pouvait demander à des étrangers, et Dieu seul sait jusqu'à quel excès il a poussé, pendant toute sa vie, l'héroïque imitation de la Passion du Sauveur.

Nous nous sommes longtemps demandé comment nous dirions ce que nous en savons. Fallait-il laisser entrevoir la vérité plutôt que la raconter en détail? fallait-il voiler le récit sous le nuage transparent des termes et des figures, de peur de heurter les esprits délicats et les âmes timorées? ou bien fallait-il dire simplement, carrément et franchement la vérité à tous risques et périls? Ce dernier procédé nous a paru préférable, plus digne de l'homme dont nous racontons les vertus, et des saintes choses dont il a rempli sa vie. Ce qu'il a eu le courage de faire, pourquoi n'aurions-nous pas le courage de le dire, et le public celui de l'entendre?

Il eut donc pour la croix un amour exclusif, passionné; non pas un amour platonique, mais une ardeur qui le sollicitait à imiter le modèle exposé sur le Calvaire. Toute sa mystique se réduisait à ce principe bien simple : souffrir; souffrir par justice, pour expier; souffrir par amour, pour prouver. Tous ses procédés étaient là, procédés d'action beaucoup plus que de paroles. Il n'avait pas reçu le don d'une contemplation silencieuse et tranquille aux pieds de Jésus-Christ, mais celui de prouver son amour par des actes généreux. Son action de grâces après la messe était courte; il y éprouvait le plus souvent de très-vifs élans d'amour de Dieu, qu'il allait apaiser dans la cellule d'un de ses religieux. On le voyait entrer, le visage encore rayonnant des saintes joies de l'autel, se mettre à genoux devant le religieux, lui baiser humblement les pieds, et lui demander de vouloir bien lui rendre le service de le châtier pour Dieu. Il se découvrait les épaules, et il fallait, bon gré mal gré, lui donner une forte discipline. Il se relevait tout meurtri, restait longtemps les lèvres collées sur les pieds de celui qui l'avait frappé, lui exprimant sa reconnaissance dans les termes les plus vifs, et se retirait la joie au front et dans le cœur. D'autres fois, après la discipline, il priait le religieux de se remettre à sa table de travail, et, s'étendant par terre sous ses pieds, demeurait là pendant un quart d'heure ou une demi-heure, achevant sa prière en silence et se délectant en Dieu de sentir sa tête sous le pied qui l'humiliait. Ces pénitences se renouvelaient très-souvent, et ceux qui étaient choisis pour les exécuter ne s'y résignaient pas sans peine. C'était un vrai supplice, surtout dans les commencements; ils eussent volontiers changé les rôles. Mais on s'y habituait peu à peu, et le Père en profitait pour exiger davantage et se faire traiter selon ses goûts. On devait alors lui donner des soufflets, lui cracher au visage, lui parler comme à un esclave : « Va me cirer mes souliers ; apporte-moi tel objet ; va-t'en, misérable ! » et il fallait le chasser comme un chien. Il cherchait, pour lui rendre ces offices, des religieux qui fussent moins intimidés avec lui ; il revenait de préférence à ceux qui le ménageaient moins. Cette ardeur pour ces sortes de supplices paraissait d'autant plus extraordinaire, que sa complexion extrêmement délicate et sensible les lui rendait plus insupportables. Il frémissait sous les moindres coups ; mais son âme, toujours plus forte, suppliait qu'on n'y eût point égard, et il fallait obéir. Souvent, lorsqu'on le voyait ainsi par terre, brisé de douleur, et accablé de confusion, on tombait à genoux devant lui, les yeux pleins de larmes, lui demandant pardon de l'avoir fait tant souffrir et le priant de ne plus l'exiger. « Ah ! répondait-il, tout ceci n'est rien ; vous, lorsque vous me voyez trop souffrir, vous vous arrêtez ; mais lorsque Jésus-Christ se tordait sous les coups, ses bourreaux frappaient plus fort. »

Il avait horreur de l'ostentation ; il ne prenait des témoins de ses austérités que pour ajouter l'humiliation à la douleur : et toutefois, son désir d'être humilié publiquement l'eût souvent emporté sur sa réserve naturelle, si son directeur spirituel l'eût laissé libre. On lui permettait rarement les pénitences publiques. Une fois cependant, au couvent de Chalais, après avoir fait aux Frères réunis au chapitre une touchante allocution sur l'humilité, il se sentit irrésistiblement porté à joindre l'exemple au précepte, et demanda aux Frères de le traiter avec sévérité, comme il le méritait. Il descendit de son siège, se mit les épaules à nu, et, se prosternant devant les Frères, il reçut de chacun d'eux vingt-cinq coups de discipline. La communauté était nombreuse, et le supplice dura longtemps; tous, Frères convers, novices et Pères, profondément émus et attendris, assistaient à ce spectacle. Lorsque le Père se releva, il était pâle et brisé. Je laisse à penser ce que de pareilles scènes ajoutaient de vénération à l'amour qu'on lui portait.

Sa charge de provincial l'obligeait à de fréquents voyages. A peine arrivé dans un couvent, surtout dans les maisons de noviciat, il allait tout d'abord à ses pénitences favorites : c'était une habitude prise. Il en variait les formes avec une merveilleuse fécondité d'imagination, mais n'y manquait jamais. Il serait impossible de redire en détail les incroyables industries, les mille inventions de son amour de la croix. Nous ne ferons que les indiquer en choisissant çà et là quelques traits.

La salle du chapitre du couvent de Flavigny était soutenue par une colonne en bois. Il en fit sa colonne de la flagellation. Un de ses premiers soins, lorsqu'il arrivait dans ce couvent, était d'aller se confesser au maître des novices, et de lui demander la permission de faire quelques pénitences. On lui envoyait alors deux novices : il se faisait lier par eux à la colonne du chapitre, les mains derrière le dos et les épaules nues, et ordonnait qu'on le flagellât durement. Les novices, on le comprend, étaient d'assez mauvais exécuteurs : ils osaient à peine le toucher; mais on n'y gagnait rien ; il les conjurait d'être sans pitié pour lui, et restait attaché jusqu'à ce qu'il eût obtenu ce qu'il désirait. Il aimait ce genre de supplice, qui lui rappelait plus vivement les tortures de son divin Maître, et y revenait souvent.

Il y avait à Paris, sous l'ancienne église des Carmes, actuellement desservie par nos Pères, une sorte de crypte ou chapelle souterraine, qui lui parut admirablement propre aux mystères de la souffrance. Sur un long corridor s'étendaient deux rangées de caveaux, remplis d'ossements et de têtes de morts, et, à l'extrémité de ce corridor, une salle plus vaste avec des emblèmes et des sentences funèbres : elle servait de chapelle où l'on disait la messe pour les défunts. Dans ces mêmes caveaux, sur cette poussière, autrefois réservée aux sépultures illustres, avaient dormi les victimes plus illustres encore des massacres de septembre 1793, et plusieurs salles du couvent conservaient sur les murs la trace du sang de ces martyrs. Nul lieu ne pouvait être plus propre à la pénitence. Le Père Lacordaire avait rêvé de le transformer en Calvaire. Il voulait y planter une grande croix avec tous les instruments et les souvenirs de la Passion. Mais cette crypte ne nous appartenant pas, il oublia ce projet, et se contenta d'y descendre de temps en temps, surtout pendant le carême et la semaine sainte, et de s'y exercer, seul ou avec un religieux, à faire de son corps une victime d'amour. Un jour de Vendredi Saint, il se fabriqua lui-même une croix, la fit dresser dans cette chapelle souterraine, s'y fit attacher avec des cordes, et y resta suspendu pendant trois heures.

Qu'aurait dit cette foule, avide de sa parole, qui l'entendit avec enthousiasme dans cette même église des Carmes pendant tout un avent, qu'aurait-elle dit et pensé de cet homme, si elle avait pu être témoin des scènes qui s'étaient passées sous cette chaire où son éloquence la ravissait? Il savait si bien cacher en lui cette sublime folie de l'amour! on était si loin de soupçonner sous l'orateur le religieux affamé de martyre! Que n'a-t-on pas dit, par ignorance ou mauvaise foi, sur sa vanité de prédicateur, sur son désir de plaire et de briller? N'avons-nous pas nous-même entendu raconter sérieusement cette incroyable ineptie, que le Père Lacordaire, après ses Conférences, se travestissait pour aller se mêler aux cercles, et recueillir les louanges qu'on faisait de lui? Disons donc aujourd'hui, à l'honneur de cette mémoire si exaltée par les uns, si gravement méconnue par les autres, comment se passaient ces dimanches des Conférences, ces grandes journées de Notre-Dame.

Il demeurait la matinée dans une profonde méditation. Personne n'entrait dans sa chambre, si ce n'est un ou deux de ses plus intimes amis, qui venaient s'assurer si rien ne lui manquait; on entrait et sortait en silence, heureux s'il y avait quelque petit service à lui rendre, mais attentif à ne pas troubler sa pensée recueillie. Il déjeunait seul à neuf heures. Par exception, il faisait gras ce jour-là; mais son repas était encore fort modeste. Si le temps était beau, il descendait au jardin, se promenait lentement, s'arrêtait devant une fleur, souriait à toute cette verdure inondée de lumière, et reposait son esprit dans une douce contemplation des belles et pures œuvres de Dieu; c'était comme un prélude où son inspiration se plaisait à monter par degrés à des harmonies d'un ordre plus élevé. Il partait à onze heures, accompagné de son ami M. Cartier. Vers trois heures il rentrait, accablé de fatigue, mais le front transfiguré, le visage en feu, l'âme toute chaude encore et débordant de foi, d'éloquence, d'amour. Pour réparer ses forces épuisées, parfois il se mettait au lit, et, faisant entrer un de ses amis, jeune laïque qui avait alors toute sa confiance, il s'entretenait familièrement avec lui de l'amour de Notre-Seigneur et du bonheur de la vie religieuse. A l'heure du souper, on lui apportait son repas, exactement le même que celui de la communauté : deux œufs et une salade. Puis il reprenait l'entretien où il l'avait laissé : c'était toujours l'amour de Notre-Seigneur, l'amour des souffrances et ce qui s'y rapportait. Rarement il parlait de ses Conférences. A ceux qui lui en faisaient des éloges, il ne répondait rien; mais il demandait volontiers à ses plus intimes ce qu'on y trouvait à reprendre. Ce jeune homme lui dit un dimanche soir que plusieurs personnes pensaient que, dans son action oratoire, il visait à l'effet, et qu'il y avait certains points d'arrêt ménagés avec habileté pour provoquer ces mouvements d'admiration qui faisaient rarement défaut. Le Père parut étonné, et, après avoir réfléchi un instant, il lui avoua qu'il n'y avait jamais pensé. « J'ai donc bien peu les dehors de l'humilité, ajouta-t-il; mais au moins suis-je assez humble réellement? — Non, mon Père, pas encore. — C'est bien vrai, reprit-il; mais je vais y travailler. Et vous, mon cher ami, vous m'aiderez. Vous me connaissez à fond; eh bien ! vous serez mon maître; vous me reprendrez de toute faute dont vous serez témoin. Vous me tutoierez et me parlerez comme on parle à un esclave. Quand vous viendrez me voir, vous m'imposerez les plus rudes pénitences; il nous faut arriver à ce point que notre corps accepte sans réclamer, et sur l'heure, tout ce que l'esprit de Jésus-Christ commande. » La journée se terminait toujours par une sévère flagellation, qu'il fallait lui donner malgré son extrême fatigue. Voilà ce qu'étaient ces journées de Notre-Dame, si éclatantes au dehors, dans le public, mais au dedans si simples, si calmes, si saintement religieuses. Voilà par quelle énergique réaction de la volonté il se retenait sur la pente glissante de ses enivrants succès.

Ce regard constant sur la croix de Jésus-Christ, sur la Victime innocente payant pour les coupables, lui avait inspiré, par un retour sur lui-même, la passion de se connaître pour se corriger, le besoin de dire ses fautes et de trouver des ministres de la justice de Dieu contre lui. Il avait à un degré incroyable ce sens de l'expiation par l'aveu réitéré de ses fautes les plus grièves. Il lui fallait des correcteurs et des confesseurs. Il en avait un et souvent plusieurs dans chaque couvent. Ce n'étaient pas seulement des prêtres, mais aussi des Frères convers (1). Dès qu'il arrivait dans un couvent, son premier soin était d'aller trouver son Frère correcteur; il lui baisait humblement les pieds, quelquefois les lui lavait, lui disait à genoux toutes les fautes qu'il avait commises depuis la dernière entrevue, et lui demandait une pénitence. Un de ces Frères laïques, entré au cloître par ses conseils, et pour lequel le Père avait une sorte de vénération, fut bien surpris, lorsque, quelque temps après son admission dans l'Ordre, il vit le Père Lacordaire venir se mettre à genoux devant lui, et lui dire : « Mon cher Frère, un des bénéfices du religieux est d'avoir autour de lui des amis qui l'avertissent. Ordinairement chaque religieux a son Frère correcteur. Vous serez le mien; et afin que vous me connaissiez, je vais vous faire le

(1) Les frères convers sont des religieux qui, n'ayant pas fait les études de latinité, n'arrivent pas au sacerdoce, et sont employés aux travaux matériels de la maison.

récit des fautes de toute ma vie. » Le Frère se récria :
« Mais, mon Père, je vous en conjure... c'est impossible... je ne suis pas prêtre. — Je le sais, mon ami, et c'est précisément pour cela que je vous choisis : ce n'est pas l'absolution de mes fautes que je vous demande, mais la charité de les entendre pour m'en humilier et m'en punir comme je le mérite. » Il fallut se prêter à ce qu'il souhaitait. Lorsqu'il eut terminé : « Maintenant, lui dit-il, vous me connaissez, et si vous m'aimez un peu pour Jésus-Christ, vous me direz sans ménagement tout ce que vous remarquerez de défectueux en moi ; vous me traiterez comme un vil esclave, et vous me châtierez sans pitié. » Le Frère finit par accomplir par vertu ce que le respect lui faisait regarder comme impossible, et la plume ne redira jamais que la très-faible partie des incroyables inventions du saint religieux pour s'humilier aux pieds du pauvre Frère.

Un jour, ce même Frère convers, étant de service au réfectoire, fut cause d'un retard. Le Père ne faisait jamais attendre ; mais il aimait aussi dans les autres la même exactitude. Le Frère n'arrivant pas, le Père Lacordaire ne put réprimer un mouvement d'impatience qui se trahit sur son visage. Le soir, dès qu'il fut libre, il alla trouver le Frère servant, lui avoua sa faute à genoux, lui en demanda pardon, le pria de le souffleter comme il le méritait, et de le renvoyer avec les épithètes les plus injurieuses. Ce sont des faits entre cent du même genre ; nous les citons pour révéler où étaient ses habitudes beaucoup plus que pour la singularité des exemples.

Ce qu'il demandait aux Frères convers, il ne s'en faisait pas faute, on le pense bien, avec ses vrais confesseurs. Au couvent de Paris, sa porte, aux heures de réception, était assiégée par de nombreuses visites, qui toutes ne lui étaient pas également agréables. Il dit un jour à son directeur qu'une des choses à laquelle il n'avait pu s'habituer encore était d'être interrompu dans son travail. « Chaque fois, ajouta-t-il, qu'on frappe à ma porte, je ne puis dominer un premier mouvement de contrariété. Je voudrais me corriger de ce défaut; et, si vous le trouvez bon, vous entrerez dans ma cellule à toute heure et sans frapper. Si vous apercevez sur mon visage le plus léger signe, vous me donnerez la discipline. — Oui, mon Père, je le ferai. » Et le jour même, pour mettre son pénitent à l'épreuve, il entrait brusquement dans sa cellule. Le Père se mit à genoux. « Mais, mon Père, je n'ai rien vu. — Vous n'avez pas vu mon impatience, reprit le coupable en se découvrant les épaules, mais moi je l'ai sentie. »

Modeste petite chambre des Carmes, de quels mystères ne fut-elle pas témoin ! Que ne peut-elle redire ce qu'elle a vu et entendu ! C'est un pieux devoir parmi nous d'entourer de respect tout ce qui fut à l'usage du Père Lacordaire. Mais cette cellule qui lui fut donnée par Mgr Sibour, ainsi qu'une partie du couvent des Carmes, va nous échapper et revenir aux mains de ses anciens propriétaires. Puisse-t-elle être gardée par eux avec quelque amour en mémoire de celui qui l'a habitée pendant douze ans !

Citons encore un fait qui se passa dans cette même chambre du couvent de Paris. Nous avons dit que sa constante étude de la Passion de Jésus-Christ lui inspirait l'ardent désir d'imiter ce divin Modèle dans les deux grandes manifestations de son amour : l'humiliation et la souffrance, et lui donnait un attrait singulier pour les expiations les plus dures à la fois à l'orgueil et à la sensibilité. De là son goût pour les confessions générales. La confession des fautes de la semaine, à laquelle il ne manquait jamais, ne lui semblait rien. Il lui fallait des aveux plus humiliants, des pointes plus acérées. Ordinairement il célébrait les anniversaires de sa naissance, de son sacerdoce, de sa profession religieuse, par une confession générale. Il était ingénieux à varier les formes du supplice. Un jour anniversaire de sa naissance, voici comment il s'y prit. Il se dépouilla d'une partie de ses vêtements, se mit une courroie au cou, et il fut convenu qu'à chaque faute grave qu'il accuserait, son confesseur le traînerait par terre, ou le foulerait aux pieds, ou lui donnerait un certain nombre de coups de cravache. Cette confession dura plus d'une heure. Lorsqu'elle fut terminée, il supplia son directeur spirituel de le traîner sur le plancher de sa chambre, comme un être qu'on n'ose pas toucher, de l'accabler des noms les plus humiliants, de lui cracher au visage, de le traiter enfin comme un animal immonde, ainsi qu'il aurait voulu être traité par Dieu, qu'il avait si grièvement offensé.

Ces élans irrésistibles de la flamme qui le dévorait se terminaient presque toujours par un entretien spirituel. Lorsqu'il se relevait, le corps brisé et le visage en pleurs, son âme avait des cris d'amour vers Dieu que nul langage ne saurait rendre. « M'aimez-vous, disait-il à celui qui venait de le martyriser, m'aimez-vous un peu ? — Oui, mon Père, je vous aime ; je crois vous en avoir donné la preuve. — Qu'ai-je fait pour vous, cependant, reprenait-il, en comparaison de ce que Jésus a souffert ?... Il s'est fait tuer pour vous et pour moi, et nous n'y pensons pas !... Ah ! pour moi, comment vivrais-je, si je ne l'aimais pas !... Je ne sais pas le craindre... Je n'ai jamais redouté l'enfer ; j'irai dans le purgatoire, je le sais ; mais là du moins j'aimerai Dieu... Souffrir en aimant Dieu n'est déjà plus souffrir... Ah ! si le monde connaissait ce qu'il y a de bonheur à se sentir flagellé pour Celui qu'on aime ! Savez-vous où je me réfugie lorsqu'il me vient par hasard quelque vilaine pensée ? Je me figure être sur le chevalet, entouré de bourreaux, et mourant par amour pour Jésus-Christ. Aucune félicité ne me paraît comparable à celle-là, et tous les vains plaisirs du monde s'évanouissent pour moi devant cette image. »

Ces sentiments nous étonnent, cette volupté de la souffrance peut paraître étrange; mais c'est là le fond de cette âme extraordinaire, c'est la clef de sa vie intime, c'est l'unique raison de son amour des pénitences, et en particulier des confessions de toute sa vie. Il trouvait là réunis dans le même acte l'opprobre et la douleur, l'idéal du Calvaire; et ce qui semble à bon droit à tout le monde d'une difficulté cruelle, lui était, à lui, à cause de cela, de la plus grande facilité. Il se serait confessé au premier venu lorsque le feu intérieur le pressait. Dans les noviciats, il fallait le retenir, afin qu'il n'allât pas dévoiler les fautes de toute sa vie à la plupart des novices. Il s'y soumettait, mais sans paraître bien convaincu des raisons qu'on lui donnait. « Et lorsqu'ils sauraient tout le mal que j'ai fait, disait-il, quel grand inconvénient? Ils le sauront bien au Jugement dernier, eux et tant d'autres! » Aussi lorsqu'il avait à ses genoux quelque jeune homme du monde, et qu'il le voyait hésiter à lui avouer en confession une faute plus grave : « Que craignez-vous? lui disait-il, j'ai fait plus de mal que vous, et si j'en avais la permission, je commencerais par vous avouer tous les péchés de ma vie; votre confession vous serait ensuite bien facile. »

Il est impossible de dire, même approximativement, le chiffre des confessions générales qu'il fit, soit à des prêtres soit à des laïques. De nombreuses confidences nous ont été faites à cet égard, et nous sommes loin de les avoir toutes reçues. Il nous en reste seulement cette conviction, que si l'on venait à connaître et le nombre de ces confessions générales et le luxe des circonstances humiliantes dont il était habile à les environner, on ne trouverait peut-être pas dans toute l'histoire de l'Église un seul saint qui eût poussé à un tel degré d'héroïsme cette forme particulière d'anéantissement.

Que dire encore? Faut-il ajouter que tous les genres de macération aimés des saints: haires, disciplines, fouets de toute espèce et de toute forme, il les a connus et pratiqués lui-même? Dirai-je qu'au témoignage de ceux qui l'ont vu de plus près, et quelque soin qu'il prît à cacher ce qu'il faisait seul et en secret, il se flagellait tous les jours, et souvent plusieurs fois par jour? Faut-il répéter que pendant le Carême, et surtout le Vendredi saint, il se faisait littéralement meurtrir et briser tout le corps? Dirai-je que ce don surnaturel de la souffrance volontaire, reçu par lui au premier jour de sa conversion, ne l'a pas quitté jusqu'au dernier souffle, et que, si l'on est surpris de le voir, au lendemain de son retour à Dieu, poursuivi, dans les rues de Paris, de l'étrange désir de se faire fustiger en public par un petit Savoyard, il n'y a plus d'expression pour rendre ce que l'on éprouve, lorsqu'on sait que, dans les premiers jours d'octobre 1861, six semaines avant sa mort, étendu sur son lit, exténué par la maladie, ne prenant déjà plus de nourriture, et ne se soutenant que par l'indomptable énergie de son âme, il voulut se faire donner encore la discipline, n'ayant plus la force de se frapper lui-même? Il reçut à ce moment la visite d'un de ses amis, et l'une de ses premières paroles fut celle-ci : « Aimes-tu toujours la pénitence? — Oui, mon Père. — Eh bien! veux-tu me rendre le service de me faire souffrir comme autrefois pour Jésus-Christ? » Et comme cet ami s'y refusait absolument : « Au moins, lui dit-il, donne-moi tes pieds à baiser; ce sera toujours une pratique de pénitence agréable à Dieu! »

En dévoilant ce côté intime et délicat de la vie du Père Lacordaire, je ne puis me défendre, je l'avoue, d'un sentiment pénible de doute. Je doute de moi-même, et je doute aussi un peu du public. Je tremble devant ce que je sais être l'âme de mon sujet, l'âme de cette grande et sainte vie ; j'ai mis la main sur le cœur de mon Père, et je l'ai ouvert à cet endroit mystérieux et profond où le seul regard de Dieu et de quelques amis avait pénétré ; je sais combien il était jaloux de laisser le voile sur ces secrets commerces, et je me demande si son œil sévère, du haut du ciel, ne me blâme pas de ce que j'ai osé faire. Jamais aussi je n'ai senti plus vivement mon insuffisance à dire de pareilles choses dans le langage qui leur conviendrait; et, par suite, je doute de l'effet qu'elles produiront sur un certain public. Si le spectacle de ce martyre sublime laisse froid et insensible ; s'il ne révèle pas la **vertu** suréminente de cet humble et grand religieux ; si l'on ne voit pas là des mouvements de vraie sainteté, et des dons surnaturels plus rares et plus excellents encore que les dons de son génie ; si l'on ne devine pas, à travers cette mâle vigueur de volonté, l'exquise tendresse du cœur ; si surtout l'on ne vénère pas dans cette âme l'image sanglante du Crucifié, creusée, par l'amour, en sillons de feu et de lumière, n'ai-je pas manqué le but? n'ai-je pas entrepris une œuvre téméraire et au-dessus de mes forces? n'aurais-je pas mieux fait de garder un respectueux silence, et de laisser à d'autres ou à Dieu le soin de manifester des vertus dont lui seul a connu tout le mérite?

Et cependant, comment parler de cette vie sans dire ce qui en a été l'âme, sans révéler où était le ressort puissant et caché qui donnait le mouvement aux vertus, à la tendresse, à l'éloquence, à la piété? Cette vie, à sa surface, est embellie de sérénité, de paix et d'inaltérable pureté ; mais à quel prix ces hôtes célestes étaient-ils entrés dans l'âme, et y avaient-ils gagné droit de cité? La justice impitoyable dont nous le voyons s'armer contre lui-même est là pour répondre. Tout autre remède est impuissant à donner à l'esprit l'empire sur le corps. Dieu mit sur sa route, il est vrai, de belles et fortes amitiés ; mais l'amitié, si utile pour le conseil, pour le redressement et pour l'appui, ne donne pas la victoire sur des ennemis secrets qu'elle connaît à peine. Il y faut cette science de la pénitence dont Jésus-Christ est venu apporter au monde la leçon et l'exemple. Nature vive, soudaine, fière et riche, le Père Lacordaire avait sans cesse présent à l'esprit le conseil qu'il donnait aux jeunes gens : « Nous avons deux grands vices à combattre et à détruire : l'orgueil et la volupté ; et deux grandes vertus à acquérir : l'humilité et la pénitence (1). » Où serait-elle allée, cette impétueuse nature, sans le frein sanglant dont elle se maîtrisait, sans la main de fer qui la domptait ? « Je châtie mon corps, disait saint Paul, et je le réduis en servitude (2). » Et tous les saints après lui ont dit et fait comme lui, parce que c'est à ce prix seulement que s'éteignent les luttes entre la chair et l'esprit, et que se forment les âmes jalouses de vivre en amitié avec Dieu et en paix avec elles-mêmes.

Mais il y avait un autre motif à cet antagonisme de l'esprit contre les faiblesses et les impuissances du corps, un motif pris de l'ordre purement physiologique. Cette sévérité lui servait à rétablir, au profit de son commerce avec Dieu, l'équilibre entre l'âme vivement passionnée et la sensibilité extérieure difficile à ébranler. En effet, par une infirmité dont il n'était pas seul à souffrir, il y avait, dans sa nature, inégalité, désaccord entre les facultés de l'âme, ardentes, enflammées, et l'enveloppe extérieure, lente à s'échauffer. Soit insouciance, soit incapacité natu-

---

(1) *Lettres à des jeunes gens*, p. 61.
(2) I Cor., ch. ix, v. 27.

relle, les passions du dedans n'arrivaient à s'exprimer au dehors que péniblement et presque à regret. Il se concentrait volontiers en lui-même, et, pour l'en faire sortir, pour faire jaillir l'étincelle, il fallait un effort, un choc, une secousse. Au fond du vase, dans les entrailles immatérielles, des flots de tendresse, mais une triste impuissance à les répandre; des trésors d'imagination et de cœur, mais le plus ordinairement captifs et enchaînés; ou encore, comme il le disait lui-même, dans un style où la vérité de l'image le dispute à la finesse de l'analyse : « Le cœur de l'homme, le mien surtout, est comme ces volcans, dont la lave ne sort que par intervalles, après une secousse. » Il ajoutait : « J'aime, j'en suis certain, j'aime et profondément; et néanmoins il est vrai qu'il y a en moi quelque chose que je ne puis pas nommer, qui cause de la peine à ceux que j'aime. Ce n'est pas de l'âpreté, je suis doux; ce n'est pas de la froideur, je suis passionné; c'est quelque chose d'entier, qui est trop oui, ou trop non... une habitude du silence qui me suit partout sans que je m'en doute. Combien j'ai de la peine à parler! Avec ma mère, qui s'était accoutumée à moi, et qui se contentait d'une grande douceur de mœurs dans mes rapports avec elle, il m'arrivait souvent de rester sans rien dire... Je n'ai jamais été tendre dans l'expression, même avec elle (1). » Sa mère et Mme Swetchine, à

---

(1) *Lettres à Mme Swetchine,* p. 75.

laquelle il parlait ainsi, le connaissaient et lui tenaient compte de cette infirmité morale; mais tous ne devinaient pas ce côté faible de sa nature ; beaucoup en souffraient, les femmes surtout, pour lesquelles il était généralement d'un imperturbable laconisme. On ne s'expliquait pas le contraste entre l'orateur d'un entraînement si chaleureux, si communicatif devant son auditoire, et l'homme privé qu'on trouvait chez lui, dans son cabinet, froid, impassible et lent à s'émouvoir : c'est que, calme et désarmé dans la vie ordinaire, il avait, avec les grandes assemblées, la ressource souveraine de l'ébranlement de la parole. Il lui fallait la commotion électrique de quatre mille regards fixés sur le sien, pour prendre son vol, pour faire jaillir le flot intérieur et répandre en torrents les eaux profondes. Mais, dans ses communications avec Dieu, quelle ressource aura-t-il contre cet esclavage de l'âme sous la garde ombrageuse de la sensibilité? Comment dégager aux pieds du crucifix l'étincelle cachée dans la pierre? Quelle porte ouvrir au feu qui demande à faire irruption? On le sait maintenant. Il allait aux enivrements de la tendresse par les âpres sentiers de la mortification; c'est la force qui ouvrait à l'amour. Là où d'autres passent de longues heures dans les délices de la prière, laissant leur âme se perdre et se nourrir dans les plaines infinies de la contemplation, lui sortait et allait à l'action. Il forçait son corps à délier l'âme, sa captive; instrument ingrat et souvent rebelle, il le pliait en roi aux désirs de son cœur, lui apprenait à louer le Seigneur à sa manière, à redire avec lui les divines harmonies de la croix. Heureux ceux qui ont pu recueillir quelques échos de ces chants de la douleur sur les lèvres du saint religieux ! Heureux ceux qui, au sortir de ce baptême de larmes, inclinés sur la poitrine du maître, ont pu boire à cette source ineffable d'un amour *fort comme le diamant, plus tendre qu'une mère!*

Une fois arrivé là, tout le reste disparaissait pour lui. Les joies de l'éloquence, celles mêmes de l'amitié, ne comptaient à ce moment, qu'autant qu'elles l'aidaient à dire à Dieu combien il l'aimait, et à recevoir les flots débordants de cet amour. Sa piété trouvait là son centre, son aliment, son repos. Jésus-Christ était vraiment pour lui la voie, la vérité, la vie. On se rappelle le cri sublime qui s'échappa de son cœur au début des admirables Conférences sur Jésus-Christ. On le comprendra mieux aujourd'hui : « Seigneur Jésus, depuis dix ans que je parle de votre Église à cet auditoire, c'est, au fond, toujours de vous que j'ai parlé; mais, enfin, aujourd'hui, plus directement, j'arrive à vous-même, à cette divine figure qui est chaque jour l'objet de ma contemplation, à vos pieds sacrés que j'ai baisés tant de fois, à vos mains aimables qui m'ont si souvent béni, à votre chef couronné de gloire et d'épines, à cette vie dont j'ai respiré le parfum dès ma naissance, que mon adolescence a méconnue, que ma jeunesse a reconquise, que mon âge mûr adore et annonce à toute créature. O Père! ô Maître! ô Ami! ô Jésus! secondez-moi plus que jamais, puisqu'étant plus proche de vous, il convient qu'on s'en aperçoive et que je tire de ma bouche des paroles qui se sentent de cet admirable voisinage! (1). »

Il pouvait sans crainte faire appel au cœur de Celui qu'il appelait son ami; car il le connaissait. Il avait l'expérience de ses bontés; il vivait avec lui dans une intimité si douce qu'elle faisait disparaître en quelque sorte les ombres de la foi : il le voyait. Nous avons essayé de dire par quelles routes la vérité qu'il cherchait etait rentrée dans son intelligence; mais si son intelligence avait eu soif de lumière, son cœur l'avait poussé plus fortement encore vers un idéal de béatitude qu'il savait bien ne trouver complet qu'en Dieu. Jésus-Christ lui apparut sur sa croix comme le type de cette félicité surhumaine, et lui dévoila le mystère d'un Dieu qui se fait homme pour pouvoir être aimé des hommes, et qui meurt d'amour pour pouvoir être aimé par eux jusqu'à la passion, jusqu'à la folie. Il reçut de cette touche de la grâce une lumière si vive, une impression si sensible qu'il les a gardées toute sa vie; il en parlait avec un sentiment sans cesse rajeuni. C'est ce qu'il appelait, dans le phénomène du retour à Dieu, la vision de Jésus-Christ. « Qui n'a pas connu un tel moment,

---

(1) XXXVIIe Conférence.

disait-il, n'a pas connu la vie de l'homme. » — « Un jour, au détour d'une rue, dans un sentier solitaire, on s'arrête, on écoute, et une voix nous dit dans la conscience : Voilà Jésus-Christ. Moment céleste, où, après tant de beautés qu'elle a goûtées et qui l'ont déçue, l'âme découvre d'un regard fixe la beauté qui ne trompe pas! On peut l'accuser d'être un songe quand on ne l'a pas vue ; mais ceux qui l'ont vue ne peuvent plus l'oublier (1). »

Dès ce jour il aima Notre-Seigneur avec passion ; il ne vit plus que lui, n'aima plus que par lui. « Je ne puis plus aimer quelqu'un, écrivait-il, sans que l'âme se glisse derrière le cœur, et que Jésus-Christ soit de moitié entre nous. » Rien ne le lui rendait plus présent et plus sensible que la douleur ; aussi ne pouvait-il se passer d'elle ; il l'aimait jusqu'à la folie, comme saint François aimait la pauvreté. Elle lui tenait lieu de tout en lui donnant Celui qu'il préférait à tous les biens. « Quand Dieu nous broie sous les verges, écrivait-il, n'est-ce pas pour que notre sang se mêle au sien, le sien répandu si longtemps d'avance sous des coups plus durs encore et plus humiliants? N'est-ce pas pour que nous ne cherchions pas d'autre tête que la tête sanglante de notre Sauveur, pas d'autres yeux que ses yeux, pas d'autres lèvres que ses lèvres, pas d'autres epaules où nous reposer que ses épaules sillonnées par les fouets,

---

(1) *Conférences de Toulouse*, p. 165.

pas d'autres mains et d'autres pieds à baiser que ses mains et ses pieds percés de clous pour notre amour, pas d'autres plaies à soigner doucement que ses plaies divines et toujours saignantes (1) ? »

C'était là sa grande dévotion. Il demandait un jour à de jeunes religieux quelle était leur dévotion spéciale; chacun disait la sienne : celui-ci la divine Eucharistie, celui-là la sainte Vierge; un autre, les âmes à sauver. « Pour moi, dit-il, ma dévotion, c'est Jésus-Christ en croix; je ne sors pas de là. » Et il ajoutait : « *Absit mihi gloriari nisi in cruce Domini nostri Jesu Christi* : Loin de moi toute autre gloire que celle de la croix de Notre-Seigneur Jésus-Christ. C'est le chemin du ciel et de l'amour. Jésus-Christ n'en a pas connu d'autre que celui du prétoire et du Calvaire; je m'en tiens là; j'y vis et j'y meurs. »

Tel était ce vrai religieux, tel était le jour sous lequel il nous tardait de le montrer; car c'est le côté par lequel il fut grand devant Dieu, par lequel aussi, nous le croyons, il sera grand devant les hommes. Il fut doué de dons admirables, sans doute; mais qu'est-ce que le génie de l'homme aux yeux de l'Esprit infini? Qu'est-ce que l'éloquence devant le Verbe de Dieu? Mais si le génie n'est qu'un don, l'amour de Dieu est une vertu; portée jusqu'à l'héroïsme, elle fait les saints, les seuls grands hommes reconnus de Dieu. La

---

(1) *Lettres à des jeunes gens*, p. 107.

sainteté consiste, en effet, à aimer à la manière de Jésus-Christ ; les plus saints sont ceux qui s'approchent le plus de cet idéal du Crucifié. Ils sont rares de tout temps, car cet amour d'un Dieu écrase notre faiblesse : c'est un amour fort comme la mort, c'est un amour qui tue. Tous n'ont pas un cœur assez vaste, une âme assez virile pour le recevoir. Le Père Lacordaire fut du petit nombre de ceux pour qui *la croix n'eut point d'épouvantements,* pour parler le langage qu'il empruntait lui-même à Bossuet, de ceux qui portent avec honneur dans leur corps les sacrés stigmates de cet amour, qui en vivent et qui en meurent. Cette divine blessure fut son joyeux martyre et sa première gloire ; il l'aima jusqu'à la fin, lui sacrifia tout, même sa vie, et ne cessa d'en souffrir que lorsqu'il eut achevé de mourir. Oui, c'est par là que Dieu s'est plu à le regarder, lorsqu'il reçut dans son sein ce généreux athlète de son amour : c'est par là, sans doute aussi, que ses nombreux disciples et amis, habitués à admirer l'homme, aimeront désormais à vénérer le religieux. Quant à ceux qui l'ont rencontré trop souvent dans l'arène troublée de nos luttes contemporaines, pour oublier qu'il fut l'adversaire constant de leurs opinions, pourront-ils, au spectacle touchant de cette vertu si sévère à elle-même, ne pas fermer les yeux à la franchise parfois indignée de l'ami de son siècle, pour ne se souvenir que des seules et héroïques vertus de l'ami de Jésus-Christ ?

CHAPITRE XV

Suite de ses vertus. — Sa foi en Dieu présent dans l'Eucharistie, — dans la Bible. — Sa confiance dans la Providence. — Son humilité. — Sa fidélité au devoir.

De cette piété tendre et presque exclusive du Père Lacordaire pour Jésus crucifié, de cette sainte « montagne où il avait assis sa vie, » il nous est aisé maintenant de redescendre à ses autres vertus. Elles viennent toutes de là comme les ruisseaux d'une source unique, et il nous aura suffi de lever le voile sur le point intime de cette belle vie pour voir mille jets de flamme de nuances diverses jaillir comme une gerbe d'or de cet ardent foyer.

Ce qu'il y a de plus voisin du Calvaire, c'est l'autel. Le plus vivant mémorial de la grande Victime immolée entre le ciel et la terre, au milieu des temps, c'est cette même Victime descendue chaque matin dans les mains du prêtre, et offerte par lui, quoique d'une manière différente, au même Père qui est dans les cieux. C'est aussi le prêtre à l'autel, et tendrement uni à l'hostie d'amour, qu'il convient de faire connaître dans le Père Lacordaire. A peine converti, sa première pensée, sa première ambition, fut d'arriver au sacerdoce. Dans sa façon de comprendre et d'aimer son divin Maître, le pouvoir de le produire et de le donner aux autres lui paraissait l'aspiration naturelle et légitime d'une foi pleine et dévouée : le prêtre devait achever et couronner le chrétien. Après avoir tant aimé la croix, comment n'eût-il pas aimé l'autel qui mettait entre ses mains et sur son cœur l'agneau sacrifié dès l'origine? Il fut donc prêtre, c'est-à-dire, selon le sens élevé de ce mot, médiateur, pontife; il conçut et ambitionna le sacerdoce comme « une immolation de l'homme ajoutée à celle de Dieu (1). » On sait maintenant s'il fut fidèle à cette grande vocation. Épris par-dessus tout de la beauté du martyre volontaire, non-seulement il ne voulut point des honneurs de l'Église qui vinrent à lui dès le début, mais, à sa première immolation, il surajouta celle de l'état religieux, et la poussa jusqu'à des excès capables d'effrayer la vertu la plus austère. Toute sa vie fut un sacrifice au devoir et aux dévorantes ardeurs de sa charité pour Dieu et pour les âmes. Ainsi préparé, il allait à l'autel achever le sacrifice commencé dans les expiations de la veille et du matin, s'asseoir au banquet de l'Agneau, reposer sur la

---

(1) Panégyrique du Bienheureux Pierre Fourrier.

poitrine du Maître, s'unir à lui dans d'ineffables embrassements. C'était sa récompense après le travail, sa force pour de nouveaux combats. Rarement il disait la messe sans avoir fait quelqu'une de ses pénitences favorites. Si le temps lui avait manqué, il prenait à part, dans une arrière-sacristie, quelque Frère convers, le premier venu, lui baisait pieusement les pieds, comme il l'eût fait à Notre-Seigneur lui-même, restait quelque temps la tête courbée dans cette humble posture, et puis, l'âme satisfaite et le rayon au front, il se préparait au saint sacrifice. Avec quelle imposante gravité, quelle douce majesté il le célébrait! Il lisait lentement et avec onction les paroles de l'Ancien et du Nouveau Testament, et à mesure qu'avançait l'action, quel plus profond recueillement! quel anéantissement! quel air pénétré! quel visage transfiguré! Tous ceux qui en étaient témoins en recevaient une impression ineffaçable d'attendrissement et de piété. « Jamais je n'oublierai la messe du Père Lacordaire, me disait quelqu'un; je n'ai rencontré qu'un prêtre qui m'ait produit une pareille émotion : c'est Pie IX à l'autel! » La routine, dans une action qui se renouvelle chaque jour, n'avait aucune prise sur lui; rien de négligé, rien de trop hâtif; il disait la messe chaque fois comme le premier jour de son ordination. Lorsqu'il y assistait, c'était avec le même recueillement. Jamais il n'y faisait aucune lecture, ni ne récitait même son bréviaire. A Sorèze, quelqu'un s'en étonnait, et lui demandait pourquoi, surchargé d'affaires comme il l'était, il ne prenait pas le temps de la grand'messe des élèves pour réciter son office; il répondit : « La messe est une action trop sublime et trop sainte pour s'occuper d'autre chose que de ce que dit et fait le prêtre. »

Après Notre-Seigneur présent au tabernacle, c'était Notre-Seigneur caché sous la Parole divine qu'il aimait à étudier. Après sa messe, rentré dans sa cellule, il lisait la Bible. C'était avec la *Somme* de saint Thomas, le seul livre qui fût toujours sur sa table. Il en baisait les pages avec respect, lisait quelques versets et s'arrêtait à chaque pensée qui le frappait, plus désireux de méditer et d'approfondir que d'aller aux recherches savantes et à l'érudition. Il recommandait vivement cette lecture. Il disait à la fin de sa vie à ses enfants de Sorèze : « Voilà trente ans que je lis ce livre, et j'y découvre chaque jour de nouvelles clartés, de nouvelles profondeurs. Quelle différence avec la parole des hommes! celle-ci d'un seul coup est épuisée; seule, la parole de Dieu est un abîme sans fond. » Il écrivait encore : « Combien les incroyants sont à plaindre en avançant dans la vie! La lumière devient si vive, si douce, si pénétrante, à mesure que l'on monte vers la mort sous les auspices de la foi et d'une vertu qui prend sa racine dans l'Évangile! On ne croit plus, on voit. De même que le mystère des ténèbres s'accroît dans l'âme infidèle, et que tout lui devient une énigme et un sujet de doute, la clarté s'étend et enveloppe l'âme qui s'est habituée à vivre en Dieu. Quand je lis l'Évangile, chaque mot me semble un éclair et me donne une consolation (1). » C'était, en effet, l'Évangile qu'il étudiait plus volontiers ; et, dans le Nouveau Testament, ses préférences étaient pour saint Jean et pour saint Paul, l'apôtre de l'amour et le docteur de la croix. « La lecture des Épîtres de saint Paul, que je lis chaque jour de préférence, écrivait-il, me jette de plus en plus dans le ravissement de la vérité. C'est un océan dont Dieu est partout le rivage (2) ! »

Au reste, rien n'égalait sa parfaite indifférence pour les livres, en général. Jamais il n'ouvrait un ouvrage frivole ; il ne lisait pas même les bons livres : il s'en tenait aux meilleurs. « Quand on peut lire, disait-il, Homère, Plutarque, Cicéron, Platon, David, saint Paul, saint Augustin, sainte Thérèse, Bossuet, Pascal et d'autres semblables, on est bien coupable de perdre le temps dans les niaiseries d'un salon. Le malheur des gens du monde est de vouloir faire de toute leur vie une distraction, tandis que la récréation ne doit être qu'un moment donné au repos pour rafraîchir l'esprit et lui donner du nerf (3). »

La journée ainsi commencée dans l'union à Dieu et la méditation de sa parole, il gardait aisément, dans un

---

(1) Correspondance inédite.
(2) *Lettres à des jeunes gens*, p. 275.
(3) Correspondance inédite.

esprit recueilli, le parfum de ses premières pensées, et les heures s'écoulaient pieuses et paisibles. Il marchait vraiment devant le Seigneur. Son âme, droite et pure, ne cherchant que lui, le trouvait sans peine, et semblait voir sa Providence le conduire, comme par la main, dans les mille accidents de sa vie. Sa coutume favorite était d'élever souvent son cœur à Dieu pour lui offrir ses peines, ses actions, son travail. « Je m'abandonne à Dieu, disait-il : sa main, toujours si bonne, me tient de plus en plus en reconnaissance et en adoration... La présence de Dieu m'est très-facile et très-naturelle, et j'ai fréquemment des élans de cœur vers lui. Mais il ne m'est guère possible de m'assujettir à une méditation suivie, ou plutôt à une contemplation véritable. Le goût de l'Écriture sainte augmente en moi; je la comprends et la sens mieux que jamais (1). »

Il se plaisait dans sa petite chambre, où il s'était fait, entre Dieu et son âme, comme il disait, un horizon plus vaste que le monde. C'était une sorte de sanctuaire où régnait la paix, *cette tranquillité de l'ordre*, selon la belle expression de saint Augustin. Il en aimait l'arrangement, la netteté, le recueillement; il n'y pouvait souffrir le moindre désordre. « Si l'œil des hommes ne le voit pas, disait-il, cela contriste le regard des anges. » Là, seul avec Dieu, loin du monde et du bruit,

---

(1) Correspondance inédite.

assis à sa table de travail, son âme, naturellement religieuse, s'inondait de silence, d'amour, et allait sans effort à la plénitude des joies divines. Qui dira les secrets de ces heures de travail si saintement remplies? de cette vie de cellule si simple, si pleine, si cachée en Dieu? Il en parlait peu, même dans l'intimité; mais on devinait, au feu de son regard, à un reflet de joie céleste, où habitait son âme. Aussi, lorsqu'on l'abordait à ces moments de religieuse solitude et de patient labeur, on ne pouvait se défendre d'une impression de crainte respectueuse; on se sentait saisi comme en présence, non d'un grand de la terre, mais d'un prince de la pensée, et surtout d'une royauté plus éminente encore, de la royauté de la vertu.

L'agrément de son commerce était là en partie; la sereine splendeur de son visage, expression fidèle de la beauté de son âme, attirait et charmait : on ne pouvait l'écouter sans se trouver meilleur et plus près de Dieu. Son regard, d'ordinaire ferme et froid pour le public, avait, dans l'intimité, ses heures de mélancolie toute divine et d'inexprimable tendresse. Impossible de résister alors au charme de séduction qui rayonnait de toute sa personne. Son âme, ivre de Dieu, se donnait par la flamme de ses yeux, débordait de ses lèvres inspirées, captivait par son silence même. Il fallait l'entendre, à ce moment, verser de la surabondance de sa charité aux âmes altérées, aux cœurs faibles, aux esprits tourmentés de doute! Il les transportait d'abord à sa montagne de l'Amour crucifié, son unique Thabor, pour leur faire goûter combien le Seigneur est doux ; et puis il les ramenait à la claire vue de la volonté de Dieu dans tous les événements heureux ou tristes de la vie ; c'était son principal asile pour lui et pour les autres.

Il trouvait la voie de tout le monde aussi droite et simple que la sienne. « Si Dieu le veut ainsi, disait-il, pourquoi nous troubler? Sa sagesse n'est-elle pas meilleure que la nôtre? le reste est une affaire de courage et d'abandon filial. Pourvu que nous soyons humbles, sans esprit de parti, vraiment et uniquement à Dieu, prêts à périr ou à vivre, nous ne pourrons manquer, dans la chute ou dans le succès, des consolations du chrétien qui a fait tout ce qu'il pouvait et qui accepte tout ce que Dieu veut. » Cette volonté de la Providence était son étoile, son guide, son abri. Il la voyait partout, dans sa propre vie, dans la vie de l'Église, dans les événements privés et publics. Si, comme il le disait avant sa conversion, il avait l'esprit très-incrédule et l'âme extrêmement religieuse, l'esprit avait été tellement subjugué par l'âme, qu'il ne restait plus rien de ses primitives tendances ; il avait la foi naïve et simple de l'enfant. La vue de Dieu, vivant et agissant dans le monde, dans les cœurs, dans l'histoire, lui était une habitude, une seconde nature. Si la lumière lui faisait défaut pour juger, selon cette règle, certains événements équivoques ou obscurs, il disait : « Sachons attendre ; l'heure de la Providence ne tardera pas à venir. » Lorsqu'il recevait une joie imprévue, une nouvelle heureuse, son premier mouvement était pour Dieu, source de tous les biens, pour lui offrir les prémices de sa reconnaissance. S'il apprenait une nouvelle fâcheuse, il se jetait encore dans le sein du Maître adoré, lui disait sa peine et se relevait avec la paix et l'espérance. Il lui arrivait bien encore, de temps en temps, sous le coup d'un scandale moral, d'une trahison inattendue, de ressentir les assauts d'une indignation soudaine; alors son grand front se plissait, son regard s'assombrissait : c'étaient les moments de tristesse et même de trouble ; mais ils duraient peu. Dieu reprenait vite son empire dans cette âme docile à la grâce, incapable de fiel, affamée de paix et de concorde. « Il faut, disait-il, avoir la certitude absolue, infinie, que ce qui vient de Dieu est le meilleur, même quand il nous semble le pire au point de vue humain. J'ai vu cela vingt fois dans ma vie, et j'ai toujours acquis de cette expérience un abandon sans mesure à la volonté de Dieu, qui est maintenant ma plus grande force, et qui me sert contre toutes les imperfections d'une nature prompte et portée à rompre en visière aux choses (1). » Il apprit un jour qu'un jeune homme qu'il avait aimé d'une grande affection, venait de manquer à tous ses devoirs d'honnête homme et de

---

(1) *Le P. Lacordaire*, par M. de Montalembert, p. 175.

chrétien, et avait donné le scandale d'une défection lamentable. Ce fut pour la délicatesse de ses sentiments, pour la sensibilité de son cœur de père et de prêtre, un coup profond, une douleur cruelle. Voici dans quels termes admirables il parlait de cette dure épreuve, peu de temps après l'événement : « La chute de ce pauvre N. que vous me rappelez, a été bien grande et bien imprévue. C'est la plus complète trahison dont j'aie été victime, et en même temps la plus douloureuse révélation de l'instabilité du cœur de l'homme. Mais Jésus-Christ lui-même a été trahi par l'un des siens, et cette trahison a sauvé le monde. Dieu tire le bien du mal, et cette pensée suffit pour accepter tous les maux. Ils sont un poison dans nos mains, un remède dans les mains de Dieu. Peut-être un jour l'homme que nous pleurons sera-t-il un grand saint, et, sans son effroyable chute, il n'eût été qu'un chrétien médiocre. La miséricorde est une source qui jaillit des plus profonds abîmes, et elle ne s'élève jamais plus haut que quand elle vient de plus bas (1). »

Une vertu qui se plait à vivre sur ces calmes sommets de la foi, qui trouve Dieu partout, dans les larmes comme dans la joie, et ne cherche en tout que sa gloire, une pareille vertu se tient aisément vis-à-vis d'elle-même dans les limites du juste et du vrai; elle est humble naturellement et sans effort; elle aime à

---

(1) Lettres inédites.

se juger avec équité et justice, rendant à chacun selon ses œuvres : au ciel, le mérite de ce qu'elle voit de bien en elle; à la terre, le triste honneur de ce qui est mauvais. C'est aussi en cela que consiste la véritable humilité, qui est, selon saint Bernard, « la très-parfaite connaissance de soi-même et de son propre néant (1). » C'est également ainsi que le Père Lacordaire la comprit et la pratiqua. Il n'eut pas l'humilité qui fait qu'on se croit le dernier de tous par le talent et le mérite, surtout l'humilité qui le dit à tout propos et à tout venant. Il ne faisait nulle difficulté de s'avouer les dons qu'il avait reçus, et ne croyait pas en être, pour cela, ni meilleur, ni pire. « L'humilité, disait-il, ne consiste pas à se cacher ses talents et ses vertus, à se croire pire et plus médiocre qu'on n'est, mais à connaître clairement tout ce qui nous manque, à ne pas nous élever par ce que nous avons, attendu que c'est Dieu qui nous l'a donné gratuitement, et que, même avec tous ses dons, nous sommes encore infiniment peu de chose. Il est remarquable qu'une grande vertu engendre inévitablement l'humilité, et que, si un grand talent ne la produit pas, du moins il retranche bien des aspérités que l'orgueil des hommes médiocres conserve opiniâtrément. Il n'y a donc pas incompatibilité entre l'excellence réelle et l'humilité : au contraire, ce sont deux sœurs qui se recherchent et

---

(1) *De Gradib. humilitatis*, cap. I.

s'attirent à l'envi. Dieu, qui est l'excellence même, n'a point d'orgueil. Il se voit tel qu'il est, mais sans rien mépriser de ce qui n'est pas lui ; il est *Lui* naturellement et simplement (1). »

La vertu du Père Lacordaire fut de tendre toujours à cette parfaite connaissance de soi-même, également éloignée d'orgueil et de fausse modestie. Il y fut aidé puissamment par la pureté de ses désirs, un amour ardent et désintéressé de la justice et de la vérité, une sincérité parfaite avec lui-même. Il voyait clairement ses fautes et les confessait sans peine ; mais il ne fermait pas pour cela les yeux sur la position élevée que Dieu lui avait faite dans son Église, et, loin de s'y complaire vainement, il n'y trouvait qu'une vocation gratuite, accompagnée de plus de périls et de devoirs plus graves. De là cette tranquille égalité d'âme au milieu des plus prodigieux succès, cette simplicité, cette aisance, cette pleine possession de lui-même dans les fortunes les plus diverses. Libre de toute ambition, ennemi de tout mensonge, « il était *lui* naturellement et simplement. » De plus, contre les fumées de la vaine gloire, il avait le remède énergique dont nous avons parlé, le remède des anéantissements de l'esprit par le ministère du corps ; rarement il montait en chaire sans s'être humilié de la sorte, sans avoir conjuré le démon d'orgueil par le puissant exorcisme du fouet et des verges.

(1) *Lettres à des jeunes gens*, p. 122.

On se demandera peut-être comment concilier l'apparente contradiction de cette humilité si profonde, de cette passion d'opprobre, avec les allures de sa parole, parfois si fière, si hardie, si jalouse d'indépendance, avec les couronnes qu'il laissa volontiers poser sur son front par des corps illustres, en particulier par l'Académie française. Pour juger ce côté de sa vie, comme il le faisait lui-même, il faut voir en lui deux hommes, l'homme privé et l'homme public, l'homme du dedans et l'homme du dehors. Devant sa conscience et devant Dieu, humble et simple comme un petit enfant, cherchant avant tout dans ses amis des conseillers pour l'avertir et le reprendre, des maîtres pour le corriger; mais, relevé de cette poussière de ses abaissements, il n'était plus le même; il reprenait son rôle de prêtre avec courage, et s'armait sans peur et sans faiblesse du glaive à deux tranchants de sa parole d'apôtre. Loin de s'effacer et de laisser rouiller ses armes dans une fausse défiance de ses forces, il ne craignait pas de paraître et de faire valoir, au profit de la vérité, toutes les ressources de sa riche nature : les saillies de son esprit, la verve et le mordant de son originalité, la magie de son style et de son action oratoire, l'irrésistible entraînement d'une âme toujours passionnée, les accents mélangés du poëte et de l'apôtre, du prêtre et du citoyen, de la lyre d'Homère et de la harpe de David. Il ne croyait pas que l'humilité du cénobite dût nuire à la grande et sainte liberté du héraut de l'Évangile, et il tenait le drapeau de la vérité d'autant plus haut et fier devant les multitudes, qu'il se reconnaissait plus petit et esclave dans sa cellule, aux pieds de son crucifix; semblable à ces anciens chevaliers qui, courbés à deux genoux sur le pavé du temple, déposaient humblement leur épée sur l'autel du Dieu des armées, le priant de la bénir, jurant de ne s'en servir que pour la justice, et se relevaient ensuite animés d'une fureur divine. Telle fut l'humilité du Père Lacordaire, humilité de guerrier, non celle de l'obscur artisan; humilité de Paul, l'apôtre des nations, non celle d'Antoine, l'ermite. Doué de qualités extraordinaires pour une époque exceptionnelle, il se servit pour le combat de tout ce qui lui tomba sous la main; il mit en œuvre tout ce qui lui donnait prise sur des intelligences rebelles pour les enchaîner à Jésus-Christ. Cette guerre d'avant-poste, d'une tactique hardie et nouvelle, sans précédents, inventée par ce général habile et appropriée à son génie, cette guerre avait ses surprises et ses dangers, auxquels il ne sut pas toujours échapper. On lui reprochait certaines expressions inusitées dans la chaire et un peu hasardées. Il passait condamnation sur tout, sans peine, ne se souciant de se défendre que de toute intention préconçue et blâmable.

Une personne amie lui fit un jour quelques observations à ce sujet. Il l'en remercia et s'empressa de s'en expliquer avec elle sur ce ton de franchise et de pleine ouverture qui lui était naturel. « Je vous remercie de vos remarques sur quelques expressions de mes Conférences. Elles sont, en effet (je parle des expressions), un peu hardies; mais, échappées qu'elles sont à l'improvisation, j'aime mieux les laisser telles quelles... La parole a bien des lacunes qui ne se pardonnent pas au style écrit. Quant au fond de l'intention, je n'en ai aucune, ni bonne, ni mauvaise, en pareille rencontre; je suis commandé par le moment, et voilà tout. Mon style étant infiniment peu recherché, je suis plus sujet que d'autres à ne pas rester dans le noble et le grand, parce qu'on a toujours les défauts de ses qualités. Ceux qui me supposent des desseins cachés sous des expressions singulières, n'ont pas la plus légère idée de ma nature, qui est toute spontanée et incapable de prévoir d'avance de semblables accidents. Une fois le mal fait, si mal il y a, j'y tiens comme à un souvenir, comme à une tache qui rappelle un moment de la vie (1). »

Quant aux honneurs qui vinrent le chercher dans sa cellule de religieux, il les reçut, non pour lui, mais pour la gloire de la cause qu'il défendait. Certes, peu d'hommes de ce siècle furent couronnés de succès plus purs et plus enviés. Orateur sans rival dans la chaire, caractère et génie entourés d'une popularité enthousiaste, d'un renom sans revers et sans déclin, appelé

(1) Correspondance inédite.

par le suffrage de ses concitoyens à siéger, malgré son froc, dans les conseils de sa nation, il reçut, à la fin de sa carrière, des mains de l'Académie française, la palme littéraire la plus éclatante et la plus recherchée. Plus il avait fui les honneurs qui viennent du choix des grands, honneurs généralement peu durables parce qu'ils ne récompensent pas toujours le vrai mérite, plus la faveur populaire s'était attachée à lui pour le grandir et l'élever à cette belle renommée que le temps consacre et affermit, parce qu'elle n'est que justice et vérité. Nous ne dirons pas que cette gloire le trouva toujours insensible (l'insensibilité devant la gloire n'existe pas, ou n'est qu'impuissance), mais nous dirons qu'il mit sa vertu à ne la rechercher jamais, à ne s'en point laisser éblouir, à s'y montrer toujours supérieur. Tout jeune encore, il l'avait aimée. Mais plus il s'était senti l'âme troublée à *ce premier coup de clairon de la gloire,* comme il disait lui-même, plus il s'était fait une loi, dès qu'il fut prêtre et religieux, de fuir les périls attrayants de cette enchanteresse, de se tenir, autant que possible, éloigné des grandes villes où ses poisons sont plus subtils, et d'aimer la retraite et l'obscurité. Et cependant, il ne se déroba point aux exigences de sa mission providentielle. Les honneurs dont il ne voulait pas pour lui, ne lui furent point indifférents pour le progrès et l'éclat de l'Église sa mère. C'est, en particulier, pour cela, qu'il consentit à entrer à l'Assemblée constituante en 1848 et à l'Académie française : deux actes qui lui ont été plus vivement reprochés. Nous aurons à raconter plus explicitement ce singulier épisode de sa vie pendant la révolution de février. Quant à l'Académie française, il suffit de remarquer deux choses : d'abord, que loin d'en avoir eu la première pensée, il hésita quelque temps et ne se décida que sur les instances de ses amis les plus éclairés et les plus dévoués, dont quelques-uns lui en firent *une obligation de conscience*; et ensuite, qu'il lui parut impossible de refuser ce qu'il regardait comme un hommage extraordinaire rendu moins à sa personne qu'à la bannière religieuse et civile à laquelle il avait voué sa vie. Tout ce qu'il dit et écrivit à cette époque rend témoignage de ce double sentiment. « Vous paraissez supposer, écrit-il, que je désire être de l'Académie française : c'est une erreur. Jamais je n'y avais pensé; on est venu à moi... Madame Swetchine mourante a pensé que ce serait une faute de refuser, parce qu'il y a là, dans ce mouvement spontané d'hommes éminents vers un religieux, un hommage à la religion. Or, doit-on rejeter un hommage rendu à Dieu dans la personne d'un de ses ministres, qui n'a rien fait pour le rechercher, et qui peut se rendre le témoignage de n'avoir pas même eu un désir (1)? » Et encore : « ... On m'a fait *un cas de conscience* de refuser un honneur qui m'est offert spontanément et qui peut tourner à la gloire

---

(1) *Lettres à des jeunes gens*, p. 346.

de la religion... C'est la Providence toute seule qui a conduit cette affaire, et qui en a fait coïncider le résultat avec la situation douloureuse où se trouve l'Église (1). Mon élection m'a semblé une protestation contre des violences et des malheurs qui affligent tous les cœurs catholiques, et, à ce point de vue, j'en ai ressenti de la satisfaction. Je crois que ce spectacle singulier a été voulu de Dieu, et qu'il est un hommage éclatant rendu à la religion dans un pauvre moine, le premier qui ait pris place à l'Académie française depuis plus de deux cents ans qu'elle est fondée (2). »

C'était déjà son impression, lorsqu'en 1845, après sa station du carême à Lyon, suivie avec une sorte de frénésie, il fut reçu membre associé de l'Académie des sciences, arts et belles-lettres de cette ville. Il écrivait alors à Mme Swetchine : « Il est certain qu'au moment même où l'Église et les Ordres religieux sont si vivement attaqués, Dieu semble faire exprès de m'entourer plus que jamais d'une grande sympathie. » La même pensée se trouve également développée en grandes et nobles paroles dans le discours qu'il fit à l'Académie de législation de Toulouse, qui lui donnait, elle aussi, en 1854, le titre de membre associé libre. En voici quelques passages : « Si je ne considérais que ma personne dans le choix par lequel vous m'a-

---

(1) Les envahissements du Piémont à la suite de la guerre d'Italie.
(2) Correspondance inédite. — Sorèze, 4 janvier et 9 février 1860.

vez appelé à siéger dans une assemblée de jurisconsultes, j'éprouverais à vous remercier une sorte d'embarras, tant mes titres à cet honneur ont peu de réalité... Aussi, pour me réjouir, en pleine sûreté, de la place que vous m'avez ouverte à côté de vous, ai-je besoin de détourner mes regards de moi-même, et de voir, au lieu de moi, la religion s'asseyant à vos conseils. C'est elle que vous honorez, c'est elle qui vous remercie.

« Dans nos temps divisés, l'unique espérance de l'avenir est la réconciliation sincère de tous les services, de tous les devoirs. Il n'existe plus de classes proprement dites parmi nous, tant les vicissitudes politiques ont broyé et mêlé les hommes; mais il existe encore des rangs, des services et des devoirs divers : ce sont eux qui, en se rapprochant dans une estime mutuelle et par le sentiment de leur nécessité, formeront un jour la pierre solide où se reposera le genre humain. Longtemps, dans notre pays, la religion a été exclue de l'hospitalité des cœurs et reléguée loin du concile des choses nécessaires à la vie publique; on la regardait plutôt comme une étrangère importune que comme une portion sacrée des droits et des offices de la patrie. Aujourd'hui cette erreur commence à s'évanouir; la France comprend qu'elle a besoin de tous les dévouements, de toutes les aptitudes, de toutes les fidélités, et que rien n'est de trop ici-bas de ce que Dieu a fait pour les hommes. Vous donnez, Messieurs, en me faisant asseoir parmi vous, un exemple élevé de cette réconciliation qui contient l'avenir, et je me reproche, en considérant ce point de vue, de si mal vous remercier de tant d'honneur ; mais l'esprit, pour s'exprimer avec empire, a besoin d'être libre, et rien ne lui ôte plus sa liberté qu'une vive gratitude (1). »

Telle était donc sa règle de conduite dans ces empressements de la faveur publique autour de son nom et de sa personne : accepter pour la religion tout honneur qui n'était pas contraire à sa vocation providentielle. Au reste, cette manière de voir ne fut guère blâmée qu'en France et par des catholiques d'un zèle plus ardent qu'éclairé. A Rome, où la religion, loin d'être exclue de l'*hospitalité des cœurs,* anime et inspire tout, on n'a pas les mêmes scrupules. « Les Académies romaines, comme le faisait remarquer le Père Lacordaire lui-même, sont peuplées de religieux, et je connais un dominicain, ajoutait-il, occupant une haute charge à la cour pontificale, qui est membre de l'Académie des Arcades, et s'y appelle Tityre ou Mélibée. A plus forte raison, et plus gravement, pourrait-il être membre de l'Académie française (2). »

Il plut à Dieu, six mois après la mort du Père Lacordaire, de faire approuver et louer solennellement l'ensemble de ses actes, et, en particulier, ceux dont nous nous occupons en ce moment, par la plus haute

(1) *Journal de Toulouse* du 19 janvier 1854.
(2) *Lettres à des jeunes gens,* p. 342.

autorité qui soit dans notre Ordre. Le Chapitre général, qui se compose de tous les chefs de provinces répandus dans l'univers, jouit d'un pouvoir souverain, promulgue les lois et les fait exécuter. Au mois de juin 1862, trente-huit provinciaux se réunissaient à Rome, sous la présidence du Général, et, après avoir rendu des ordonnances et pourvu aux nécessités de l'Ordre, entendaient, suivant l'ancien usage, l'éloge des principaux personnages morts depuis le dernier Chapitre général. Celui du Père Lacordaire y tint la plus large place. Nous le donnons en entier, en appendice, à la fin de cet ouvrage. C'est un abrégé historique, clair, sobre, d'une louange ferme et chaleureuse, comme il convenait à des frères parlant de celui qui avait été, selon leur expression, *l'orgueil et l'espoir de l'Ordre tout entier*. Voici dans quels termes ils parlent de son entrée à l'Assemblée nationale et à l'Académie française. « A l'éclat de sa doctrine, qui était sa gloire auprès de l'épiscopat français, il unissait une grande intelligence de la vie publique, qui le fit élire parmi les membres de l'Assemblée nationale en 1848. L'honneur qui pouvait en revenir à l'Ordre et l'ardent désir de servir la religion lui firent accepter cette mission inusitée, sans doute, mais déjà partagée par plusieurs évêques et des membres distingués du clergé. Il siégea donc à la Chambre. Mais bientôt les événements changèrent, et la prudence lui conseilla de se retirer. L'Académie française, qui ne choisit ses membres qu'entre les plus illustres, inscrivit parmi eux, en 1860, le nom de Henri Lacordaire, comme ayant bien mérité de la religion, de la patrie et des lettres. »

Il en est des honneurs comme de tout ce qui passionne : il est plus aisé de s'en abstenir que d'en jouir avec modération. Aussi, plus le Père Lacordaire pensait ne pas devoir repousser les hommages rendus, en sa personne, au soldat d'une grande cause, au citoyen aimé de son pays, plus il sentait la nécessité de faire contre-poids à tant de gloire par des abaissements plus profonds devant Dieu. C'est là, nous l'avons déjà dit, l'explication partielle de son étonnant courage pour les humiliations de la chair et de l'esprit. Il tremblait devant le succès comme devant son principal ennemi. S'il avait dit de lui-même, avant sa conversion, « qu'il avait aimé la gloire et rien autre chose, » on peut dire qu'après sa conversion, il craignit la gloire et rien autre chose. Un incident touchant nous montrera quelle frayeur il en avait. Sa station du carême de 1845, à Lyon, fut une des plus extraordinaires par le succès. Jamais rien de semblable ne s'était vu : cela tenait du délire. Dans le temps même où la Chambre et la presse soufflaient le feu des passions antireligieuses, et cherchaient à étouffer sous le mépris les essais de résurrection monastique, un moine, dans son froc du moyen âge, enchaînait à sa parole l'élite de la population lyonnaise, et renouvelait, en plein XIXᵉ siècle, les merveilles d'entraînement des prédicateurs des âges de foi. Dès cinq heures du matin, une foule considérable assiégeait les portes de la grande métropole. A peine étaient-elles ouvertes que les flots de cette foule impatiente envahissaient l'église, et achetaient par sept à huit heures d'attente le bonheur de cette minute d'éloquence chrétienne. Et lorsque cette immense assemblée, soulevée par le souffle inspiré du prophète, fermentait et frémissait, le respect du saint lieu comprimait seul, et à grand'peine, les murmures approbateurs et les applaudissements enthousiastes. Un soir, après une de ses plus belles conférences, l'heure à laquelle il descendait pour dîner étant passée, il ne parut pas. On attendit assez longtemps, et, ne le voyant pas venir, lui d'ordinaire si exact, un ecclésiastique monte à sa chambre. Il frappe : personne ne répond. Il entre et voit le Père Lacordaire, aux pieds de son crucifix, la tête entre ses mains, absorbé dans une prière entrecoupée de sanglots. Il s'approche, et, se jetant dans ses bras : « Mon Père, lui dit-il, qu'avez-vous? — J'ai peur! lui dit le Père avec un visage baigné de larmes. — Peur! mon Père, et de quoi donc? — J'ai peur de ce succès! »

Il n'était pas moins humble devant ses frères que devant Dieu, et savait allier ce qu'il devait à ses obligations de supérieur aux formes les plus douces de la tendresse paternelle. Il écrivait en 1844 au Père

Besson, qui lui avait fait des remarques au sujet d'un point d'observance sur lequel leurs idées ne s'accordaient pas : « Mon bien cher Père, j'ai reçu votre lettre qui ne m'a fait que du plaisir, à cause de la franchise avec laquelle vous m'y exprimez vos craintes. Vous savez que je n'ai jamais fui les conseils, et qu'en particulier j'ai toujours bien reçu les vôtres, et même vos corrections. Mes dispositions n'ont pas changé, et tel vous m'avez vu, tel je serai toujours, obligé sans doute de décider tant que Dieu me conservera l'autorité, mais prêt à tout entendre, et à m'humilier devant le moindre de mes frères, s'il y a lieu de m'imputer des fautes... J'ai l'espoir, mon cher enfant, que l'obstacle ne viendra pas de vous, que j'aime à la vie et à la mort, et à qui j'ai donné des preuves de confiance, d'abandon et d'amour aussi multipliées que profondes. Disposé à me mettre sous vos pieds par esprit de foi et de pénitence, je ne puis pas renoncer au devoir de conduire, et de vous demander le sacrifice de votre manière de voir. »

Nul n'entendait plus volontiers que lui les avis et les avertissements. Dans les affaires qui se traitaient en conseil, il exposait sa pensée clairement et simplement; si quelqu'un exprimait une opinion contraire, il l'écoutait avec attention, et souvent s'y rangeait si facilement qu'on pouvait supposer que s'il avait soutenu son avis, c'était moins dans la pensée de le faire prévaloir, que pour le voir combattre par les raisons qu'il s'était déjà données à lui-même. Il ne demandait à la discussion que la vérité; dès qu'il l'avait reconnue, il la défendait avec chaleur, sans se soucier de se mettre en contradiction avec l'opinion qu'il venait de soutenir un instant auparavant. Il aimait à consulter, et ne s'engageait jamais dans une affaire de quelque gravité sans avoir longtemps prié, réfléchi et pris conseil. « Je vous remercie de vos bons conseils, écrivait-il ; ne m'épargnez pas votre façon de penser. Vous savez que je ne suis pas une âme rebelle à la vérité affectueuse. Parlez-moi donc toujours librement : vous ne pouvez mieux me témoigner votre attachement. » Et encore : « Ne craignez jamais de me dire votre pensée tout entière : c'est la plus grande marque d'attachement que vous puissiez me donner, et rien n'est si rare au monde. Dieu m'a fait la grâce d'entendre volontiers tout ce qu'on me dit. » Et plus loin : « Vous ne pouvez mieux me prouver votre affection qu'en me disant les vérités que vous croirez m'être pénibles (1). »

Toute sa correspondance fait foi de ce sentiment de modestie pour lui-même et de respect pour les lumières d'autrui. Il consultait un jour un de ses religieux sur un double plan de conférences, lui demandant lequel il préférait. Le religieux s'excusa, disant que cette demande l'humiliait : « Mais, mon cher ami, lui dit le Père, je le fais bien sincèrement, je vous

---

(1) Correspondance inédite.

assure; n'y a-t-il pas toujours plus de lumières dans deux esprits que dans un ? »

Par respect pour Jésus-Christ, qu'il avait appelé *le premier domestique du monde* (1), il aimait les serviteurs, les entourait d'estime et de prévenances et les comblait de toutes sortes de bontés. Il aimait aussi leur état par esprit de foi et d'humilité. Il se rendait à lui-même tous les petits services de ménage; ou, s'il n'obtenait pas toujours qu'on lui en laissât le soin, il prenait plaisir à les rendre aux autres. Rien de plus ordinaire que de voir le Père Lacordaire enlevant les balayures laissées devant les cellules, mettant l'ordre et la propreté partout, dans les cours, les corridors, les chambres des étrangers. Souvent il descendait à la cuisine, surtout au début des fondations, alors que le service n'était qu'imparfaitement organisé, mettait un linge devant lui, et aidait au frère cuisinier. Il se flattait de savoir accommoder les œufs, *comme on les mangeait chez sa mère;* mais son talent, sous ce rapport, est demeuré contesté. Quelqu'un le voyant ainsi occupé aux travaux de la cuisine, lui demanda si l'âge, et les services plus graves de la parole, ne devaient pas dispenser le religieux de ces offices humiliants et bons pour les novices : « Non, non, répondit-il, même dans la vieillesse, un religieux doit rester attaché à la croix de Jésus-Christ, être, par sa ferveur et son humilité, le modèle

---

(1) Conférence sur l'humilité.

des plus jeunes. Si vous saviez, ajoutait-il, combien j'aimerais à vivre au fond d'un de nos couvents, simple maître des novices, travaillant à me sanctifier dans la solitude, dans l'accomplissement de toutes les lois de la pénitence, et formant nos religieux dans l'amour de notre saint Ordre! » Dans les maisons de noviciat, surtout à Chalais, il se plaisait à organiser des expéditions de travailleurs. On allait dans les forêts qui couvrent la montagne, ramasser le bois mort ou abattre des arbres pour les constructions. Le Père, un outil de travail sur l'épaule, marchait en tête de la colonne, et, arrivé au but de l'expédition, payait de sa personne, s'attaquait avec ardeur aux plus fiers sapins de ses domaines et commandait sa petite troupe comme aurait fait un général d'armée. Au retour, il y avait un autre plaisir non moins doux pour lui : c'était de laver les pieds à ses soldats fatigués, ou de nettoyer leurs chaussures.

Un jour, étant à Lyon, il avait prié quelques membres du Tiers-Ordre de l'accompagner à Notre-Dame de Fourvières. Au sortir de l'église, une pluie torrentielle les contraignit à se réfugier dans une de ces petites boutiques d'objets de piété qui s'échelonnent sur la colline, et où le Père, en riant, leur proposa de tenir le chapitre de la coulpe pour passer le temps. Lorsque la pluie eut à peu près cessé, ils le reconduisirent jusqu'au quai Saint-Antoine, où il demeurait. Il les pria de monter chez lui, les fit asseoir et leur dit : « Mes frères, si vous avez les pieds en si mauvais état, c'est moi qui en suis cause ; il est donc juste que je répare tous ces dégâts. » Il s'arme aussitôt de brosses et de cirage, et, se mettant à genoux devant eux, il se fit gaiement leur décrotteur.

En 1853, la fête de saint Dominique fut célébrée au couvent de Flavigny, en Bourgogne, avec grande solennité. On y bénissait une nouvelle chapelle dont le Père avait été le seul architecte, et qui faisait plus d'honneur à son amour de la simplicité qu'à son goût pour l'art religieux. Parmi les nombreux invités se trouvaient NN^{grs} les évêques de Dijon et d'Autun, M. le comte de Montalembert, M. Foisset et plusieurs membres éminents du clergé. Le Père avait été vu, dès le matin, balayant les cours, ramassant un brin de paille, époussetant les meubles, ordonnant le service et mettant la main aux plus petits détails. Après la cérémonie, il faisait les honneurs du couvent à ses hôtes illustres, lorsqu'il aperçut, dans un coin, un jeune ecclésiastique timide et paraissant attendre quelque chose. Il l'aborde, apprend de lui qu'il n'a pas encore déjeuné, et, laissant là ses hôtes, il le conduit au réfectoire, le fait asseoir à une table isolée, et, debout devant lui, un linge sous le bras, il le servit tranquillement tout le temps de son repas.

A la fin de sa station du carême à Lyon, il voulut aller voir le vénérable curé d'Ars. Il avait toujours eu pour la sainteté dans le prêtre une estime et un attrait particuliers. Il aimait surtout dans les anciens membres du clergé français *ce grand air sacerdotal* qui annonçait tout ensemble, disait-il, la distinction de la nature et l'élévation de la grâce. Il demandait souvent à Dieu un saint pour la France : « Mon Dieu! s'écriait-il à Notre-Dame, quand donc daignerez-vous nous donner des saints! » Il voulut voir celui d'Ars, s'édifier de ses exemples, et, sans doute aussi, l'interroger sur l'avenir de son Ordre en France. Nous empruntons le récit de cette visite, qui mit en relief l'humilité de ces deux belles âmes, à l'intéressante histoire du curé d'Ars, par M. l'abbé Monnin (1).

« Le 3 mai 1845, le curé d'Ars venait de terminer l'exercice du mois de Marie. La foule des pèlerins stationnait autour de l'église, en attendant que le saint parût, lorsqu'on vit arriver, dans une modeste voiture, un prêtre enveloppé d'un manteau noir. Bientôt, sous les plis du manteau, on aperçut une robe blanche, et chacun de s'écrier : « Voilà le grand prédicateur! » Le peuple de nos campagnes désignait ainsi le religieux qui venait de produire à Lyon une émotion sans exemple dans les fastes de la chaire chrétienne. C'était vraiment le Père Lacordaire. Et, le lendemain, les habitants d'Ars purent contempler l'illustre dominicain écoutant, dans un humble recueillement et avec une attention respectueuse, le prône du curé d'Ars. Le

(1) Tome II, p. 321.

génie s'oubliait devant la sainteté lui apparaissant sous sa forme la plus simple. M. Vianey fut touché, et il dit à quelqu'un : « Savez-vous la réflexion qui m'a frappé, « pendant la visite du Père Lacordaire? Ce qu'il y a « de plus grand dans la science est venu s'abaisser de- « vant ce qu'il y a de plus petit dans l'ignorance... les « deux extrêmes se sont rapprochés. »

« Le Père Lacordaire fut très-ému de la chaleu- reuse exhortation dans laquelle il avait entendu l'homme de Dieu presser et conjurer ses paroissiens d'invoquer le Saint-Esprit, et d'appeler en eux la plé- nitude de ses dons; il ajouta qu'il était heureux de pou- voir se dire que, s'il avait à traiter un semblable sujet, il le ferait, non pas dans les mêmes termes, mais sous la même inspiration. « Ce saint prêtre et moi nous ne « parlons pas la même langue; mais j'ai le bonheur de « pouvoir me rendre ce témoignage que nous sentons « de même, encore que nous ne disions pas de même. » L'orateur avait entendu le saint, mais le saint voulait entendre l'éloquent religieux ; aussi annonça-t-il que le soir, aux vêpres, *on dirait bien mieux que lui.* Le Révérend Père hésita, et ne consentit que lorsqu'il fut bien persuadé que céder au désir du curé d'Ars était envers lui un témoignage de respect et de soumission. Mais il se plaignit de *parler, au lieu d'écouter encore.* « J'étais venu, dit-il, pour demander des conseils et « pour m'édifier. » Il se mit aux pieds de la vertu du serviteur de Dieu avec une humilité si profonde et une si entière conviction, que chacun des paroissiens prenait sa part de bonheur dans la gloire qui rejaillissait sur leur saint.

— « Avez-vous entendu, disaient-ils en sortant de l'église, avez-vous entendu *le grand prédicateur* qui s'est mis si fort au-dessous de notre curé? »

« L'attendrissement était dans tous les cœurs, en voyant l'orateur chrétien le plus admiré de notre époque suivre, la tête baissée, l'air profondément humble et recueilli, ce vieillard auquel il venait demander peut-être une parole prophétique sur l'avenir de l'Ordre qu'il avait reçu la mission de restaurer en France. Le saint curé a apprécié tout ce qu'il y avait de grandeur et de foi dans cette conduite. Les larmes lui venaient aux yeux, en pensant qu'il avait dû accorder sa bénédiction à l'instante prière du Père Lacordaire (1). L'élévation de ses pensées, l'harmonie de sa parole, avaient produit dans l'esprit et l'imagination de M. Vianney un effet d'enthousiasme et d'enchantement. « Je n'ose plus paraître dans ma chaire, disait-
« il; je suis comme celui qui, ayant rencontré le Pape,

---

(1) Le curé d'Ars, par une distinction exceptionnelle, reconduisit le Père Lacordaire assez loin hors du village. Au moment de se séparer, il y eut une sorte de combat pour savoir lequel des deux recevrait la bénédiction de l'autre. Le saint curé dut enfin céder aux vives instances du religieux, qui le conjurait, en lui pressant les mains, de ne pas lui refuser cette grâce. Le Père Lacordaire se mit à deux genoux devant lui, et en se relevant, ils s'embrassèrent avec effusion, les larmes aux yeux. — Voyez *Souvenir de deux pèlerinages à Ars*, opuscule publié à Lyon.

« le fit monter sur son cheval, et qui, depuis, n'osait y
« remonter lui-même. » Comme on s'entretenait devant lui de l'effet prodigieux des conférences de Lyon, en ajoutant que, cependant, on citait peu de conversions : « Écoutez ! dit-il, il y aura un immense résultat,
« si le prédicateur a prouvé aux savants qu'on en sait
« encore plus qu'eux, et à nos beaux esprits qu'ils ne
« sont pas les plus habiles... Il faut leur faire admirer
« les beautés de l'édifice, pour leur donner envie
« d'y entrer. »

« Ainsi l'effet de cette mémorable visite a été complet et réciproque. Le célèbre pèlerin a paru fort édifié de la sainteté merveilleuse du curé d'Ars ; il s'est promis de revenir, et il a tenu parole. Sans s'expliquer sur la conversation particulière qu'il a eue avec M. Vianney, il a avoué seulement qu'il avait recueilli de lui des aperçus très-lumineux et des gages d'espérance très-positifs touchant le rétablissement des Frères Prêcheurs.

« Il disait, à propos des lumières qui lui étaient venues du curé d'Ars : « La science creuse la vie et ne
« la comble pas ; la piété l'illumine, l'élève et la rem-
« plit. »

Telle était donc dans le Père Lacordaire la vertu d'humilité, de simplicité, de modestie. Son caractère en a-t-il été rétréci ou abaissé ? Serait-il possible de soutenir en face d'une telle vie l'incompatibilité de l'humilité chrétienne avec la plus haute noblesse des sentiments? N'est-il pas plus juste, au contraire, de rappeler ici le principe de morale divine, qui est d'une rigoureuse exactitude dans les termes : « Celui qui s'abaisse sera élevé ; celui qui veut être le plus grand doit se faire le serviteur de tous? » C'est pour avoir étudié de plus près et aimé d'amour le Fils de Dieu descendu aux derniers rangs des serviteurs et des esclaves que le Père Lacordaire a connu cette véritable élévation de l'âme dont l'Évangile est le code sublime. Oui, pour nous, le secret de la grandeur de ce caractère est dans sa profonde humilité. C'est l'humilité qui affranchit l'âme, en effet, et lui rend la liberté de ses mouvements vers le bien, vers le beau, vers Dieu. L'obstacle à toute grandeur, c'est l'orgueil, c'est l'homme s'arrêtant en lui-même dans la poursuite de la richesse, de la puissance ou de la gloire, et cherchant en lui le principe d'une élévation aussi fausse qu'éphémère. L'honneur de l'homme n'est pas de commander, c'est de servir. Or, c'est la vertu d'humilité qui lui révèle le sens de cette divine philosophie ; c'est elle qui l'affranchit de la passion de faire parler de soi, et y substitue la passion de bien faire et de donner à tous la vérité connue ; c'est l'humilité qui délivre l'homme de l'attache exagérée à son propre sens, source de tant d'erreurs, et le couronne de gloire en l'enveloppant d'obéissance. Quelle différence, au seul point de vue de la beauté morale, entre l'apostasie obstinée de la Mennais et la soumission docile du Père Lacordaire ! Quelle triste stérilité d'un côté! Quelle magnifique germination de l'autre! Nous ne voulons pas rechercher où serait allé le fier génie du Père Lacordaire sans la chaîne salutaire de l'obéissance; mais il est hors de doute qu'il lui eût été difficile de se contenir, de s'arrêter à temps et d'éviter les écarts où se laissent emporter de moins ombrageuses natures. En se réfugiant sous la main de Dieu, en lui engageant sa vie, non-seulement il l'affranchit et la préserva de ce qu'il appelait « son écueil, le désir de faire parler de lui, » mais encore il la marqua pour jamais du sceau de la véritable grandeur. Il apprit aux pieds de son crucifix à s'élever, en servant Dieu, à la plus noble des royautés, à l'empire sur soi-même, au dévouement à ses frères, à la sainteté. Toute solide grandeur est là. *Servire Deo regnare est.* Lorsque cette royauté du service de Dieu est unie au talent, à l'éloquence, à un caractère intègre et puissant, à une vertu poussée jusqu'à l'héroïsme, elle imprime à la vie de l'homme un tel reflet de majesté divine, que toute prééminence purement humaine s'efface auprès d'elle. Or, servir Dieu, obéir à Dieu, ce fut toute l'ambition du Père Lacordaire. Il résumait sa vie en un mot : *le devoir!* Le devoir était pour lui non cette vertu stoïque où il entre plus d'orgueil que de vrai courage, mais la voix de Dieu, sa justice, sa vérité, sa loi. Il mit son ambition et sa vertu à s'en rendre l'esclave au prix de tous les sacrifices, jusqu'à son dernier souffle. « Je n'ai jamais regardé qu'en haut pour y lire le devoir, écrivait-il. Le devoir est supérieur à tout. Aucun calcul, aucune crainte, aucune habileté, aucun désir ne doivent prévaloir contre, et j'ai depuis longtemps l'expérience que c'est la seule voie de réussir finalement, encore que toutes les apparences soient contre le succès (1). »

Cette fidélité au devoir lui inspirait un grand respect de lui-même. Il honorait en lui le don de Dieu et le défendait avec un soin scrupuleux et jaloux. Qui sut mieux que lui garder la foi jurée? Qui éprouva jamais une plus instinctive horreur pour toute violation de serment? N'avait-il pas donné sa parole à Dieu? et dès lors un doute sur la foi pouvait-il se présenter à lui autrement que sous le masque d'une trahison? Sa noblesse d'âme travaillait ainsi autant que l'esprit à préserver la tranquille pureté de ses croyances religieuses. Il ne comprenait pas davantage, dans le chrétien, les entraînements de la volonté, les défaillances et le partage du cœur. Dès qu'il eut aimé Dieu, il ne sut plus regarder autre chose, et n'eut d'autre soin que de gravir dans son âme les degrés mystérieux de cet amour. L'unité de sa vie sous ce rapport est admirable. Il s'était converti bien jeune, et nul n'ignore que les luttes les plus terribles, les regards en arrière, les perspectives sur un monde oublié, mais vivant, ne sont pas à l'âge des généreux enthousiasmes, mais à la

---

(1) Correspondance inédite.

période plus refroidie où l'homme se replie sur lui-même et tend à prendre pied dans la vie. Si le Père Lacordaire a connu ces luttes tardives, les traces n'en sont restées nulle part, et ceux qui ont eu ses plus intimes confidences ne pourront jamais témoigner que d'une chose, c'est de sa parfaite indifférence pour les plus séduisantes fascinations, de sa constante ardeur à tenir son âme pure de toute tache, et de ses soins à la rendre de plus en plus digne des familiarités divines. Il comprenait à peine dans les autres ces combats suivis trop souvent, hélas! de tristes défaites. Il écrivait à un jeune ami : « Je suis toujours étonné de l'empire qu'exerce sur vous la vue de la beauté extérieure, et du peu de forces que vous avez pour fermer les yeux. Je vous plains bien de votre faiblesse, et je l'admire comme un grand phénomène dont je n'ai pas le secret. Jamais, depuis que j'ai connu Jésus-Christ, rien ne m'a paru assez beau pour le regarder avec concupiscence... C'est si peu de chose pour une âme qui a vu Dieu une seule fois, et qui l'a senti! (1) »

Il gardait la même fidélité aux opinions et aux idées qui furent la foi politique de toute sa vie. Il les respectait en lui comme une part de vérité divine, et n'admettait guère plus une infidélité à leur endroit qu'aux vérités dogmatiques. Son symbole religieux et politique était tout d'une pièce, et il ne comprit pas mieux la trahison

---

(1) *Lettres à des jeunes gens*, p. 44.

d'un principe de conduite une fois admis comme tel, que d'une vérité d'un ordre plus élevé. « Il faut avoir des convictions, disait-il, réfléchir longtemps avant de leur donner son adhésion, et une fois adoptées, n'en plus jamais changer. » Pour lui, cette fidélité au drapeau était une sorte de religion. Il y mit l'honneur de sa vie. « Je tiens par-dessus tout, écrivait-il, à l'intégrité du caractère ; plus je vois les hommes en manquer et faillir ainsi à la religion qu'ils représentent, plus je veux, avec la grâce de Celui qui tient les cœurs dans sa main, me tenir pur de tout ce qui peut compromettre ou affaiblir en moi l'honneur du chrétien. N'y eût-il qu'une âme attentive à la mienne, je lui devrais de ne pas la contrister; mais lorsque, par suite d'une providence divine, on est le lien de beaucoup d'âmes, le point qu'elles regardent pour s'affermir et se consoler, il n'y a rien qu'on ne doive faire pour leur épargner les défaillances et les amertumes du doute (1). » S'il lui fut aisé de rester ainsi lui-même, ce fut, il importe de le rappeler, ce fut grâce aux précautions qu'il avait prises de bonne heure pour se mettre à l'abri des piéges de l'ambition, des excès de l'esprit de parti. Ces fuites soudaines dans la retraite, cet amour de la solitude, son habit religieux, ses héroïques aspirations vers le renoncement et la pauvreté, ont contribué plus qu'on ne le croirait d'abord à l'unité, à la rare fermeté

---

(1) *Correspondance du P. Lacordaire avec Mme Swetchine*, p. 512.

de son caractère. *Ce grand cœur dans une petite maison*, qui le touchait au-dessus de tout, c'était lui ; mais pour se maintenir à cette hauteur, il lui avait fallu mettre son indépendance sous la sauvegarde du cloître, s'oublier lui-même et vivre le regard constamment fixé sur Dieu, sur le devoir.

Cette fidélité au devoir n'était pas moins admirable dans les moindres détails de la vie. C'est là souvent une vertu plus difficile que l'obéissance aux grandes obligations : celles-ci d'abord sont plus rares, plus publiques et portent avec elles un secours actuel et déterminant ; les autres sont de tous les instants, exposées à la mobilité du caractère, aux variations des circonstances, et n'ont souvent que Dieu pour témoin et pour juge. C'est aussi pour cela que le prestige de la grandeur ne résiste presque jamais au regard qui pénètre dans l'intimité de la vie. C'était le contraire pour le Père Lacordaire : plus on le voyait de près, plus on l'admirait et le vénérait. Rien de plus réglé que l'emploi de son temps. *Faire sa journée*, comme il disait, *creuser son sillon*, *accomplir sa besogne*, c'était sa vertu de tous les instants, sa recommandation la plus pratique, la plus souvent renouvelée. Chaque chose se faisait en son temps et de la manière accoutumée. Jamais il ne renvoyait au lendemain ce qu'il pouvait faire dans le moment. Chaque jour, vers dix heures du matin, il se mettait à sa correspondance, et au bout de deux heures qu'il y consacrait ordinairement, les lettres se voyaient empilées à l'angle de sa table, pliées et cachetées avec une invariable uniformité. Rien n'était capable de lui faire oublier cette tâche régulière. Je l'ai vu, déjà courbé par la maladie, le visage pâle et défait, se refuser à une promenade qu'on lui proposait par une de ces splendides matinées d'automne en Provence, sous ce soleil qui le ranimait et le réjouissait, et répondre simplement : « Je ne le puis pas ; c'est l'heure de ma correspondance. » C'était la voix du devoir. A deux heures, sa porte s'ouvrait aux visites, où la curiosité souvent avait plus de part qu'un but utile. Toujours empressé à rendre service, se prêtant volontiers aux éclaircissements et aux discussions que beaucoup de jeunes gens venaient lui demander, il décourageait vite les oisifs et les indiscrets par un imperturbable silence. Dès que l'heure avait sonné, il levait la séance et congédiait son monde, à moins d'affaires graves et urgentes : le devoir était accompli. L'habitude de régler ainsi ses moindres actions lui donnait du temps pour tout. Aussi, malgré la surcharge d'affaires dont il était parfois accablé, ne le voyait-on jamais empressé, maussade, impatienté : son exactitude, aidée d'une prodigieuse activité, suffisait à tout. Dans le plus grand surcroît de travail, rien n'était changé dans sa vie ; il ne prenait ni sur son sommeil, ni sur aucun exercice religieux, mais il achevait dans le même temps une besogne trois fois plus considérable qu'à l'ordinaire. On le voyait alors paraître, aux heures de récréation, le teint plus animé, l'œil plus vif, le rire plus franc, plus spontané, la verve plus intarissable, comme un homme qui éprouve, après une forte tension du cerveau, le besoin d'une détente, d'une diversion.

Lorsqu'il arrivait de voyage, il trouvait d'ordinaire sur sa table un énorme paquet de lettres en retard. C'était son premier travail; avant de songer à un repos souvent si nécessaire, il se mettait à son bureau, écrivait sans relâche, quelquefois de très-longues lettres d'une écriture fine et serrée, sans rature, et le lendemain le paquet de lettres avait disparu, et tout rentrait dans la régularité accoutumée. Le corps s'arrangeait comme il pouvait de cet esclavage au devoir, à heure fixe. Il n'en avait souci : c'était un serviteur docile et muet, auquel il avait appris ses devoirs sans trop s'inquiéter de ses droits. Aussi, lorsque avant le terme, ce pauvre serviteur à bout de forces tomba sur l'arène comme un cheval sous son cavalier, il exprima sa surprise, n'y comprenant rien et remarquant avec étonnement que c'était la première fois que son corps avait refusé de lui obéir. *Crucifions-nous à notre plume !* écrivait-il à Ozanam, à cet ami qui lui répondait plus tard : « Je me suicide, je le sens; mais c'est Dieu qui le veut ainsi. » Tous deux, chevaliers invincibles, ils sont morts les armes à la main, vraiment crucifiés à leur plume. Lorsqu'elle tomba de la main mourante du Père Lacordaire, son âme, demeurée tout entière, sut encore trouver la force de dicter ces pages immortelles, nées d'une pensée de devoir inspirée à son ami par M. de Montalembert, qui s'est acquis par là des droits à une reconnaissance impossible à acquitter (1).

Toutes ses démarches étaient réglées d'après le devoir et soumises à la loi d'une conscience plus sévère à elle-même qu'aux autres. Loin de profiter de l'indépendance de sa charge de supérieur, il s'appliquait à rester toujours au-dessous des permissions qu'il donnait à ses Frères. Le devoir, c'était la grande raison mise en avant pour refuser les visites et les voyages dont ses amis le pressaient souvent. « Il me serait bien doux, écrivait-il, de vous rendre une nouvelle visite. L'insistance que vous mettez à me le demander ne serait pas nécessaire pour m'y déterminer, si j'en avais réellement la liberté. Mais, quoique supérieur, je m'attache à ne rien faire que ce que je puis permettre à mes Frères; et comme je leur interdis tout voyage, sauf le cas de nécessité, force m'est bien de me les interdire à moi-même. Désormais toutes mes démarches doivent être calculées d'après le devoir. Ce que vous me dites de l'utilité dont je serais à quelques âmes qui vous intéressent me touche certainement, et il n'y a pas de doute que je ferais bien un long voyage pour un tel motif, si des raisons graves ne me rete-

---

(1) M. l'abbé Perreyve, en léguant les Mémoires du Père Lacordaire à M. le comte de Montalembert, n'a fait qu'accomplir un devoir de juste et délicate convenance.

naient où je suis. Nous ne pouvons pas tout faire ici-bas ; il faut choisir le bien que la Providence nous envoie, et laisser à d'autres le bonheur d'accomplir celui qui leur est préparé. Sans cette résignation à la volonté de Dieu, on courrait risque de tout manquer en voulant trop embrasser. Je suis sans cesse obligé de voir un bien possible et de passer à côté, pour n'en pas sacrifier un autre. On me dit quelquefois : « Prenez votre bâton, et allez devant vous en évangélisant à droite et à gauche, jusqu'à ce que vous tombiez d'épuisement sur le chemin. » Cela serait très-bien, il est vrai ; mais Dieu m'a donné une autre œuvre qu'il faut achever ; après, nous verrons ce qu'il me demandera (1). »

La voix de l'amitié, si puissante d'ailleurs sur cette âme d'une exquise tendresse, ne pouvait rien contre le devoir, n'ébranlait jamais en elle la rectitude du jugement, l'inflexibilité de la volonté. Ce qui nuit le plus, en général, à la haute perfection du caractère, ce sont les faiblesses du cœur. On craint de faire de la peine, et l'amitié est ingénieuse à trouver mille motifs pour entraîner à son avis. Le caractère alors s'amollit, la volonté, affaiblie, s'énerve, partage sa souveraineté et trop souvent finit par abdiquer en faveur du sentiment qui seul règne en maître. Ou bien, si le cœur est absent et que la force seule prédomine toujours, le caractère

---

(1) Correspondance inédite.

s'empreint de je ne sais quelle rigueur sans entrailles qui repousse et décourage. Rarement ces deux qualités d'un cœur tendre dans une ferme raison furent mieux équilibrées que dans le Père Lacordaire; il était, à l'image de cette Providence en qui la force se marie à la douceur, *fortiter sed suaviter*, fort comme le diamant, plus tendre qu'une mère. Il connaissait les droits et les douceurs de l'amitié; plus que personne il en subissait les charmes, mais jamais au préjudice du devoir. L'amitié avait ses heures, ses jours, ses limites, ses droits mesurés comme tout le reste; elle n'allait jamais au delà. Il ne pliait pas sa règle ou son temps au gré de ses inclinations; il se refusait tout plaisir de cœur dont le devoir eût souffert, et exigeait de ses plus intimes amis le même sacrifice, le même empire sur le sentiment. Un jour, un religieux pour lequel il avait une particulière affection, lui demanda de faire un détour en voyage pour embrasser son père et sa mère, qu'il n'avait pas vus depuis longtemps. Il refusa. Lorsqu'il revit ce religieux quelques jours après : « Eh bien! lui dit-il, vous devez être très-fâché contre moi? — Mon Père, lui répondit le religieux, j'ai souffert autant de la joie que vous m'avez refusée, que de l'insensibilité de cœur dont j'ai cru voir en vous la preuve. — Mon pauvre enfant, lui dit le Père les yeux pleins de larmes et en le pressant entre ses bras, j'en ai souffert plus que vous; mais c'eût été faire brèche à la règle, et j'ai dû obéir à ma conscience plutôt qu'à mon cœur. C'est un devoir très-dur, et contre lequel souvent tout en moi se révolte. Mais il faut, en définitive, que la raison reste maîtresse. Sans règles invariables et inflexibles, croyez-le, mon cher ami, nous irions vite à un déplorable relâchement. Établissons dès le début, parmi nous, des habitudes fortes et sévères, des barrières infranchissables, au risque de faire crier la chair et le sang; plus tard, un tel travail serait impossible et le mal irrémédiable. »

On croira sans peine à l'influence souveraine d'une telle vertu sur ceux qui en étaient témoins. On ne vivait pas longtemps dans l'intimité du Père Lacordaire sans subir le salutaire empire de cette âme si bien équilibrée en toutes ses facultés, si fortement trempée, si grande en tout. Plusieurs de ceux qui étaient venus lui demander d'être admis dans sa famille religieuse, y avaient été attirés par l'éclat de son talent et la popularité de son nom. Mais lorsqu'ils voyaient de plus près cet homme qui ne leur avait apparu d'abord qu'à travers le prisme de sa gloire, lorsqu'ils étaient témoins de cette égale et suréminente grandeur dans toute sa vie, lorsqu'ils voyaient cette puissance de volonté qui réglait tous ses actes, sans rien ôter à la tendresse, cette générosité constante qui élevait en lui l'héroïsme à l'état d'habitude, cette soif insatiable des plus dures sacrifices, cet amour passionné du Fils de Dieu sur sa croix, cette simplicité, cette modestie dans les plus sublimes élans de la vertu, ce type enfin du vrai religieux en qui Dieu n'amoindrit jamais l'homme, mais le perfectionne et l'élève au-dessus de toutes les gloires humaines, le prestige du talent s'effaçait à leurs yeux devant le charme de la vertu, ils se sentaient inclinés à imiter et à aimer là où d'abord ils n'avaient su qu'admirer. Quelque soin qu'il prît à se cacher, à fuir les dehors de la sainteté, il ne parvenait pas à effacer de son grand front l'auréole de la vertu, et de toute sa personne cette douce majesté qu'on n'abordait qu'avec une sorte de respect et que je n'ai vue nulle part au même degré.

Non, le génie seul ne suffit pas à produire ce rayon divin; il y faut de plus quelque chose du Ciel, le reflet de Dieu dans l'âme, la beauté du Christ sur le front de l'homme. Mais, lorsque en descendant pour cette sublime alliance, Dieu trouve pour le recevoir une demeure presque digne de lui, une âme plus à son image, un esprit vaste pour le comprendre, un cœur plus vaste pour le suivre et l'aimer, un grand homme enfin, il l'emporte à des hauteurs incommensurables, et il se fait de cet ineffable mariage du génie et de la sainteté je ne sais quelle splendeur surhumaine devant laquelle les hommes s'inclinent d'eux-mêmes, et qu'ils aiment à contempler comme le suprême idéal de la grandeur.

CHAPITRE XVI

De l'influence du Père Lacordaire comme directeur des âmes.

Après avoir dit ce que fut le prêtre et le religieux dans le Père Lacordaire, nous voudrions, pour compléter ce sujet, examiner quelle a été son influence sur les âmes au point de vue de ses vertus sacerdotales et monastiques, en d'autres termes ce qu'il fut comme *directeur*. Le bien qu'il a opéré sous ce rapport a-t-il été en proportion de l'éminence de sa sainteté et de l'héroïsme de sa charité pour Dieu? Nous devons avouer que le nombre de ceux qui ont connu dans le Père Lacordaire le saint prêtre, le religieux austère et dévoré d'amour pour Jésus-Christ, et par conséquent de ceux qui ont pu recevoir de lui le bienfait d'une forte direction, est relativement restreint. Certes, si l'on considère l'influence qu'il a exercée et qu'il exercera longtemps encore par la puissance de sa foi, par l'étendue de son génie, par l'ensemble des qualités qui en ont fait le prêtre le plus populaire, l'orateur le plus sympathique, on ne saurait trop reconnaître le bien immense qu'il produit tous les jours. Sans parler de ses œuvres, par lesquelles il se survit à lui-même, sans parler de l'autorité croissante de son caractère, de son nom, de ses principes, (toutes choses aussi universellement connues et exaltées que son commerce intime avec Dieu l'était peu), le seul livre de ses Conférences sera pour longtemps encore un des manuels d'apologétique chrétienne le plus répandu, le plus fécond en retours sérieux à la foi catholique. Les témoignages consolants et multipliés qui nous en arrivent souvent, nous permettent de juger du grand nombre de ceux qui nous sont inconnus. La période dans laquelle l'influence de la vie et des œuvres du Père Lacordaire aura son plein épanouissement ne fait que commencer. Quant à son influence par la direction des âmes, elle a été, nous le répétons, bien moins étendue. Des jeunes gens en assez grand nombre, quelques dames du monde, des prêtres qui lui demandaient des conseils, des religieux qui avaient vu son âme de plus près, composaient le petit troupeau qui reconnaissait et suivait sa houlette. Cela n'a rien d'étonnant. D'abord, la direction, qui suppose la connaissance suivie et journalière de l'état, des actes et des mœurs des âmes, exige, pour rayonner dans un cercle élargi, un séjour prolongé, des habitudes sédentaires. L'apôtre n'est pas le pasteur. Or, le Père Lacordaire reçut avant tout la mission d'apôtre. Sa vie, à part les dernières années de Sorèze, se passa dans des voyages continuels qui se prêtaient mal aux soins assidus d'une direction régulière. Outre cette première raison, il en est une autre qui le fit ignorer de presque tout le monde comme directeur : ce fut sa modestie. Le souci qu'il eut toujours de dérober le secret de ses austérités et de sa piété ne permit qu'à un très-petit nombre de soulever le voile sous lequel il cachait ses sublimes vertus et de marcher à leur lumière. Plusieurs de ceux mêmes qui le connaissaient depuis plus longtemps, qui le voyaient souvent, ne songeaient ou n'osaient pas se servir de lui pour leur âme. Ils ont pu le regretter, mais trop tard. Un de ses plus anciens amis nous écrivait : « Nous autres hommes du monde, si nous lui eussions demandé des avis spirituels, il nous les aurait donnés de toute son âme. Mais, hélas ! nous ne lui en demandions point, et vous savez qu'il était de ceux qui ne s'offrent pas. C'est notre faute, notre très-grande faute, mais c'est ainsi. »

Et puis, il faut le dire enfin, ceux qui l'avaient deviné, auxquels il s'était ouvert, n'avaient pas tous le courage de le suivre. Il fallait l'élan d'un bon vouloir intrépide, une âme décidée à tous les sacrifices, pour demeurer fidèle à cette discipline sévère. Pour aller à Dieu il ne connaissait d'autre chemin pour les autres que pour lui : c'était toujours la croix, toujours l'amour fort et généreux du Calvaire. Il répétait sans cesse : « La voie par laquelle on arrive à l'amour pur et désintéressé de Dieu est celle que Notre-Seigneur nous a tracée en allant du jardin des Olives au Prétoire et du Prétoire au Calvaire : c'est l'amour qui a tracé cette route, et l'amour savait apparemment le chemin qui mène à lui (1). » Et encore : « Nous avons deux grands vices à combattre : l'orgueil et la volupté ; deux grandes vertus à acquérir : l'humilité et la pénitence. » Il ne sortait pas de là. On allait donc à lui avec la certitude de ce qu'il allait dire, faire et commander. Il fallait être, sous sa main, la victime toujours prête à l'holocauste. Dans cette guerre sans trêve ni merci, beaucoup perdaient courage et s'en allaient disant avec les disciples pusillanimes : « *Durus est hic sermo, et quis potest eum audire?* Cet homme a un langage et des lois au-dessus des forces de notre nature. »

Plus libre, plus expansif avec les jeunes gens, trouvant chez eux plus d'ardeur et d'élan vers le sacrifice, c'est aussi dans leurs rangs qu'il rencontra des disciples plus nombreux ; c'est par eux surtout qu'il connut ce qu'il appelait *la véritable félicité du prêtre,* le bonheur de se les attacher par le nœud d'une affection surnaturelle, pour les donner ensuite plus sûrement à Dieu. Son premier titre à leur confiance, c'était l'amitié qu'il leur portait ; c'était aussi le meilleur gage du succès de son ministère auprès d'eux. On ne fait de bien aux âmes que dans la mesure où on les aime. Jésus-Christ

---

(1) *Lettres à des jeunes gens,* p. 137.

est mort d'amour pour nous, et tout bon prêtre connaît cette noble passion du zèle qui faisait dire à saint Paul : « Je donnerai tout, je me donnerai moi-même pour vous sauver. » Le Père Lacordaire était né pour être l'apôtre préféré de la jeunesse : il la prit pour la part spéciale de son héritage. Dieu avait mis dans son cœur et sur ses lèvres tous les attraits auxquels les jeunes gens ne résistent pas : la vertu éloquente, les flammes de la charité mêlées aux rayons du génie, toutes les séductions du ciel unies aux accents les plus pénétrants de l'honneur, de la poésie, de l'amitié. Aussi, lorsqu'il ouvrait sur leurs âmes bien-aimées les trésors de cette divine affection, toute résistance devenait impossible ; ils s'avouaient vaincus, mêlaient les larmes du repentir aux larmes de joie de leur père et ami, et se déclaraient prêts à tout pour garder le bienfait de cette paix retrouvée qui surpasse toute félicité des sens. Les épanchements d'âme du saint religieux avec ses chers enfants ne sauraient être racontés. Outre la difficulté de traduire en paroles froides et décolorées ces cris du cœur, ces transports divins, il y aurait une sorte de profanation à vouloir surprendre de trop près ces confidences saintes et sacrées. Contentons-nous d'en écouter l'écho dans une page admirable sortie de sa plume et de son cœur, et où l'élévation, la délicatesse du sentiment et de la forme laissent deviner la richesse, la profondeur de cette âme aimante. Il écrivait à un jeune ami qui venait de retomber dans les obscurités du doute, après avoir un instant entrevu les clartés de la foi :

« Ton avenir à toi, cher ami, m'est caché ; mais s'il dépend de mes larmes et de mes prières, un jour la lumière qui t'a éclairé un moment renaîtra sur ton front. Ne désespère pas de toi-même! la vérité a des ressources contre nous, quel que soit l'éloignement où notre esprit la tient. Peut-être, si je dois souffrir beaucoup sur la terre, tu m'es réservé pour un de ces moments où l'homme croit qu'il n'a plus de joie, et où Dieu lui en accorde de si grandes, qu'il estime n'avoir jamais été auparavant heureux. J'espère donc un jour te retrouver chrétien, et te presser sur mon sein avec la double tendresse de l'ami et du religieux. En attendant cette immense joie, je continue à te porter dans mon cœur comme un enfant blessé et aimable, comme le dernier fruit de mon amour sur la terre. Je suis déjà trop vieux maintenant, par l'âge sinon par le cœur, pour remuer les entrailles de plus jeunes que moi ; et, destiné désormais à regarder en arrière, je te laisse au seuil du passé : tu y seras le premier que mes yeux rencontreront en se retournant. Et toi, ne m'oublie pas dans cette place aimée! Quand tu seras triste et mécontent du monde, jette un regard de loin vers la fenêtre de ma cellule; songe à un ami qui t'aimait si tendrement. Adieu (1)! »

(1) *Lettres à des jeunes gens*, p. 95.

Comment résister à de semblables appels? Et quels droits une pareille tendresse ne lui donnait-elle pas pour faire entendre, après le langage de l'amitié, celui de l'autorité sacerdotale, et pour arracher de vive force la victime aux sanglantes étreintes du mal? Dans ce caractère doux et ferme à la fois, en effet, l'amitié ne courait aucun risque de dégénérer en mièvrerie puérile ou en mol affadissement; toujours la force sortait de la douceur, toujours le cœur travaillait pour l'âme, l'homme pour le prêtre. Il usait largement du droit de l'affection qui permet de tout dire, et ne se servait de l'abandon qui s'établissait vite entre un jeune homme et lui, que pour lui faire entendre de plus près les plus dures vérités. Il excellait à dompter dans ses jeunes disciples l'orgueil, l'infatuation de soi, de son nom, de sa fortune, principe de tant de folies pour une jeunesse riche et oisive. Il mettait à nu devant leurs yeux leur misère native, leurs impuissances, leurs fautes, avec l'écrasante logique d'un Pascal, et avait à leur usage un vocabulaire d'épithètes les plus humiliantes et les plus sévères. Son style en conservait la nuance, mais très-adoucie. Il écrivait à l'un de ses pénitents: « Vous êtes vain, mon cher ami; vous vous plaisez dans les choses qui paraissent; vous aimez votre cheval et votre groom; vous souhaitez d'être beau garçon et remarqué; vous êtes fier de votre noblesse; vous êtes enfin un petit animal pétri d'une foule de genres d'orgueil qui vous sont tellement naturels que peut-être vous ne les remarquez même pas. Personne donc plus que vous n'a besoin de s'humilier et d'être humilié. Vous voyez comme je vous parle. Hélas ! c'est que je vous aime et que je voudrais souffrir beaucoup pour vous donner l'amour de Dieu (1). »

Il n'excellait pas moins à dompter les sens qu'à mortifier l'enflure de l'esprit. On a vu comment il entendait la pénitence pour lui-même ; il se servait des mêmes moyens pour les jeunes gens. C'était pour lui le remède universel et infaillible. Il ne croyait pas qu'un jeune homme pût recouvrer son innocence ou la conserver longtemps, sans faire payer à la chair les dettes de la chair, sans châtier sévèrement le vrai coupable, sans maintenir la souveraineté de l'esprit sur le corps par des actes fréquents de répression et de justice médicinale. « Il faut, disait-il, qu'un jeune homme sente l'aiguillon de la douleur, s'il ne veut pas sentir l'aiguillon du plaisir. » S'il rencontrait une âme capable d'entendre ce langage, il répondait de son salut et de sa persévérance. Aussi, pour ses pénitents, cette flagellation des sens, considérée jusque-là dans la vie des saints comme héroïsme exceptionnel plus à admirer qu'à imiter, passait bientôt dans les habitudes ordinaires de la vie. Il ne voulait rien de ce qui pouvait affaiblir les forces du corps, et ne prescrivait jamais d'austérités de nature à nuire à la santé ; mais pour tout le reste (et

---

(1) *Lettres à des jeunes gens*, p. 372.

le champ était vaste encore), il se montrait d'une impitoyable énergie. On se familiarisait d'ailleurs assez vite à ces pratiques d'abord si étranges, et, sans rien perdre de leur efficacité, elles n'avaient plus ce vague effroi de l'inconnu qui tient beaucoup moins à leur nature qu'à l'affaiblissement religieux de notre âge. Sous ce rapport, le Père Lacordaire n'était pas de son siècle. Il n'avait aucune confiance aux méthodes modernes qui prétendent guérir les jeunes gens de l'amour désordonné du plaisir par l'application externe de secours purement spirituels, excellents en eux-mêmes, mais le plus ordinairement impuissants, parce qu'ils ne vont pas à la racine du mal. Lorsqu'un jeune homme habitué à l'aveu périodique de ses fautes aura prêté l'oreille à l'homélie bénigne du prêtre et accompli sa pénitence plus bénigne encore, y aura-t-il dans sa vie un ébranlement moral assez puissant pour le conduire à la victoire la plus laborieuse et la plus difficile? N'est-il pas à craindre même que la routine de ce replâtrage de conscience aussi commode qu'insuffisant, joint à l'oubli de la loi de la pénitence corporelle, ne produise ces chrétiens incomplets, d'une piété molle et boiteuse, toujours prêts aux compromis avec la nature et avec le monde, soucieux des apparences et manquant de courage pour mettre la hache à la racine de l'arbre, ornant les dehors du vase et négligeant les scories du dedans?

Le Père Lacordaire ne songeait nullement à faire

réaction contre ce système : il en suivait simplement un autre, plus en harmonie avec ses principes, avec son genre de piété, et plus fécond dans ses résultats. Il était de cette race de chrétiens trop rare de nos jours qui prennent l'Évangile au pied de la lettre, qui l'apprennent dans l'Évangile même, et non dans cette multitude de petits livres d'une orthodoxie douteuse, d'une sentimentalité fade, sans séve, sans vitalité, sans puissance ; il était enfin, selon l'heureuse expression de ce jeune prêtre, son disciple et son ami : *un chrétien antique dans un homme nouveau* (1). Combien de jeunes gens ont dû le salut de leur âme à cet habile médecin ! Combien qui, se traînant depuis longtemps, fatigués et meurtris, dans les luttes inégales d'une chair indomptée contre une foi languissante, se sont relevés sous sa main virile, ont ressaisi les rênes et retrouvé la paix et « cette nuance de beauté que la jeunesse unie à la pénitence fait aux adolescents ! » Il m'a été donné de connaître plusieurs des jeunes gens dirigés par le Père Lacordaire. Or je lui dois ce témoignage que presque tous le proclamaient le rédempteur de leur âme, et se disaient redevables de leur vertu reconquise à ses chaleureux appels à la croix de Jésus-Christ et à son courage à mettre le fer et le feu dans leurs plaies.

Il avait encore d'autres ressources pour affermir leurs pas dans les voies du bien. Il s'adressait à tout

---

(1) M. l'abbé Perreyve.

ce qu'il y a de généreux dans le cœur des jeunes gens ; il leur répétait souvent les noms d'honneur, d'amitié, de respect de soi-même, de grandeur du caractère, et, leur montrant que la vertu seule maintient et couronne ces nobles et saintes choses, il leur persuadait de devenir d'humbles serviteurs de Dieu pour être des hommes complets, d'aimer l'Église pour mieux servir leur pays, de sauvegarder en eux la dignité humaine parce qu'elle est le prix du sang de Jésus-Christ, en un mot, « d'être de ceux qui maintiennent ici-bas l'estime de Dieu et l'estime de l'homme, ces deux grands respects qui se confondent pour sauver le monde (1). »

Nous raconterons simplement l'histoire de l'une de ces conversions, pour montrer comment ce vrai prêtre gagnait à Jésus-Christ les âmes de ses chers jeunes gens.

Dans l'hiver de 1854, un jeune homme est appelé par ses affaires à Paris. A vingt-quatre ans, arrivé par son intelligence à la tête d'un commerce considérable, il voit ouverts devant lui tous les grands chemins du bonheur, et se jette après tant d'autres à la poursuite de ce qui enchante et enivre. Esprit orné et ami du beau, cœur généreux, causeur agréable et facile, recherché de tous, entouré d'amis nombreux, les joies viennent à lui de toutes parts et lui épargnent la peine de se baisser pour les cueillir. Et cependant cette vie

---

(1) Discours de Saint-Roch.

bientôt lui pèse; son âme élevée a vite touché le fond de ces brillantes misères; un nuage de mélancolie lui assombrit ses plus beaux jours, le désenchante de ses plus douces illusions. Au milieu des chants et des fêtes il songe à la mort, au pauvre qui n'a pas de pain, et se demande avec tristesse si c'est là l'idéal qu'il avait rêvé. Sa vie lui a-t-elle été donnée pour la jeter ainsi en lambeaux à tous ces affamés qui la déchirent et ne lui laissent que le vide et l'ennui : sentiments généreux, nobles réveils d'une âme chrétienne qui suffisaient à lui montrer le gouffre et le chemin pour en sortir, mais ne lui en donnaient pas la force. Il était là, dans cette guerre cruelle et pleine de larmes, sur ces rives sanglantes où le bien et le mal se disputent l'empire d'un cœur de vingt ans, lorsqu'un jour, au milieu d'une rue, une idée le saisit; il arrête un coupé et se fait conduire rue de Vaugirard à l'ancien couvent des Carmes. C'est la résidence du Père Lacordaire; ce nom lui a traversé l'esprit comme un éclair dans la nuit; il espère en lui, il veut avoir une parole du grand ami des jeunes gens sur le mal étrange qui le dévore. Il arrive; c'est l'heure où le Père Lacordaire reçoit; il est introduit. Quel spectacle! Quel contraste avec sa vie et ses habitudes de luxe! Quatre murs blancs et nus, un christ, une table, quelques chaises, une planche sur des ais de bois avec des couvertures de laine blanche, voilà le lit, voilà l'ameublement, voilà la cellule de l'illustre orateur dont la parole aimée tient captive toute une ardente jeunesse. Il y avait là, assis autour du Père, cinq ou six jeunes gens dissertant familièrement avec lui sur la question du magnétisme. « Veuillez vous asseoir, lui dit le Père Lacordaire, dans un instant je serai à vous et nous ferons plus ample connaissance. » L'affabilité, la simplicité de ce Socrate chrétien l'avaient déjà touché mieux qu'une éloquente prédication. Bientôt trois heures sonnèrent. C'était l'heure où le temps des visites expirait. Le Père se leva, congédia ses hôtes avec une amabilité parfaite, et retenant le dernier venu, qui se disposait aussi à sortir : « Non, non, lui dit-il, pour vous, vous avez à me parler; venez et asseyez-vous là près de moi. » Il avait sans doute deviné quel genre de service il attendait de lui, et reconnu sur son visage le signe d'*un vaincu de Dieu* (1). « Mon cher ami, lui dit-il, que faites-vous à Paris? ou plutôt que faites-vous dans le monde, et que comptez-vous y faire désormais? » Ce seul mot brisait la glace et allait du premier jet au vif de la question ; ce jeune homme, tout ému, se sentit prêt à lui ouvrir son âme comme à un père, et lui fit le récit de toute sa vie, de ses fautes, de ses luttes et de ses aspirations vers un meilleur avenir. Le Père l'écoutait avec une bienveil-

---

(1) « Quand, pour la première fois, un homme et surtout un jeune homme m'aborde, je sens s'il est un vaincu de Dieu; je reconnais l'onction du chrétien dans ses traits, dans sa voix, dans ses pensées; et je n'ai été si hardi avec toi, si prompt et si sûr que parce que je t'ai reconnu. » — *Lettres à des jeunes gens,* p. 90.

lance marquée, levant de temps en temps vers son crucifix ses grands yeux mouillés de larmes. Lorsqu'il eut fini : « Je vois, lui dit-il, qu'il y a en vous l'âme d'un scélérat ou l'âme d'un saint. Vous voulez être un saint, n'est-ce pas? eh bien! écoutez-moi. Quittez Paris et partez pour Flavigny; c'est une de nos maisons située sur une montagne écartée, en Bourgogne. Là, dans la solitude, seul en face de Dieu et de vous-même, vous prierez, vous réfléchirez; vous vous demanderez à quoi vous a servi jusqu'à ce jour le temps que Dieu vous avait donné pour l'aimer, et de quel côté vous devez orienter votre vie désormais. Notre siècle périt parce qu'il ne réfléchit pas. N'eussiez-vous, dans votre vie, donné que ces huit jours à une méditation sérieuse, vous pourriez mourir content, car vous auriez fait acte d'homme raisonnable et de chrétien. Adieu, mon cher ami, ou plutôt au revoir, car j'ai confiance qu'un jour vous m'appellerez votre père, et qu'en vérité vous serez mon enfant. » Ce jeune homme partit, en effet, pour Flavigny; mais il y était à peine qu'un membre de sa famille, effrayé de ces huit jours de réflexion chez des moines, vint le chercher et lui persuada de rentrer dans le monde pour y mûrir son dessein plus à loisir. Il y resta deux ans, deux ans de combats continuels entre des désirs généreux et une volonté impuissante. Un jour, il reçoit un billet du Père Lacordaire qui lui demande un service. Il arrive à l'heure et au lieu marqués. Le Père Lacordaire le remercie de son exactitude, et, sans lui parler du service demandé, il se met à marcher à grands pas, l'air triste et préoccupé. Après un assez long temps de silence, il s'arrête devant ce jeune homme, et, le regardant en face : « Jusqu'à quand, s'écria-t-il, voulez-vous donc lutter contre Dieu? Qu'avez-vous fait de votre vocation? Ah! que je vous plains! Vous devez beaucoup souffrir, car ce n'est pas en vain qu'on refuse à l'Amour infini la dette sacrée de l'amour. Qu'est-ce donc qui vous retient captif? Votre famille? mais votre famille est chrétienne, et ses larmes ne doivent pas plus vous arrêter que Jésus-Christ montant au Calvaire ne s'est arrêté devant les larmes de sa mère! Vos amis? mais vous ne les quittez pas; vous les retrouverez; car le sang de Jésus-Christ n'éteint pas l'amitié; il la purifie en la transfigurant. Quoi donc encore? Ah! je le crains, ce qui vous arrête c'est la faiblesse, la lâcheté de votre cœur, c'est l'ignorance de ce qui vous attend au delà du sacrifice. » Il s'arrêta; puis, s'animant de plus en plus : « Voulez-vous, s'écria-t-il de nouveau, voulez-vous savoir ce que Dieu demande de vous? voulez-vous savoir ce qu'est la vie religieuse à laquelle il vous appelle? C'est pour cela que je vous ai fait venir : dites, le voulez-vous? — Oui, mon Père, je le veux! — Eh bien! de par Jésus-Christ, mon enfant, à genoux ! — A genoux, mon Père? » répliqua ce jeune homme consterné et ne sachant trop comment cette scène allait finir. « Oui, à genoux ! et préparez-vous à souffrir pour le rachat de votre âme et pour Dieu! » Il arme aussitôt sa main d'un fouet de lanières de cuir, et, revenant à cette pauvre victime tremblante et éperdue, il se met à frapper sans pitié sur ses épaules nues. L'orgueil était vaincu, la chair domptée, la volonté libre et affranchie, et ce jeune homme qui tout à l'heure, au premier coup de fouet, s'était senti prêt à se relever indigné et la honte au front, apaisé maintenant sous la main de Dieu qu'il avait reconnue, la bénissait, les yeux pleins de larmes, remerciait son libérateur, et déclarait cette heure sacrée entre toutes celles de sa vie, ayant décidé de sa vocation et triomphé de ses faiblesses. « Jamais, racontait-il lui-même, je n'ai ressenti un pareil repentir de mes fautes, jamais je n'ai vu plus clairement ce que Dieu demandait de moi et ne me suis senti plus de courage pour l'accomplir. » Le Père lui ouvrit ses bras, et, pendant une heure, lui parla de l'amour de Jésus-Christ crucifié avec un feu et un accent extraordinaires. Quelques semaines après il était religieux. Il se plaît depuis à déclarer qu'il doit à cette heure de sublime pénitence d'avoir su s'arracher aux liens qui le retenaient dans le monde, et de n'avoir pas eu, dans le cours de sa carrière religieuse, un instant de doute ou de regret.

Voilà comment le Père Lacordaire mettait au service des cœurs hésitants l'énergie de sa foi, l'ardeur de sa charité. Nous ne nous étendrons pas davantage sur sa méthode de direction spirituelle vis-à-vis des jeunes gens. Au reste, la publication faite par l'abbé Perreyve, de pieuse mémoire, des lettres que leur adressait l'ardent apôtre, révèle assez de quelle affection il les aimait, de quels sages conseils il les poursuivait dans le monde, et comment il les ramenait sans cesse à l'humilité, à la pénitence, à la stricte observance d'un règlement modéré, à la fuite des occasions dangereuses et au fréquent aveu de leurs fautes.

Quant à son mode d'action sur les dames pieuses qu'il dirigeait, il est bien moins connu. Les deux correspondances publiées jusqu'à ce jour ne sauraient rien apprendre à cet égard. Ni Mme Swetchine, ni Mme la comtesse de la Tour du Pin ne furent pour lui des pénitentes : c'étaient de sages amies, ayant le double de son âge, et sur le conseil desquelles il aimait à s'appuyer. Ses véritables lettres de direction, si elles sont un jour données au public, achèveront de faire connaître en lui la piété tendre et profonde, la hauteur des vues unie à un rare esprit de pratique et de détail dans la conduite des âmes. Nous devons nous contenter pour le moment d'indiquer ces grandes lignes en citant quelques extraits de cette correspondance religieuse, la plus belle assurément, au point de vue de l'homme intime et religieux où nous nous sommes placés.

Une dame, jeune encore, le prie de l'aider à régler sa vie et à la déprendre d'elle-même et du monde. Il la saisit par le côté généreux de sa nature, et se hâte de creuser en elle les solides fondements de l'édifice en l'établissant dans une foi forte et prête à tous les renoncements. « Je me réjouis, lui écrit-il, de ce que vous n'avez pas attendu le déclin de la vie pour abandonner l'amour du monde et les frivolités superbes qui le retiennent dans une perpétuelle enfance. Il était à craindre que vous eussiez besoin, pour venir à Dieu, de traverser des passions violentes, de grandes infortunes de cœur, parce que votre nature était profonde, aimante, et que plus la mer est puissante, plus elle a besoin de rochers et d'écueils pour être brisée. Dieu l'a voulu autrement, c'est un grand bonheur. Car vous lui apportez une âme encore jeune, encore susceptible d'illusions, et non pas vidée et défaite. Vous voyez que Jésus-Christ est mort à la fleur de l'âge.

« Vous ne pouviez mieux faire aussi que de commencer par régler votre vie et vous ménager du temps pour une étude sérieuse. L'ignorance est un grand ennemi de l'âme. Que croire quand on ne sait pas? Qu'aimer quand on n'a pas vu? Les lectures de chaque jour alimentent l'esprit, le dégoûtent des choses vaines, lui forment une séve intérieure qui animera tout. Vous avez besoin d'augmenter votre foi : c'est la foi qui est le principe de la vie spirituelle, puisque aujourd'hui que nous ne voyons pas Dieu, nous n'avons d'autres ressources pour le connaître, que de savoir ce qu'il a dit de lui-même. Et, bien que vous ayez la foi d'une chrétienne, que vous êtes loin cependant de croire pleinement, ardemment! Si une goutte de la foi des saints tombait en vous, vous n'auriez pas assez de larmes pour vous pleurer, pour pleurer votre vie lâche, molle, insignifiante, si pleine d'orgueil et de la satisfaction des sens. Que de chrétiens pensent croire, parce qu'ils admettent qu'il y a un Dieu en trois personnes, que l'homme est corrompu, qu'une personne divine s'est incarnée pour l'éclairer et le racheter, qu'elle est morte pour nous, et que nous serons jugés un jour selon notre conformité à la vie et à la mort de Jésus-Christ! Ils admettent tout cela, je le veux; mais ces idées sont comme à la surface de leur esprit; ils croient par peur de l'enfer, pour se donner une sécurité; ils se mettent la foi dans l'intelligence comme on met le mors dans la bouche d'un cheval. Mais ils ne croient pas tellement que leur esprit et leur foi ne font qu'un. Il y a des moments convenus où ils prennent la foi dans un coin de leur cerveau; il y en a d'autres où ils la laissent en fourrière, pour rire et s'amuser. Le chrétien véritable, même en riant, a sa foi présente, et il est avec Jésus-Christ, comme avec une partie de lui-même qui ne le quitte jamais. En un mot, la foi doit devenir amour, charité, et l'amour doit embraser la foi. La pénitence est le grand chemin pour arriver là, et les hommes l'aiment encore moins et la comprennent moins que la foi (1). »

La pénitence! Il en revenait toujours là; c'était le sujet qu'il traitait dans un langage d'autant plus élo-

(1) Lettres inédites.

quent et élevé qu'il lui était plus naturel. « Vous ne devez pas regretter, écrit-il encore, les peines qui, en vous séparant de bien des choses douces, ont permis à votre esprit de prendre un élan sérieux vers Dieu. Soyez-en assurée, rien n'est moins compatible que le bonheur du monde et le ravissement en Dieu. Plus j'étudie les gens heureux, plus je suis effrayé de leur incapacité divine, à part peut-être quelques exceptions. Et encore ce que l'on prend pour des exceptions n'est pris pour tel qu'à cause de l'ignorance où nous sommes de l'état des cœurs. La souffrance a mille portes inconnues, outre ces grandes et larges issues par où tout le monde la voit passer. Elle se fait des chemins subtils et couverts de fleurs; elle va vite, loin et haut, parce qu'elle est la plus active messagère de Dieu. Elle porte la croix de Jésus-Christ, et l'humanité est taillée pour que ce fardeau passe partout. Ne vous plaignez donc pas des secrètes souffrances auxquelles votre santé vous condamne ; c'est la condition de votre élévation intellectuelle et morale. Que seriez-vous sans ces peines? une petite fille gâtée, vaine, capricieuse, perdant son esprit dans un bijou et dans un désir, comme tant d'autres femmes de votre âge et de votre fortune que vous voyez autour de vous. Quiconque arrive à connaître Dieu et à l'aimer, n'a rien à désirer, rien à regretter : il a reçu le don suprême qui doit faire oublier tout le reste (1). »

(1) Correspondance inédite.

Plus une âme lui était chère, plus il se plaisait à humilier et à écraser son orgueil. La distinction du rang et de la naissance, loin de le retenir, lui était une raison de parler plus ferme et plus serré. A une grande dame qui ne parvenait pas à se dépouiller assez vite d'un reste de hauteur dans le commandement : « Je voudrais, lui disait-il, vous obliger à obéir tout le jour, et sans mot dire, à une petite bourgeoise exigeante, acariâtre et philosophe : votre fierté verrait beau jeu ! Songez que vous l'auriez bien mérité, et faites comme si c'était réel. »

Malgré son attrait particulier pour les austérités corporelles, il en usait vis-à-vis des femmes avec une grande modération, et ne leur permettait qu'avec une extrême réserve des privations en rapport avec leur genre de piété et leurs forces physiques. Mais les défauts de l'âme ne gagnaient rien à ces ménagements pour le corps, et ce qu'il n'osait par prudence d'un côté, il savait le retrouver de l'autre. Il habituait ses pénitentes aux pratiques les plus humiliantes pour leur amour-propre, leur faisant quelquefois demander pardon à leurs inférieures lorsqu'elles avaient été injustes à leur égard, et exigeant qu'elles le fissent à genoux, s'il savait que cet abaissement dût être compris des deux côtés et reçu avec l'esprit chrétien qui l'inspirait. « Je suis bien aise, écrivait-il, que vous commenciez à voir dans votre institutrice et votre servante des sœurs que vous devez aimer et respecter en vous édifiant d'elles et en les édifiant. Vous ne sauriez trop abaisser votre orgueil, et on ne l'abaisse que par des pratiques réelles d'humilité, en se faisant petit non pas seulement devant Dieu, ce qui est assez naturel, mais devant les hommes, devant nos égaux, et surtout devant nos inférieurs. Une pieuse servante doit être pour vous comme un objet de culte, sans toutefois élever son orgueil et la sortir de son état. C'est la raison pour quoi Jésus-Christ a lavé les pieds de ses apôtres ; il a voulu nous montrer par là à nous abaisser devant nos inférieurs, et à leur rendre pour Dieu les offices les plus vils. Soyez souvent en esprit aux pieds de votre servante et de votre institutrice, et même soyez-y réellement quelquefois, si vous le pouvez sans inconvénients. Il faut toujours ménager les faiblesses des autres (1). »

Il fallait, entre ses mains, perdre les préjugés du monde sur les distinctions de caste et de fortune, et en venir promptement à la sainte égalité des enfants de Dieu, à l'humble simplicité de l'Évangile. Il ne supportait pas qu'une femme chrétienne se fît servir comme une matrone romaine, et abusât de ses domestiques comme les païennes abusaient de leurs esclaves. Il lui apprenait à se passer d'une multitude de superfluités introduites par les habitudes de mollesse, et à se rendre à elle-même toutes sortes de menus services

(1) Lettres inédites.

qui, sans paraître au dehors, sans nuire aux justes exigences du rang et de la position sociale, brisaient la nature, enseignaient la patience, et étaient pour les serviteurs du plus salutaire exemple.

Il traçait une règle de vie, et s'il avait affaire à une femme libre et maîtresse de son temps et de sa fortune, il descendait aux plus petits détails, se montrait sévère pour les dépenses inutiles, et partageait le jour entre les devoirs d'état, les œuvres de charité et les lectures pieuses. « Je suis ravi, écrit-il, que vous preniez goût à la vie des saints. Ce sont vraiment les grands hommes de l'humanité, les cœurs aimants par excellence, et tous nos romans sont bien froids en comparaison. Une chose surprenante, quand on lit leur vie, c'est la prodigieuse variété qui y règne, malgré la ressemblance des idées et des sentiments. Ce sont les *Mille et une nuits* de la vérité. Mais je crains que vous n'ayez que quelques vies détachées, ou bien des collections telles que celle de Godescard, qui ne renferment qu'un abrégé rebutant par sa sécheresse. Les *Vies des Pères du désert*, par Arnauld d'Andilly, en sept ou huit volumes, sont bonnes ; les *Actes des Martyrs*, par Dom Ruinart, sont aussi tout ce qu'il faut. Je voudrais voir un homme de mérite consacrer son temps et sa plume à nous faire un travail sur les saints, dans le genre des *Vies de Plutarque*, en laissant de côté ceux qui sont mal connus ou peu intéressants. Mais à tout moment, au milieu de l'abondance des livres qui chargent les bibliothèques, on se prend à penser qu'elles sont vides, et qu'il y aurait à faire ceci et cela (1). »

Il combattait l'ignorance et l'oisiveté comme les grands ennemis de l'âme, et ne se lassait pas de montrer aux riches le danger des biens de ce monde. « Les gens qui naissent avec une fortune acquise, disait-il, ont plus besoin que les autres du poids de la religion pour les maintenir dans la dignité et la bonté. Une position ingrate soutient contre le mal par la nécessité d'y faire face; mais quand tout vient à souhait! Vous êtes bien heureuse d'avoir échappé à l'anathème qui pèse sur la richesse, et vous commencez à jouir des fruits d'une vie dirigée par la lumière de Dieu. Il y a un temps où la religion n'est qu'un frein qui nous arrête; il en vient un autre où elle est une séve douce et pénétrante qui remue toutes les fibres de l'âme, agrandit l'intelligence, nous donne l'infini pour horizon, nous explique le mouvement des choses humaines. Vous êtes donc bien heureuse, et il ne faut pas vous étonner de l'espèce de fermentation intérieure que vous éprouvez. De même qu'une plante transportée d'une cave au soleil, sent tous ses pores s'ouvrir à la lumière et à la chaleur, une âme transportée de l'air de ce monde dans celui de l'Évangile y sent une fécondation divine qui la ravit à elle-même (2). »

C'est ainsi qu'il élevait l'âme au-dessus d'elle-même

(1) Lettres inédites.
(2) Correspondance inédite.

et du monde, et, par ce chemin d'un entier détachement, la conduisait au désir impatient de la patrie, et à voir dans la mort l'ange qui ouvre à l'âme prisonnière et lui donne *la belle perspective de Dieu*. Mais à ce sommet de la perfection, la voix du devoir dominait encore et soumettait toutes choses au bon plaisir du maître. « Je ne voudrais pas, écrit-il, que cette résignation et ce calme vous fissent négliger les soins que vous vous devez ainsi qu'à ceux qui tiennent à vous. Lorsque l'âme est arrivée à un certain degré d'élévation vers Dieu, elle méprise facilement la vie, et c'est alors que Dieu l'y rattache par l'idée du devoir. La vie est un office important, quoique bien souvent nous n'en voyions pas l'utilité. Simples gouttes d'eau, nous nous demandons en quoi l'Océan a besoin de nous : l'Océan pourrait nous répondre qu'il n'est composé que de gouttes d'eau. Ne fût-ce que par notre faculté de prier et de souffrir, combien ne pourrions-nous pas rendre de services à ceux qui prient moins et qui souffrent plus que nous? Ne haïssez donc pas la vie tout en vous en détachant. Soyez comme un agneau entre les mains de Dieu, prête à vivre ou à mourir. La mort est le beau moment de l'homme. C'est là que se retrouvent toutes les vertus qu'il a pratiquées, toute la force et toute la paix dont il a fait provision, tous les souvenirs, toutes les images chéries, les regrets doux, et cette belle perspective de Dieu. Si nous avions une foi vive, nous serions bien forts contre la mort. Mais ne pensez à elle qu'avec toutes les réserves de votre jeunesse et de la bonté de Dieu (1).

Un des attraits de cette direction était l'abandon avec lequel il se laissait aller à dire son âme aux personnes qui lui avaient inspiré une vraie confiance. Il leur avouait ses imperfections et ses joies spirituelles avec une simplicité charmante, leur demandant de l'aider de leurs prières et même de leurs avertissements. Il écrivait : « Voici l'automne qui approche, vous vous éloignerez bientôt; mais il n'y a pas de distance entre ceux qu'unit la lumière et l'amour de Dieu. J'éprouve de grandes joies intérieures depuis mon retour. Sans doute vos prières et votre affection y sont pour beaucoup. Les âmes qui s'entendent pour travailler à leur perfection réciproque ont une grande puissance sur le cœur de Dieu. Jésus-Christ disait : *Si deux ou trois d'entre vous s'entendaient pour demander quelque chose en mon nom, ils l'obtiendraient, assurément.* Quelle promesse ! Il me semble que je deviens meilleur depuis que vous le devenez vous-même. Mais prenez garde aux excès. Ne faites rien qui affaiblisse votre santé, ni surexcite votre imagination. Rien n'est calme et simple comme Dieu : imitez-le en cela (2). »

Mais cet abandon ne lui faisait jamais oublier ce maintien de gravité douce et ferme à la fois qu'il eut toujours dans ses rapports avec les femmes. Il usait de

(1) Correspondance inédite.
(2) *Idem.*

la même réserve et retenue dans sa correspondance spirituelle où l'on ne trouverait pas une parole à relever à cet égard, même avec les personnes qu'il affectionnait le plus. On lui en faisait quelquefois des plaintes. Il répondait : « Pourquoi vous plaignez-vous de ma sévérité ? Je suis ce que je dois être pour vous : reconnaissant, plein d'estime, vraiment dévoué ; et si je ne l'exprime pas autant qu'il se pourrait, vous comprenez mieux que personne combien toutes les expressions et toutes les pensées d'un religieux doivent se ressentir du cours habituel de son cœur, qui est tout entier vers Dieu. La religion la plus austère n'exclut pas les affections, mais elle les élève et les tempère, en mêlant à tout notre être un élément plus qu'humain. Vous êtes encore trop vers la terre, attachant du prix à des choses bonnes, sans considérer qu'il en est de meilleures (1). » Et encore : « J'ai été surpris de ce que vous me dites, *que je ne vous avais pas montré mon âme*. Je croyais, au contraire, vous avoir parlé à cœur ouvert de tout ce qui me préoccupait, plus que je ne l'avais fait encore. Il m'a donc paru que vous entendiez par *montrer son âme*, se servir, en écrivant, d'une certaine éloquence, et j'avoue que cela m'arrive rarement. Plus j'aime quelqu'un, plus je suis simple dans mes relations avec lui, soit que je parle, soit que j'écrive, sauf les occasions naturelles qui obligent de s'élever

---

(1) Lettres inédites.

davantage. Un commerce épistolaire où l'on fait, en quelque sorte, les chapitres d'un livre, n'est pour moi qu'une vaine occupation, plus convenable à l'amour-propre qu'à l'amitié. L'amitié confie simplement ses pensées, demande conseil, expose ses affaires, console, reprend, éclaire, cause familièrement; elle n'écrit point de morceaux d'éloquence. Les lettres de Mme de Sévigné ne sont qu'une causerie spirituelle, et toutefois elles sont assez soignées pour n'être pas l'œuvre d'une personne parfaitement simple, ni sérieusement occupée. On voit que Mme de Sévigné faisait d'écrire à sa fille son importante et presque unique affaire; et l'on conçoit dès lors qu'elle y mît du temps. Pour moi, le temps ne m'appartient pas; j'écris vite et sans art, et j'ai un invincible éloignement pour le style quand il ne vient pas tout seul, par la nature même du sujet. Croyez donc que je vous montre mon âme quand je vous dis ce que je pense, et ne me demandez pas davantage. Le christianisme n'a pas encore déraciné en vous une certaine influence de l'imagination; vous êtes vraie, même simple, mais pas encore calme. Lisez l'Évangile : quel repos dans la plus admirable simplicité ! Le style de l'Évangile est celui de l'âme parfaite : rien n'y tourne à l'effet et à l'ébranlement. Il faut que vous en arriviez là (1). »

Nous nous laissons aller à citer peut-être trop large-

---

(1) Correspondance inédite.

ment des extraits de cette correspondance ; mais il nous semble que c'est offrir, dans ce style simple et sans apprêt, dans cette variété de considérations élevées et embellies des plus riches couleurs de l'imagination, une peinture plus fidèle des allures et des procédés de sa charité paternelle et sympathique. Qu'on nous permette une dernière page d'aperçus curieux sur le mariage, dans une lettre à une mère qui venait de marier sa fille.

« Ce que vous me dites du bonheur de votre fille m'est bien cher. Il est si rare de trouver un gendre tel qu'on le souhaite, et l'on sacrifie si souvent les qualités solides aux avantages financiers ! Grâce à Dieu, vous avez été mieux inspirée, et vous pouvez jeter un regard tranquille non-seulement sur votre fille, mais sur votre postérité. Il vous faut beaucoup prier pour ces générations qui se perdent dans la nuit des temps. Je suis effrayé, en lisant l'histoire, de voir quels misérables sortent des plus grands princes. Saint Louis a pour petit-fils Philippe le Bel, l'un des plus odieux personnages qui aient gouverné les hommes, et ses arrière-petits-fils ne valent guère mieux. Il en est de même des descendants de Charlemagne. La dégradation des races est un des mystères les plus douloureux de ce monde, et je n'en connais aucun qui m'étonne et qui m'afflige davantage. Quelle tristesse de se dire que vous aurez peut-être et probablement pour postérité des impies, des débauchés, des imbéciles, sans parler des malhonnêtes gens ! Cela donne le vertige. Mais enfin il faut faire ce que l'on peut sur ceux qui sont proches de nous, et s'en rapporter à Dieu pour l'avenir. Il est dit dans l'Ancien Testament que Dieu bénit *jusqu'à la millième génération* ceux qui le servent, et qu'il ne maudit que *jusqu'à la quatrième génération* ceux qui le méconnaissent. Il faut donc croire qu'il y a dans l'*alliance des sangs* par le mariage une cause perpétuelle qui croise les bénédictions avec les malédictions. Quel abîme ! et comment y voir (1) ? »

Sur cette trame facile et variée où il laissait courir sa pensée, jamais il ne perdait de vue le grand but, la divine image de Jésus-Christ à imprimer fortement dans l'âme. Ses lettres, ses entretiens spirituels portaient tous le cachet spécial de la croix, noble blason dans lequel se résume sa vie d'apôtre et de religieux. Toute sa mystique se réduisait à ces trois termes : détruire la mauvaise nature, relever la bonne et y greffer Jésus-Christ. Les âmes qui avaient le courage de se laisser façonner jusqu'au bout sous sa main ferme et habile, lui vouaient un culte de reconnaissance et de vénération ; elles s'honoraient de n'avoir été gagnées pleinement à Jésus-Christ que par lui, de ne s'être engagées sérieusement à son service qu'au souffle de l'ardente charité de son apôtre. Il connut donc la véritable paternité spirituelle, et les âmes qu'il lui fut donné

(1) Lettres inédites.

d'engendrer à la vie chrétienne, formées en quelque sorte à sa ressemblance, révélaient cette parenté sainte à une certaine inflexibilité dans les convictions, à leur intrépide amour de la souffrance, à un complet détachement des biens de ce monde. Il y aurait péril d'indiscrétion à insister sur ce sujet, à un si court intervalle de ces relations de conscience. Ce que nous avons dit n'a pu être qu'une perspective incomplète que le temps achèvera peut-être d'élargir.

Nous serons plus libre dans l'esquisse rapide de ses rapports avec ses religieux. Nous retrouvons ici les mêmes vertus, les mêmes tendances, mais d'une manière moins timide, plus fortement accusée, le même cœur de prêtre et de père, mais avec une nuance de plus intime tendresse. C'est ici vraiment qu'il fut père. Comment ne l'eût-il pas été? Comment n'eût-il pas aimé d'une affection privilégiée cette œuvre chère entre toutes, cette famille religieuse, douloureux honneur de sa vie, couronne de gloire et d'épines sur son front? Au spectacle de ce premier épanouissement de fraternité monastique autour de lui, de ces jeunes hommes pleins de courage et de foi, que le souffle d'en haut poussait sous sa bannière; en voyant son pays ouvrir de nouveau ses portes à ces généreux enfants, leur sourire comme à des frères, leur offrir des maisons de prière et d'étude; en songeant que *le jour et la nuit la louange s'élevait à Dieu de ces montagnes abandonnées depuis soixante ans*, son cœur se dilatait pour bénir

Dieu, pour aimer en père tous ces nouveaux enfants, et il oubliait les angoisses dans lesquelles il avait porté longtemps dans son esprit tourmenté la pensée de cet enfantement : il oubliait tout ce qu'il avait rencontré d'obstacles et de contradictions pour le mener à terme, de la part du gouvernement de son pays, d'une certaine portion de l'opinion et de ses amis eux-mêmes. Lorsqu'il vit cette œuvre devant laquelle il avait tremblé longtemps, bénie de Dieu et grandir chaque jour, il en fit son affaire principale et ne vécut plus que pour elle. Dans les chaires, dans ses longs et incessants voyages, c'est elle qu'il a en vue, c'est pour elle qu'il prêche, qu'il écrit, qu'il se jette au plus fort de la lutte pour la liberté religieuse, pour elle qu'il moissonne l'honneur, ne gardant pour lui que le poids de la fatigue et les cruelles sollicitudes du pain à trouver pour ses enfants, dont le nombre s'accroissait chaque jour. Je le répète, comment ne l'eût-il pas aimée, et comment n'eût-il pas reporté sur elle ce trésor de tendresse, cette surabondance d'amitié chrétienne qu'il n'avait su jusqu'alors à qui donner pleinement et sans réserve ? Entendez-le plutôt s'écrier : « Combien je me réjouis, mon bon Père, de me retrouver avec vous et avec toute notre famille spirituelle ! J'en ai faim et soif ! c'est toujours là mon plus grand sacrifice dans la vie que je mène. Je voudrais pouvoir ne plus sortir de Chalais, et me borner à vous aider dans l'éducation de nos enfants. Je suis sans cesse avec vous, et vous aime tous plus que jamais, vous en particulier, mon bien cher enfant et mon bien doux Père (1). » Et encore : « Je désire bien ardemment vous retrouver tous. Dieu m'est témoin que mon bonheur serait de passer ma vie avec vous ; mais notre séparation est nécessaire aux progrès de l'œuvre, et toutes les fois que j'ai voulu prendre des arrangements pour demeurer avec vous d'une manière fixe, Dieu les a brisés. — Qu'il me tarde de vous revoir ! Aimons-nous jusqu'à donner notre vie les uns pour les autres, jusqu'à désirer de souffrir la mort et l'ignominie les uns pour les autres ; pour moi, je vous aime tant, que mon plus grand bonheur, après celui de mourir pour Jésus-Christ, serait de mourir pour vous (2) ! »

Toutes ses lettres de cette première période de renaissance religieuse sont remplies des expressions du plus tendre dévouement, du plus affectueux épanchement. Ce sont vraiment les larmes de joie d'un père sur le berceau de son fils. « Je vous écris de Chalais, le cœur rafraîchi par la vue de nos Frères. Cette sainte montagne est vraiment bénie, et je me représente sans cesse la louange de Dieu s'élevant à lui de ces montagnes abandonnées pendant soixante ans (3). » Il écrit au Père Besson : « Vous ne devez pas, mon cher enfant et mon bien cher Père, vous préoccuper d'aucune formule en m'écrivant. Vous savez tout ce que je vous

---

(1) Liége, 7 mars 1847.
(2) Nancy, 20 août 1843. — Paris, 11 décembre 1843.
(3) Lyon, 11 février 1845.

suis, tout ce que vous êtes pour moi, ce que vous devez toujours être, et je vous laisse libre d'employer à mon égard toutes les expressions que vous voudrez, les plus tendres comme les plus dures. Rien ne doit altérer les rapports si intimes qu'a mis entre nous la croix de Notre-Seigneur Jésus-Christ. Je suis à vos pieds comme votre pénitent, et aucune position dans le monde ne m'est plus douce et plus précieuse. En temps opportun, vous vous mettrez à genoux au pied du lit du frère Hernsheim, notre cher malade, et lui baiserez les deux pieds pour moi avec affection (1). »

Cette amitié si expansive n'était pas seulement en paroles ; il leur en donnait constamment des preuves par ses saints exemples lorsqu'il vivait au milieu d'eux, par une correspondance suivie et détaillée avec les supérieurs et avec les simples religieux, par un soin constant à les former à toutes les vertus. Il leur recommandait avant toutes choses l'unité fondée sur la charité. « J'ai appris avec une joie indicible, leur écrit-il, que l'unité s'établissait de plus en plus entre vous tous : c'est là le grand point. Si vous vous aimez les uns les autres, si la simplicité, la bonté, l'ouverture, l'obéissance, la pénitence vous resserrent chaque jour, notre œuvre est fondée (2). »

Il exposait son idéal de la vie dominicaine dans de

---

(1) Liége, 13 avril 1847.
(2) Paris, 11 décembre 1843.

longues lettres aux maîtres des novices, espèces de monitoires qui révèlent à la fois la solidité de son esprit religieux, la sagesse de son expérience et son infatigable ardeur à former dans ses enfants de vrais disciples de Jésus-Christ. Nous citerons une de ces lettres qui mieux que nos paroles donnera l'idée de sa direction.

« Mon bien cher Père et mon enfant bien-aimé,

« J'ai reçu la lettre où vous me demandez mes instructions au sujet de la charge si importante que je viens de vous confier. Je vous les donnerai aux pieds du crucifix, en suppliant Notre-Seigneur, la très-sainte Vierge, saint Dominique et tous les Saints de notre Ordre, de m'éclairer sur ce que je dois vous dire, et de vous éclairer vous-même sur la grandeur de vos devoirs.

« Ce que vous devez avant tout avoir présent à l'esprit, mon bien cher enfant, c'est que votre charge de maître des novices est le principal de votre vie, et que tout le reste, études, prières, prédications, n'est plus qu'un accessoire. Vous devez rapporter toute votre vie à vos enfants spirituels : vous devez méditer pour eux, lire pour eux, préparer des discours pour eux, prier pour eux, châtier votre corps pour eux, corriger vos défauts pour eux, en un mot, les avoir présents dans votre âme en tout ce que vous faites, comme la mère a ses enfants dans son cœur à tous les instants du jour. Si votre charge était pour vous l'accessoire de votre vie, vous seriez en état permanent de prévarication, et il n'y a aucune peine que vous ne mériteriez pour une aussi cruelle trahison de tous vos devoirs.

« Cela posé, mon cher enfant, et par suite de ce grand principe, qui est le fondement de tout, vous serez toujours prêt à recevoir vos novices, à causer longuement avec eux, à écouter leurs confidences, et aussi à les prévenir et à les visiter, ne laissant jamais passer une semaine sans avoir vu chacun d'eux en particulier, soit dans votre cellule, soit dans la leur, et cela indépendamment de leur confession hebdomadaire.

« Vous serez sévère et aimable tout à la fois, sachant châtier avec la verge, et atteindre en même temps jusqu'au plus profond du cœur de vos enfants, de manière à ce qu'ils aiment en vous jusqu'à la correction, ainsi qu'on le voit dans les enfants à l'égard de leur mère. Celui qui vient pour obéir et s'immoler à Jésus-Christ désire lui-même une main ferme, capable de le corriger, de le réprimander, de l'humilier, de le marteler; sans quoi il souffre intérieurement de ne pas sentir la présence d'un maître, encore que la nature éprouve à cet abandon une sorte de satisfaction. Accoutumez vos enfants à se mettre volontiers à genoux pour vous parler, même en dehors de la confession. Cette posture humble et pénitente facilite l'ouverture du cœur, bien qu'elle répugne à l'orgueil dans les premiers temps. Il y a des religions où les inférieurs ne peuvent rien demander qu'à genoux à leur supérieur, parce qu'en effet le supérieur est la personne même de Jésus-Christ, et qu'il convient à des religieux de s'humilier profondément devant Jésus-Christ.

« Vous n'habituerez point vos novices à un visage contraint, à des yeux baissés avec affectation, mais à cette piété naturelle, simple, ouverte, attirante, qui fait le fond de la nature dominicaine, et que vous avez vue reluire partout sur le visage de nos Pères.

« Vous tiendrez régulièrement le chapitre et y infligerez fréquemment les pénitences voulues, étant persuadés, vous et moi et nous tous, que c'est là où se forment l'humilité, la mortification, et cette aimable fraternité qui fond les uns dans les autres des religieux habitués à une mutuelle correction, et se faisant tour à tour petits enfants les uns devant les autres. Nous avons eu le bonheur ou plutôt la grâce immense de rétablir ce point, qui est l'écueil de presque toutes les restaurations, à cause du respect humain si difficile à vaincre en matière d'humiliations infligées ou subies. Vous y tiendrez donc comme à la prunelle de l'œil, vous souvenant de la manière dont j'ai voulu être traité par vous-même tant de fois.

« Quant aux jeûnes, au coucher sur la planche, et à toutes les pénitences capables de nuire à la santé, soyez à cet égard d'une grande sobriété. Dispensez aisément du jeûne; ne laissez pas veiller après matines ceux qui ont besoin de plus de repos. Considérez souvent le visage de vos enfants, afin de voir si quelque chose ne vous décèle pas une santé souffrante. Le corps vous est confié comme l'âme : il faut les former tous deux sans les briser. Si vous aimez vos enfants, si vous vivez d'eux et en eux, il vous sera facile de connaître et de prévoir tous leurs légitimes besoins.

« Après avoir lu cette lettre, mon cher enfant, vous vous mettrez au pied de votre crucifix, et l'ayant baisé neuf fois pieusement, vous lui demanderez les grâces dont vous avez besoin pour être un bon maître des novices, et lui protesterez que vous êtes prêt à passer votre vie tout entière dans cet office, s'il plaît à vos supérieurs de vous y laisser toujours.

« Je vous presse tendrement sur mon cœur, mon bien cher Père et mon cher enfant, et vous embrasse en Notre-Seigneur. »

On aimera, sans doute, dans ces conseils, la sagesse, la maturité, la prudence et le mélange constant de douceur et de fermeté, de force et d'amour. Jamais son affection pour ses enfants ne lui faisait oublier les droits de la justice; il châtiait, et sévèrement, surtout ceux qu'il aimait davantage, mais avec un tel tempérament de douceur et d'union à la croix de Jésus-Christ, qu'on ne pouvait se méprendre sur la source de cette rigueur et se défendre de l'en aimer encore plus. Un religieux ayant cru pouvoir s'arrêter en voyage au delà du temps prescrit, le Père Lacordaire, tout en reconnaissant la légitimité des raisons de ce retard, le blâme de n'en avoir pas demandé l'autorisation. Il ajoute : « Comme je vous aime beaucoup, je préfère vous traiter avec rigueur, parce que vous êtes capable de la comprendre et d'en tirer parti pour votre avancement. Vous vous mettrez donc à genoux devant votre crucifix après avoir reçu ma lettre ; vous penserez que vous avez été un enfant désobéissant ; vous en demanderez pardon à Dieu. Puis, vous étant préparé pour recevoir la discipline, *à moins que vous ne soyez malade,* vous irez confesser votre faute à genoux au frère Hernsheim, qui vous donnera immédiatement vingt-cinq coups. Vous vous prosternerez ensuite devant lui, et lui baiserez autant de fois les pieds. Si vous êtes malade, vous retrancherez de cette pénitence la partie qui pourrait nuire à votre santé. Je suis persuadé, mon cher enfant, que vous reconnaîtrez votre faute et que vous sentirez la nécessité de maintenir au dedans de vous et dans les autres, par votre exemple, l'esprit d'une humble et parfaite obéissance. Si je ne vous aimais pas, je ne vous châtierais pas. Vous êtes devenu l'esclave de Jésus-Christ de votre plein gré ; votre âme et votre corps ne vous appartiennent plus. Il vous faut porter ce joug ignominieux aux regards de la chair, mais plein de gloire et de douceur aux yeux de la foi.

« Je vous presse sur mon cœur, mon cher et béni enfant. Je serai bien heureux de vous revoir (1). »

Il regardait cette obligation de punir les moindres manquements comme une des plus nécessaires et des plus difficiles en même temps. Il y insistait dans ses lettres : « Un des devoirs les plus sacrés des supérieurs religieux, écrit-il, est d'imposer la pénitence à ceux qui en sont dignes, sans quoi l'obéissance, l'humilité et toutes les vertus religieuses disparaissent bien vite des communautés. C'est la lâcheté à remplir ce devoir qui tue la discipline, et réduit à néant des maisons où il y avait de bonnes semences. »

Ces enseignements eussent été bien moins efficaces, sans doute, si ceux qui les recevaient n'avaient su par expérience avec quelle rigueur il s'appliquait à lui-même le premier cette règle. Il écrit au même religieux auquel il avait imposé la pénitence : « J'ai bien besoin, mon cher enfant, de rentrer un peu sous la verge du couvent, et sous la vôtre en particulier. L'évêque de X... est un homme très-pieux et très-aimable, mais qui fait beaucoup trop grandement les honneurs de chez lui. Priez Dieu pour moi, afin qu'il me conserve dans les sentiments d'un religieux, et que vous ne me retrouviez pas pire qu'auparavant. »

Voilà comment il comprit la vie religieuse pour les autres et pour lui : c'était une immolation complète,

---

(1) Grenoble, 13 avril 1844.

absolue de soi-même aux âmes et à Dieu ; voilà dans quel esprit il gouverna la province dominicaine française pendant les seize ans qu'il en fut le chef. Lorsqu'il cessa d'être provincial en 1854, il se produisit dans la direction de son œuvre une divergence d'idées, suivie d'une divergence de plan, d'esprit et de conduite. L'histoire des plus saints personnages, des fondations les plus divines, est remplie de faits analogues. Ces épreuves transitoires, baptême ordinaire des institutions appelées à traverser les siècles, loin d'ébranler une œuvre voulue de Dieu, l'affermissent sur ses bases, font descendre sur elle la lumière de l'expérience, ravivent les dévouements dans son sein et sauvegardent l'avenir. « Les hommes sont faits de telle sorte, disait le Père Lacordaire, que l'absence de ceux-là mêmes à qui ils doivent le plus, est une condition qui ranime leur reconnaissance. » Et, en effet, il n'aura pas eu, de son vivant, un aussi grand nombre de disciples dévoués de cœur à sa restauration dominicaine, à ses idées, à son esprit, que depuis qu'il n'est plus. Son œuvre vit et grandit chaque jour. Son esprit demeure. Le manteau d'Élie a été reçu par les fils du prophète, ils sauront le garder avec amour et respect. Ils adressent à leur Père la prière d'Élisée : « Que votre double esprit repose toujours sur nous (1). Puissions-nous avoir comme vous l'intelligence des temps et celle des

1) Obsecro ut fiat in me duplex spiritus tuus. — IV Reg., II, 9.

choses éternelles, aimer comme vous l'Église et notre pays, et ne laisser jamais s'éteindre en nous ce double zèle de Dieu et des âmes qui consuma votre vie! » Il y a là un trop bel héritage pour que ceux à qui l'honneur en est échu le laissent périr.

Je le demande, y a-t-il dans l'histoire beaucoup de types de grands personnages en qui l'homme et le prêtre, le citoyen et le saint se rencontrent à un degré plus parfait, plus sympathique? Quelle plus rare et plus féconde apparition que celle d'un homme, aussi grand par le cœur que par l'esprit, qui met toute l'énergie de ses facultés, toute l'ambition de sa vie à gravir l'échelle étroite des plus difficiles devoirs, des plus hautes vertus; qui veut connaître les plus nobles passions de la terre et du ciel; la passion de la vérité et l'horreur de l'hypocrisie, la passion de la loyauté et de l'honneur et la haine de tout ce qui avilit le caractère; la passion de la justice, et les saintes colères contre la peur; la passion du dévouement aux plus nobles causes, fussent-elles faibles et vaincues, et l'incompréhension d'une trahison ou d'une lâcheté, enfin la plus grande, la plus sublime de toutes les passions, la passion de Dieu jusqu'au mépris de soi-même?

Cette figure prédestinée se lève à peine sur ce siècle vieilli: le temps et le contraste avec nos impuissances et nos abaissements la feront grandir encore. Beaucoup voudront la regarder de plus près, recevoir d'elle une lumière et un encouragement. Elle aura des leçons pour tous les états de vie, pour l'homme public et pour les vertus privées, pour l'ascète et pour le plus humble chrétien. La vie de l'illustre dominicain, plus éloquente que sa parole, continuera son apostolique mission, et lui donnera plus que la gloire de se survivre à lui-même, elle gagnera des âmes à l'Église et à Jésus-Christ. *Defunctus adhuc loquitur !*

CHAPITRE XVII

1845-1848

Révolution de 1848. — Il fonde *l'Ère Nouvelle* et entre à l'Assemblée constituante comme député. — Sa retraite de la Chambre et du journal. — Sa politique.

Fidèle à notre dessein de chercher dans la vie du Père Lacordaire les vertus de l'homme et du religieux plutôt que l'ordre chronologique et l'énumération complète des faits, nous avons interrompu la suite des événements pour nous arrêter à contempler de plus près en lui le prêtre et le frère prêcheur. Il nous a semblé que cette lumière, en se projetant sur les actes peu nombreux de la dernière phase de sa vie, aiderait à les apprécier plus sainement, en particulier son rôle politique en 1848, et nous permettrait de le juger à la hauteur où il s'était lui-même placé.

Aucun événement important ne signala les quatre

dernières années qui précédèrent la révolution de février. Il poursuivait le cours de ses prédications à Paris et en province, et travaillait à consolider l'œuvre de la restauration dominicaine en France. Tous les religieux français avaient été rappelés d'Italie, et le noviciat installé au couvent de Chalais le jour de la Saint-Dominique 1845. Les études y étaient organisées, et les deux maisons de Chalais et de Nancy croissaient lentement dans l'unité, la paix et le travail. Le Père Lacordaire crut alors avoir acquis le droit de déposer le fardeau de l'autorité, et de reprendre, comme simple religieux, le joug plus facile et plus doux de l'obéissance. Tous les saints fondateurs d'Ordres ont connu cette humble défiance de leurs forces et ce désir de remettre entre des mains plus dignes, à leurs yeux, le gouvernement de l'œuvre confiée à leur sollicitude. Le Père Lacordaire, animé du même esprit, connut comme eux cette noble *aspiration à descendre*. Il écrivit donc pendant cette même année 1845, sans prévenir personne, au R^{me} Maître Général pour le prier d'accepter sa démission de supérieur et de nommer le R. Père Jandel à sa place. Ce dernier, averti de cette démarche imprévue par un religieux de Rome, se hâta d'en donner avis aux plus anciens des deux maisons de France, et, d'accord avec eux, adressa sans retard une supplique au Maître Général pour le conjurer de laisser à leur tête l'homme que la Providence avait visiblement suscité pour fonder une œuvre aussi difficile, et qui pouvait seul en assurer le succès. La démission du Père Lacordaire ne fut point acceptée. Il dut rester au premier rang, qui lui revenait à tant de titres; sa tentative n'aboutit qu'à lui donner un nouveau droit au pouvoir, ceux-là seuls ayant le don de commander qui savent obéir.

Au mois de septembre 1847, il se rendit pour la sixième fois à Rome, afin d'y régler certaines affaires de l'Ordre. Il y arriva par Turin et Bologne, et fut témoin de l'enthousiasme de l'Italie pour Pie IX. « Le pape, écrivait-il, est en ce moment l'idole des Romains et de toute l'Italie; vous ne sauriez vous faire une idée de cet enthousiasme où la religion domine et consacre la politique (1). » Cet accord du peuple avec son souverain devait, hélas! être trop tôt brisé. C'était l'hosanna qui précédait de peu de jours les clameurs et les menaces de mort, et, en voyant Pie IX, ce rédempteur pacifique dont son peuple n'était pas digne, prendre bientôt le chemin de l'exil, le Père Lacordaire dut se rappeler sa première impression à l'avénement du nouveau pape, alors qu'il disait par une sorte d'intuition prophétique : « Il me vient en pensée que peut-être Pie IX est destiné à être le Louis XVI de la papauté (2). »

Au reste, il allait lui-même être entraîné pour un

(1) Correspondance inédite. — Chalais, 24 octobre 1847.
(2) Correspondance avec Mme Swetchine. — Chalais, 26 juin 1846.

temps, malgré lui, par le courant orageux de la politique, toucher à plus d'un écueil et apprendre à ses dépens combien est peu solide la faveur populaire à qui n'a d'autre ambition que celle du dévouement, d'autre habileté que la sincérité, et qui n'est pas « un Richelieu, mais un pauvre moine aimant la retraite et la paix. »

Il prévit l'abîme où la royauté de 1830 allait être précipitée par sa faute. Au commencement de 1847, il signalait l'orage à l'horizon et en indiquait la cause dans l'obstination du gouvernement à comprimer le principe chrétien, seule base du pouvoir, et à refuser à l'Église la liberté d'enseignement et d'association, seul contre-poids efficace au flot sans cesse grossissant des doctrines et des passions mauvaises. « L'horizon se charge partout de nuages assez noirs, disait-il, et si l'été prochain ne répare pas les désastres des deux dernières années, je ne sais en vérité ce que nous deviendrons avec tous les mauvais ferments qui se remarquent partout. La pauvre Europe est bien menacée, et, chose merveilleuse, aucun de ceux qui gouvernent les hommes ne paraît comprendre pourquoi les peuples en sont où ils sont. Aussi aveugles qu'il y a soixante ans, ils repoussent ou asservissent l'établissement chrétien avec les mêmes préjugés ou la même passion. Ils voient le mal : ils en sont épouvantés ; mais reconnaître que Jésus-Christ est l'unique base de la société est au-dessus de leurs forces ! Pauvres gens! que Dieu leur réserve encore de dures leçons (1) ! » Il reprochait à la bourgeoisie victorieuse d'avoir méconnu la loi de son triomphe en gardant à son profit la liberté civile et politique, en ne s'élevant pas à des vues supérieures à ses intérêts égoïstes, et la plaignait « de n'avoir pas rencontré dans le roi qu'elle avait choisi, sorti de son sein, un génie capable de la porter plus haut qu'elle-même (2). »

Il ne fut donc ni surpris ni troublé lorsque éclata le mouvement populaire où s'engloutit non-seulement le trône comme en 1830, mais la monarchie elle-même. Ce n'est pas qu'il fût partisan de la forme républicaine, comme beaucoup le pensaient et le pensent encore aujourd'hui. Ses préférences furent toujours pour la monarchie tempérée. Il put croire avec beaucoup d'esprits éclairés au triomphe futur de la démocratie; mais il ne fut jamais démocrate. Il était né libéral; il vécut et mourut fidèle à ce drapeau placé au-dessus de tous les partis et de toutes les formes de gouvernement. Ses paroles et ses actes rendent à cet égard des témoignages surabondants. « Jamais, écrivait-il en 1842, jamais *la démocratie* ou le gouvernement par le peuple n'est entré un instant dans mon esprit. Jamais je n'ai dit une parole, ni écrit un mot en ce sens. Mais les partis qui m'attaquent parce que

---

(1) Correspondance inédite. — Liége, 10 mars 1847.
(2) Mémoires.

je me suis séparé d'eux, sont bien aises de supposer que mes penchants démocratiques sont la cause du peu d'intérêt que je prends à toutes leurs querelles. Il faut s'y résigner. J'aurais beau crier sur les toits que je ne suis pas démocrate, on crierait encore plus fort que je le suis. Dans tous les temps, dans toutes les situations, il faut avoir sa croix et ne pas la briser (1). »
Et encore à la même époque : « L'opinion que certaines personnes se sont formées de moi dans l'ordre politique m'a toujours étonné, parce que je n'ai jamais dit une parole ni écrit une ligne qui indiquassent la moindre tendance vers le parti qu'on appelle républicain (2). Toutes mes idées politiques se réduisent à ceci : En dehors du christianisme il n'y a point de société possible, si ce n'est une société haletante entre le despotisme d'un seul et le despotisme de tous. Secondairement, le christianisme ne peut reprendre son empire dans le monde que par une lutte sincère où il ne soit ni oppresseur, ni opprimé. Je vis là dedans, et je suis étranger à tout le reste (3). »

Il ne fut donc point un républicain de la veille, comme on disait alors; mais sans avoir une foi très-solide dans l'avenir de la jeune république, il ne crut point devoir lui refuser l'appui d'une adhésion sincère, dans l'espoir d'obtenir d'elle pour la France et

(1) Lettres inédites. — Bosco, 1er juin 1842.
(2) Correspondance inédite. — Bordeaux, 5 janvier 1842.
(3) Correspondance inédite. — Paris, 10 janvier 1850.

pour l'Église, les institutions et les libertés maladroitement refusées par les règnes précédents. Il se rejeta même de nouveau dans les luttes périlleuses de la presse quotidienne, non certes par entraînement de zèle et de jeunesse, comme en 1830, mais par devoir et en triomphant de ses répugnances personnelles. « Pour la première fois peut-être, disait-il à propos de la fondation de l'*Ère Nouvelle*, je fais à Dieu de grands sacrifices ; tout jusqu'aujourd'hui a été dans le sens de mes goûts ; mais à l'heure qu'il est, je remonte le sens propre, et j'abandonne ma vie, dans toute la force de l'expression, contre mon vouloir pour le vouloir de Dieu. Cela sera ma consolation si je péris. Avant tout il faut combattre la peur en ne reculant devant aucun devoir (1). »

Il a tenu à s'expliquer, dans ses Mémoires, sur la position prise par lui à cette heure grave et solennelle ; écoutons-le :

« Il était difficile de savoir ce qu'il y avait à faire, parce qu'il était difficile de comprendre où était le salut. Rétablir une monarchie tempérée après les deux terribles chutes de 1830 et de 1848 n'était pas possible ; fonder la république dans un pays gouverné depuis treize à quatorze siècles par des rois paraissait impossible aussi ; mais il y avait cette différence entre les deux situations, c'est que la monarchie venait de

(1) Correspondance avec Mme Swetchine. — Paris, 16 mars 1848.

tomber et que la république était debout. Or ce qui est debout a une chance de plus pour vivre que ce qui est à terre, et encore qu'on n'eût pas l'espérance d'asseoir à jamais le nouveau régime, on pouvait du moins l'étayer franchement comme un abri, et s'en servir aussi franchement pour donner à la France quelques-unes des institutions dont l'absence avait très-évidemment causé la ruine de deux trônes et de deux dynasties. C'était la pensée de M. de Tocqueville. Il n'était pas républicain; mais la ruine de la république, et surtout sa ruine immédiate, ne lui laissait entrevoir que l'avénement du pouvoir absolu. Il fallait choisir entre ces deux extrêmes, et il n'y avait d'habiles politiques que ceux qui allaient travailler pour l'un ou pour l'autre. Le reste était illusion. Il est facile aujourd'hui de le voir; mais peu le voyaient alors, et on peut dire que la plus grande partie des meilleurs esprits suivait de loin le fantôme qui leur montrait le retour de la monarchie tempérée au terme de la république.

« J'étais moi-même fort incertain. Partisan depuis ma jeunesse de la monarchie parlementaire, j'avais borné tous mes vœux et toutes mes espérances à la voir fondée parmi nous; je ne haïssais ni la maison de Bourbon, ni la maison d'Orléans, et n'avais considéré en elles que les chances qu'elles présentaient à l'avenir libéral du pays, prêt à soutenir les premiers, si la charte de 1814 leur avait été chère; prêt à soutenir les seconds, si la charte de 1830 avait reçu d'eux ses développements naturels. En supposant ces deux grandes maisons rapprochées pour donner enfin à la France une monarchie solidement assise sur des institutions qui ne fussent pas contradictoires à elles-mêmes, personne ne leur eût été plus dévoué que moi. Mais tout cela n'était qu'un rêve dans le présent comme dans le passé. Homme de principes, jamais homme de parti, les choses et non les personnes avaient toujours conduit ma pensée. Or, s'il est aisé de suivre un parti là où il va, il est difficile de suivre des principes quand on ne voit pas clairement où est leur application. Libéral et parlementaire, je me comprenais très-bien; républicain, je ne me comprenais pas de même. Et cependant il fallait se décider.

« Pendant que je délibérais avec moi-même, M. l'abbé Maret et Frédéric Ozanam frappèrent à ma porte. Ils venaient me dire que le trouble et l'incertitude régnaient parmi les catholiques, que les points de ralliement disparaissaient dans une confusion qui pouvait devenir irrémédiable, nous rendre hostile le régime nouveau et nous ôter les chances d'obtenir de lui les libertés que le gouvernement antérieur nous avait obstinément refusées. « La république, ajoutaient-ils, est
« bien disposée pour nous ; nous n'avons à lui repro-
« cher aucun des actes d'irréligion et de barbarie qui
« ont signalé la révolution de 1830. Elle croit, elle es-
« père en nous ; faut-il la décourager ? Que faire d'ail-
« leurs ? Et à quel autre parti se rattacher ? Qu'y a-t-il

« devant nous sinon des ruines ? et qu'est-ce que la
« république sinon le gouvernement naturel d'une so-
« ciété quand elle a perdu toutes ses ancres et toutes
« ses traditions ? »

« Mes deux interlocuteurs ajoutaient à ces raisons de circonstances d'autres vues plus hautes et plus générales puisées dans l'avenir de la société européenne et dans l'impuissance où était la monarchie d'y retrouver jamais des principes de solidité. Je n'allais pas de ce côté aussi loin qu'eux ; la monarchie tempérée me paraissait toujours, malgré ses fautes, le plus souhaitable des gouvernements, et je ne voyais dans la république qu'une nécessité du moment qu'il fallait accepter avec sincérité, jusqu'à ce que les choses et les idées eussent pris naturellement un autre cours. Cette divergence était grave et ne permettait guère un travail commun sous un même drapeau. Cependant le péril pressait, et il fallait s'abdiquer dans un moment aussi solennel, ou bien élever franchement sa bannière et apporter à la société ébranlée jusque dans ses fondements le concours de lumières et de forces dont chacun pouvait disposer. Jusque-là, dans tous les événements publics, je m'étais nettement posé ; devais-je, parce que les difficultés étaient plus sérieuses, me rejeter dans l'égoïsme d'un lâche silence ? Je pouvais me dire, il est vrai, que j'étais religieux, et me cacher sous mon froc comme derrière un bouclier ; mais j'étais religieux militant, prédicateur, écrivain, environné d'une sympathie qui me créait des devoirs autres que ceux d'un trappiste ou d'un chartreux. Ces considérations pesaient sur ma conscience. Appelé par des voix amies à me prononcer, pressé par elles, je cédai enfin à l'empire des événements, et quoiqu'il me répugnât de rentrer dans la carrière de journaliste, j'arborai avec ceux qui s'étaient offerts à moi un drapeau où la religion, la république et la liberté s'entrelaçaient dans les mêmes plis (1). »

Les prospectus de *l'Ère Nouvelle* parurent le 1er mars. Quelques jours auparavant, le 27 février, les ruines et les débris du combat se voyant encore partout, le Père Lacordaire remontait dans la chaire de Notre-Dame pour y poursuivre l'enseignement de cette doctrine immuable, portée comme l'arche au-dessus des déluges révolutionnaires, et soulevée plus haut par ces mêmes flots vengeurs des droits de Dieu méconnus. L'assemblée était nombreuse et attendait avec une anxiété visible ce qu'allait dire l'orateur populaire. Mgr Affre présidait, entouré de ses vicaires généraux et du chapitre de la métropole. L'archevêque avait le premier donné l'exemple de la confiance en publiant le jour même du 24 février une lettre pastorale où il louait le peuple de Paris de sa modération dans la victoire et de ses sentiments religieux. Sa présence en face de la chaire de Notre-Dame, au milieu de son clergé

---

(1) Mémoires.

et de son peuple, était une seconde marque de confiance, et l'on pouvait aisément présumer que les propres pensées de l'orateur sur les événements présents se feraient jour à travers la trame de son discours. Il ne put, en effet, se contenir, et, après avoir remercié l'archevêque de l'exemple qu'il donnait en ouvrant les portes de la basilique à l'enseignement sacré le lendemain d'une révolution où tout semblait avoir péri, arrivé à la question de l'existence de Dieu, il s'anime et s'écrie : « Vous démontrer Dieu, Messieurs! mais vous auriez le droit de vous lever pour me repousser du milieu de vous! Si j'osais entreprendre de vous démontrer Dieu, les portes de cette métropole s'ouvriraient d'elles-mêmes, et vous montreraient ce peuple, superbe en sa colère, portant Dieu jusqu'à son autel, au milieu du respect et des adorations!... » Une irrésistible émotion entraîne l'auditoire à ces paroles et éclate en applaudissements. L'explosion fut unanime et trop soudaine pour être dominée par la sainteté du lieu. « N'applaudissons pas la parole de Dieu, reprit l'orateur; croyons-la, aimons-la, pratiquons-la : c'est la seule acclamation qui monte jusqu'au Ciel et qui soit digne de lui (1). »

(1) Conférence XLVe, du 27 février 1848, d'après les journaux du temps. Voici comment *l'Ami de la Religion* raconte l'incident auquel les paroles de l'orateur faisaient allusion : « Jeudi dernier (24 février), au moment où le peuple venait d'envahir les Tuileries et en jetait par les fenêtres les meubles et les tentures, un jeune homme qui fait partie de la conférence de Saint Vincent-de-Paul, courut en toute hâte à la chapelle, craignant qu'elle ne fût dévastée, et voulant essayer d'em-

Il serait injuste de reprocher aujourd'hui au Père Lacordaire son adhésion sincère au nouvel ordre de choses. Il n'appela point la révolution ; mais après, l'orage comme avant, il y vit *une dure leçon* donnée par la Providence à un pouvoir infidèle à ses promesses, comprimant d'une main l'essor de la vérité religieuse, et caressant de l'autre les instincts et les ferments dangereux, moissonnant ainsi où il avait semé : *Ventum seminabunt, et turbinem metent* (1). C'était alors l'opinion gé-

pêcher cette profanation. La chapelle, où l'on avait dit la messe le matin, était déjà envahie; quelques vêtements sacerdotaux étaient épars dans la sacristie; mais l'autel n'avait point été touché. Le pieux jeune homme pria quelques gardes nationaux de l'aider à emporter les vases sacrés et le crucifix. Ils lui répondirent qu'ils y songeaient comme lui, mais qu'ils jugeaient nécessaire d'avoir avec eux un élève de l'École polytechnique : deux se présentèrent. On prit les vases sacrés et le crucifix, et l'on sortit par la cour des Tuileries et le Carrousel pour aller à l'église Saint-Roch. Dans la cour, des cris furent poussés contre les hommes chargés de ces précieux dépôts; alors celui qui portait le crucifix l'éleva en l'air en criant: « Vous voulez être régénérés; eh bien! n'oubliez pas que vous ne pouvez l'être que par le Christ! — Oui! oui! répondirent un grand nombre de voix, c'est notre maître à tous! » Et les têtes se découvrirent aux cris de « Vive le Christ! » Le crucifix et un calice sans patène furent portés pour ainsi dire en procession jusqu'à Saint-Roch, où ils furent reçus par M. le curé.

« Les braves gens qui formaient ce touchant cortège commencèrent par demander sa bénédiction au respectable curé, qui leur adressa quelques paroles vivement senties et recueillies avec le plus sincère respect. « Nous aimons le bon Dieu, s'écrièrent ils; nous voulons la religion ; nous voulons qu'elle soit respectée. Vive la liberté! vive la religion et Pie IX! » Avant de se retirer, ils se mirent tous une seconde fois à genoux pour recevoir la bénédiction de M. le curé. »

(*Ami de la Religion,* n° du mardi 29 février 1848.)

(1) Os., cap. viii, v. 7.

nérale parmi les catholiques : tous voyaient le doigt de Dieu dans la facilité avec laquelle le peuple avait brisé le trône, et renversé le gouvernement.

De plus, cette révolution n'avait rien de l'hostilité religieuse de celle de 1830. Pas une église, pas un couvent, pas un prêtre n'eurent à en souffrir à Paris. On citait mille traits de l'accord et de la sympathie qui ne cessèrent de régner entre le peuple et les prêtres pendant l'émeute et les jours qui suivirent. Un ecclésiastique racontait, dans une lettre publique, avoir franchi, le 24 février, plus de cinquante barricades, ne rencontrant partout de la part des ouvriers armés que des témoignages de respect et des cris de : « Vive la religion ! vivent les prêtres (1) ! » Le nonce du pape constatait cet heureux symptôme assez nouveau dans les fastes de nos révolutions. Il disait, en répondant au ministre des affaires étrangères : « Je ne résiste pas au besoin de profiter de cette occasion pour vous exprimer la vive et profonde satisfaction que m'inspire le respect que le peuple de Paris a témoigné à la religion au milieu des grands événements qui viennent de s'accomplir. » Enfin, Pie IX lui-même, dans une lettre à M. le comte de Montalembert, rendait le même témoignage à la France, et faisait honneur de ce respect des choses saintes à l'éloquence des orateurs catholiques. « Nous remercions vivement le Seigneur, dans l'humi-

---

(1) Voyez *l'Ami de la Religion*, 2 mars 1848.

lité de notre cœur, lui disait-il, de ce que dans ce grand changement aucune injure n'ait été faite à la religion ou à ses ministres. Nous nous complaisons dans la pensée que cette modération est due en partie à votre éloquence et à celle des autres orateurs catholiques, qui ont rendu notre nom cher à ce peuple généreux (1). »

Nous rappelons ces faits pour expliquer l'attitude du Père Lacordaire devant le nouveau gouvernement. Cette attitude n'eut, au reste, rien d'empressé ni de servile. « Il ne salua les vainqueurs qu'avec bienséance, dit M. de Montalembert ; il épargna aux vaincus toute récrimination et toute injure ; il ne connut jamais ce lâche acharnement contre les vaincus et les proscrits qui déshonore trop souvent parmi nous les partis victorieux (2). »

Un autre caractère de cette révolution fut d'envoyer trois évêques et onze prêtres à l'Assemblée chargée de raffermir sur leurs bases le pouvoir et la liberté. Le Père Lacordaire était naturellement désigné en première ligne aux suffrages des catholiques. Sans avoir posé sa candidature, il fut porté par sept ou huit colléges électoraux. A Paris, le comité de son arrondissement lui fit demander de paraître dans deux réunions publiques pour y répondre aux questions qui lui seraient adressées au sujet de sa candidature. « Je parus, en effet,

---

(1) Voyez *l'Ami de la Religion* du 4 avril 1848.
(2) *Le P. Lacordaire*, par M. de Montalembert, p. 204.

raconte-t-il, au grand amphithéâtre de l'École de médecine et dans la grande salle de la Sorbonne; et dans l'une et l'autre de ces assemblées, je déclarai franchement que je n'étais pas un républicain de la veille, selon le langage du temps, mais un simple républicain du lendemain. Mon succès fut très-grand à l'École de médecine; on l'empêcha de se renouveler à la Sorbonne par des cris et un tumulte venus du dehors. J'obtins un grand nombre de suffrages dans ces divers colléges où mon nom avait été produit; mais ce fut à Marseille à qui je dus l'honneur de siéger comme constituant (1). »

Il avait eu 62,000 voix à Paris, malgré l'acharnement avec lequel on avait combattu sa candidature. A Toulon, où il venait de prêcher la station de l'Avent, il réunit aussi un très-grand nombre de voix; on lui écrivait que son succès était très-probable : « Ce serait bien singulier, répondait-il, que je fusse venu prêcher à Toulon, précisément pour avoir un siége, et quel siége! à l'Assemblée nationale. Vous saurez avant moi la volonté de Dieu à cet égard. Si elle est affirmative, mettez-vous à genoux et priez pour votre ami: ce sera une grande épreuve (2). »

Cette ville de Marseille qui fit triompher sa candidature ne le connaissait que pour l'avoir vu pendant trois ou quatre jours au commencement de janvier de cette même

(1) Mémoires.
(2) Correspondance inédite.

année 1848. Au retour de sa station de Toulon, il y avait donné un discours de circonstance, et avait reçu de la jeunesse catholique de cette ville des témoignages incroyables de sympathie. Des députations de trois à quatre cents personnes étaient venues plusieurs fois le remercier. Au cercle catholique, ces jeunes gens, dans leur enthousiasme méridional, s'étaient précipités sur lui et avaient tous voulu lui presser la main. Ils le reconduisirent jusqu'au bureau des messageries royales, et là M. le duc de Sabran, en lui disant adieu au nom de tous, lui avait demandé de se souvenir de Marseille et de compter sur son dévouement. Elle lui en donnait un éclatant témoignage deux mois après, et lui en réservait pour plus tard de nouvelles preuves, en l'appelant à fonder une maison de son Ordre dans ses murs, et en lui construisant, à lui et à ses enfants, au pied de la grotte de Sainte-Madeleine, une hôtellerie pour y abriter la piété des nombreux pèlerins.

Il entra donc à l'Assemblée constituante avec son habit religieux, et alla s'asseoir à l'extrémité supérieure de la première travée de gauche. « C'était une faute assurément (c'est lui-même qui le confesse). J'étais un républicain trop jeune encore pour prendre une place aussi tranchée, et la république était trop jeune elle même pour que je lui donnasse un gage aussi éclatant de mon adhésion (1). » Au reste, cette

(1) Mémoires.

faute, résultat d'une confiance exagérée, fut vite comprise et réparée. Il se hâta de descendre de cette montagne où il se trouvait si mal à l'aise ; il lui avait suffi de faire entrer avec lui à la Chambre toutes les libertés qu'il représentait, et de les avoir associées à l'unanime triomphe de sa popularité. Cette faveur universelle éclata d'une façon singulière le jour même de l'inauguration de l'Assemblée constituante et de la proclamation de la république. *L'Univers* de ce temps-là appréciait en ces termes la portée de ces démonstrations enthousiastes :

« La journée d'hier a été belle pour le Père Lacordaire, pour l'Église, dont il est le ministre, et pour les Ordres religieux, dont il est parmi nous le représentant le plus populaire. Le dominicain s'est présenté au sein de l'Assemblée nationale, où l'avait appelé le libre suffrage de deux cent mille Français. Il y est entré revêtu de cette robe blanche de Frère Prêcheur qu'il a ramenée parmi nous. Son élection a été validée sans la moindre opposition, et son costume monacal n'a pas soulevé le plus léger murmure dans cette assemblée, où siégeaient cependant M. Dupin et M. Isambert.

« Mais ce n'est pas tout. Lorsque l'Assemblée nationale tout entière s'est transportée sur le péristyle du Palais-Bourbon pour y proclamer la république devant le peuple et la garde nationale, le Père Lacordaire est descendu, accompagné de M. l'abbé de Cazalès, grand vicaire de Montauban, jusqu'à la grille qu'assiégeaient les flots pressés de la population parisienne. A la vue de l'éloquent religieux et de sa robe monastique, ce peuple généreux l'a salué de ses acclamations. Le Père Lacordaire a échangé des poignées de main et des embrassements avec une foule de citoyens et de gardes nationaux, et il a été ramené comme en triomphe jusqu'aux portes de l'enceinte législative. A la fin de la séance, en quittant l'Assemblée par la rue de Bourgogne, il a dû traverser les rangs d'une compagnie de la dixième légion, qui, en le voyant, a fait entendre le cri de : *Vive le Père Lacordaire !*

« On peut le dire : à dater de ce jour, les lois oppressives que nous avons si longtemps combattues, et que tous les despotismes ont tour à tour évoquées contre la conscience, contre la sainte liberté de la pénitence et du dévouement, ces lois sont abrogées par le fait. Elles sont tombées, frappées à mort par le courage du moine et par les acclamations du peuple. La seconde république a réparé aujourd'hui l'une des plus odieuses iniquités de son aînée (1). »

Pendant la courte durée de son mandat législatif, le Père Lacordaire ne prit la parole que deux fois : la première pour combattre la nomination directe des nouveaux ministres par l'Assemblée (2); la seconde,

---

(1) *Univers* du 5 mai 1848.
(2) La question était de savoir si l'Assemblée nommerait elle-même directement les ministres intérimaires jusqu'à la constitution définitive du pouvoir exécutif, ou si elle confierait ce mandat à une commission

pour repousser une attaque d'illégalité, soulevée contre son habit religieux par M. Portalis, procureur général à la Cour d'appel de Paris. Il se contenta de relever ce qu'avait d'inopportun et d'injuste l'évocation de ces anciennes lois antilibérales, et de remercier la république de les avoir abolies. On regretta qu'il n'eût point élargi le débat, et profité de cette occasion pour défendre avec plus d'énergie le principe même de liberté religieuse imprudemment attaqué par M. Portalis. Il était évidemment dominé à la tribune par un sentiment de conciliation, très-louable sans aucun doute, mais qui paralysait ses forces, et lui faisait sacrifier volontiers sa renommée d'orateur au désir de ne

permanente et responsable composée de cinq membres. Ce dernier parti donnait chance aux membres de l'ancien gouvernement provisoire de ressaisir l'autorité sous le contrôle de l'Assemblée. Le Père Lacordaire, dans un but de conciliation, appuya cette opinion de la minorité. « On avait beau protester dans chaque discours, dit *l'Ami de la Religion*, qu'on voulait faire disparaître du débat la question de personnes : plus les protestations à cet égard étaient fréquentes, plus il était visible que la question de principes n'était rien et qu'un nom propre était tout. Le Père Lacordaire est le seul des orateurs qui ait eu la franchise de jeter ce vain masque de précautions oratoires. Il a parlé en faveur d'une haute commission exécutive, précisément pour maintenir au pouvoir le seul homme que les autres membres de l'Assemblée cherchent à renverser en proposant le système de la nomination directe. Nous aimons cette franchise, nous applaudissons au noble sentiment de conciliation qui l'a inspirée ; mais par ce premier acte de sa vie politique, le Père Lacordaire a prouvé, ce nous semble, qu'il entend bien avoir dans l'Assemblée une allure comme une place à part, sans aucune solidarité avec ceux de ses collègues que l'on pouvait supposer être avec lui en communauté d'opinions. »

(*Ami de la Religion* du 10 mai 1848.)

pas accroître, par l'ardeur de sa parole, l'animosité des partis, déjà trop surexcités. Il sentit promptement que sa place n'était pas au sein de ces orages de la politique, et que sa vie, depuis qu'il l'avait consacrée au service de l'Église, avait besoin d'une atmosphère plus calme et plus près de Dieu. Il n'attendit pas longtemps l'occasion de se dégager de cette fausse position. « Dès le 15 mai 1848, écrit-il dans ses Mémoires, quelques jours seulement après l'inauguration solennelle de la Constituante, une multitude aveugle envahit la salle de ses réunions, et nous demeurâmes trois heures sans défense contre l'opprobre d'un spectacle où le sang ne fut pas versé, où le péril peut-être n'était pas grand, mais où l'honneur eut d'autant plus à souffrir. Le peuple, si c'était le peuple, avait outragé ses représentants sans autre but que de leur faire entendre qu'ils étaient à sa merci. Il n'avait pas coiffé l'Assemblée d'un bonnet rouge comme la tête sacrée de Louis XVI, mais il lui avait ôté sa couronne, et il s'était ôté à lui-même, qu'il fût le peuple ou qu'il ne le fût pas, sa propre dignité. Pendant ces longues heures, je n'eus qu'une seule pensée qui se reproduisait à toute minute sous cette forme monotone et implacable : la République est perdue (1). » — « Je le vis assister impassible sur son banc, dit M. de Montalembert, à l'invasion du 15 mai, signalé entre tous, par son froc blanc, aux menaces des émeutiers. »

(1) Mémoires.

Le lendemain il donna sa démission de représentant. Il savait qu'on l'accuserait d'inconséquence, d'inhabileté politique et de manque de courage ; mais il trouvait dans l'accomplissement de son devoir une compensation à cette déchéance d'un moment, et se confiait en l'avenir. « Il faut savoir, disait-il en cette occasion, descendre devant les hommes pour s'élever devant Dieu (1). » Il voulut expliquer les motifs de sa retraite aux électeurs des Bouches-du-Rhône.

« J'ai quitté hier, leur disait-il, le siége de représentant dont vous m'aviez confié la garde et l'honneur; je vous le rends après l'avoir occupé quinze jours, et sans y avoir rien fait de ce que vous attendiez de moi. Ma lettre au président de l'Assemblée nationale vous aura déjà instruits des motifs de ma retraite; mais il m'est impossible de ne pas vous les exposer plus longuement, à vous qui m'avez choisi, à vous qui m'avez donné la plus haute marque d'estime qu'il était en votre pouvoir de me donner. Vous comptiez sur moi, et je vous fais défaut ; vous espériez dans ma parole, et c'est à peine si je suis monté à la tribune ; vous vous reposiez sur mon courage, et je n'ai couru aucun péril : comment n'auriez-vous pas le droit de m'interroger, et ne sentirais-je pas le besoin de prévenir la douleur de vos questions ?

« Il y avait en moi deux hommes : le religieux et le

---

(1) Mémoires.

citoyen. Leur séparation était impossible; il fallait que tous deux, dans l'unité de ma personne, fussent dignes l'un de l'autre, et que jamais l'action du citoyen ne causât quelque peine à la conscience du religieux. Or, à mesure que j'avançais dans une carrière si nouvelle pour moi, je voyais les partis et les passions se dessiner plus clairement. En vain faisais-je effort pour me tenir dans une ligne supérieure à leurs agitations: l'équilibre me manquait malgré moi. Bientôt je compris que, dans une assemblée politique, l'impartialité conduisait à l'impuissance et à l'isolement, qu'il fallait choisir son camp et s'y jeter à corps perdu. Je ne pus m'y résoudre. Ma retraite était dès lors inévitable, et je l'ai accomplie.

« Dieu sait, Messieurs, que votre pensée est ce qui a combattu davantage ma résolution. Je craignais de vous attrister; je me reprochais de briser d'une manière si rapide et si imprévue les liens que j'avais contractés avec tant de bonheur. Ma seule consolation est de penser que, dans les très-courts actes de ma vie politique, j'ai suivi l'inspiration d'une conscience qui répond à la vôtre. Élu sans l'avoir recherché, j'ai accepté par dévouement, j'ai siégé sans passion, je me suis retiré par crainte de ne plus être ce que je devais rester toujours devant Dieu et devant vous. Ma démission, comme mon acceptation, est un hommage que je vous ai rendu. »

Sa correspondance privée témoigne avec plus de

force encore du même sentiment de bonheur et de soulagement d'avoir quitté l'Assemblée. Il s'étonne lui-même de *l'horreur* qu'il a ressentie pour la vie politique. « Ma position dans l'Assemblée, écrit-il, m'était devenue un intolérable fardeau ; je ne pouvais siéger hors de la démocratie, et cependant je ne pouvais accepter la démocratie telle que je la voyais. Les convictions de mon esprit et mes engagements de position m'entraînaient d'un côté ; les réalités présentes sous mes yeux m'en éloignaient. Et qu'est-ce qu'un homme sans terrain, sans ligne nettement dessinée ? La retraite a coupé ce nœud gordien, mais non sans une grande commotion intérieure. Il est très-dur de paraître manquer de conséquence et d'énergie ; mais il est bien plus dur encore de résister aux intérêts de sa conscience. Enfin j'ai pris le dessus ; me voici calme en vous écrivant. Je suis sûr que vous aurez été bien tourmentée de moi, et que vous aurez prié à mon intention. Je n'aurais jamais cru avoir tant d'horreur de la vie politique ; c'est à un degré que vous n'imaginez pas. Je ne me suis trouvé qu'un pauvre petit moine et pas du tout un Richelieu ; un pauvre moine aimant la retraite et la paix (1). »

La certitude d'avoir suivi la bonne inspiration le rendait de plus en plus insensible aux jugements défavorables dont il était l'objet. « Vous pouvez être

(1) Correspondance inédite. — Paris, 28 mai 1848.

assurée, écrivait-il à la même personne, qu'un jour cette retraite de l'Assemblée sera une des choses dont on me louera le plus. Du reste, en quoi que ce soit, il faut regarder le devoir et non l'opinion. Faire son devoir au péril d'être blâmé, est un des mérites les plus réels de l'homme qui en est capable. Je suis en ce moment comme un homme qui était tombé dans un abîme où il allait périr, et qui en a été tiré miraculeusement. J'ai reçu quelques lettres dans ce sens on ne peut plus touchantes; mais généralement l'impression a été douloureuse. Peu d'hommes voient l'avenir. J'ai écrit deux ou trois lettres à peine pour me justifier près de quelques amis; il vaut mieux attendre la justification du temps. Que de fois, mon Dieu! j'ai été mal jugé! Si vous saviez à Paris, dans les salons du parti de la régence et dans beaucoup d'autres lieux, ce que l'on dit de moi, vous en éprouveriez de la stupeur (1). Ce sont

---

(1) Le *Times* s'était fait l'écho de quelques-uns de ces bruits absurdes, et plusieurs journaux français avaient reproduit son article. *L'Ère Nouvelle* y répondait en ces termes : « Le *Times*, journal anglais, dans son numéro du 9 juin a donné sur le R. Père Lacordaire, à propos de sa démission, des détails bizarres que plusieurs journaux français viennent de reproduire. D'après le *Times*, le Père Lacordaire aurait été un élève de Talma; il aurait, dans sa jeunesse, plaidé une cause mystérieuse à Carpentras, dont la conséquence eût été son entrée dans l'ordre de Saint-Dominique; enfin sa démission de représentant lui aurait été demandée par Mgr l'archevêque de Paris, après que celui-ci eut vainement exigé qu'il parlât dans l'Assemblée contre la suppression du budget du clergé. Il suffira de dire que le Père Lacordaire n'a jamais parlé à Talma; qu'il n'a jamais vu Carpentras; qu'il est entré dans l'ordre des Frères Prêcheurs onze ans après avoir reçu l'ordination sacerdotale;

des orages qu'il faut laisser passer sans s'émouvoir. La solitude est d'ailleurs pour moi un préservatif qui est devenu plus complet depuis quelque temps. Cela me donne une paix infinie. Je ne suis malheureux que quand j'hésite sur un parti à prendre; alors je souffre beaucoup de l'incertitude d'abord, puis des prévisions de ce qui arrivera. Une fois ma résolution prise, je redeviens calme et serein (1). »

Les mêmes motifs qui lui avaient fait donner sa démission de représentant ne tardèrent pas à amener sa retraite de *l'Ère Nouvelle*. En fondant cette feuille, il avait déclaré nettement qu'elle n'appartiendrait à aucun parti, mais qu'elle se tiendrait au-dessus d'eux pour pouvoir leur dire la vérité à tous avec impartialité, et toujours avec mesure et charité. Cette généreuse tentative d'un journal chrétien par l'esprit et par la forme, réussit pendant les premiers mois, alors que l'union de tous les amis sincères du nouveau régime n'avait pas encore permis à ce qu'on appela plus tard *les partis mécontents* de relever la tête. En moins de trois mois, *l'Ère Nouvelle* comptait trois mille deux cents abonnés, et se tirait à quatre mille cinq cents exemplaires. L'archevêque de Paris, Mgr Affre, donnait à

qu'il est l'auteur des articles publiés dans ce journal en faveur du budget des cultes, et que par conséquent Mgr l'archevêque de Paris n'a pu l'engager à donner sa démission pour le motif qu'énonce le *Times*. » — *Ère Nouvelle*, juin 1848.

(1) Correspondance inédite. — Paris, 6 juin 1848.

ses rédacteurs une preuve de confiance et d'estime en adhérant publiquement à leur œuvre, ce qu'il n'avait fait pour aucun autre journal. Il les assurait que « les catholiques aimeraient dans leur feuille la droiture, la franchise et un dévouement qui faisait abstraction de tous les partis, qui ne connaissait et ne voulait qu'une chose : le salut de la religion et de la patrie. »

Pendant quelque temps *l'Ère Nouvelle* fut un des journaux les plus répandus et les plus recherchés. Le talent de ses rédacteurs lui avait fait une place à part dans la presse quotidienne, surtout pour les questions d'économie religieuse et civile. Le Père Lacordaire y défendit dans une suite d'articles le budget des cultes, dont on demandait la suppression. Frédéric Ozanam y publia une étude très-remarquable sur le divorce, qu'on avait tenté de remettre à l'ordre du jour. Il y eut une recrudescence de faveur après les terribles journées de juin, où, tout en flétrissant avec énergie l'insurrection, le journal chrétien s'était efforcé d'adoucir les blessures, et de préparer une réconciliation. On vendait jusqu'à dix mille exemplaires du journal dans les rues de Paris, et les abonnements augmentaient dans la même proportion. Ce succès amoncela de nouvelles fureurs sur la tête de la feuille catholique. C'était une bataille en règle. « Les uns nous disent, écrivait le rédacteur en chef : Votre journal est le plus honnête du monde ; nous nous y abonnons. Les autres crient : Votre journal est affreux, horrible, sans-culotte... Je suis persuadé qu'un autre homme que moi se rirait bien de toutes les fureurs qui se jettent sur notre miel comme des guêpes (1). » Mais pour sa nature, amie de paix et d'union, ces luttes, chaque jour plus vives, devenaient au-dessus de ses forces et de son courage. Il commençait à entrevoir les écueils et les impossibilités de l'œuvre de pacification religieuse qu'il avait entreprise.

« Le difficile de notre œuvre, disait-il, est l'application de l'esprit religieux à la politique, c'est-à-dire de l'esprit de charité et de paix à la chose qui produit les plus fortes haines, et les plus terribles divisions. Quand on visite les forçats, les prisonniers, les pauvres, les malades, le christianisme va de soi : tout le monde l'entend. Mais si vous l'appliquez à la politique, à l'instant un hourra s'élève contre vous ; l'impartialité devient faiblesse, la miséricorde une trahison, la douceur un désir de plaire à tout le monde. Rien n'est aisé comme le parti pris des factions ; rien n'est laborieux comme la justice envers les factions (2). »

Il sentit à la fin la nécessité de se retirer ; son intérêt le demandait comme celui de ses collaborateurs, qui voulaient donner à *l'Ère Nouvelle* une couleur plus tranchée dans le sens de la démocratie. Le cautionnement à fournir amena le remaniement de la propriété du

---

(1) Correspondance du R. P. Lacordaire avec Mme Swetchine. — Paris, 30 juin 1848.

(2) Correspondance inédite. — Paris, 1er juillet 1848.

journal. Le Père Lacordaire profita de cette occasion pour en abandonner la direction, sans détruire l'œuvre commencée. « Tout s'est bien passé entre nous, écrivait-il. Je n'avais jamais eu l'intention de rester toujours à la tête du journal, rien n'étant plus contraire à mes goûts, sinon à mes devoirs (1). Loin que ma retraite affaiblisse notre feuille, je crois qu'elle la fortifiera en lui donnant une assiette définitive, et aussi en lui permettant des allures plus vives et plus décidées. Dans tous les cas, je suis tranquille, parce que ma persuasion est d'avoir accompli mon devoir, soit en fondant, soit en quittant *l'Ère Nouvelle*. J'ai repassé devant Dieu ces six mois qui viennent de s'écouler, et, à part les fautes de détail, il me semble que j'ai fait dans ces terribles circonstances ce que la religion et le patriotisme exigeaient de moi. Ma vocation n'a jamais été politique, et pourtant il était impossible de ne pas toucher transitoirement à ce grand écueil, ne fût-ce que par l'erreur du dévouement, ne fût-ce aussi que pour en faire la douloureuse expérience. Elle est faite aujourd'hui, et sans que tout ait été perdu pour le bien. Vous ne sauriez croire dans quelle paix je me trouve, et combien je comprends mieux ce que Dieu demande de moi pour le reste de ma vie. Eussé-je même perdu beaucoup dans l'esprit des hommes, qu'est-ce que cela si l'on n'a rien perdu devant Dieu?

---

(1) Voir *l'Ère Nouvelle* du 25 mai.

Dieu? Il m'en coûte moins qu'à un autre de descendre, parce que j'ai toujours vécu très-solitairement, dans le commerce d'un petit nombre d'âmes, vivifié par celui de Dieu (1). »

On voit si ce sentiment de repos après l'orage et de paix reconquise était profond chez lui. C'est aussi sur ce cri de reconnaissance vers Dieu, sur cette rentrée définitive dans le silence de sa cellule, que nous aimons à arrêter cette courte phase de vie politique. Puisse ce que nous en avons dit avoir suffi à montrer aux hommes de bonne foi combien peu le Père Lacordaire aimait les agitations et les passions du *Forum*, pour parler son langage, combien il méritait peu le reproche de faire de la politique et de se plaire dans ses luttes! Ils le connaissaient bien mal ceux qui le croyaient avide de bruit, d'affaires publiques, en recherchant avec plaisir les occasions, s'y jetant avec une ardeur passionnée, ne rentrant qu'avec regret et par force dans la paisible monotonie du cloître. C'était précisément tout le contraire. Son crime aux yeux de ceux qui le connaissaient mieux, qui auraient souhaité l'amener dans leurs rangs et se servir de lui pour leurs projets dynastiques, son crime était de ne pas vouloir faire de politique, de refuser de s'inféoder à aucun parti. Il savait bien que c'était se condamner à l'isolement et à l'injustice des jugements portés sur sa con-

---

(1) Correspondance inédite. — Chalais, 7 septembre 1848.

duite ; mais il s'y était résigné depuis longtemps. Déjà sous le règne de Louis-Philippe, devant les accusations de jacobinisme dont il était l'objet, il répondait : « Je n'ai été payé que d'ingratitude, parce que je n'ai voulu être avant tout et par-dessus tout que l'homme de Dieu, de son Évangile, de son Église, parce que je n'ai donné de gage à aucun parti, entendant conserver le droit de leur dire à tous la vérité, comme c'est mon devoir. On a été blessé de cette indépendance religieuse, et bien davantage encore lorsque je l'ai eue protégée et couverte par ma robe de moine. Ne croyez pas qu'on craigne de voir diminuer mon influence sous l'habit de Saint-Dominique. On a très-bien vu que cet habit était une force de plus ; que désormais, obligé de n'aspirer plus à rien, j'étais dans une citadelle imprenable non-seulement à l'ambition, mais encore défendue contre la peine qu'on aurait pu croire me faire en ne m'appelant à rien. J'ai consacré ma liberté et ma vie par là, et c'est tout juste ce qui déplaît. Néanmoins il est vrai aussi que beaucoup ne suivent, en appréciant mal mes idées et ma conduite, qu'une imagination résultant de diverses circonstances qu'ils n'ont pas été à même de bien connaître. Il n'y a rien de plus difficile à juger qu'un homme qui n'appartient à aucun parti, dans un temps de partis. Les hommes ont besoin pour classer les hommes d'une définition précise de leur tendance, et ils n'aiment pas à démêler les fils d'une existence qui se tient à part. — A qui êtes-vous? — Voilà une question que chacun se pose à propos d'un homme, et lorsqu'on n'en voit pas clairement la réponse, vous êtes jugé sur une phrase ou sur un ouï-dire. Aussi n'ai-je aucune amertume contre les faux jugements qu'on porte de moi; je m'y résigne, grâce à Dieu, avec douceur. C'est la vie tout entière qui doit finalement déposer de vous, qui prouvera si vous fûtes ambitieux ou désintéressé, simple ou adroit, bon ou hypocrite (1). »

Aujourd'hui, en effet, sa vie est là pour témoigner de son désintéressement, de la droiture et de l'élévation de ses vues. Sa mort a jugé sa vie, et la justice commence à se faire sur lui pour les vertus publiques comme pour les dons de l'homme intérieur. Mais les préjugés ne cèdent pas facilement; il y a si peu d'esprits qui sachent distinguer entre la grande politique de l'Évangile et la politique humaine, entre celle qui consiste à dire la vérité à tous, aux faibles et aux puissants, aux sujets et aux souverains, et celle qui se passionne pour des questions de forme gouvernementale et de personnes, pour des ambitions de castes et de partis! Ne reprochait-on pas à Notre-Seigneur lui-même de soulever le peuple par ses prédications (2)? La première de ces politiques fut celle qu'ambitionna l'apôtre éloquent dont la parole puissante allait aux peuples et aux rois; il ne descendit jamais à la seconde.

(1) Correspondance inédite. — Janvier 1842.
(2) Commovet populum docens... — Luc., xxiii, 5.

Voici comment il s'en défendait lui-même auprès d'une personne amie :

« Je ne sais pourquoi vous revenez sans cesse sur cette idée, que *je fais de la politique*. La vérité est que mon crime est de ne pas faire de politique, c'est-à-dire de demeurer en dehors de tous les partis, et de leur dire à tous, dans l'occasion, les grandes vérités sociales de l'Évangile. Il n'y a aucun prédicateur voulant se tenir sur cette ligne, qui ne suscite des mauvais vouloirs, parce que rien ne déplaît plus à l'homme que l'indépendance évangélique et que la force intérieure par où l'on résiste aux passions de son temps. Si j'avais été légitimiste ou orléaniste, on m'aurait comblé d'éloges; j'aurais eu des journaux pour me louer et me soutenir, au lieu qu'en butte à toutes les coteries, je n'ai jamais trouvé pour appui que des âmes rares, et une sorte de sympathie vague qui s'attache aux hommes isolés de tout. Ce que l'on appelle de la politique en moi, c'est de dire la vérité, la vérité la plus générale aux riches, aux pauvres, aux croyants, aux incroyants. Je n'ai pas même fait de politique dans *l'Avenir;* car ce n'est pas de la politique que de réclamer la liberté de l'Église, ce n'est pas de la politique que de dire aux incrédules de respecter les droits de l'institution religieuse, et aux croyants de consentir à ce que l'erreur lutte contre eux à ciel ouvert. Un seul moment de ma vie j'ai été sur le bord d'un rôle politique, et je m'y suis senti tellement malheureux et mal placé que j'en suis descendu à toutes jambes. Lisez ma vie de saint Dominique, mes conférences, même mes oraisons funèbres ; où y a-t-il vraiment de la politique ? Il n'y en a nulle part, mais partout l'accent d'une âme qui n'appartient qu'à Dieu et qui ne veut se donner qu'à lui. Un jour, quand on me lira, si on me lit un jour, on cherchera curieusement dans des coins de phrases quelques allusions aux choses du temps, et on sera surpris de trouver si peu ce que le vulgaire aura cru si abondant (1). »

Mais en justifiant le Père Lacordaire d'avoir fait de la politique, en n'admettant chez lui d'autre erreur, pendant son rapide passage aux affaires, que *l'erreur du dévouement,* est-ce à dire qu'il soit resté spectateur indifférent devant les douloureuses convulsions des sociétés modernes, devant les crises et les blessures de l'Église, sa mère ? Non certes. Moins il attachait d'importance aux questions de personnes et de formes politiques, plus il en donnait aux lois qui sont à la base de toute société ; moins il était atteint de la contagion sociale actuelle où les personnes sont tout et les principes rien, où l'on demande d'abord à quelqu'un : Quel est votre drapeau ? et jamais : Quelle est votre foi ? plus il se retranchait avec force dans les grandes vérités de l'Évangile, et s'en faisait le défenseur et l'apôtre infatigable. « Les hommes meurent, disait-il, les dynasties

---

(1) Correspondance inédite. — Paris, 10 janvier 1850.

s'éteignent, les empires se renouvellent; mais les principes demeurent immuables, de même que le granit qui porte tous les phénomènes changeants dont la nature nous donne le spectacle à la surface de la terre. » C'est à ce granit qu'il s'attachait; il s'appuyait à la croix immobile au-dessus des révolutions humaines. De là son regard tranquille se promenait sur l'avenir et se consolait des tristesses présentes par une foi invincible en des temps meilleurs. « Je suis, disait-il, citoyen des temps à venir (1) ! » Il croyait à la réconciliation et à l'alliance future de la religion avec la société par un respect réciproque de leurs droits. Tout son libéralisme était là. Il croyait à la liberté, parce qu'il l'estimait aussi nécessaire à l'Église qu'à l'État, selon cette formule : La religion a besoin de la liberté; la liberté a besoin de la religion. Sa politique n'avait pas d'autre programme. Il aima la liberté par patriotisme sans doute, car il voulait la grandeur de son pays; mais il l'aima surtout par religion, par dévouement filial à l'Église. Il avait cette conviction profonde et raisonnée que là où le despotisme a fortement prévalu, la séve chrétienne et surtout catholique s'est peu à peu retirée. L'histoire lui en donnait la preuve à tous les siècles. Il voyait le Bas-Empire aboutir au schisme grec, pendant que l'Église d'Occident maintenait son indépendance et inoculait

(1) XXXVe Conférence.

la vie aux peuplades barbares, au milieu de leurs invasions et des luttes de la féodalité. Il voyait le protestantisme détacher du Saint-Siége une partie de l'Europe au moment même où les libertés civiles et politiques commençaient à disparaître et allaient livrer l'Église aux plaies funestes du gallicanisme et du joséphisme. Il voyait la foi condamnée à l'ostracisme ou à une vie étouffée, dans toutes les nations soumises au joug de fer des despotismes absolus, en Chine, au Japon, en Russie, en Suède, tandis qu'elle renaissait et s'étendait à l'ombre des lois libérales de l'Angleterre et des États-Unis. Il en concluait que la foi ne peut subsister longtemps sans la liberté civile et politique. Elle peut produire des martyrs, sans doute; mais les martyrs, répondait-il, ne meurent que pour conquérir la liberté de la foi. Il ajoutait : « La servitude ronge les âmes, elle les affaiblit jusque dans l'ordre religieux ; elle donne le vertige de l'idolâtrie à Bossuet lui-même. Il se forme un épiscopat lâche et adorateur du pouvoir qui transmet au reste du clergé une timidité mêlée d'ambition, double poison d'où sort la bassesse et bientôt l'apostasie. J'avoue que tout m'échappe si le mouvement actuel du monde a d'autre but que l'affranchissement de l'Église par la chute générale des despotismes. Si Dieu ne travaille pas à cela, je ne vois plus rien, je n'entends plus rien. Grand Dieu ! où allons-nous donc si nous n'allons pas là (1)? »

(1) *Correspondance du R. P. Lacordaire avec Mme Swetchine*, p. 465.

Cette ardente conviction que l'Église a besoin d'air libre pour respirer, d'indépendance et de franches allures pour prospérer, loin de le jeter dans la politique, lui en faisait redouter les périls pour tous les clergés. « Le clergé de France, disait-il, ne s'exposera jamais sans dommage au souffle des passions politiques. Si éloquent fût-il, si dévoué et courageux, il paraîtra moins grand à la tribune que dans l'humble chaire où le curé de campagne apporte la gloire de son âge et la simplicité de sa vertu. On soupçonnera d'ambition le sacrifice le plus vrai ; on pensera qu'il cache, sous des phrases sonores, l'orgueil du bruit. La France s'est fait dès longtemps une si haute idée du sacerdoce, qu'elle souffre avec peine tout ce qui le fait descendre, même pour un temps, des hauteurs de l'Horeb et du Calvaire. » C'est lui qui parlait ainsi dans un article de *l'Ère Nouvelle,* où, tout en conviant le clergé de France à prendre part aux élections pour l'Assemblée constituante et à donner son concours à la nation dans une crise aussi grave, il avait soin de lui rappeler que ce rôle et cette mission de médiateur ne devaient point se prolonger au delà des circonstances exceptionnelles qui l'y avaient appelé.

Plus il sentait le besoin que le peuple a du prêtre, plus il souffrait de tout ce qui pouvait amoindrir son caractère, abaisser sa couronne sacerdotale, diminuer son influence religieuse. Aussi l'attitude d'une partie du clergé sous le nouvel empire et les malheureuses tentatives d'une certaine école pour ressusciter les thèses les plus impopulaires le remplissaient-ils d'une amère et inconsolable tristesse. Tous les efforts tentés depuis 1830 pour persuader à la nation que le clergé ne prétendait plus à rien qu'au droit commun, qu'il respectait le passé, mais ne voulait pas le faire revivre, qu'il n'aspirait qu'à une chose, à l'entière liberté de sa parole, de ses mouvements et de son enseignement, dans le respect sincère de la liberté d'autrui, tous ces efforts venaient échouer devant l'évidence du contraire. On était condamné à la douleur d'entendre l'esprit public reprocher chaque jour aux catholiques d'avoir essayé de le tromper; il fallait voir à cause de cela le clergé perdre en peu de temps tout ce qu'il avait gagné en influence et en popularité pendant les vingt dernières années, voir se réveiller les vieilles haines et renaître l'ancienne peur du prêtre, moins comme homme de Dieu que comme homme de parti; il fallait le voir attaqué de nouveau plus comme ennemi politique que comme représentant des intérêts religieux. Ah! comment le Père Lacordaire n'en eût-il pas souffert? Comment son large esprit, son cœur si loyal, son âme si fortement éprise du double et indivisible amour de l'Église et de son pays, comment tout en lui n'en eût-il pas été profondément attristé et humilié? L'Église, l'exaltation de l'Église, c'était sa grande prière (1),

---

(1) « Je vous recommande de prier sans cesse pour la conservation et

c'était sa passion, et il voyait ses intérêts compromis par ceux-là mêmes qui prétendaient les défendre ; il voyait s'effacer peu à peu du front du prêtre l'auréole du respect, de la vénération, de la confiance. Il était loin de conseiller une attitude hostile vis-à-vis du pouvoir, et, pour sa part, il a été des premiers à applaudir à une guerre où il croyait voir le profit de l'Église dans l'affranchissement d'un peuple ; mais il estimait que, dans des sociétés comme les nôtres, où le gouvernement passe de main en main avec une effrayante rapidité, et tend tous les jours à une démocratie plus radicale, il n'y avait, pour la foi d'une nation, d'espoir de progrès et d'honneur que dans une attitude du prêtre digne, indépendante et dégagée de toute solidarité, et il répétait avec M. de Tocqueville : « Le christianisme c'est un vivant qu'on a voulu attacher à des morts : coupez les liens qui le retiennent, et il se relèvera ! »

Il n'a pas été donné au Père Lacordaire de voir l'heure de cette résurrection à venir, de cet embrassement définitif : il est mort dans la douleur d'un spectacle qui navrait sa foi plus encore que son patriotisme. Mais il ne désespéra jamais, et il saluait de loin l'au-

l'affranchissement de l'Église, particulièrement dans les pays où elle est le plus menacée. Le chrétien ne doit pas songer seulement à son salut personnel, mais à celui de ses frères, et les destinées de l'Église doivent le tenir constamment attentif. L'Église est la seule œuvre éternelle à laquelle nous puissions nous associer : tout le reste passe et passera. » — Correspondance inédite.

rore de ce jour appelé de tant de vœux. Il se réjouissait d'y avoir travaillé toute sa vie, sans avoir rien trahi, rien renié, pur de toute défaillance, de toute défection. Il s'en réjouissait avec son illustre ami, le comte de Montalembert, un des rares soldats restés fidèles au drapeau de leurs jeunes et belles années, et il lui disait : « Quoi qu'il arrive de notre temps, l'avenir se lèvera sur notre tombe. Il nous y trouvera purs de trahison, de défection, d'adulation du succès, et constants dans notre espoir d'un régime politique et religieux digne du christianisme dont nous sommes les enfants. Nous avons méprisé pour notre foi l'appui du despotisme, quelque part qu'il règne, nous n'avons attendu son triomphe que des armes qu'employaient les apôtres et les martyrs, et si elle doit triompher, en effet, dans ce monde, livré à tant de désordres de cœur et d'esprit, elle ne le fera que par ces moyens qui lui donnèrent l'empire sur le paganisme et qui l'ont sauvée, jusqu'à présent, des haines conjurées d'une fausse philosophie et d'une fausse politique (1). »

(1) *Le P. Lacordaire,* par M. de Montalembert, p. 255.

CHAPITRE XVIII

1849-1854

Fondations de Flavigny, de Paris et de Toulouse. — Érection canonique de la Province de France. — Nomination du R^{me} Père Jandel à la charge de Vicaire Général de l'Ordre. — Conférences de Toulouse. — Fin de son provincialat.

Le Père Lacordaire avait payé sa dette à son pays dans la crise de 1848; il s'était jeté dans le feu et *s'y était même un peu brûlé,* comme il l'avouait, mais en acquérant le droit à la retraite et à des services moins périlleux. Il reprit, pour ne plus le quitter jusqu'en 1851, le ministère de la prédication à Paris et en province. Il s'était engagé pour prêcher l'Avent de cette même année 1848 à Dijon, la ville de son enfance et de ses premiers triomphes de collége. Une affaire importante pour lui se rattachait à cette prédication. Plusieurs ecclésiastiques du diocèse, possesseurs d'une ancienne maison religieuse aux environs de Dijon, l'avaient offerte à peu près gratuitement au grand orateur dont la Bourgogne était fière, pour en faire un couvent de son Ordre. Il vint donc à Dijon, et revit « ces beaux clochers qu'admirait Henri IV, ces rues larges et propres relevées par un grand nombre d'hôtels du xvie et du xviie siècle, la tour et le palais des ducs de Bourgogne, le parc dessiné par Lenôtre sur les ordres du prince de Condé, et cette magnifique ceinture de montagnes et de collines où la vigne de Bourgogne commence à étendre ses pampres généreux. Ce spectacle m'a toujours touché, et nulle part je ne respire un air qui me fasse mieux sentir ce que c'est que la patrie.

« A quinze lieues de Dijon, vers le nord-ouest, sur une hauteur au pied de laquelle se rencontrent plusieurs vallées, et d'où l'on découvre ce sommet de l'ancienne Alise, dernier boulevard de la liberté des Gaules, s'élève comme sur un promontoire la petite ville de Flavigny. Flavigny possédait autrefois une abbaye de bénédictins, une collégiale de chanoines, un château seigneurial, et le parlement de Bourgogne y avait siégé au temps de la Ligue. Toute cette splendeur n'existait plus. L'église abbatiale avait été détruite, la collégiale changée en paroisse, et le château s'était transformé en un simple pensionnat d'Ursulines. Entre ces restes d'une gloire éteinte, on découvrait sur une longue terrasse un bâtiment modeste qui avait servi autrefois de petit séminaire au diocèse de Dijon. Quelques ecclésiastiques de ce diocèse, sensibles aux souvenirs de leur jeunesse, l'avaient pieusement racheté, et attendaient l'occasion de le consacrer de nouveau à un but religieux. Ils vinrent me l'offrir, et après en avoir conféré avec Mgr Rivet, évêque de Dijon, je le reçus d'eux à des conditions honorables pour leur désintéressement. Quoique le climat de Flavigny fût assez rude, il l'était moins que celui de Chalais, et j'y transportai nos jeunes novices, en réservant la montagne du Dauphiné pour être le séjour de nos étudiants. Les commencements de Flavigny furent très-pauvres. Je me rappelle que dans les premiers jours il n'y avait que sept chaises dans toute la maison : chacun portait la sienne partout où il allait, de sa cellule au réfectoire, du réfectoire à la salle de récréation, et ainsi du reste. Mais cet état de détresse ne dura pas. Un comité d'ecclésiastiques et de laïques se forma à Dijon, sous la présidence de l'évêque, pour nous assurer quelques ressources, et pendant plusieurs années, en effet, nous lui dûmes une charité que nous n'avions point encore rencontrée sous cette forme (1) »

Flavigny fut la troisième fondation. Elle n'eut rien des pénibles entraves administratives des deux précédentes. Non-seulement le Père Lacordaire trouva dans son pays natal des amis qui lui vinrent généreusement en aide, et qui devaient, quelques années plus tard, lui donner à Dijon même une maison toute meublée;

---

(1) Mémoires.

mais nulle voix opposante ne s'éleva, dans la presse, comme à Chalais et à Nancy, contre cette nouvelle diffusion de la famille dominicaine. La jeune république eut encore ce mérite assez rare de répudier les peurs injustes des gouvernements antérieurs vis-à-vis de l'extension des Ordres religieux. Si naturel et imprescriptible que soit le droit de chaque citoyen de vivre selon sa conscience et sa foi, les pouvoirs qui ont précédé et suivi celui de 1848 se sont montrés trop ombrageux à cet égard pour ne point faire honneur à ce dernier de son esprit plus intelligent et plus large.

Qu'aurait pensé M. Martin (du Nord), ce vigilant protecteur des intérêts religieux en France, si on lui eût dit que le Père Lacordaire songeait à planter son drapeau non plus sur un rocher désert des montagnes du Dauphiné, mais au centre même de la capitale? C'est cependant ce qui eut lieu le 4 novembre 1849. Ce jour-là, Mgr Sibour, archevêque de Paris, installait solennellement le Père Lacordaire et ses religieux dans l'ancien couvent des Carmes. On ne se cachait plus comme en 1844; les portes de l'église, largement ouvertes, donnaient entrée à une foule curieuse et bienveillante; cette fois encore la presse hostile se tut, occupée qu'elle était à poursuivre ailleurs que chez des moines les véritables ennemis de la république. Le récit de cette fondation et des événements qui suivirent, est une des dernières pages des mémoires écrits par le Père Lacordaire sur son lit de mort.

« Mgr Affre, dit-il, avant de mourir glorieusement sur les barricades, avait eu la pensée de créer, dans l'ancien couvent des Carmes, là même où avaient eu lieu les massacres du 2 septembre 1792, une école de hautes études ecclésiastiques en même temps qu'un corps de prêtres auxiliaires pour desservir l'église. Après sa mort, Mgr Sibour, son successeur, m'offrit l'église avec une partie du couvent. C'était, il est vrai, une position précaire, assurée seulement par des baux susceptibles de renouvellement ; mais comme il y avait pour l'archevêché de Paris une obligation de conscience d'avoir là un corps de prêtres ou de religieux, j'acceptai les offres de Mgr Sibour, et je pris possession le 15 octobre 1849.

« On touchait alors à l'un des plus grands événements politiques et religieux qui se fût réalisé depuis l'édit de Nantes. La révolution de 1848 avait enfin éclairé une notable portion de la bourgeoisie française, et elle avait entendu que trois cent mille hommes ne suffisent pas pour gouverner une nation de trente quatre millions d'hommes, si elle n'est pas préparée d'en haut par des lois qui s'imposent à la conscience, et y créent avec le respect de Dieu le respect de l'homme lui-même. Cette lumière était tardive; mais elle s'était faite, et elle permit à M. le comte de Falloux, ministre de l'instruction publique et des cultes, de présenter à l'Assemblée législative un projet de loi sur la liberté d'enseignement, élaboré par une commission qu'il avait nommée lui-même, et qui révélait par sa composition seule le progrès des esprits. On y voyait M. de Montalembert à côté de M. Cousin, M. l'abbé Dupanloup à côté de M. Thiers, M. Laurentie en face de M. Dubois, les noms catholiques mêlés aux noms universitaires, et tout un ensemble d'hommes honorables, mais rapprochés de loin, et qui indiquait que la raison, la logique et l'équité allaient enfin traiter cette suprême question. En effet, tous ces hommes, si divers d'origine et de croyance, parvinrent à s'entendre sur le principe et le mode de la liberté d'enseignement, sans même excepter de son bénéfice les Ordres religieux, et la loi fut adoptée le 15 mars 1850 à une grande majorité, après que la France eut gémi quarante ans sous le monopole d'une instruction laïque. Il avait fallu trois révolutions pour briser cette servitude, comme, au XVIe siècle, il avait fallu trente-six ans de guerres civiles et religieuses pour arriver à l'édit de tolérance et de pacification qui fut la gloire de Henri IV encore plus que ses victoires. La loi sur la liberté de l'enseignement a été l'édit de Nantes du XIXe siècle. Elle a mis fin à la plus dure oppression des consciences, établi une lutte légitime entre tous ceux qui se consacrent au sublime ministère de l'éducation et de l'enseignement, et donné à tous ceux qui ont une foi sincère le moyen de la transmettre saine et sauve à leur postérité... Comme l'édit de Nantes fut pendant un siècle l'honneur de la France, et le principe fécond de l'élévation intellectuelle et morale de son Église, ainsi la loi sur la liberté d'enseignement sera-t-elle la borne sacrée où nos dissentiments, au lieu de se résoudre en haines et en oppression, ne se livreront plus qu'une guerre légitime d'où sortira le progrès naturel de la société. Si une main téméraire, quelque puissante qu'elle fût, osait un jour toucher à cette borne plantée d'un commun accord au milieu de nos discordes et de nos révolutions, qu'elle sache bien que Louis XIV, dans toute sa gloire, n'a révoqué l'édit de Nantes qu'en déshonorant son règne, en préparant le xviiie siècle et la ruine de sa maison. Il y a des points dans l'histoire des peuples qu'on ne doit plus remuer; l'édit de Nantes en était un, la loi sur la liberté d'enseignement en est un autre (1). »

Dès les premiers mois de l'installation dans la maison de la rue de Vaugirard, le Père Lacordaire inaugura dans l'église du couvent une série d'instructions morales plus simples par la forme que les discours de Notre-Dame, et dont le sujet était emprunté à l'évangile du jour. Il prêchait le matin, au milieu de la messe, et commentait pendant une demi-heure le texte sacré. C'était la première fois qu'il abordait le côté pratique de la vie chrétienne. Il le fit d'une manière tout à fait familière, se laissant aller aux applications actuelles, aux digressions imprévues, aux

---

(1) Mémoires.

récits attachants qui gravent plus profondément la vérité. Ces homélies, commencées avec l'Avent et poursuivies jusqu'au Carême de 1850, produisirent un grand bien. « Imaginez-vous, écrivait-il, que je suis devenu curé. Tous les dimanches, après l'évangile, je fais un prône d'une demi-heure, ou, si vous l'aimez mieux, une homélie sur le texte évangélique du jour. Notre église est pleine. On paraît content de ce nouveau genre de prédication, et l'on croit qu'il produira du bien, plus de bien même que les Conférences de Notre-Dame (1). »

Cependant le Saint-Père, instruit des progrès des Frères Prêcheurs en France, eut la pensée de faire profiter l'Italie et l'Ordre entier de ce renouvellement de séve sur l'antique souche dominicaine. Dès son avénement au gouvernement de l'Église, il avait songé à la réforme des Ordres religieux, et il saisissait toutes les occasions favorables de faire avancer cette œuvre délicate et difficile. Il jeta les yeux sur le révérend Père Jandel, qui lui avait été signalé comme le plus propre à seconder ses projets, et le manda à Rome au mois de juillet 1850. La préférence donnée à ce dernier sur le restaurateur de l'Ordre en France fut diversement interprétée. Mme Swetchine en exprimait son avis au Père Lacordaire en ces termes: « Je puis vous dire très-consciencieusement que l'honneur fait au Père

---

(1) Correspondance inédite. — Paris, 26 novembre 1849.

Jandel est surtout rapporté à vous, et que rien n'a paru plus simple, qu'ayant recours à la source française on ne se soit pas exposé à la laisser tarir en vous en ôtant. Le Père Jandel fera presque tout ce que vous auriez fait à Rome; mais comment vous aurait-il remplacé en France (1)? » Quoi qu'il en soit des vrais motifs qui déterminèrent le pape à choisir le Père Jandel, l'honneur qui en revenait à la colonie française parut au Père Lacordaire comme une douce récompense de ses travaux. « C'est un grand honneur pour nous, écrivait-il, qui avons à peine quelques années d'existence, que le vicaire de Jésus-Christ proclame hautement, par un choix extraordinaire, comme le rejeton vivant de l'Ordre de Saint-Dominique. C'est pour moi la récompense la plus précieuse de tous mes travaux... Quels qu'aient été les motifs de préférence, je ne puis voir là qu'une admirable miséricorde de Dieu, qui n'a pas voulu m'arracher à mon ministère apostolique, et me jeter pour le reste de ma vie dans une administration qui ne m'eût laissé le temps ni d'écrire une ligne, ni de prononcer une parole. Le Père Jandel, c'est moi-même sans les inconvénients de moi-même. Aussi puis-je vous assurer que je n'éprouve qu'un seul sentiment, celui d'une profonde reconnaissance (2). »

Cependant l'élévation du Père Jandel au généralat

---

(1) *Correspondance du P. Lacordaire avec Mme Swetchine*, p. 497.
(2) *Idem*, p. 495.

rencontrait des difficultés à Rome, et traînait en longueur. Le Père Lacordaire, qui pressentait les obstacles d'une œuvre de réforme en Italie, et les redoutait pour le Père Jandel, partit pour Rome au mois de septembre de cette même année 1850, dans l'espoir de conserver à la province de France, encore si faible, les services d'un religieux dont l'absence allait la mettre dans un grand embarras. Cet espoir ne devait pas se réaliser. Le Père Jandel, qui aurait bien voulu se soustraire au fardeau de l'autorité, dut courber la tête et se soumettre ; il reçut, le 30 septembre, le bref qui l'instituait Vicaire Général de tout l'Ordre, et prit possession de sa charge le 2 octobre suivant.

Le Père Lacordaire profita de son séjour à Rome pour demander l'érection canonique de la province de France, et la faire entrer ainsi d'une manière définitive dans les rouages d'une administration régulière et dans tous les droits des anciennes provinces. Il fallait avoir pour cela trois couvents ; nous en avions quatre : Nancy, Chalais, Flavigny et Paris. Le Père Gigli, alors Vicaire Général de l'Ordre, et aujourd'hui Maître du Sacré-Palais, se fit une gloire et une joie de souscrire à la demande du Père Lacordaire, et le 15 septembre 1850, une des fêtes de saint Dominique, il signait l'acte qui rétablissait la province de France dans tous ses droits et priviléges, et en instituait le Père Lacordaire premier provincial.

Ce voyage lui fournit encore l'occasion de dissiper

certaines préventions nées à Rome des échos de Paris. On lui reprochait d'avoir émis dans ses Conférences des propositions contraires à l'enseignement général, soit sur l'origine de la souveraineté, soit sur le pouvoir coercitif de l'Église, soit sur le domaine temporel des papes. Ce n'était pas la première fois qu'il rencontrait ces accusations dont la source lui était connue. Il lui fut aisé de donner sur toutes ces questions des réponses catégoriques et satisfaisantes, et de reprendre ainsi à la cour romaine la position d'estime et de sympathie qu'il méritait à tant de titres. Le Pape le reçut avec beaucoup de bonté, et s'exprima sur lui plusieurs fois, devant des Français, avec intérêt et bienveillance.

Il revint en France poursuivre le cours de ses Conférences à Notre-Dame. Il devait achever pendant le Carême de 1851 l'exposition de la partie dogmatique de son enseignement. Restait la morale, qu'il divisait en deux sections : les vertus et les sacrements. « Voilà bien de l'avenir encore, écrivait-il; mais qu'est-ce que l'avenir de l'homme ? » — Il disait vrai; des événements imprévus ne lui permirent pas d'inaugurer à Notre-Dame cette seconde partie de sa tâche, et, par une sorte de pressentiment de l'avenir dont il se défendait tout en l'exprimant, il fit cette année même de solennels adieux à ses auditeurs. Il ne pouvait descendre de cette chaire désormais illustre sans remercier tous ceux qui l'y avaient soutenu. Ces adieux à la grande armée des Conférences furent un des rares et éloquents épanchements avec son auditoire qui rappellent ces retours vers un passé glorieux auxquels se complaisent les grands capitaines avec les anciens compagnons de leurs exploits.

« Encore qu'une nouvelle carrière me fût préparée par Dieu et par mon dévouement pour vous, je ne puis me défendre de vous parler comme si je vous adressais des adieux. Permettez-le-moi, non comme un pressentiment de l'avenir, mais comme une consolation.

« Je dis une consolation, parce que j'éprouve en moi deux sentiments contraires : l'un de joie, d'avoir achevé avec vous une œuvre utile au salut de plusieurs, et de l'avoir achevée dans un siècle que l'on a nommé le siècle des avortements ; l'autre de tristesse, en songeant qu'une œuvre ne s'achève pas par un homme sans qu'il y laisse la plus belle partie de soi-même, les prémices de sa force et la fleur de ses ans. Le Dante commence ainsi sa divine épopée : « Au milieu du che-
« min de la vie, je m'éveillai seul dans une forêt pro-
« fonde. » Je suis parvenu, Messieurs, à ce milieu du chemin de la vie, là où l'homme se dépouille du dernier rayon de sa jeunesse, et descend par une pente rapide aux rivages de l'impuissance et de l'oubli. Je ne demande pas mieux que d'y descendre, puisque c'est le sort que l'équitable Providence nous a fait ; mais du moins, à ce point de partage des choses, d'où

je puis voir encore une fois les temps qui vont finir, vous ne m'envierez pas la douceur d'y jeter un regard, et d'évoquer devant vous, qui fûtes les compagnons de ma route, quelques-uns des souvenirs qui me rendent si chers et cette métropole et vous.

« C'est ici, quand mon âme se fut rouverte à la lumière de Dieu, que le pardon descendit sur mes fautes, et j'entrevois l'autel où, sur mes lèvres fortifiées par l'âge et purifiées par le repentir, je reçus pour la seconde fois le Dieu qui m'avait visité à l'aurore première de mon adolescence. C'est ici que, couché sur le pavé du temple, je m'élevai par degrés jusqu'à l'onction du sacerdoce, et qu'après de longs détours où je cherchais le secret de ma prédestination, il me fut révélé dans cette chaire que, depuis dix-sept ans, vous avez entourée de silence et d'honneur. C'est ici qu'au retour d'un exil volontaire je rapportai l'habit religieux qu'un demi-siècle de proscription avait chassé de Paris, et que le présentant à une assemblée formidable par le nombre et la diversité des personnes, il obtint le triomphe d'un unanime respect. C'est ici qu'au lendemain d'une révolution, lorsque nos places étaient encore couvertes des débris du trône et des images de la guerre, vous vîntes écouter de ma bouche la parole qui survit à toutes les ruines, et qui, ce jour-là, soutenue d'une émotion dont nul ne se défendait, fut saluée de vos applaudissements. C'est ici, sous les dalles voisines de l'autel, que reposent mes deux premiers archevêques ; celui qui m'appela tout jeune à l'honneur de vous enseigner, et celui qui m'y rappela après qu'une défiance de mes forces m'eut éloigné de vous. C'est ici, sur ce même siége archiépiscopal, que j'ai retrouvé dans un troisième pontife le même cœur et la même protection. Enfin, c'est ici qu'ont pris naissance toutes les affections qui ont consolé ma vie, et que, homme solitaire, inconnu des grands, éloigné des partis, étranger aux lieux où se presse la foule et se nouent les relations, j'ai rencontré les âmes qui m'ont aimé.

« O murs de Notre-Dame, voûtes sacrées qui avez reporté ma parole à tant d'intelligences privées de Dieu, autels qui m'avez béni, je ne me sépare point de vous ; je ne fais que dire ce que vous avez été pour un homme, et m'épancher en moi-même au souvenir de vos bienfaits, comme les enfants d'Israël, présents ou en exil, célébraient la mémoire de Sion. Et vous, Messieurs, génération déjà nombreuse, en qui j'ai semé peut-être des vérités et des vertus, je vous demeure uni pour l'avenir comme je le fus dans le passé ; mais si un jour mes forces trahissaient mon élan, si vous veniez à dédaigner les restes d'une voix qui vous fut chère, sachez que vous ne serez jamais ingrats, car rien ne peut empêcher désormais que vous n'ayez été la gloire de ma vie et que vous ne soyez ma couronne dans l'éternité (1). »

(1) LXXIIIe Conférence.

Tels furent ses adieux à Notre-Dame, qu'il appelait *sa grande patrie !* « Je la salue toujours, disait-il, dès qu'en entrant à Paris j'aperçois ses tours (1). » Après le coup d'État du 2 décembre 1851, il ne remonta plus dans cette chaire, malgré les instances que lui en fit plusieurs fois l'archevêque de Paris.

Il partit presque immédiatement pour visiter les couvents de Belgique et de Hollande, dont il était Vicaire général, et de là se rendit en Angleterre, où la séve dominicaine française avait aussi pénétré. Il n'y demeura que trois semaines, juste le temps de visiter nos trois couvents et d'avoir une idée générale du peuple anglais. Le spectacle des progrès du catholicisme dans ce pays lui inspirait sur l'avenir du monde des vues, une perspective, qu'on nous saura gré de reproduire ici. « Ce voyage, tout court qu'il fut, m'a grandement intéressé et consolé. Notre-Seigneur travaille ce grand pays ; nous n'aurons pas le bonheur de le voir catholique, mais peut-être ce spectacle sera réservé à nos descendants. Je ne puis réduire ma foi au désespoir, et penser que l'Évangile ne règnera pas un jour sur tout l'univers, sauf les révoltes individuelles qui, même étant nombreuses, n'empêchent pas les nations d'appartenir à Jésus-Christ. Ainsi, il y a en France beaucoup d'incroyants, de débauchés de corps et d'intelligence ; cependant peut-on dire que la

---

(1) *Lettres à des jeunes gens*, p. 244.

France ne soit pas une nation chrétienne? Le souffle de l'Évangile ne gouverne-t-il pas l'ensemble des âmes, encore que beaucoup ne lui ouvrent qu'une partie de leur vie. Je ne pense pas que jamais l'ordre du moyen âge, avec ses voies de contrainte, s'établisse dans le monde entier; mais peu à peu, tous les peuples entrant dans des communications de plus en plus rapides, la force ne soutenant plus les erreurs, les schismes et les fausses religions, il se fera deux unités, l'une positive, qui réunira tous les chrétiens, l'autre négative, qui réunira tous les sceptiques, et de la lutte de ces deux forces colossales naîtront les combats des derniers jours. Voilà comment je considère l'avenir (1)! »

Les jours de son pèlerinage se hâtaient vers le terme. Il n'avait que cinquante ans : il était dans la plénitude de l'âge et de la force, et cependant il ne lui restait plus que dix ans de combats et de travaux pour avoir à chanter le cantique de la mort : « Ma vie est emportée loin de moi, comme s'est repliée la tente des pasteurs. » Mais Dieu préparait à ce reste de ses années la plus noble couronne, dans une œuvre nouvelle, plus obscure, mais plus féconde peut-être que toutes celles de sa vie. Après s'être occupé de haut enseignement, il allait consacrer ses dernières années à l'éducation de la jeunesse; il avait semé la vérité dans le vaste champ des intelligences de sa génération, il allait prendre la

(1) Correspondance inédite. — Flavigny, 31 mars 1852.

génération à venir par l'enfance, et lui cultiver le cœur. Se pouvait-il un plus souhaitable couronnement à une carrière déjà si pleine? « Comme il y a, disait-il lui-même de son ami Frédéric Ozanam, comme il y a dans une grande âme unie au monde, un besoin d'achever le monument qu'elle a conçu, et qui portera son nom, il y a dans une grande âme unie à Dieu le besoin d'achever l'œuvre qu'elle a commencée pour lui et où elle pense cacher son nom sous le sien (1). » L'éducation de la jeunesse lui apparut comme l'achèvement naturel de sa vie; il reconnut et bénit la main de Dieu dans les événements qui l'engagèrent d'eux-mêmes dans cette voie nouvelle. Nous raconterons plus au long, dans le chapitre suivant, comment le fondateur du Tiers-Ordre enseignant comprit et réalisa sa mission dans l'éducation. Contentons-nous de dire ici que depuis assez longtemps on le priait vivement d'accepter pour lui et pour son Ordre la direction du pensionnat d'Oullins, aux portes de Lyon. Il s'y décida pendant l'été de 1852, acheta le collége et envoya les premiers membres du Tiers-Ordre enseignant faire leur noviciat à Flavigny.

Il n'abandonnait pas pour cela la direction du grand Ordre. L'éducation de la jeunesse était simplement un nouvel accroissement de famille qui augmentait pour lui les labeurs et les joies. Ces deux branches de l'en-

---

(1) *Notice sur Ozanam.*

seignement et de la prédication devaient se prêter un mutuel appui. Un discours prêché par le Père Lacordaire pour la translation du chef de saint Thomas d'Aquin à Toulouse fit naître la première idée d'une fondation dominicaine dans cette ville, et Toulouse donna Sorèze au Tiers-Ordre. Toulouse était le berceau de la famille des Frères Prêcheurs ; le saint patriarche Dominique y avait eu sa première maison, et cette ville, si riche en reliques, se glorifiait de posséder le corps de saint Thomas d'Aquin, le plus grand docteur de l'Ordre, sinon de l'Église. Le Père Lacordaire accepta donc avec empressement et reconnaissance la proposition de ce nouvel établissement. Il écrivait le 24 octobre 1853 : « Je pars demain pour Toulouse. Aucune fondation, et c'est la sixième en comptant Oullins, ne m'a causé un sentiment aussi vif et aussi pur. Il me semble que je retourne dans ma patrie, et que saint Dominique et saint Thomas d'Aquin vont me recevoir dans leurs bras. » Et quelques jours après : « Quoique accoutumé depuis dix ans à ces bénédictions de Dieu, cependant celle-ci me va plus au fond du cœur et m'attendrit davantage. Il me semble que c'est le couronnement des grâces que Dieu m'a faites dans ma vie, et qu'il n'y a plus rien au delà, si ce n'est de ne pas me montrer trop indigne, dans les jours qui me restent, de ce que j'ai reçu si gratuitement.

« Chaque fois que je passe dans ces rues et ces chemins de Toulouse, bien souvent du moins, la pensée me vient que saint Dominique y a marché; et, en comparant sa vie à la mienne, je suis surpris que Dieu ait choisi pour rétablir son Ordre en France un instrument si peu semblable à celui qui en fut le fondateur. Tous les mercredis je vais à Saint-Sernin célébrer la messe au tombeau de saint Thomas d'Aquin, à l'intention de notre Ordre, et de la province de France en particulier (1). »

L'installation des dominicains à Toulouse eut lieu le 30 décembre 1853 par Mgr Mioland. Nulle part ils ne reçurent un accueil de sympathie plus pieuse et plus profonde; on semblait vraiment voir en eux des frères de retour dans la patrie après un long exil. Des vieillards qui se souvenaient d'avoir vu les anciens dominicains, leur souriaient comme à de vieilles connaissances, et venaient leur raconter mille détails sur leurs Pères d'avant la révolution. L'année suivante, le Père Lacordaire reprit, dans la cathédrale de cette ville, dans cette même chaire où avait prêché saint Dominique, la suite de ses conférences de Notre-Dame. Son plan embrassait toute la vie chrétienne, et devait comprendre six à sept ans. Il ne put en donner que la première série. Ces conférences ont été publiées, et font suite à celles de Notre-Dame de Paris. Il y retrouva les mêmes accents qu'autrefois, mais avec une diminution de forces physiques qui ne permettait pas

(1) *Correspondance avec Mme Swetchine*, p. 528 et 531.

à sa voix d'arriver aussi pleine et vibrante aux derniers rangs de son immense auditoire.

Pendant le cours de ces conférences, une société d'actionnaires de Toulouse qui avait acheté l'ancienne école de Sorèze pour l'empêcher de tomber aux mains des protestants, vint en offrir la direction au Père Lacordaire, et le prier de réaliser leurs vues et de combler leurs espérances en fondant et perpétuant dans cette illustre maison l'esprit d'une éducation solidement chrétienne. On lui laissait l'administration pleine et absolue de l'école pendant trente ans, avec application des bénéfices à son profit, de manière à éteindre peu à peu les actions des propriétaires et à faire ainsi passer la propriété sur la tête des nouveaux directeurs sans courir aucune chance défavorable. Ces conditions, soumises au Maître Général et agréées par lui, furent signées par le Père Lacordaire, qui prit possession de l'école, à la distribution des prix, le 8 août de cette même année 1854. Ces nouvelles fonctions de directeur d'un grand collège allaient remplir les dernières années de sa vie et l'arracher à toute autre préoccupation. Il renonça à continuer ses conférences de Toulouse, et profita de l'expiration légale de ses pouvoirs de Provincial, pour se consacrer entièrement à l'œuvre importante à laquelle Dieu l'appelait.

Il y avait quatre ans que la province était canoniquement érigée et qu'il la gouvernait selon les constitutions de l'Ordre; mais en réalité il en était le chef depuis seize ans. Il convoqua donc le premier chapitre régulier au couvent de Flavigny pour le 15 septembre de cette année 1854, et, avant de résigner ses pouvoirs, il voulut rendre à ses frères et enfants un compte détaillé de son administration.

Dans ce mémoire écrit, il rappelle d'abord la fondation des cinq premiers couvents de Nancy, Chalais, Flavigny, Paris et Toulouse, sans compter les deux collèges d'Oullins et de Sorèze. Chaque pas en avant dans le rétablissement de l'Ordre a été payé par une victime de la mort, et chaque nouvelle maison a dû s'élever sur un tombeau. Il en prend occasion pour retracer en peu de mots la vie de ses frères aînés devenus nos protecteurs dans le ciel. Nous en avons cité des extraits en rappelant leur mémoire en son temps. « Puissent leurs tombes, ajoute-t-il, visitées toujours par notre postérité, lui être un mémorial des grands cœurs qui nous furent donnés et ravis! » Il résume ensuite les travaux apostoliques de ses enfants auxquels il a été donné de faire revoir avec honneur l'habit du Frère Prêcheur dans toutes les grandes villes de France, et d'y recueillir d'abondants fruits de grâces, témoignages de l'assistance de l'Esprit de Dieu, « le seul qui ouvre les âmes, les éclaire et les convertisse. » Il constate le progrès des études théologiques : « Saint Thomas, dit-il, en est l'astre comme il le fut toujours; enseigné avec conviction, mais sans cette idolâtrie superstitieuse qui ne permet de rien voir hors de lui, et qui ferait de sa lettre une borne, tandis qu'elle est un feu vivifiant. » Il invite ses Frères à remercier avec lui le Seigneur d'avoir pu nourrir une famille de quatre-vingt-trois religieux, non sans peine et sans privations, il est vrai, mais sans engager et compromettre l'avenir, grâce à la prudente modération et lenteur dont il s'était fait une loi d'administration. « Ces ressources, dit-il, sont venues de notre travail, du patrimoine de quelques-uns des frères, et, en très-petite proportion, des dons pieux qui nous ont été faits. Il est remarquable que les étrangers à l'Ordre n'ont jamais été que pour très-peu dans les secours qui nous sont venus. Beaucoup de personnes, cependant, placées dans une position médiocre, nous ont favorisés de tout leur pouvoir, et si nous ne les nommons pas, ce n'est point faute de reconnaissance, mais pour laisser sur leur charité le voile qu'y a mis leur modestie. Bien des vœux et des prières nous ont suivis dans nos épreuves; bien des bourses étroites nous ont été ouvertes, et le denier du pauvre sera un jour trouvé dans nos fondements. »

Il rappelle la règle qu'il s'était tracée vis-à-vis des postulants entrant dans l'Ordre, « règle que nous ne devons, dit-il, jamais abandonner : premièrement, de laisser à nos religieux, avant leur profession, une pleine et entière liberté de cœur au sujet de leur testament; en second lieu, de ne point accepter ce qui serait fait par eux au préjudice notable de leurs proches parents, mais de les induire alors à respecter tout ensemble les droits de la famille et l'honneur de l'Ordre. »

Il conclut ainsi :

« Je termine là, mes très-révérends Pères, le compte que je vous devais de mon administration. Je vous remercie, et je remercie en vous toute la province, de l'affection qu'elle m'a montrée, et qui m'a constamment soutenu dans les épreuves inséparables d'une fondation. A Rome, en Piémont, en France, nous avons vécu comme des frères, et brisé, par notre union dans les plus durs travaux, les efforts d'un ennemi dont nous avons connu les coups sans connaître son nom. La mort, en moissonnant parmi nous les meilleurs et les plus chers, nous a légué des vertus qui eussent été notre exemple et notre joie si elles eussent marché devant nous, mais qui ont été notre force près de Celui qui nous les a retirées de devant les yeux pour les voir des siens. Nous avons beaucoup perdu, mais nous avons beaucoup retrouvé. Grâce aux morts et grâce aux vivants, nous pouvons aujourd'hui rompre les langes de notre berceau, et, quoique si jeunes encore, sortir des liens d'une autorité qui a duré quatre fois le temps que lui accordent nos constitutions. J'eusse dû, en abdiquant le pouvoir, vous rendre l'obéissance plus douce en la pratiquant moi-même; c'eût été, ce semble, le plus heureux pour moi, le plus utile pour vous. Mais, sans l'avoir choisie, une autre mission, qui se rattache à la première, m'appelle loin de vous. Je l'accepte de Dieu, soit qu'il veuille, en effet, fonder par mes mains le Tiers-Ordre enseignant, soit qu'il ait d'autres desseins cachés à nos courtes pensées. Je m'éloigne sans vous quitter, priant Dieu de me bénir avec vous, de maintenir dans nos maisons et dans vos cœurs la paix, l'union, l'observance, la soumission fidèle à l'autorité, l'esprit de nos saints, la vie apostolique, de vous faire croître enfin *comme les étoiles du ciel et le sable de la mer.* »

Tranquille du côté de cette première et grande œuvre de sa vie désormais assise et en pleine voie de progrès, il put se tourner tout entier vers cette nouvelle famille du Tiers-Ordre encore au berceau, et lui donner les soins et les fatigues d'un dévouement rajeuni aux sources du cœur.

CHAPITRE XIX

1854-1860

Fondation du Tiers-Ordre enseignant. — Oullins. — Sorèze.

Cette idée de l'enseignement religieux de la jeunesse était de très-ancienne date chez le Père Lacordaire. On se souvient qu'à Rome, en 1838, au moment où se traitaient avec le général de l'Ordre les préliminaires de l'œuvre dominicaine française, il avait demandé et obtenu pour elle l'autorisation de fonder des colléges. Il voulait dès lors faire marcher de front l'enseignement de la chaire et l'éducation de l'enfance. Il se rappelait avoir perdu au lycée de Dijon sa foi religieuse et la candeur de son âme. Il y était entré pur de cœur, priant et aimant le Dieu de sa mère; il en était sorti avec des croyances ruinées et des mœurs flétries. C'était là le sort à peu près général, il le savait. N'y avait-il pas de remède à un si grand mal? L'Université possédait assurément d'excellents maîtres; mais tous n'avaient pas les croyances religieuses des familles contraintes à leur confier leurs enfants. La foi n'y était pas suffisamment protégée, et le Père Lacordaire lui-même, malgré le dévouement si exceptionnel et si sincère de son vénéré maître, M. Delahaye, n'avait pu y sauver ses principes religieux d'un naufrage précoce. Il y avait donc là une première et très-regrettable lacune. De plus, au-dessous du don surnaturel de la foi, il y a des soins à donner au cœur de l'enfant, à la nature morale, il y a l'éducation proprement dite. La science des langues mortes, le goût des belles-lettres, la philosophie elle-même n'y suffisent pas; il y faut le sentiment de la paternité morale, l'amour désintéressé des âmes encore dans les langes de l'enfance; il y faut la science du sacrifice, de l'immolation de soi-même à cette famille d'adoption, et le courage du renoncement à toute autre joie domestique. Aussi les siècles précédents avaient-ils été tous élevés par des corporations vouées au célibat, qui ne comprenaient pas autrement leur importante mission, et qui donnaient un égal soin à l'âme, au cœur et à l'esprit de l'enfant. C'était une tradition à reprendre et à renouer. A peine en possession de sa foi reconquise et des saintes prérogatives du sacerdoce, le Père Lacordaire se fit l'intrépide champion de cette idée de l'éducation, mais de l'éducation complète et par conséquent libre, puisque le seul corps qui en avait alors le monopole ne pouvait rien pour l'âme et très-peu pour le cœur. Le premier, avec M. de Montalembert, il avait ouvert ce grand procès de la liberté d'enseignement par l'affaire de l'*École libre*, au lendemain de 1830, et il prenait fièrement devant la Cour des pairs le titre de *Maître d'école*. Il ne cessa de soutenir cette cause sacrée du poids de sa parole et de son nom pendant les vingt années que durèrent les débats, et lorsqu'elle fut enfin définitivement gagnée par la loi du 15 mars 1850, il se demanda sans retard comment il pourrait user de cette liberté si longtemps attendue, et se faire derechef et plus sérieusement maître d'école. Il est vrai, le clergé séculier et les jésuites possédaient déjà quelques maisons d'enseignement et allaient en ouvrir de nouvelles ; mais les mêmes motifs qu'il avait eus de faire refleurir une ancienne pépinière de prédicateurs, malgré la coexistence d'autres Ordres semblables, lui faisaient penser qu'il y aurait place aussi pour une corporation enseignante ajoutée aux anciennes. Pour l'éducation comme pour tout effort humain, en effet, c'est de la lutte à armes égales que naît une légitime émulation vers le progrès et la perfection. Chaque Ordre a aussi son caractère propre qui répond aux nuances variées, aux mille fluctuations de tendances, d'aspirations, de préférences dans lesquelles se meut l'esprit d'une nation chrétienne. Il y a aujourd'hui comme toujours, même chez les catholiques, diversité de vues et de systèmes sur la marche des choses humaines et religieuses, par suite de la liberté laissée à l'homme par Dieu dans toutes les questions où l'intégrité du dogme n'est point intéressée : *In dubiis libertas.* Il serait insensé de vouloir arrêter cette divergence d'opinions, et de prétendre faire rentrer cette multitude de courants dans une monotone uniformité. Ce serait le vœu, chacun le sait, de certaines écoles de croyants et d'incroyants qui, sous prétexte d'unité religieuse ou de raison d'État, verraient avec plaisir le sceptre de l'éducation, en particulier, accaparé au profit de leurs doctrines exclusives, et retiré des mains de tous ceux qui ne pensent pas comme elles. Mais la divine Providence, plus libérale, brise leurs efforts maladroits et suscite à l'heure opportune l'homme ou l'œuvre qui sauveront les idées faibles et généreuses de l'autocratie des dogmatistes étroits et de l'oppression des monopoles.

Le Père Lacordaire ne tarda pas à s'apercevoir que sa première idée d'appliquer les Frères Prêcheurs indistinctement à l'éducation ou à la prédication était irréalisable. La règle du grand Ordre était trop austère pour des hommes voués au dévorant apostolat de l'enseignement. Le jeûne et l'abstinence perpétuelle sont incompatibles avec le travail épuisant du professeur, et, de plus, l'obligation de se trouver tous réunis à des heures régulières pour psalmodier à l'église l'office canonique, eût gêné constamment l'impérieux devoir de l'assiduité des maîtres avec leurs élèves. Il dut donc se résoudre à créer une branche nouvelle avec la règle plus large et plus souple du Tiers-Ordre. Le collége d'Oullins lui en fournit la première application.

Cette maison avait été fondée en 1833 par une société d'ecclésiastiques séculiers dont le principal membre était M. l'abbé Dauphin, actuellement chanoine de Saint-Denis. Ces Messieurs appartenaient à l'opinion professée par le Père Lacordaire lui-même, et qui était alors celle de la grande majorité des catholiques. L'institution d'Oullins fut donc créée dans une pensée à la fois chrétienne et libérale. Dès l'origine elle fut placée, par une sorte de prédestination, sous le vocable de saint Thomas d'Aquin, et on lui donna pour devise ces paroles de l'Écriture : *Deus scientiarum Dominus*, qui répondent si bien à la devise des Frères Prêcheurs : *Veritas*.

L'intelligence, le dévouement, les remarquables talents des premiers fondateurs élevèrent promptement Oullins à un rang très-honorable entre les maisons d'enseignement secondaire libre. Mais après une période de douze à quinze ans, ce collége se trouva en présence de l'épreuve inséparable de toute œuvre personnelle et privée. Lorsque le temps, la lassitude et la mort ont épuisé les premiers et plus ardents dévouements, on commence à se demander avec anxiété : Quel sera l'avenir ? à qui restera l'héritage ? C'est alors que vint à plusieurs des jeunes professeurs d'Oullins la pensée de s'appuyer sur un Ordre religieux et d'assurer ainsi la perpétuité de l'œuvre commune. En 1851, il s'en ouvrent d'abord au Père Lacordaire, qui demande le temps de la prière et de la réflexion, et ensuite aux anciens directeurs, dont l'un (1) leur répond: « Je mourrais heureux si je sentais Oullins entre les mains de l'Ordre de Saint-Dominique. » L'année suivante, l'idée de l'affiliation, bénie de Dieu, avait pris racine et grandi. Les directeurs propriétaires étaient disposés à céder la maison au Père Lacordaire à des conditions favorables, et, d'autre part, quatre jeunes professeurs d'Oullins s'offraient à revêtir l'habit de Saint-Dominique, et à revenir, après leur année de noviciat, prendre en main la direction de leur cher collége. Le contrat fut conclu sur ces bases, et le 25 juillet 1852, jour où l'institution célébrait sa fête patronale de saint Thomas d'Aquin, M. l'abbé Dauphin, en présence du Père Lacordaire, des maîtres, des élèves et d'une nombreuse assistance d'amis et de parents, proclama solennellement à la chapelle la transmission du collége à l'Ordre de Saint-Dominique.

Ce fut un jour de vrai bonheur pour le Père Lacordaire. Il voyait la Providence servir à souhait, comme une mère tendre, ses plus intimes désirs, et il la bénissait avec cette joie naïve des âmes grandes et pures. La veille, il faisait part de cette bonne nouvelle à

---

(1) M. l'abbé Chaine, mort en 1860.

Mme Swetchine : « Que je voudrais, lui disait-il, que vous vissiez cette magnifique maison d'Oullins, sur un coteau qui domine le Rhône et d'où l'on découvre Lyon, les montagnes du Bugey, les Alpes et la plaine du Dauphiné ! Dieu nous gâte en beaux endroits ; à une merveille en succède une autre, et quelquefois je suis épouvanté de tout cela, tant je m'en sens indigne. Dieu me traite en *fanciullo,* comme un enfant sans conséquence, avec lequel on fait des folies sans se compromettre. Tout se trouve en Dieu, même les tendresses qui étonnent, parce qu'on n'en voit pas la raison (1). »

Le 1er octobre suivant, le Père Lacordaire emmenait à Flavigny les quatre premiers novices qui allaient devenir avec lui les pierres d'angle du nouvel édifice : c'étaient les RR. PP. Captier, Cédoz, Mermet et Mouton. Le 10 octobre, fête de saint Louis Bertrand, il voulut consacrer par une grande cérémonie religieuse la date mémorable de l'inauguration du Tiers-Ordre enseignant. On partit en procession de la chapelle de Flavigny ; on suivit, en chantant des hymnes, les sentiers en rampes, tracés ou rafraîchis par les religieux eux-mêmes dans le bois, sur le flanc de la colline ; et, sur l'angle saillant d'un rocher qui domine une esplanade, on dressa une petite croix de pierre, que l'on appela la croix du Tiers-Ordre. Le Père La-

(1) Correspondance avec Mme Swetchine. — Oullins, 24 juillet 1852.

cordaire prononça un discours devant les religieux rangés en demi-cercle autour de lui, et l'on rentra dans le même ordre au couvent, au chant des cantiques.

Le Tiers-Ordre enseignant était une innovation dans la famille dominicaine. Il fallait en préparer les principales bases, les harmoniser avec la règle canonique du Tiers-Ordre, étudier les règlements spéciaux qui formeraient les constitutions propres à l'enseignement, et enfin initier à la vie religieuse les premiers ouvriers choisis par Dieu pour cette noble mission. Le Père Lacordaire se mit à l'œuvre avec ardeur. Dès que les novices eurent pris l'habit, qui était à peu près le même que celui du grand Ordre, moins le scapulaire, il les installa dans de petites cellules préparées pour eux près de la sienne, et se fit lui-même leur maître des novices. Trois fois par jour il les réunissait chez lui. La réunion du matin avait pour objet le travail des constitutions; il le préparait en particulier, leur exposait ses vues, demandait à chacun son avis, et se rangeait ordinairement du côté de la majorité. On rédigeait ensuite des conclusions sur lesquelles la discussion pouvait s'ouvrir aux réunions suivantes. Ce travail en commun avait pour base la règle du Tiers-Ordre, les constitutions des Frères Prêcheurs et les lumières personnelles des religieux unies à celles de leurs devanciers dans l'enseignement. Le Père Lacordaire n'avait alors aucun programme arrêté d'éducation. Il savait que ces règles ne sont pas de celles qui s'improvisent, mais que l'expérience seule les fixe et les rend définitives.

La seconde réunion de l'après-midi était destinée à l'explication des rubriques et des usages de l'Ordre. C'était toujours le Père Lacordaire lui-même qui se chargeait de ce soin; et le soir, après la collation, il prenait sa récréation avec eux, et achevait dans des causeries intimes et familières ce travail d'initiation, affaire de cœur et de mutuelle confiance plus encore que d'étude et de fatigue d'esprit. Au reste, en dehors de ces réunions régulières, sa porte leur était toujours ouverte, et à quelque heure du jour qu'ils vinssent le trouver, il interrompait son travail pour les entendre, les conduire à Dieu et leur donner tout le temps dont ils avaient besoin. Ils retrouvaient en lui cette direction ferme et douce, austère et paternelle, simple et large dont nous avons parlé, son profond amour pour Jésus-Christ crucifié et ses deux grands moyens de sanctification, l'humilité et la pénitence. Au mois d'août de l'année suivante, il ramena sa petite colonie à Oullins, et les quatre religieux, restés fidèles, pleins de foi et d'espoir dans l'avenir de leur œuvre, prononcèrent leurs vœux le jour de l'Assomption de la sainte Vierge, 15 août 1853.

Les premières assises de l'œuvre avaient été posées dans cette année de recueillement, de préparation intérieure, base de tout le reste. Les nouveaux directeurs d'Oullins eussent vivement souhaité conserver au milieu d'eux leur chef naturel, celui sur qui reposait l'avenir du Tiers-Ordre. Mais ses fonctions de Provincial, qui ne devaient expirer que l'année suivante, ne lui permirent pas d'établir son séjour à Oullins. Il dut se contenter de le visiter souvent, et d'entretenir avec ses nouveaux religieux une correspondance active et suivie. Ce ne fut qu'en 1854, et à Sorèze, qu'il put se consacrer exclusivement au Tiers-Ordre, et étudier pratiquement et sur place la question de l'éducation, si neuve pour lui, si complexe et si grave.

Sorèze était une très-ancienne abbaye de Bénédictins, fondée sous Pépin le Bref, en 758, au pied de la montagne Noire, à l'extrémité d'une plaine fertile et embellie d'eaux abondantes. Comme un certain nombre d'abbayes, celle de Sorèze eut de bonne heure une école annexée au monastère où venait s'instruire la jeune noblesse de la contrée. Cette école de Sorèze se fit un nom célèbre vers la fin du XVIIe siècle par un enchaînement de circonstances favorables dont on ne lira peut-être pas sans intérêt l'esquisse rapide. Le succès étonnant dont elle a joui pendant le XVIIIe siècle et au commencement de celui-ci a tenu à une pléiade d'hommes éminents qui se succédèrent presque sans interruption pour la diriger, et sont venus aboutir à son plus illustre directeur, dont la gloire rejaillit sur celle de ses devanciers, mais ne l'efface pas.

Le premier des Bénédictins qui donnèrent de l'éclat

à cette grande école fut dom Jacques Hoddy, prieur de Sorèze à la fin du XVIIe siècle, vers l'an 1680. Sous son habile direction, les élèves devinrent si nombreux, qu'il fallut d'abord les loger en ville, et construire ensuite pour eux de nouveaux et plus vastes bâtiments. Dom Hoddy fut l'architecte de Sorèze. Au milieu du siècle suivant, le chapitre général des Bénédictins, assemblé à Marmoutier, envoya pour relever l'école, dont la gloire s'était à peu près éteinte, un de ses membres les plus remarquables par sa science et la hardiesse de ses idées. Dom Fougeras ne faillit point à son mandat; il fut le créateur de la renommée littéraire de Sorèze, comme dom Hoddy en avait posé les fondements matériels. En peu d'années la célèbre école reprit son ancienne prospérité, grâce à un nouveau plan d'études dû à dom Fougeras et continué par ses successeurs. Homme d'une science encyclopédique, il répudia la vieille méthode des universités, où l'élève, disait-il, perd un temps considérable à l'étude des langues mortes, et néglige forcément des connaissances non moins utiles pour faire l'homme complet, en particulier celle des sciences et des arts. Dans son système, au lieu de concentrer dans une même classe et sous un seul maître le latin, le grec, l'histoire, la géographie et la littérature, chacune de ces études avait ses heures et ses professeurs spéciaux. Les mathématiques élémentaires et transcendantes, les arts utiles ou d'agrément avaient aussi leur place dans ce plan universel. « Au lieu de n'entrer en rapport chaque jour pendant toute une année qu'avec un seul professeur chargé de l'initier à un certain degré de culture monotone, l'élève de Sorèze entendait et voyait chaque jour six à huit professeurs qui sollicitaient à l'envi son intelligence en ne laissant à l'étude personnelle que le temps strictement nécessaire pour féconder l'enseignement oral par la réflexion. Si un maître manquait d'ascendant, un autre y suppléait par le sien, et il était impossible qu'entre tant de sillons ouverts, et sous le coup de tant de voix amies, l'enfant ne rencontrât pas quelque jour le trait de la lumière qui lui inspirait le goût de la science ou qui lui révélait le mystère de sa vocation (1). »

Moins simple que l'ancien, ce plan d'études exigeait, il est vrai, un personnel plus considérable de professeurs, et conduisait à un enchevêtrement assez compliqué d'heures et de spécialités s'entre-croisant perpétuellement; mais, sous une main habile à faire manœuvrer tous ces rouages, il avait l'avantage de ménager une plus large place aux sciences, trop négligées dans les universités, et surtout de donner aux aptitudes personnelles toute l'ouverture et le développement désirables. Le succès de ce nouveau mode d'enseignement fut immense, et la célébrité qu'il obtint à Sorèze amena de partout à cette école de plus

---

(1) Le Père Lacordaire. — Prospectus de Sorèze, 8 août 1854.

nombreux élèves. Il y eut sans doute, comme toujours en pareil cas, de très-vives oppositions; on critiqua cette innovation qui prétendait mieux faire que les vieilles théories : on trouva plaisant *des leçons d'escrime données par des moines;* mais l'opinion publique fut pour la nouvelle méthode contre la routine, et il n'est pas hors de propos de remarquer ici que l'initiative de l'importance donnée aux sciences et aux arts dans les études classiques est due à des moines, et que l'opposition leur venait des universités laïques de ce temps-là.

Un troisième bénédictin acheva l'œuvre de dom Fougeras et mit le comble à la gloire de l'école : ce fut dom Despeaulx. Il en prit la direction en 1767, et la garda pendant vingt-cinq ans. Non moins savant que son prédécesseur, non moins partisan que lui des études scientifiques, il forma au prix de sommes immenses un cabinet d'histoire naturelle; il professait lui-même les mathématiques, et exerçait fréquemment ses élèves à l'arpentage et à la levée des plans en rase campagne, afin que ceux d'entre eux qui se destinaient à servir leur pays dans l'armée ou dans la marine ne fussent point étrangers aux diverses branches de connaissances qui leur étaient nécessaires. Le succès couronna tant d'efforts, de science et de dévouement; les élèves de Sorèze appelaient sur eux l'attention dans toutes les carrières qu'ils embrassaient, et le collége mérita d'être érigé en *École royale et militaire*, titre qui lui fut confirmé par Louis XVI à son avénement au trône. Lorsque éclata la révolution, dom Despeaulx se rendit à Paris, où il espérait rester obscur et ignoré. L'abbé de Montgaillard, qui avait été son élève, raconte de lui « qu'étant venu à Paris pour se dérober à l'échafaud, il y cachait sa pauvreté et ses vertus, lorsqu'il fut dénoncé au comité révolutionnaire de la section. Mandé à la commune, il comparut devant le fameux Payan, ami de Robespierre. Payan, ancien élève de Sorèze, reconnaît son maître, tombe aux genoux de dom Despeaulx et lui délivre une carte de sûreté et de civisme. Après le 9 thermidor, le vertueux et savant bénédictin donne, pour subsister, des leçons de mathématiques à raison de vingt-quatre sous par leçon, et fait six à huit lieues par jour, à pied, pour gagner sa nourriture (1). »

Tel était le dénûment de cet homme vénérable, lorsque Napoléon, qui se connaissait en hommes, l'alla chercher dans sa misère et lui rendit la justice qu'il méritait. C'est encore l'abbé de Montgaillard qui raconte ce trait. « Napoléon avait chargé le conseiller d'État Fourcroy d'un travail sur l'organisation de l'Université et sur la présentation des inspecteurs. En lisant ce rapport, Napoléon interpelle en ces termes Fourcroy : « Mais je ne vois pas dans les noms que vous me présentez celui de dom Despeaulx. Est-ce que

---

(1) *Histoire de France*, par l'abbé de Montgaillard, t. V, p. 191.

vous n'avez pas entendu parler de l'école militaire de Sorèze, qui a produit tant de sujets dont la patrie s'honore?... — Sire, je n'ai pas cru qu'un ancien moine... — Monsieur, ce moine est un homme illustre, il a rendu de grands services à la patrie, il a élevé une génération entière ; il mérite d'être honoré et secouru. » Napoléon prend aussitôt une plume et inscrit dom Despeaulx en tête des inspecteurs généraux ; il le décore de la croix de la Légion d'honneur dès la création de l'Ordre. Dom Despeaulx garda ses fonctions jusqu'en 1816 ; il avait alors quatre-vingt-dix ans et mourut deux ans après (1). »

La révolution n'avait point fermé l'école de Sorèze. Au moment où tous les Bénédictins se dispersaient devant la persécution, un seul eut le triste courage de rester et de ne pas s'effrayer des transactions coupables imposées à tous les prêtres qui acceptaient la constitution civile du clergé. Dom François Ferlus professait alors avec distinction la rhétorique et l'histoire naturelle. Il prit en main la direction de l'école et s'en fit reconnaître propriétaire. Mais si, grâce à sa capacité et au talent des professeurs éminents dont il sut s'entourer, Sorèze, sous sa direction, ne perdit rien de son antique célébrité, on n'en peut dire autant malheureusement de l'esprit et des tendances de cette école, qui changèrent complétement, et répudièrent

---

(1) *Histoire de France*, par l'abbé de Montgaillard, t. V, p. 191.

les traditions religieuses des premiers fondateurs. Disons cependant que dom François Ferlus était loin d'être une âme vulgaire. Il appartenait, par des qualités remarquables d'esprit et de cœur, à cette grande école de caractères et de talents dont le foyer le plus ardent était alors, il faut bien le reconnaître, dans les maisons dirigées par les congrégations religieuses. Malgré de très-lourds embarras financiers qui pesèrent sur son administration pendant les premières années, il voulut garder et entretenir à ses frais une cinquantaine d'élèves appartenant aux colonies espagnoles, anglaises et françaises, dont les familles, par suite des calamités de la guerre, ne pouvaient plus payer les pensions. Il mourut en 1812, et fut remplacé par son frère Raymond-Dominique Ferlus, ancien doctrinaire, qu'il s'était associé dès le jour de la dispersion des communautés religieuses. Dominique Ferlus soutint, comme son frère, le système des études des Bénédictins, et le défendit avec énergie et talent, dans le *Journal des Débats*, contre des modifications radicales qu'on voulait lui imposer. Il terminait par cette parole célèbre, prononcée dans des circonstances analogues : *Sint ut sunt, aut non sint*. Il attribuait à cette méthode le succès croissant de l'école, qui compta sous lui plus de quatre cents élèves. Il en fit recevoir un très-grand nombre à l'École polytechnique, presque tous classés aux premiers rangs. A dater de 1830, Sorèze, qui, sous la Restauration, était un collége d'opposition au gouvernement, perdit de son crédit et déclina rapidement. En 1840, il fut acheté par une société d'actionnaires catholiques qui en confièrent la direction d'abord à M. l'abbé Gratacap, et ensuite à M. l'abbé Bareille. Ces deux prêtres distingués mirent tout leur zèle à faire rentrer l'école dans les voies chrétiennes et prospères des anciens Bénédictins. Mais cette tâche était lourde pour des hommes livrés à leurs seuls efforts. Il était réservé au Père Lacordaire, aidé de ses religieux, de renouer la chaîne des glorieuses et saines traditions du Sorèze primitif.

Il prit possession le 8 août 1854, jour de la distribution des prix. Constatons d'abord qu'il vint à Sorèze avec bonheur. La perspective de passer le reste de sa vie dans les murs d'un collége avec des enfants, loin de lui paraître dure, le comblait de joie. Son amour pour les jeunes gens lui embellissait sa nouvelle retraite et la peuplait de toutes les images chères à son cœur. Il allait pouvoir vivre avec eux, de leur propre vie, initier leurs jeunes intelligences à la connaissance des grandes et belles choses, leur parler à l'âme, les arracher au mal et en faire des hommes et des chrétiens. Il bénissait Dieu, et disait à ses amis son contentement, ses radieuses espérances. Cette sainte impatience de faire du bien à ceux qu'il aimait ne lui permit pas de voir à l'avance les difficultés de l'œuvre entreprise, et, mieux que tout le reste, elle lui donna d'en triompher, et assura son succès.

Qu'eût été son génie sans cette tendresse paternelle et sacerdotale pour les jeunes gens? un obstacle bien plutôt qu'un moyen. Ce qu'il faut à des enfants, c'est moins un grand talent qu'une science aimant à se faire petite, une âme communicative. Trop de lumière leur éblouit l'esprit et ne le pénètre pas. Bossuet et son génie de haut vol n'eurent aucune prise sur l'intelligence trop inégale du Dauphin : dans cette éducation, le maître était tout; l'élève, rien; tandis que Fénelon, doué d'un esprit moins sublime mais plus souple, et d'une âme plus tendre, sut être pour le duc de Bourgogne un véritable initiateur, un maître, un père. N'était-il pas à craindre que le Père Lacordaire, arrivant à Sorèze à cinquante-deux ans, après avoir jusque-là nourri son intelligence dans les spéculations de la plus haute métaphysique, vécu dans le commerce intime d'un petit nombre d'esprits et d'amis d'élite, goûté avec eux la noble jouissance de l'étude des vues providentielles dans les événements de ce monde, n'était-il pas à craindre qu'il manquât de la flexibilité nécessaire pour se plier à une vie de collége, où la métaphysique tient peu de place, où la conversation roule invariablement sur les progrès de tel élève ou la paresse de tel autre, où toute la politique se réduit à infliger des punitions et à distribuer des récompenses? Rien de plus sublime et de plus grand que l'idée de l'éducation; rien de plus humble et de plus obscur que le rôle pratique de *maître d'école;* rien qui exige une abnégation de soi-même plus complète et plus constante. Il faut y être appelé. Grâce à Dieu, le Père Lacordaire avait entendu cet appel. Il sentit l'épine du sacrifice, c'est incontestable, et c'est dans ce sens qu'il appelait Sorèze un tombeau, *viventi sepulcrum*, mais un tombeau qui abrite et qui repose, *beneficium*; car il y descendait librement pour y faire l'œuvre de ses plus chers désirs (1).

Voyez-le pendant ces premières vacances de 1854, dans ce grand collége désert, comptant les jours qui le séparent de la rentrée de ses enfants, se faisant un bonheur de leur embellir leur vieux Sorèze. « Notre collége, écrit-il, est bien beau. Je m'y plais infiniment. J'en ai déjà ranimé la vieillesse par des réparations bien placées. Je me réjouis d'y recevoir les élèves qui doivent y rentrer le 18 de ce mois. Je suis comme un père de famille qui a embelli la demeure de ses enfants, et qui attend avec impatience l'heure de les en faire jouir. A mon âge, on commence à ne plus vivre pour soi. Jeune, j'aimais le bruit et la gloire; aujourd'hui le repos d'une obscurité utile est le seul bien qui m'attire (2). »

Un père de famille! rien ne résume mieux ce que fut le Père Lacordaire à Sorèze. Il n'avait aucune idée

---

(1) Il avait dit de Sorèze: « Il sera le tombeau de ma vie, l'asile de ma mort; pour l'un et l'autre un bienfait: *Viventi sepulcrum, morienti hospitium, utrique beneficium.* »

(2) Correspondance inédite. — Sorèze, 2 octobre 1854.

arrêtée sur l'éducation ; mais il apportait plus et mieux qu'un système : la lumière d'un dévouement éprouvé, l'intuition infaillible de la paternité. Il venait travailler à faire de ces enfants des hommes et des chrétiens, et nul ne portait dans l'âme un idéal plus noble et plus élevé de ces deux grandes créations.

Il partit de ce principe que ce qui forme le caractère et enracine la foi, c'est bien moins la contrainte que la persuasion, bien moins la crainte que l'amour. Dès le début, il annonça publiquement que l'accomplissement des devoirs religieux serait entièrement libre. Chaque élève devait, par mesure d'ordre, se présenter une fois par mois au Père aumônier; mais personne n'avait rien à voir ni à la confession, ni à la communion même pascale. Or la conséquence immédiate de ce procédé fut qu'il devint nécessaire de modérer l'ardeur des élèves pour la confession : ils se seraient présentés presque tous les jours si on les avait laissé faire. Cela ne veut pas dire qu'ils fussent devenus tous de petits prodiges de vertu, comme par enchantement. Non, certes ; il fallut même plusieurs années pour effacer les derniers vestiges de l'esprit irréligieux et indiscipliné du Sorèze de la Restauration. Mais ils perdirent vite tout effroi des pratiques chrétiennes ; la religion leur apparut ce qu'elle est réellement, la plus douce amie de l'homme à tous les âges de la vie, et ils se sentirent pour elle un attrait d'autant plus vif qu'il restait libre et spontané. Dans les premiers temps, lorsque le Père Lacordaire ou quelqu'un de ses religieux paraissaient dans les cours aux heures de récréation, ces jeunes gens s'empressaient de les entourer, touchaient avec une foi discrète leurs vêtements blancs comme pour en retirer une vertu mystérieuse, et, en effet, ils apprenaient, à ce contact de la bonté et de la vertu, à devenir meilleurs et à aimer tout ce qu'aimaient leurs maîtres.

Mieux que personne, le Père Lacordaire savait combien la parole du prêtre, une parole convaincue, persuasive, émue, est indispensable à l'affermissement de la foi dans l'âme : *Fides ex auditu*. Cette parole lui avait fait défaut au lycée de Dijon, où elle n'avait rendu à ses oreilles « qu'un son obscur, sans suite et sans éloquence, » tandis que les chefs-d'œuvre de l'antiquité païenne exaltaient chaque jour sa jeune imagination. Les choses avaient bien changé depuis cette époque, et Sorèze, en particulier, avait eu, sous la direction de M. l'abbé Bareille, la bonne fortune de posséder pour aumônier un des prêtres les plus distingués, non-seulement du diocèse d'Albi, mais de tout le Midi, M. l'abbé Cavalier (1). Le Père Lacordaire eut à cœur de maintenir la parole sainte à sa place d'honneur, et de lui faire aussi large que possible sa part de légitime influence. Il prêchait pendant l'année entière tous les quinze jours, en alternant avec l'aumônier,

---

(1) Actuellement curé de Gaillac.

et tous les huit jours pendant le Carême, sans préjudice de deux autres instructions faites par ses religieux. Il traitait le sublime ministère de la parole avec l'honneur et le respect d'un apôtre qui a conscience de sa mission. Il s'était toujours défendu de parler sans préparation dans les circonstances les moins solennelles et malgré les plus vives sollicitations. A Sorèze, son âge, ses occupations multipliées, sa grande habitude de la parole, son auditoire d'enfants ne lui firent rien changer à sa manière de porter le sceptre sacré de l'éloquence évangélique. Il mettait une semaine à préparer ses discours de collége, il l'avouait lui-même à un jeune religieux qui abusait de son don d'improvisateur. Mais aussi quelle autorité, quel empire dans cette parole! Comme elle remuait ces jeunes intelligences, les subjuguait dans la foi, et les soulevait aisément à ces sommets divins où elle puisait son inspiration et ses ardeurs! Ces jeunes gens étaient fiers de leur grand orateur; ils assistaient à ses discours comme à une fête, ils en sortaient électrisés, transformés; et, assurément, de tous les maîtres dans l'art de bien dire, dont les pages immortelles passaient sous leurs yeux pendant la semaine, aucun ne leur laissait une trace plus lumineuse et plus profonde que ce vivant interprète de la Beauté incréée vue à travers les rayons d'une éloquence splendide.

Il traita pendant sept ans des sujets de morale avec suite et enchaînement : la vie chrétienne et ses bases :

la prière, la pénitence, les fins dernières de l'homme; les éléments constitutifs de la vie chrétienne : la foi, la crainte, l'espérance, l'amour. On a retrouvé dans ses papiers le cadre général de ses discours; malheureusement cette charpente décharnée manque des magnifiques développements qui lui donnaient le mouvement et la vie. La sténographie n'en a rien conservé. Tout entiers au bonheur de s'enivrer de cette parole, les élèves ne songeaient pas à la garder pour l'avenir. Aux enseignements les plus élevés il mêlait les conseils pratiques, et des traits d'histoire qu'il trouvait dans une mémoire prodigieuse comme dans une mine inépuisable. Un jour il leur racontait qu'un curé des environs de Sorèze, étant venu visiter l'école, avait été frappé des marques de politesse et de respect qu'il reçut de tous les élèves sur son passage. Il les remercia de la joie qu'il en avait ressentie lui-même, et en prit occasion de leur inculquer de nouveau le sentiment d'une foi profonde pour toutes les choses saintes et en particulier pour le clergé. « Si Platon et Socrate, leur dit-il, avaient pu voir ce spectacle d'un homme grave, instruit, ami de la vraie sagesse, se renfermant dans une bourgade pour cultiver l'intelligence et la conscience de pauvres paysans, instruire leurs enfants, les consoler dans leurs souffrances et les assister dans les derniers combats, ils eussent été ravis d'admiration. Voilà pourtant le curé de campagne ! Peut-être contracte-t-il dans ce genre de vie des formes moins nobles, moins polies; mais il y a, sous cette âpreté de la surface, plus de vrai dévouement que dans la plus fine aristocratie. C'est le sang des barbares qui a régénéré l'empire romain; c'est encore ce même sang du peuple qui est l'organe de toutes les grandes choses, et en particulier de celle qui sauve le monde : le dévouement sacerdotal. Napoléon Ier, dans une promenade, est surpris par un affreux orage et forcé de se réfugier dans une chaumière. Comme il était sur le seuil de la porte, il voit passer un curé qui affronte l'orage à pas précipités. Il l'appelle et lui demande où donc il peut aller par un tel temps. « Monsieur, lui répond le digne prêtre sans le reconnaître, je vais porter à un mourant les dernières consolations de la religion. » Napoléon, ému, regarde ses amis en leur disant : « Messieurs, quelle pâte d'hommes que nos curés de France ! »

Telle était à peu près sa manière dans ses instructions de collége : simple, familière, attachante, mais toujours d'une élévation de pensée qui rappelait le conférencier de Notre-Dame.

Pour atteindre l'âme de ses chers enfants, il avait mieux encore que la parole publique, il avait la parole intime de la confession. Il confessait un assez grand nombre d'élèves de la première et de la seconde cour. Il les voyait tous les huit ou quinze jours. Sa porte leur était ouverte à toute heure; jamais il n'en renvoyait aucun sous prétexte de travail ou d'affaires.

Il leur donnait son temps et ses soins avec une libéralité sans limite comme l'amour qu'il leur portait. On ne saurait se faire une idée de ce dévouement. Ses pénitents étaient sa plus constante préoccupation : c'est surtout pour eux, pour les avoir toujours sous son regard de père et être nuit et jour à leur discrétion, qu'il s'était fixé définitivement à Sorèze, qu'il s'en éloignait le moins possible, et qu'étant à Paris, il faisait deux cents lieues, comme le raconte M. de Montalembert, pour ne pas priver ses enfants du secours de sa paternité spirituelle. Son illustre ami cherchait à le retenir pour un motif important et délicat. « Non, je ne puis, lui répondit-il après quelque hésitation, cela ferait peut-être manquer la confession de quelques-uns de mes enfants qui se préparent pour la fête prochaine. On ne peut pas calculer l'effet d'une communion de moins dans la vie d'un chrétien (1). » La confession était presque toujours suivie d'une confidence intime où l'âme du père s'épanchait avec une ineffable suavité dans l'âme de l'adolescent; il l'interrogeait sur ses dispositions, ses progrès dans le travail, ses tentations, lui peignait vivement la beauté de la vertu, la laideur du vice, et lui parlait surtout de l'amour de Notre-Seigneur Jésus-Christ, en dehors duquel il n'y a ni paix, ni victoire, ni félicité. C'était là, sans contredit, où il faisait le plus de bien, où les cœurs les

---

(1) *Le P. Lacordaire*, par M. de Montalembert, p. 263.

plus faibles se rendaient à la force irrésistible de cette tendresse suppliante plus souveraine que la parole étudiée de la chaire. Le secret de cet ascendant, je ne me lasse pas de le dire, n'était point dans son génie, mais dans les divines attractions d'un cœur de prêtre, de père et d'ami. « Le mouvement que nous éprouvons pour nos élèves, s'écriait-il avec un accent qui le trahissait tout entier, je ne puis le définir que par un mot, mot très-simple et très-célèbre : *Nous les aimons!* Qui touchera le cœur d'un homme si l'âme d'un enfant ne le touche pas? Qui l'attendrira jamais, si l'âme d'un adolescent aux prises avec le bien et le mal ne l'attendrit pas? Ah! nous n'avons pas de mérite à aimer : l'amour est à lui-même sa récompense, sa joie, sa fortune et sa bénédiction (1). »

Comment des âmes cultivées par un si grand artiste n'eussent-elles pas répondu à l'appel de sa foi et de sa charité? Comment un tel dévouement au service d'un si noble ministère n'eût-il pas été béni de Dieu? Le renouvellement moral de l'école par l'esprit de piété s'accomplissait d'une manière visible, et en rendant, à la fin de l'année, ces enfants à leurs familles, le pasteur fidèle pouvait leur dire : « En rentrant près de vous, ces enfants, sans en excepter aucun, pourront prier avec vous. Aucun d'eux n'a été atteint de

---

(1) Discours prononcé à la distribution des prix de Sorèze. — *Œuvres complètes du P. Lacordaire*, t. V.

ce souffle empoisonné qui s'attaque, dans notre siècle, à des intelligences de quinze ans, et leur ôte la vue du ciel avant même qu'elles aient connu la terre. La religion a repris dans cette école un empire qui ne lui sera plus ravi ; elle y règne, non par la contrainte ou par la seule pompe de son culte, mais par une conviction unanime et sincère, par des devoirs remplis en secret, par des aspirations connues de Dieu, par la paix du bien et le remords du mal, par des solennités où le cœur de tous se rapproche et se confond dans un élan que n'inspire pas l'hypocrisie, que n'arrête pas le respect humain, mais qui est le fruit généreux d'une véritable communauté de sentiments (1). »

C'est là, en effet, le genre de piété qu'il leur communiquait, leur inspirant une égale horreur de l'hypocrisie et du respect humain. Il leur répétait souvent que pour être bon chrétien il faut d'abord être homme complet, maintenir en soi les vertus naturelles, la probité, la droiture, le courage de ses convictions, l'honneur, sans quoi la piété n'est plus qu'un masque derrière lequel se cachent les plus tristes plaies de l'âme. « En recherchant le surnaturel, leur disait-il, gardez-vous de perdre le naturel. » Pour leur cultiver ainsi le cœur en même temps que l'âme, pour les *élever* selon la vérité de ce beau mot, il se servit en-

---

(1) Discours prononcé à la distribution des prix de Sorèze. — *Œuvres complètes du P. Lacordaire*, tome V.

core de la parole, sous une forme moins solennelle que celle de la chaire, moins sacrée que celle de la confession, sous la forme de la conversation. Il voulut causer avec ces jeunes gens, sachant bien que c'est dans l'intimité et le feu des causeries familières que le caractère se dessine et se corrige, que l'esprit s'aiguise, que l'imagination s'allume et se colore, que le cœur s'ouvre à la confiance et à tous les instincts généreux. Tous les soirs, après le dîner, il réunissait au grand salon de l'école les membres de *l'Institut*, les aînés de sa famille, la compagnie d'élite. Il restait là près d'une heure à causer de toutes choses avec ces jeunes académiciens.

Nulle part, à Sorèze, son dévouement ne nous a paru plus admirable que dans cette récréation du soir. L'idée, certes, était belle ; mais sa réalisation demandait une patience, une bonté d'âme que l'amour seul peut inspirer. Le collégien ne sait pas causer. La conversation, cet art si difficile, même en France, suppose une certaine manière de s'approprier les idées, de les voir et de les dire, dont l'écolier est parfaitement incapable ; il ne pense pas par lui-même, n'a aucune vue personnelle ; il ne sait rien du monde ni de la vie ; de quoi parlerait-il, sinon de ses jeux et de ses devoirs, deux thèmes, dont l'un n'est pas assez sérieux, et l'autre l'est trop ? On pourra peut-être penser que le Père Lacordaire avait dans une assez large mesure ce qui manquait à ces jeunes gens pour faire seul les frais de la conversation. Mais alors c'eût été un discours et non une causerie. Le Père ne l'entendait pas ainsi. Il voulait un échange réel d'idées et de sentiments entre ses enfants et lui. Tout son art y eût encore échoué, n'eût été cette tout aimable aménité qui l'inclinait vers ces esprits si fort au-dessous du sien, et rétablissait entre ces deux extrêmes une sorte de moyenne proportionnelle. Ces entretiens familiers ne ressemblaient en rien aux dialogues étudiés de Socrate avec ses jeunes disciples. Ce n'était point une classe surajoutée à celles de la journée, mais une véritable récréation, un assaut de joyeux propos où l'on riait de bon cœur, et où l'exemple du maître apprenait comment une causerie simple, enjouée, pleine de verve et de naturel, est, de tous les délassements inventés pour détendre l'esprit, le plus agréable et le plus profitable en même temps. Toute roideur en était scrupuleusement exclue, et celui qui se serait avisé de vouloir *poser* devant ses camarades, eût été repris de son ridicule par une de ces fines railleries qui guérissaient à jamais de l'envie de recommencer. Le Père mettait tout son jeune monde à l'aise, écoutant avec intérêt les plus légers détails, animant le feu de la conversation et la maintenant toujours au niveau de son personnel d'étudiants. Il racontait des anecdotes, parlait de sa mère, du lycée de Dijon, de ses espiègleries d'écolier et un peu de toutes choses, excepté de politique. Jamais il n'abordait devant eux ce sujet délicat; il s'en était fait une loi. Un jour de fête, pendant le repas, un professeur, polonais d'origine, se leva, et, au nom de son pays, porta un toast au Père Lacordaire pour la sympathie qu'il avait toujours montrée pour la Pologne. Le Père répondit : « Encore que je me sois fait un devoir depuis que je suis directeur de l'école de ne jamais m'occuper de politique dans une réunion publique, cependant je ne puis me défendre, en réponse aux bienveillantes paroles qui viennent de m'être adressées, de dire que maintenant et toujours j'appellerai de tous mes vœux la liberté de la Pologne. »

En se faisant enfant avec ces enfants, et en laissant leur esprit aller et venir à l'aventure, effleurant mille sujets en une soirée, le maître habile savait appeler à temps la réflexion et exercer la rectitude du jugement. Un élève avait dit un mot très-simple et qu'il croyait compris de tout le monde. Le Père l'arrêtait et lui demandait de le définir. Le jeune philosophe, embarrassé, consultait ses camarades, qui tous échouaient également, très-étonnés de ne pouvoir arriver à une bonne définition d'une chose qu'ils croyaient comprendre parfaitement. Le Père alors donnait la sienne, et leur montrait que savoir bien définir est en même temps ce qu'il y a de plus difficile et de plus propre à faire réfléchir et creuser une idée. D'autres fois il leur donnait une phrase, un vers latins à traduire, et se plaisait à exercer leur goût dans le choix et l'arrangement des expressions. Je me rappelle entre autres ce vers de Virgile :

Non ignara mali miseris succurrere disco,

qu'il traduisit ainsi :

J'appris du malheur même à servir le malheur.

Le Père lisait et déclamait admirablement bien. Il avait supprimé les représentations théâtrales qui se donnaient à la fin de l'année ; mais il voulut suppléer à l'avantage qu'elles pouvaient avoir pour former les jeunes gens à la parole publique, en leur donnant lui-même des leçons de lecture. Avant sa conversion, il était allé quelquefois au Théâtre-Français voir jouer les pièces des grands maîtres. Il y avait ressenti cette désillusion qu'il disait commune à tout esprit doué plus qu'un autre du sens élevé du beau. Il raconte de Frédéric Ozanam qu'ayant voulu voir jouer *Polyeucte* pour la première fois à vingt-sept ans, son impression fut froide. « Il avait éprouvé, dit-il, comme tous ceux dont le goût est sûr, et l'imagination vive, que rien n'égale la représentation que l'esprit se donne à soi-même dans une lecture silencieuse et solitaire des grands maîtres (1). »

Pour leur donner une idée de ce qu'est cette lecture et de ce qu'elle suppose, il leur citait ce trait de

(1) *Frédéric Ozanam*, par le P. Lacordaire.

Talma. Dans un salon de Paris, le grand tragédien est invité à lire quelque chose de Bossuet : on lui désigne la première page de l'oraison funèbre de la reine d'Angleterre : « Celui qui règne dans les cieux... » Talma demande huit jours pour se préparer. Les huit jours écoulés, on le presse de s'exécuter. Il commence alors sa lecture ; mais, après quelques lignes, il s'arrête et se déclare incapable d'aller plus loin. — « C'est tout simple, ajoutait le narrateur, la grandeur du sujet l'écrasait. » Il réunissait donc les classes supérieures dans la *salle des arts,* et là, l'orateur de Notre-Dame lisait une scène de Corneille ou de Racine. C'était toute une révélation. Ces jeunes gens, qui venaient d'apprendre ces mêmes vers dans leurs classes, croyaient entendre des paroles nouvelles, et assistaient émerveillés à l'une des plus enivrantes fêtes de l'esprit.

On conçoit les résultats que durent obtenir dans l'école la présence d'un tel maître, son contact journalier avec les élèves, sa parole, ses enseignements, ses exemples. Le niveau de l'éducation montait d'une manière sensible ; l'âme, le cœur, l'intelligence, tout s'élevait naturellement et sans effort sous le souffle d'un homme supérieur en tout. La force des études avait beaucoup diminué dans le collége depuis les anciens Bénédictins. Dès le début, le Père Lacordaire déploya les ressources de son génie créateur à organiser le travail, à en relever l'honneur, à en activer les progrès.

Le plan d'études des Bénédictins avait subi de grandes modifications. Il en restait cependant encore des vestiges ; mais la nécessité de se plier aux exigences détaillées des programmes universitaires lui fit renoncer à le remettre en vigueur. Au reste, il avait un goût tellement prononcé, j'allais dire une manie, pour le simple, le net et le rangé, que l'entre-croisement des heures et des exercices dans le système bénédictin lui souriait médiocrement. Il avait aussi ses souvenirs de lycée ; il y tenait ; il aimait à s'appuyer sur une expérience personnelle et à pouvoir dire : « A Dijon, l'on faisait ainsi... » Il en revint purement et simplement au système universitaire général.

L'école avait de bons professeurs, qu'il garda. Sa présence à Sorèze lui en amena d'autres très-distingués, qui lui restèrent fidèles jusqu'à la fin. Il les réunissait souvent, s'informait des meilleurs ouvrages et méthodes d'enseignement, se faisait donner des notes détaillées sur le travail et le progrès des élèves, surveillait lui-même les classes et passait les examens. « Figurez-vous, écrivait-il, que je suis sept heures par jour dans un fauteuil à poser des questions de latin et de grec, à faire expliquer des auteurs, enfin à mener la vie d'un homme de collége. Je suis surpris de tout ce que j'ai conservé de mes études, qui datent cependant de trente-cinq ans en arrière. Cela me prouve combien est puissante la couche première déposée dans l'éducation et l'instruction. Tout porte là-dessus, sans détruire ou effacer ce sillon premier où tous les germes ont été semés si laborieusement. Ainsi je n'avais pas vu de grec depuis 1819, et, sans pouvoir expliquer des auteurs à livre ouvert, je me rappelle cependant les formes et une foule de mots (1). »

Il multiplia les moyens d'émulation par un système de récompenses et de grades qui prenait l'élève dès les premières classes, et le suivait jusqu'après sa sortie de l'école. Le détail en serait trop long. Nous indiquerons seulement ses principales inventions. Il y avait à l'école une académie littéraire nommée *l'Athénée*, dans laquelle on entrait en présentant un travail d'une certaine valeur. Le Père en releva l'importance en la composant des meilleurs élèves, et en y attachant de plus grands privilèges. Pour y être admis, il fallait avoir obtenu dans sa classe au moins six fois la place de premier, ou douze fois celle de second, et, de plus, être bien noté pour la conduite. *L'Athénée* tenait ses séances une fois par semaine, toujours sous la présidence du Père Lacordaire. On y lisait deux travaux sur une question traitée à deux points de vue différents, et la discussion s'engageait ensuite, chacun soutenant sa thèse contre les objections qu'elle soulevait. Le Père résumait les débats et donnait son avis motivé. *L'Athénée* avait droit à une promenade annuelle; mais son plus grand attrait était d'être une porte ouverte et nécessaire pour entrer à *l'Institut*.

(1) Correspondance inédite. — Sorèze, 22 mars 1855.

L'Institut était le premier corps de l'école. Ses membres, soustraits à la discipline ordinaire des cours, se trouvaient dans une situation intermédiaire entre le collége et le monde. Ils habitaient un quartier à part, avaient leurs salles et leurs chambres séparées. Ils prenaient leurs repas à la table des maîtres, toujours présidée par le directeur, et avaient la jouissance du parc pour leurs récréations. Les trois grands dignitaires de l'école, le sergent-major, le maître des cérémonies et le porte-drapeau étaient choisis parmi eux (1). Les membres de *l'Institut* ne devaient pas être plus de douze, et se recrutaient exclusivement dans *l'Athénée*. Ils traitaient directement avec le Père Lacordaire, et le sergent-major, le premier d'entre eux, répondait de leur conduite. Ils n'étaient plus considérés comme des écoliers, et ne pouvaient subir d'autre punition que le renvoi de *l'Institut*. La nomination d'un membre se faisait avec quelque solennité. C'était généralement un jour de fête, celle du collége ou celle du directeur. Toute l'école réunie, le nom de l'élu était proclamé. L'élève sortait de son banc, et, accompagné du sergent-major et du maître des cérémonies, allait se placer debout à quelques pas devant le Père Lacordaire. Le directeur lui disait alors les raisons pour lesquelles il

---

(1) Le collége de Sorèze a toujours conservé sa physionomie d'École militaire. Tous les élèves, armés de fusils à leur taille, y sont exercés au maniement des armes et à la manœuvre sous le commandement d'un ancien capitaine.

l'avait choisi. Cet éloge public dans la bouche du Père, ordinairement si sobre de louanges, était le meilleur de la récompense et ce que les élèves goûtaient le plus. Il terminait par cette formule consacrée : « Promettez-vous d'être un bon et loyal membre de *l'Institut*, et de promouvoir, autant qu'il vous sera possible, le bon ordre, la paix et la dignité de l'école ? — Je le promets, » répondait l'élève. — « Vous êtes membre de *l'Institut.* » Et le Père lui donnait l'accolade au milieu des applaudissements.

Il est difficile de dire l'intérêt qui s'attachait à cette nomination restée secrète jusqu'au dernier moment, et quelles incroyables ardeurs l'espoir de porter un jour la palme d'or et d'être *un des douze* allumait dans ces jeunes têtes. Encore les plus heureux dans ces triomphes n'étaient-ils pas les élus, mais leurs familles, qui pouvaient se dire : Notre fils maintenant n'est plus seulement sous la direction du Père Lacordaire ; il vit dans son intimité.

Il y avait cependant encore un grade plus rare et plus envié que celui de membre de *l'Institut* : c'était le titre d'*étudiant d'honneur*. Un élève, au moment où il allait quitter l'école après en avoir été l'ornement par son travail et sa conduite, pouvait être choisi pour étudiant d'honneur. Il n'y en avait qu'un chaque année. Son nom était proclamé le jour de la distribution des prix en présence des familles. Le Père le louait publiquement de tout ce qui lui avait mérité cette éclatante distinction, l'embrassait et lui remettait un anneau d'or et un diplôme. L'étudiant d'honneur avait droit de passer quinze jours à l'école chaque année; il était averti officiellement de tout ce qui s'y faisait d'important. A sa mort on prononçait son éloge funèbre dans la chapelle de l'école, et on célébrait annuellement un service pour le repos de son âme.

Tous ces moyens d'émulation, excellents en eux-mêmes, eussent servi de peu, sans la vie que le Père Lacordaire savait leur communiquer. En éducation, le succès dépend beaucoup moins des innovations et des méthodes que du dévouement du maître. Un collége est fait à l'image de son chef, comme un fils à l'image de son père. Sans doute, le nom du nouveau directeur de Sorèze fut pour beaucoup dans la prospérité de l'école; mais, si grand qu'il fût, ce nom n'aurait pas suffi à relever cette maison, si le Père Lacordaire ne se fût occupé sérieusement et exclusivement de sa mission. Il était l'âme de son collége; tout passait par ses mains; son influence se faisait partout sentir, dans les plus petits détails comme dans les circonstances solennelles. L'élève oublieux de ses devoirs était sûr que sa faute n'échapperait pas à la vigilance du directeur ni à la sévérité de ses reproches: c'était son premier effroi, sa première expiation; l'élève studieux sentait sur lui l'œil invisible du Père, et savait que ses moindres efforts lui seraient connus et le réjouiraient: c'était sa première récompense, son secret et meilleur encouragement. Cela demandait une incessante activité, une application constante à tenir d'une main ferme et souple les rênes de son petit gouvernement. Il n'a pas failli un seul instant à cette tâche souvent ingrate et écrasante. Sa chambre, placée au centre des immenses bâtiments du collége, ne désemplissait pas tout le jour de professeurs et d'élèves. Elle était pour l'école comme le cœur d'où toute vie procède, où toute vie vient se renouveler.

Le Père Lacordaire était l'âme des jeux, des promenades et des fêtes comme de tout le reste. Il supprima les vacances de Pâques, et les remplaça par quelques grands congés disséminés dans l'année. Ce jour-là, lui-même conduisait les élèves; il se plaisait à les mener par des sentiers nouveaux à tous ces charmants environs de Sorèze qu'il connaissait par leurs noms, et dont il leur faisait admirer avec lui les sites et les beautés. On partait à six heures du matin et l'on ne s'arrêtait qu'à onze heures. Le Père, un bâton à la main, marchait en tête et donnait l'exemple de l'ardeur et de l'entrain. Vers onze heures, on arrivait au but de la promenade; on s'asseyait sur l'herbe, et l'on oubliait vite la fatigue autour d'un déjeuner assaisonné d'un merveilleux appétit. Le Père retrouvait là ses mets favoris : la salade et les œufs durs. Après le repas, assis au pied d'un arbre et entouré d'une couronne de ses chers enfants, il devisait joyeusement avec eux, leur racontait des historiettes, jusqu'à ce que, le sommeil le gagnant, il laissait reposer sa tête sur l'épaule du plus proche et s'endormait paisiblement. Il n'a pas oublié le souvenir de ces délicieuses promenades dans ses lettres à Emmanuel : « Je me rappelais en vous lisant, lui dit-il, tous ces beaux lieux où votre pied suivait la trace du mien, nos égarements d'été dans les forêts de la Montagne-Noire; je me nommais, plutôt avec vos lèvres qu'avec les miennes, Saint-Ferréol, Arfons, Alzau, Lampy, ces champs et ces vallons sans gloire pour l'étranger, mais chers aux fils de Sorèze, et plus chers à moi qu'à vous tous, parce que j'y portais l'âme d'un père dans des solitudes que vous remplissiez (1). »

Il excellait aussi à organiser les fêtes qui sont à l'enfant un ressouvenir des joies domestiques absentes, et lui font aimer davantage le travail, ses maîtres et les murs de son collége. Il eut l'idée de célébrer par une grande solennité l'anniversaire séculaire de la résurrection de l'école, et de sa période la plus glorieuse sous dom Fougeras, en 1757. Les détails de cette fête mémorable ont été donnés par *le Correspondant* (2). Le Père y prononça d'admirables discours et fit ériger dans le parc un obélisque commémoratif de cette grande journée. Il y grava cette inscription :

Primum scholæ sæculum
Post decem abbatiæ sæcula.

(1) *Première lettre à un jeune homme.*
(2) Septembre 1857, t. XLII.

La renommée de Sorèze croissait chaque jour. En peu d'années le nombre des élèves dépassait le chiffre de trois cents, de cent vingt qu'ils étaient au début en 1854. Cette prospérité rapide ne s'accomplit pas sans quelques difficultés intérieures et surtout extérieures. On répandait contre l'école mille bruits malveillants ou absurdes. Il fallait à chaque instant, dans les premières années, rassurer les familles alarmées par la nouvelle que le Père Lacordaire venait de quitter Sorèze devant l'inutilité de ses efforts pour relever le collége. Un jour, on célébrait la fête du directeur dans une des grandes salles de l'école. Au milieu d'une couronne de fleurs et de verdure, les élèves avaient placé le nom d'Ozanam, dont le Père venait d'écrire la vie. M. l'abbé Perreyve, arrivé depuis peu de jours à Sorèze, se trouvait à table à la droite du Père Lacordaire. Il ne put se défendre de dire quelques paroles émues où les noms de ses deux illustres amis, Ozanam et Lacordaire, se trouvaient heureusement unis et remerciés. En se rasseyant, il se pencha vers l'oreille du Père Lacordaire et lui glissa quelques mots à voix basse. Le Père alors se lève : « Messieurs, dit-il en souriant, le bruit court à Toulouse que les élèves de Sorèze ont pendu leur directeur en effigie. » A l'instant, le sergent-major, M. Serres, se lève à son tour et répond : « Mon Père, on sait beaucoup de choses à Toulouse ; mais ce que le public ne sait pas et ce que nous aimerions à lui apprendre, c'est que tous nous nous ferions pendre pour vous. »

Cependant, il faut le reconnaître, les premières années furent laborieuses, et l'esprit du vieux Sorèze ne céda pied que difficilement et peu à peu. Le Père dut même en venir à des exclusions devant lesquelles il n'hésita point, mais qui coûtaient d'amères larmes à son cœur. Une année où la justice avait dû l'emporter plusieurs fois sur l'amour paternel, il ne put maîtriser l'expression de sa douleur dans ses adieux à ses enfants le jour de la distribution des prix, et la violence qu'il s'était faite pour éloigner de lui des esprits rebelles et ingrats lui arracha cette plainte d'une éloquente tendresse : « Au jour des solennités les plus joyeuses, le père de famille remarque autour de lui les places qui sont vides et qui ne devraient pas l'être ; il se nomme en secret l'enfant qui lui manque, et dont la présence eût achevé la fête. Hélas! quelle est la fête ici-bas où personne n'est absent? C'est en vain que nous avons tout prévu; c'est en vain que nous avons compté et préparé les rangs; il y a quelqu'un qui déjoue nos calculs, un hôte invisible qui compte après nous, et qui fait à l'endroit que nous n'attendons pas, quelquefois à l'endroit le plus cher, un signe que nous apercevons trop tard. Quand OEdipe, aveugle et vieilli, se présenta au seuil du temple, à Colone, pour apaiser la destinée, il portait dans sa main droite une branche d'olivier, et dans sa main gauche un rameau funéraire : voilà l'homme dans ses plus beaux jours. Comme

Œdipe, je porte aujourd'hui les deux rameaux, et la table où ma famille est assise n'est pas remplie. C'est la justice, il est vrai, qui l'a diminuée ; mais la justice d'un père lui coûte toujours des regrets. Je les exprime devant vous, comme un dernier souvenir à ceux que j'ai perdus, comme un hommage à ceux qui me sont demeurés (1). »

Ceux qu'il pleurait ainsi savaient mieux que personne combien il les avait aimés, combien ces regrets étaient sincères, et le jour où Sorèze portait le deuil de *son roi*, plusieurs surent prouver qu'ils n'avaient pas cessé de vénérer le père après avoir senti la main du juge : ce jour-là quatre anciens élèves expulsés de l'école suivaient le convoi funèbre, et mêlaient leurs larmes aux larmes de tous.

Les premières difficultés surmontées, Sorèze, sous l'inspiration puissante de son chef, devint promptement une école modèle. Elle pouvait soutenir la comparaison, sous tous les rapports, avec les meilleurs établissements d'éducation, et, de plus, on y sentait je ne sais quoi de grand et d'élevé qui trahissait la présence d'un homme supérieur. Dans le contact journalier avec lui, tout le monde, maîtres et élèves, y avait gagné ; toutes choses avaient en quelque sorte pris l'empreinte de la personnalité du maître, par cette loi d'imitation qui est dans la nature de l'homme et sur-

---

(1) Discours prononcé à l'École de Sorèze.

tout de l'enfant. On y avait un amour profond et passionné du beau; les anciens maîtres dans l'art de bien dire y étaient goûtés et lus avec intelligence et sentiment. Le Père Lacordaire, en effet, à qui l'on a souvent et si mal à propos appliqué l'épithète de *romantique* était un *classique* sévère, peut-être même trop sévère, et qui n'appréciait guère que Chateaubriand dans la littérature contemporaine.

Au goût du beau qui orne l'esprit, l'élève de Sorèze joignait l'amour de la simplicité qui purifie l'âme. Le Père Lacordaire faisait une guerre implacable à ces habitudes de luxe et de délicatesse excessive qui passent trop souvent de la famille au collége, et sont aussi nuisibles à la bourse qu'à la santé des enfants. Il fit disparaître toutes les vaines superfluités ajoutées à la simplicité militaire du costume traditionnel de l'école. Ayant remarqué que plusieurs portaient des ceintures de soie ou de laine : « Il faut, leur dit-il, ne porter désormais que le ceinturon de cuir, parce que là seulement s'attache une épée. » Il s'aperçut un jour que quelques élèves avaient des édredons sur leurs lits; il leur en fit un affront public : « Des édredons, s'écriat-il, fi donc! il faut laisser cela aux femmes et aux malades. Pour moi, au lycée de Dijon, lorsque j'avais froid, je mettais ma malle sur mon lit. » C'était l'usage à Sorèze de donner de temps en temps des soirées où les élèves de toutes les cours, réunis dans les grands salons de l'école, sympathisaient ensemble, apprenaient à se connaître et à se façonner aux relations polies souvent oubliées dans la camaraderie de collége. Le Père Lacordaire, appréciant ce que ces réunions avaient d'avantageux, ne les abolit point; il tenait même à y voir assister les professeurs et les religieux, afin de resserrer entre eux et leurs élèves les liens d'une franche et intime confiance ; mais il diminua les dépenses de rafraîchissements et de friandises auxquelles elles donnaient occasion. Il leur rappelait à ce propos quels effrayants progrès nous séparent de nos aïeux dans la manière de se récréer. « Autrefois, leur disait-il, on réunissait ses voisins et amis à une table où le gâteau domestique et le vin vieux du cru égayait les jours de fête, et aujourd'hui le fils, bourgeois comme son père, s'ennuie, dans des salons richement meublés, à des repas où cinq ou six sortes de vins ne ramènent pas le plaisir. Autrefois un même mobilier servait à plusieurs générations; les meubles se gardaient comme les traditions, et le fils s'honorait de pouvoir dire : « Voilà le fauteuil où s'asseyait mon père ! » Aujourd'hui, le moindre bourgeois change de mobilier trois fois dans sa vie; mais, en retour, sa demeure est étroite, tout y manque d'air, d'ampleur et souvent de bon goût. On surcharge les meubles de frivolités achetées très-cher, et dont personne ne peut dire à quoi elles servent, ni ceux qui les achètent, ni ceux qui les vendent, ni ceux qui les admirent. »

Est-il besoin de faire remarquer combien une éducation basée sur de tels conseils était non-seulement chrétienne, mais nationale, combien, en inspirant à ces jeunes gens l'amour de ces vertus simples et sévères, le Père Lacordaire travaillait efficacement à leur bonheur dans la famille et dans la société? Les maximes contraires ont malheureusement porté leurs fruits, et les esprits les plus prévenus commencent à ouvrir les yeux sur le gouffre creusé sous nos pieds par les principes antichrétiens de nos économistes sur le luxe.

Que manquait-il donc à cette éducation pour être complète et montrée avec orgueil aux plus exigeants? Sincèrement nous ne le voyons pas. Appuyée à sa base sur le dogme catholique toujours immuable et toujours fécond; honorant et cultivant toutes les traditions classiques, faisant aux lettres et aux sciences leur juste part, mais non pas exclusive; ouvrant à l'esprit de l'enfant des horizons plus larges que ceux du grec et du latin, jetant dans l'âme la divine semence de la vertu; apprenant au jeune homme à aimer son pays, son temps, sans leur en dissimuler les plaies; préparant à la famille des cœurs forts et honnêtes, à la société des membres éclairés, à l'Église des enfants dociles et généreux; faisant enfin des hommes complets et des chrétiens convaincus, cette glorieuse initiation de la jeunesse par un maître de génie n'eut qu'un tort, celui d'être trop courte. Cette phase mémorable d'éducation ne dura que sept ans. Sorèze à peine relevé de ses ruines et rendu à son ancienne splendeur, l'architecte s'en allait mourir. Mais non, il ne mourut pas tout entier. Son dévouement en avait fait germer d'autres autour de lui. De jeunes prêtres lui étaient venus en assez grand nombre qui voulaient, comme lui, consacrer leur vie à cette œuvre souveraine de l'éducation. Le Tiers-Ordre était fondé. A la fin de 1855, première année de la restauration de Sorèze, seize membres de cette nouvelle branche dominicaine se trouvaient réunis autour de leur chef. Ils avaient eu leur part dans le travail de réédification de l'école, et, le Père Lacordaire mort, ils allaient pouvoir continuer son œuvre, non plus à Sorèze, d'où des circonstances malheureuses devaient bientôt les éloigner, mais à Oullins, aux portes de Lyon, et à Arcueil, aux portes de Paris. Vrais fils du Père Lacordaire, héritiers fidèles de son esprit et de son amour pour la jeunesse, ils s'en iront créer, çà et là, sur le sol fécond de notre France des foyers d'éducation telle que la comprenait leur Père, c'est-à-dire chrétienne et nationale à la fois. Qui donc oserait s'en plaindre? Qui songerait à les arrêter? Des ennemis de la France et de l'Église peut-être ; mais, en eussent-ils la volonté, ils n'y réussiraient pas. On comprimerait plus aisément dans le sein de la terre les forces généreuses des germes, qu'on n'arrêterait dans la séve catholique l'irrésistible élan qui produit et multiplie les dévouements : *Les chênes et les moines sont immortels.*

Merveilleuse fécondité de l'apostolat dans l'Église!
Dès qu'un homme appelé d'en haut a reçu dans un
cœur large et profond la parole de vie qui fait les
saints, il se lève et s'en va, semeur de l'Évangile,
jetant à pleines mains dans le sein des générations le
grain sacré, laissant au temps et à Dieu de le faire
croître et se répandre à travers les âges. Il y pousse
de si vigoureuses racines, qu'il y acquiert une perpétuité presque indestructible. Le Père Lacordaire était
fils d'un de ces héroïques apôtres vivant il y a six
siècles, et qui avait peuplé le monde des innombrables
rejetons de sa famille religieuse. Balayée de notre sol
par la tempête révolutionnaire, toute cette ancienne
floraison avait disparu, et la séve en paraissait épuisée
pour nous, lorsque soudain elle a repris vie dans un
des plus nobles caractères de notre temps, qui l'a rajeunie, lui a rendu son antique éclat, et la voilà qui
recommence à étendre sur notre pays ses rameaux
bienfaisants à l'ombre desquels les fils de l'avenir viendront se reposer et se nourrir. Lorsque le temps aura
passé sur la tombe de l'illustre restaurateur des Dominicains prêcheurs et enseignants, lorsque son souvenir
sera, non pas oublié, mais affaibli dans la mémoire des
hommes, son dévouement n'aura rien perdu de sa
vitale énergie. Il fera surgir encore autour de ses
nombreux colléges des vocations semblables à la
sienne; ses arrière-descendants élèveront partout de
nouveaux Sorèzes, où, par la vertu de cette première

et puissante germination, la jeunesse continuera d'être aimée et initiée aux grands devoirs de la vie morale et chrétienne. Tel est le centuple accroissement promis aux cœurs qui ont su se dévouer; telle est la belle immortalité de la vertu !

CHAPITRE XX

1860-1861

Dernière maladie et mort du Père Lacordaire. — Conclusion.

Le Père Lacordaire ne devait plus quitter Sorèze. L'âge, les sollicitudes, les austérités de sa vie avaient lentement diminué ses forces et abrégé ses jours. Déjà le terme approchait, et rien ne l'en avait averti. Les facultés de l'esprit et de la volonté, restées pleines et entières, le trompaient sur la brièveté de son temps. Heureux avec ses enfants, épris d'une tendresse chaque jour plus vive pour leurs âmes, il se plaisait dans les murs de son collége; libre de toute autre ambition, ne cherchant d'autre bonheur que celui de se dévouer, d'autre récompense que celle d'aimer et de se sentir aimé, il jouissait en paix de ce rajeunissement de cœur, sans s'apercevoir du sourd travail qui le minait en secret. « La religion, disait-il alors, est le principe en nous d'une jeunesse éternelle, et elle communique à tous nos sentiments la durée, l'éclat et la sécurité. Pour moi, je ne me sens pas vieillir. Le corps change, les rides se forment, les cheveux blanchissent, les sens perdent de leur énergie; mais l'âme surnage au-dessus des ruines qui commencent, comme la lumière du jour éclaire et dore les colonnes d'un temple tombé (1). »

Au mois de septembre 1858, il fut élu de nouveau Provincial du grand Ordre, à la joie sincère et enthousiaste de tous ceux de ses enfants qui n'avaient pu s'habituer à vivre privés de ses conseils, de ses lumières et de ses visites ardemment désirées. Quatre années de séparation avaient accru dans leurs cœurs les sentiments d'une affection tendre et filiale. Son élection fit éclater cette impression de bonheur de la manière la plus touchante. De toutes ses maisons lui arrivaient des lettres de félicitation et de joie expansive, et l'accueil qu'il reçut partout dans sa chère province de France dut lui prouver combien le souvenir de son dévouement et de sa paternelle bonté y demeurait profondément gravé. Il n'abandonna point pour cela son titre de Vicaire Général du Tiers-Ordre enseignant, ni la direction du collége de Sorèze. L'heure ne lui paraissait pas venue encore où l'école et le Tiers-Ordre pourraient se passer de sa présence. Il accepta donc avec courage ce surcroît de labeur, dans l'espoir qu'au bout

---

(1) Correspondance inédite. — Sorèze, 8 janvier 1859.

de quatre ans, les deux œuvres étant solidement assises, il pourrait enfin se reposer et réaliser le rêve de toute sa vie : écrire pour Dieu et les âmes.

« A la fin des quatre années de mon provincialat, écrivait-il, j'aurai soixante ans. C'est une époque bien solennelle dans la vie, quand on peut y parvenir. Mon plus grand regret est de ne pouvoir continuer la publication de mes *Lettres sur la vie chrétienne*, dont trois avaient déjà paru et produit quelque fruit. Mais Dieu ne le permet pas. Puissé-je du moins à soixante ans, si j'y arrive, pouvoir prendre ma retraite et consacrer mes derniers jours à achever ce travail pour la gloire de Dieu (1). » Cette retraite et ce repos actif il ne devait, hélas ! les trouver qu'en Dieu.

Il eut la joie, au début de son second provincialat, de rétablir ses enfants auprès du tombeau de sainte Marie-Madeleine, d'où la révolution les avait chassés après en avoir été les gardiens pendant six siècles. L'ancienne église et le couvent des Frères Prêcheurs à Saint-Maximin, en Provence, avaient échappé au vandalisme révolutionnaire, et c'était, avec Saint-Jacques de Paris et le couvent de Toulouse, la plus illustre de nos anciennes maisons de France. A peu de distance de Saint-Maximin, « au centre de roches hautes et alignées, qui ressemblent à un rideau de pierre, l'œil découvre une habitation qui y est comme suspendue,

---

(1) Correspondance inédite. — Sorèze, 25 septembre 1858.

et à ses pieds une forêt dont la nouveauté le saisit. Ce n'est plus le pin maigre et odorant de la Provence, ni le chêne-vert, ni rien des ombrages que le voyageur a rencontrés sur sa route : on dirait que par un prodige inexplicable le Nord a jeté là toute la magnificence de sa végétation. Et si l'on y pénètre, la forêt vous couvre aussitôt de toute sa majesté, semblable en ses profondeurs, en ses voiles et ses silences, à ces bois sacrés que la hache des anciens ne profanait jamais (1). » C'est la grotte et la forêt de sainte Marie-Madeleine, l'amie du Sauveur, la pécheresse convertie, l'emblème touchant de cette humanité dégénérée que le Fils de Dieu était venu relever par l'amour. Il y eut donc une sainte joie pour le Père Lacordaire à reprendre possession de ces lieux sanctifiés par de si grands souvenirs, et à rétablir près de la basilique et sur la montagne sacrée la milice des Frères Prêcheurs. Dans l'été de 1859, quelques semaines après l'acquisition du grand couvent de Saint-Maximin, il se hâta de ramener de Chalais les novices étudiants, devenus trop nombreux, et de les installer dans les nouveaux et vastes cloîtres à peine restaurés.

Il voulut ensuite payer sa dette de reconnaissance à Marie-Madeleine en écrivant sur elle avec son cœur un petit livre d'une beauté achevée. Ces pages, sorte d'hymne pieux à l'amitié du Fils de Dieu pour la pauvre

---

(1) *Sainte Marie-Madeleine*, par le Père Lacordaire, p. 11.

pécheresse, et à celle de Madeleine pour Jésus, se terminaient ainsi : « Puissé-je écrire ici ma dernière ligne, et comme Marie-Madeleine, l'avant-veille de la Passion, briser aux pieds de Jésus-Christ le frêle et fidèle vase de mes pensées ! »

Son désir ne fut que trop réellement exaucé ! Ce furent là ses derniers actes, et bientôt apparurent les premiers symptômes de la maladie qui devait nous le ravir. C'était en janvier 1860.

Pour le récit de cette dernière et triste phase, nous nous bornerons à reproduire à peu près intégralement des pages publiées par nous quelques jours après la mort de notre Père. A défaut d'autre mérite, elles auront au moins celui d'être l'écho plus vif d'une douleur que le temps n'avait pas encore adoucie.

Dans l'hiver de 1860 il revint très-fatigué d'un voyage à Paris où l'avait appelé son élection à l'Académie française. De retour à Sorèze, il fut pris d'un rhume qu'il négligea de soigner. Il jouissait d'une santé parfaite depuis qu'il portait l'habit de Frère Prêcheur. Sa constitution, jusque-là frêle et délicate, s'était fortifiée ; il ne la ménageait pas. Malgré son épuisement, il voulut prêcher selon son habitude, chaque semaine du Carême, dans la chapelle du collége. Il le fit, mais arriva au terme à bout de forces et brisé de fatigue. Pendant la semaine sainte, il fut obligé de garder le lit, et tomba dans un état de telle faiblesse, que nous commençâmes à concevoir de sérieuses inquiétudes. Ce fut le premier coup du mal. Il s'en releva, mais plus d'une manière complète.

A la fin du mois de mai, il devait prêcher, à Saint-Maximin, le panégyrique de sainte Marie - Madeleine, à l'occasion de la solennelle translation de ses reliques. Il s'en faisait une fête à bien des titres. Il regardait la fondation de ce grand couvent d'études comme l'œuvre capitale de son second provincialat. Il eût été heureux de parler de sainte Marie - Madeleine comme il en avait écrit. Huit évêques devaient assister à cette solennité; on s'y était rendu de très-loin. Il y avait si longtemps que sa parole ne s'était fait entendre! On avait des pressentiments; on était venu de Paris recueillir les derniers éclats de cette voix qui s'éteignait.

Avant de partir, il consulta le médecin de l'école, qui, le voyant très-faible, essaya de le détourner de ce voyage. Il partit cependant. Arrivé à Montpellier, se sentant plus fatigué, il consulta encore, et rencontrant les mêmes oppositions et les mêmes craintes, il rebroussa chemin et revint à Sorèze.

Rentré dans son cher collége, il fit part à ses enfants du salutaire avertissement qu'il venait de recevoir. « C'est une grande grâce que Dieu fait à un homme, leur dit-il à la chapelle, lorsqu'une grave maladie vient l'avertir de la fragilité de ses jours. Dieu a bien voulu me la faire ; je vous prie de l'en remercier avec moi. » Il comprit qu'il était gravement atteint. Il écrivait le 28 mai à propos de ce contre-temps de Saint-Maximin : « C'est la première fois que mon corps a résisté à ce que je voulais. » Et encore à une personne amie : « Je pense souvent à la mort. Je prépare tout pour laisser notre Ordre dans une bonne situation morale et financière. Si je venais à mourir, vous n'abandonneriez pas cette œuvre : elle est la grande œuvre de ma pauvre vie. Si je dure jusqu'à la fin de mon provincialat, tout sera réglé, je l'espère, les dettes payées, nos sept maisons assises, notre Saint-Maximin devenu comme la citadelle de l'Ordre en France. Mais si la mort me prenait avant ce temps, nos pauvres Pères seraient bien embarrassés. Ils ne savent pas tout ce qu'il m'en coûte pour les faire vivre et régler leurs affaires (1). »

Le lendemain de son retour à Sorèze, il écrivait à tous les Prieurs de son Ordre : « Mon très-révérend Père, après avoir lutté pendant trois mois contre un affaiblissement progressif de mes forces, j'ai dû, sur l'avis unanime de médecins graves et consciencieux, reconnaître l'impuissance où je suis de suffire à toutes les parties du gouvernement qui m'est confié. En quittant l'école de Sorèze, j'allégerais ce fardeau sans doute, mais très-légèrement, et en compromettant peut-être l'œuvre naissante du Tiers-Ordre enseignant de Saint-Dominique, que je crois liée aux destinées

(1) Lettres inédites.

futures de notre Ordre et aux vues de Dieu sur lui: Obligé donc de chercher d'un autre côté un dégrèvement à mes charges, sous peine de voir ma santé péricliter de plus en plus, j'ai pensé à me donner un secrétaire et un Visiteur : un secrétaire pour abréger ma correspondance ; un Visiteur pour m'épargner deux mois de voyages et de fatigues considérables, au moment même où il pourrait m'être permis de me reposer un peu des fatigues de l'année.

« Je suis persuadé, mon très-révérend Père, qu'en usant ainsi d'un droit accordé au Provincial par nos constitutions, je ne causerai aucun déplaisir à la Province, et qu'elle y verra une preuve du désir où je suis de la servir malgré la diminution de mes forces causée par l'âge et le travail. Il y a trente ans que ma carrière publique a commencé, et il y en a vingt-et-un que je consacre mon temps, mes efforts, ma parole et ma plume, au rétablissement et à l'affermissement de notre saint Ordre en France. Il doit m'être permis, sur le déclin où j'avance chaque jour, de retrancher quelque chose de mon fardeau, et d'obéir ainsi aux conseils d'une prudence sans pusillanimité. »

On sera touché, je pense, en lisant ces lignes, comme nous l'étions nous-mêmes en les recevant; on sera touché de voir comment il hésitait à prendre un repos dont il avait si grand besoin, comment celui qui était pour nous plus qu'un supérieur, un père, nous demandait humblement à nous, ses enfants, de ne pas être surpris si, sur le déclin qui l'entraînait, hélas! plus vite encore qu'il ne croyait, il se permettait d'alléger son fardeau.

Il consentit alors à se soigner. Pendant l'été on l'envoya à Rennes-les-Bains. On espérait que ces eaux réagiraient efficacement contre l'épuisement des forces. Il y fut rejoint par son ami, M. l'abbé Henri Perreyve. Mais sa présence et ses soins affectueux ne purent lui faire surmonter l'ennui de ce séjour.

Ce régime de baigneur lui était à charge; ce n'était plus sa vie régulière et occupée, ce n'était plus son Sorèze. Il partit au bout de trois semaines. En revoyant la Montagne-Noire : « Ah! dit-il, que j'aime à respirer l'air de Sorèze! »

Un mieux passager lui fit illusion un instant. Il crut que ses forces lui étaient rendues. Il écrivait le 12 août : « Ma machine est très-bonne encore; mais elle a besoin de ne plus être secouée comme autrefois. »

Au mois de septembre de la même année, il se rendit à Flavigny pour présider une réunion des Prieurs de la Province et se choisir un Vicaire provincial. Il écrivait à cette occasion :

« Mon très-révérend Père, la Congrégation intermédiaire de la Province réunie à Flavigny, le 1er septembre de cette année, a bien voulu prendre en considération l'état de faiblesse où je suis tombé depuis plus de six mois, et qui, de l'aveu unanime des médecins, exige un grand repos, un travail très-restreint, des soins prolongés. Elle m'a, en conséquence, autorisé à me désigner un Vicaire provincial auquel je confierai l'administration de la Province, jusqu'à ce qu'il plaise à Dieu de me rendre les forces et la santé.

« Je n'aurais pas cru, sans cette autorisation préalable, pouvoir imposer à la Province, pendant un temps indéterminé, le gouvernement d'un supérieur non élu par elle; mais la sanction unanime des Pères de la Congrégation ne m'a laissé aucun doute sur la légitimité et l'opportunité de cette mesure. Je ne cesserai ainsi, tout en étant déchargé du détail administratif, de veiller aux intérêts, aux besoins, à la prospérité spirituelle et temporelle de la Province, qui ne cessera de m'être présente et d'occuper toutes mes pensées. »

En dépit de sa faiblesse croissante et de nos supplications réitérées, il ne sut pas prendre de repos absolu. Cette demi-mesure d'un Vicaire provincial s'accordait mal avec le sentiment de sa responsabilité et avec sa passion d'esclavage au devoir, à laquelle il sacrifiait tout. Il continua de gouverner la Province comme auparavant. Il ne devait rendre les armes qu'à bout de forces et la veille de sa mort.

Le 24 janvier 1861 eut lieu sa réception à l'Académie française. Un public d'élite, plus nombreux qu'à l'ordinaire, se pressait aux portes de l'Institut pour cette grande fête de l'éloquence où un protestant, le plus célèbre de nos hommes d'État, devait répondre à un moine, l'orateur de Notre-Dame. Lorsqu'il parut dans l'illustre enceinte, et qu'on le vit, plus pâle que sa robe, aller s'asseoir sur ce fauteuil qu'il ne devait honorer qu'une fois, on put croire qu'il subissait l'émotion de ce surprenant triomphe. Non; il venait, soldat blessé à mort au service de l'Église, déposer sur le front de sa mère la couronne qu'il recevait de la France. Nous avons dit ailleurs quels motifs l'avaient conduit à ne point décliner l'honneur qui lui était offert. Il nous suffit de rappeler ici que la France, à de rares exceptions près, applaudit à « la joie et à l'orgueil du spectacle que l'Académie offrait en ce moment à tous les yeux (1). » Il nous suffit de rappeler qu'en recevant, moins pour lui que pour sa cause, des suffrages d'autant plus honorables que pour la première fois ils allaient chercher le talent dans un cloître, il plaçait de ses mains la clef de voûte à l'édifice de toute sa vie : la réconciliation de son siècle, de son pays, de la science, de la liberté, avec la foi catholique, et qu'il n'était entré dans ce temple de toutes les gloires littéraires que pour y être « le symbole de la liberté acceptée et fortifiée par la Religion (2). »

Il revint à Sorèze assez fatigué pour se voir obligé de renoncer à la confession des élèves. Cependant il prêcha cette fois encore chaque semaine du Carême, comme à son ordinaire.

(1) Discours de M. Guizot.
(2) Discours du Père Lacordaire.

Il prit pour thème de ses Conférences le *Devoir*. C'était une idée qui lui était chère entre toutes, non-seulement parce qu'il l'avait creusée, mais parce qu'il la pratiquait depuis son enfance. Il fit comprendre à ces jeunes gens que le devoir est la plus grande et la plus généreuse des idées : la plus grande, parce qu'elle implique l'idée de Dieu, l'idée de l'âme, de la liberté, de la responsabilité, de l'immortalité; la plus généreuse, parce qu'en dehors d'elle, il n'y a que le plaisir et l'intérêt. — Le devoir est encore la plus grande puissance pour résister, pour agir. Il est la source de la véritable élévation, dont voici les degrés : les honnêtes gens, les hommes d'honneur, les magnanimes, les héros, les saints. La sanction du devoir est dans la justice des tribunaux, la conscience et le dernier jugement de Dieu. Le devoir est enfin la plus grande source du bonheur, dans l'enfance, dans la famille, dans la patrie, dans la vieillesse.

On voit par ce cadre à quelle hauteur sa pensée élevait l'âme et l'esprit de ces enfants, et combien l'intelligence était restée maîtresse et vigoureuse en dépit des défaillances du corps.

Après Pâques, il voulut revoir une fois encore son cher couvent de Saint-Maximin, cette fondation où il avait reconnu un des signes les plus évidents de la main de Dieu sur son œuvre. Il voulait revoir cette jeune et nombreuse famille, espoir de l'avenir, lui dire son affection, lui donner ses derniers conseils et cette unique bénédiction des Patriarches à leurs Benjamins. De longtemps on n'oubliera à Saint-Maximin ces trop courtes instructions du soir, où le Père, entouré d'une couronne blanche de soixante religieux rangés le long des murs de la grande salle du chapitre, retrouvait pour eux dans son cœur les éclats d'une éloquence qui n'avait plus rien de la terre, les conjurait de redouter les empressements du monde, non ses mépris, et leur révélait dans un langage inspiré l'éternelle beauté de leurs vœux, mariage ineffable entre l'âme et Dieu. Le 17 juillet, il écrivait à leur maître des novices :

« Mon très-révérend et bien cher Père, j'ai reçu la lettre que vous et vos chers novices m'avez écrite à l'occasion de ma fête, et je m'empresse de vous dire combien j'en ai été touché.

« La fondation du couvent de Saint-Maximin est assurément l'œuvre capitale de mon second provincialat, soit en considérant les magnifiques et pieux souvenirs qui s'y rattachent, soit en considérant le nombre de religieux qu'il peut contenir, et qui nous a permis de réunir sous un seul pasteur et sous les mêmes lecteurs, tous nos jeunes étudiants dans un lieu aussi propice à la santé qu'à la piété. L'esprit qui anime cette communauté, et particulièrement nos chers novices profès, nous fait présager pour la Province, non-seulement un accroissement de vie surnaturelle, mais d'œuvres apostoliques. Dieu qui, au milieu de bien des épreuves, a béni la résurrection de notre Ordre en France, et en a fait comme la porte par où les autres Ordres religieux ont passé pour s'y rétablir à leur tour, a voulu que les reliques de sainte Madeleine, l'une des protectrices de notre Ordre, devinssent comme la pierre angulaire de notre édifice.

« J'ignore ce que Dieu décidera au sujet de ma santé et de ma vie : quoi qu'il arrive, je laisserai notre chère Province, après vingt-deux ans de travaux, véritablement assise sur la grâce manifeste de Dieu.

« Je vous prie de lire cette lettre à vos chers novices, de les remercier de leurs vœux et de leurs prières, et de les assurer qu'ils sont sans cesse présents à ma pensée comme l'une de mes plus grandes consolations. »

La fatigue et l'épuisement augmentaient avec les semaines et les mois. Avec le mal croissaient aussi nos inquiétudes. Le Père consentit enfin à consulter d'autres médecins. Il avait une parfaite confiance au docteur de l'école, et n'aurait jamais, de lui-même, demandé ni un remède ni une consultation extraordinaires. Mais M. Houlès, médecin de Sorèze, s'était empressé de partager la responsabilité qui pesait sur lui, dans les soins donnés à une si précieuse santé, en se joignant aux instances faites par les amis du Père pour qu'il s'entourât d'autres lumières. Les médecins consultés conseillèrent un changement d'air et de régime.

Il dut accepter à Becquigny, dans le département de la Somme, « une hospitalité bienveillante et respectable. » Quelles que fussent la gravité des motifs, l'instance de ses amis et la parfaite convenance de l'hospitalité offerte, il lui en coûtait de quitter la maison de son Ordre; et la crainte d'ouvrir une porte à des habitudes moins sévères, le poursuivait sans cesse. Il écrivait à une personne du monde :

« Ce parti décisif me coûte beaucoup, soit à cause de Sorèze, soit à cause de l'exemple pour nos religieux. Mais je sens ne pouvoir sortir de l'état de langueur qui me mine, sans un effort puissant et sérieux. S'il ne réussit pas, je m'abandonnerai à la grâce de Dieu. »

C'est sous cette impression qu'au mois d'avril il avertit ses religieux de son départ pour Becquigny. Nous citerons encore cette lettre où se révèle le véritable esprit de l'autorité chrétienne, indulgente aux autres, austère pour elle seule.

« Mon très-révérend Père, la maladie de langueur dont je suis atteint depuis plus d'une année, avait paru céder avant l'hiver; les fatigues et l'influence de la mauvaise saison lui ont rendu son cours, et les médecins estiment comme une chose capitale pour le rétablissement de ma santé, un changement d'air et de régime, qui leur paraît la condition nécessaire au succès de toute médication quelle qu'elle soit. Leur pensée est tellement unanime à cet égard et si pressante, que ma conscience ne me permet pas d'y résister plus longtemps. J'ai dû accepter pour quelques mois une hospitalité bienveillante et respectable, et j'ai la confiance que cette détermination, à laquelle je me suis résigné avec la plus grande peine, ne sera l'objet d'aucun regret de la part de nos Pères. Cette conviction adoucira beaucoup pour moi un changement de vie qui m'est très-douloureux. J'espère aussi que leurs prières, m'accompagnant dans cette sorte d'exil temporaire, obtiendront de Dieu le résultat le plus conforme à sa sainte volonté et à ses desseins ultérieurs (1). »

Il partit pour Becquigny au commencement de mai. Il n'y demeura que six semaines. Ce séjour et les soins délicats dont il fut entouré, lui valurent quelque repos : l'appétit semblait revenir. Mais ces bons symptômes durèrent peu. A son passage à Paris, il put consulter le docteur Rayer et le docteur Jousset. Sans être parfaitement d'accord sur la première cause du mal, ils lui reconnurent les mêmes caractères : c'était une inflammation aux entrailles, et une anémie ou appauvrissement du sang. Le docteur Rayer, sachant combien la vie des établissements de bains déplaisait au Père, prescrivit les eaux de Vichy à prendre chez lui, dans son collége.

Son retour à Sorèze fut un vrai triomphe. La prospérité de cette petite ville tenait à celle du collége ; elle montait ou descendait selon que l'école était en

---

(1) Sorèze, 27 avril 1861.

progrès ou en décadence. L'intérêt et la reconnaissance unissaient donc étroitement les habitants de Sorèze au Père Lacordaire, qui avait relevé leur célèbre école, et fondé pour eux plusieurs œuvres de bienfaisance et de dévouement. Ils étaient fiers de celui qui les appelait *mes chers concitoyens* et qui était vraiment pour eux *un roi*, comme le disait une bonne femme le jour de ses funérailles. « Nous avions un roi..., nous l'avons perdu ! »

Les élèves de *l'Institut* vinrent à une lieue au-devant du Père. Il était très-pâle et très-fatigué du voyage.

Arrivé sur la promenade, il la trouva remplie d'une grande foule accourue pour le voir et lui faire honneur. L'école en armes était là; à sa suite les Sociétés de bienfaisance et de secours mutuels, dont il était membre honoraire, l'Asile et les autres œuvres qu'il avait fondées. Un arc de triomphe avait été dressé à la porte de l'école, et, le long du boulevard, des inscriptions, suspendues entre deux mâts, rappelaient les principaux événements de la vie du Père Lacordaire.

Il fut reçu à la porte du collége par les religieux et le corps professoral. Conduit à la grande salle des fêtes, il remercia, d'une voix altérée, la ville et l'école de cette réception, et promit à ses concitoyens de vivre et de mourir au milieu d'eux.

Quelques jours après, il recevait une nouvelle qui l'accablait de tristesse, et reportait sa pensée vers cette image de la mort qui s'avançait, grandissant chaque jour à ses yeux. Le Père Besson, un de ses premiers compagnons, venait de mourir, victime de sa charité et de son zèle, dans les missions de l'Orient.

Le Père épancha sa douleur dans le sein de sa famille, et voulut payer à l'un de ceux qu'il avait le plus aimés, la dette de son cœur dans une lettre à ses religieux où il disait : « Le Père Besson avait été l'un de mes premiers compagnons dans l'œuvre de la restauration de l'Ordre de Saint-Dominique en France, et il y avait contribué plus que nul autre par un dévouement sans bornes, par une grande aménité de caractère, et par une sainteté qui éclata partout où il fut appelé, soit en France, soit à Rome, soit à Mossoul. On reconnaissait en lui de prime abord une âme élevée, un esprit ingénieux et fécond, un caractère solide et fidèle, une grande modération dans les vues et une parfaite justesse d'esprit...

« Sa mort prématurée dans les lointains pays de l'Orient l'a rejoint à cet ensemble d'esprits d'élite et d'âmes dévouées qui ont assis notre résurrection sur des tombeaux trop tôt ouverts, je veux dire les FF. Réquédat, Piel, Hernsheim et de Saint-Beaussant. »

Oui, trop tôt ouverts, pour lui surtout qui devait, peu de semaines après, combler notre deuil et la joie de ceux de là-haut. Quelques jours avant qu'il allât rejoindre au ciel ces aînés de la famille, à genoux auprès de son lit nous lui disions : « Père, vous allez bientôt nous quitter... Toute la tristesse est pour nous; mais quelle joie pour vos enfants de là-haut ! Vous allez revoir tous ceux que vous avez aimés. — Oui, dit-il, ils sont déjà nombreux ! »

Je les nommais : « Requédat, Piel, de Saint-Beaussant, le Père Aussant... » Il ajouta : « Et le Père Besson ! » Il dit cela avec un accent qui me pénètre encore. Son œil rayonnait. C'était le patriarche qui, arrivé à l'extrême frontière des deux patries de sa famille partagée, les regarde l'une après l'autre, et se console des larmes qui le retiennent par la joie des embrassements qui l'attendent.

Les chaleurs de l'été hâtèrent les progrès de la maladie, et en contrarièrent le traitement. Au mois d'août 1861, la faiblesse augmenta, les forces s'épuisèrent tout à fait ; les digestions devinrent plus laborieuses et furent plusieurs fois troublées par des syncopes. Le malade ne se levait que vers onze heures tous les jours. Lorsqu'il faisait beau, il sortait en voiture et allait revoir encore ces champs, ces vallons, ces fermes dont la vue le ranimait.

Dès ce moment, le Père comprit que Dieu lui demandait le sacrifice de sa vie. Çà et là, il est vrai, l'illusion revenait : l'entière énergie de l'âme le trompait parfois sur le dépérissement progressif des forces physiques ; mais lorsqu'il s'interrogeait dans le calme, il voyait juste. Il avait donné sa vie à Dieu; il lui donna aussi sa mort. Il l'offrit pour le bien de son Ordre, mettant ainsi en pratique les conseils qu'il donnait autrefois aux âmes qu'il dirigeait. « Le premier fondement de toute œuvre spirituelle, disait-il, est un cœur détaché : j'en ai sans cesse la preuve. Ni naissance, ni fortune, ni talent, ni génie, rien n'est au-dessus d'un cœur détaché. »

Le 27 août il donna sa démission de Provincial du grand Ordre au R^{me} Maître Général, qui dut se résigner à l'accepter, non sans exprimer à la Province tous ses regrets.

Le 12 septembre, le Père Lacordaire mandait à un ami : « J'ai reçu hier de Rome une bien bonne nouvelle : le R^{me} Père Jandel sortait de l'audience du Saint-Père, à qui il avait fait part de ma maladie. Le Saint-Père s'en était montré vivement impressionné, et avait chargé le R^{me} Maître Général de me transmettre la bénédiction apostolique. »

A cette époque commencèrent les visites de ses amis de Paris et de toute la France. Ils furent nombreux. Nous n'en nommerons que quelques-uns.

M. l'abbé Perreyve arriva le premier. Il devait revenir une fois encore et jouir des derniers épanchements de cette amitié qui n'avait pas regardé à l'âge, mais à l'âme, *car l'âme n'a point d'âge* (1).

---

(1) *Sainte Madeleine*, p. 27.

Le 25 septembre, il reçut la visite de M. le comte de Montalembert. Le Père s'avança au-devant de son ami jusque sur le perron de l'abbatiale. Il était faible, se soutenait avec peine, et la pâleur répandue sur ses traits et sur son grand front donnait à son visage amaigri l'expression d'une navrante majesté. Le comte de Montalembert, les yeux pleins de larmes, se jeta dans les bras de son ami. « De ma vie, nous disait-il, je n'ai éprouvé de saisissement semblable; jamais je n'ai vu de plus effrayante beauté. »

C'était une vieille et forte amitié que celle-là, une amitié de champ de bataille qui datait de 1830, qui avait traversé les bonnes et les mauvaises fortunes, et qui, au soir de la journée, se retrouvait sans une ride au front, sans une blessure au cœur. M. de Montalembert venait revoir une dernière fois dans son ami l'idéale perfection des deux grandes passions de sa vie : les moines et la liberté.

Il décida le Père à écrire des Mémoires. M. de Montalembert quittait Sorèze le 29 septembre, et le lendemain le Père commençait à dicter une *Notice sur le rétablissement en France de l'Ordre des Frères Prêcheurs*. Cette Notice, interrompue par la mort, ne va que jusqu'à l'année 1854. Tous ceux qui liront ce dernier testament de notre Père, dont nous avons cité de nombreux fragments dans ce livre, sauront gré à M. de Montalembert de lui en avoir inspiré la pensée et le courage.

Le 10 octobre, le Père reçut la visite de M. Foisset, son plus ancien ami. Ils avaient fait ensemble leurs études à Dijon, et depuis s'étaient toujours restés fidèles. Le Père aimait à se rappeler, à Sorèze, ce temps d'ardeur au travail et de fièvre pour la science, « ce temps où il discutait la question des idées innées avec Foisset. »

Il reçut quelques jours après une autre consolation dans la visite de M. Cartier. Ce nom, pour le Père, était synonyme de dévouement aussi profond que sûr. M. Cartier avait accompagné le Père dans presque tous ses voyages pour le rétablissement de l'Ordre en France. Il était pour lui quelque chose de plus qu'un ami : c'était un *familier* ; aussi l'aimait-il d'une affection toute de famille. Quelques semaines avant sa mort, on lui rappelait cette affection si tendre, si modeste, si semblable à elle-même jusqu'à la fin ; il leva les bras en disant : « Ah ! Cartier ! Cartier ! »

Il voulut qu'il assistât à la messe que l'on disait dans sa chambre, tout près de son lit. Il l'accompagna dans une des rares promenades en voiture qu'il faisait encore. Il lui parla beaucoup du Père Besson, le pressa d'écrire sa vie, entendit l'exposé du plan que M. Cartier voulait suivre, et lui donna de nouveaux détails sur leur ami commun.

Chaque matin, pendant les trois derniers mois, on lui disait la sainte messe dans sa chambre, et il y communiait. Celui qui écrit ces lignes eut plusieurs fois cette consolation, et il n'oubliera jamais l'expression d'angélique ardeur avec laquelle le Père recevait son Dieu. Le dernier jour où j'eus ce bonheur, l'office sacré me frappa. Il disait : « Ce sont des hommes pleins de miséricorde : les œuvres de la piété vivront à jamais. Tous les biens sont l'héritage de leur postérité. Les enfants de leurs enfants sont un peuple saint ; leur race est fidèle à l'alliance divine. A cause d'eux leurs enfants demeurent éternellement ; leur semence et leur gloire ne périront pas : leurs corps reposent en paix dans les tombeaux, et leur nom vivra de génération en génération. Que les peuples racontent leur sagesse, et que l'assemblée des saints chante leurs louanges (1). »

Il n'y avait pas dans la sainte Écriture de paroles qui fussent plus en harmonie avec mes pensées et mes espérances en ce moment.

Plus le mal avançait, plus les prières s'élevaient vers Dieu ardentes et nombreuses. En France, il y avait peu de communautés religieuses où l'illustre malade n'eût été recommandé, et où l'on ne priât pour sa guérison. On priait surtout dans toutes les maisons de l'Ordre.

A Saint-Maximin, les jeunes novices renouvelaient les saintes témérités des vieux âges de foi. Les uns se

---

(1) Eccli., XLIV.

meurtrissaient à monter pieds nus les sentiers rocailleux de la Sainte-Beaume pour aller demander à Madeleine un miracle; les autres passaient les nuits devant le très-saint Sacrement, et, à l'exemple de saint Dominique, les larmes ne leur suffisant pas, ils mêlaient leur sang à leurs prières, et offraient généreusement leur vie pour celle de leur Père. Au soir du neuvième jour de ces ardentes supplications, tous les religieux allèrent, pieds nus, prendre les reliques de sainte Madeleine, et les porter sur leurs épaules dans les cloîtres et à l'intérieur de la maison. C'était un triste et lugubre spectacle de voir ces longues files de religieux s'avancer, à la lueur des flambeaux, dans les profondeurs des cloîtres, chantant les versets des psaumes les plus suppliants, s'arrêtant par intervalles, pour élever plus haut leurs plaintes, leurs gémissements, leurs chants. La nuit se passa presque entière à ces cérémonies d'un ineffaçable souvenir. On voulait un miracle; on croyait que Madeleine obtiendrait encore cette fois la résurrection d'un autre Lazare.

Lorsque le Père apprit ce que l'on avait fait à Saint-Maximin pour sa guérison, il s'écria: « O les pauvres enfants! mais c'est trop!... c'est trop!... »

Il aimait tant sainte Madeleine! si elle ne l'a pas guéri, c'est que l'heure était venue où il aurait pu dire comme autrefois le divin Maître à ses disciples: « Il vaut mieux pour vous que je m'en aille! » Dans une lettre de la fin de 1860, à une des âmes qui l'avaient le plus saintement et le plus profondément aimé, il disait : « Je crois que sainte Madeleine sera la protectrice des derniers jours de ma vie. » Il pria le religieux qui lui servait de secrétaire, de lui faire une lecture chaque jour, dans la *Préparation à la mort*, ou dans l'*Acte d'abandon à Dieu*, de Bossuet. Au reste sa grande dévotion pour la passion de Notre-Seigneur Jésus-Christ lui avait rendu depuis longtemps la pensée de la mort familière et douce. Dans les derniers jours de sa vie, on lui disait, en lui présentant un crucifix : « N'est-ce pas, Père, vous avez toujours aimé Notre-Seigneur crucifié ? — Oh! oui! oui, » répondit-il; et il le baisa tendrement. Une autre fois, montrant le Christ suspendu devant ses yeux, il dit : « Je ne puis le prier; mais je le regarde ! »

Il se faisait lire aussi, chaque jour, selon l'usage de toute sa vie, quelques passages de la sainte Écriture, particulièrement les Actes des Apôtres, les Épîtres de saint Paul, ou l'Évangile selon saint Jean.

Le dimanche, 20 octobre, s'ouvrait à Toulouse le chapitre provincial qui devait lui donner un successeur. Le premier devoir des Pères, avant d'entrer en séance, fut de se rendre à Sorèze auprès du vénéré malade. Il nous reçut avec sa bonté accoutumée, nous donna sa bénédiction, nous entretint des affaires de l'Ordre, et nous parla aussi de lui-même. « Je ne pensais pas vous quitter sitôt... Dieu me rappelle à lui... Il vaut mieux que je m'en aille... Si j'étais resté, on aurait pu croire que l'œuvre ne vivait qu'à cause de l'homme... Je vous serai plus utile là-haut. Priez pour moi... » Les Pères se rendirent ensuite en pèlerinage à Notre-Dame de Prouille et à Avignonet, terre féconde en miracles, et chère à la famille dominicaine. Une neuvaine de messes commença, à la suite de laquelle tous les Pères retournèrent à Sorèze demander une dernière bénédiction pour leur nouveau Provincial et pour chaque couvent de la province.

Depuis que la maladie s'était aggravée, le Maître général avait voulu être tenu régulièrement au courant de l'état du malade. Le 9 octobre, il écrivait de Rome au secrétaire du Père : « Veuillez lui dire que, dans l'audience que j'ai eue la semaine dernière, le Saint-Père m'a demandé avec intérêt des nouvelles de sa santé ; et, d'après les détails que je lui ai donnés, Sa Sainteté m'a témoigné une affectueuse compassion pour ses souffrances, ajoutant qu'il regardait cette longue maladie qui lui laissait toute sa présence d'esprit, comme une faveur spéciale de Dieu, qui voulait ainsi le préparer plus parfaitement à paraître devant lui.

« Dites-lui aussi que bien des fois déjà j'ai eu la tentation de partir pour la France, afin d'aller lui faire une dernière visite. Mais nous nous trouvons dans de telles circonstances, que je regarde comme un devoir de ne pas quitter mon poste. Assurez-le, du moins, que je suis bien souvent près de lui par la pensée, et que je ne cesse de prier pour lui. »

Le 30 octobre, il fut pris d'une première crise pendant la nuit. A ses douleurs d'estomac, se joignaient des douleurs rhumatismales à la jambe qui le faisaient horriblement souffrir. A deux heures de l'après-midi, le docteur Houlès, le voyant très-faible, dit qu'on pouvait lui donner les derniers Sacrements. Son confesseur l'en prévint. « Non, répondit-il, pas encore ; lorsqu'il sera temps je vous le dirai. »

En effet, les jours suivants furent meilleurs. Il reçut alors une troisième bénédiction apostolique du Saint-Père, accompagnée d'une indulgence plénière pour l'heure de la mort. Il en témoignait sa reconnaissance, et disait : « C'est une bonne chose qu'une indulgence plénière du Pape lorsqu'on va paraître devant Dieu ! »

Dans la nuit du 5 au 6 novembre, il eut une nouvelle crise. Les vomissements et les douleurs rhumatismales reparurent plus terribles. Le 6 au matin, il demanda lui-même l'Extrême-Onction et le saint Viatique. Les Religieux et les élèves de *l'Institut* assistèrent à cette triste cérémonie. Tous pleuraient. Lui seul, calme au milieu des larmes, répondait à toutes les prières. Il fit ensuite ses adieux à ceux qui étaient là. Il bénit les Religieux et les embrassa tous chacun à son tour. Il embrassa son neveu Frédéric, qui lui représentait sa famille, et qui ne l'avait pas quitté depuis plusieurs jours. Il voulut embrasser aussi chaque élève de *l'Institut*, lui disant : « Adieu, mon ami, adieu ; c'est pour la dernière fois... Soyons toujours bien sage. » Il reçut le saint Viatique à deux heures.

Il recommanda de ne point abandonner Louis, qui depuis sa maladie était attaché à son service. Il aimait Louis, non comme un serviteur, mais comme un enfant. Il était si touché des moindres choses faites pour lui! comment ne l'eût-il pas été d'un dévouement si pur et si invincible! Depuis vingt jours Louis ne s'était pas mis au lit. Il eut jusqu'à la fin pour son malade des soins d'une délicatesse que l'affection seule pouvait inspirer. « Mon pauvre Louis, lui disait le Père, il faut nous quitter!... Dieu le veut ainsi, il faut se soumettre! » Lorsque la violence du mal lui arrachait quelques plaintes, aussitôt il le regardait tendrement, et, lui passant le bras autour du cou, il l'attirait près de lui et lui demandait pardon de ses mouvements d'impatience. Le médecin étant entré après un de ces mouvements: « J'ai grand'peine à me retourner, lui dit-il, et puis, il faut l'avouer, je suis un peu impatient! »

Après avoir reçu les derniers Sacrements, il demeura absorbé dans un grand recueillement, interrompu çà et là par quelques paroles à ceux de ses enfants plus intimes qui venaient le voir.

Les Pères de la maison d'Oullins, mandés par le télégraphe, venaient d'arriver. En voyant entrer dans sa chambre les PP. Captier et Mermet qui s'étaient donnés des premiers à l'œuvre du Tiers-Ordre, le Père leur témoigna la joie qu'il avait de les revoir. Il s'entretint assez longuement de la maison d'Oullins avec le R. P. Captier, prieur du collége. Il demandait où en étaient les constructions inachevées, les plantations d'arbres, etc. Cette chère maison d'Oullins avait été le berceau du Tiers-Ordre enseignant. Il n'avait pu y faire ce qu'il avait fait pour Sorèze. Mais il ne pouvait oublier que la première pensée de l'œuvre était venue de là, que de là aussi lui étaient venus les premiers et les plus intelligents dévouements.

Il bénit aussi avec une grande effusion de cœur M. le docteur Houlès, chrétien sincère autant qu'habile médecin. Tout ce que la science unie aux soins les plus délicats et les plus constants avait pu, ce cœur honnête et dévoué l'avait fait. Le Père était touché de tant de sollicitude, et nous l'avons plusieurs fois entendu en exprimer son étonnement et sa gratitude.

Le dimanche 10, dans la soirée, il y eût un mieux inattendu, une lueur d'espoir et de joie reparut sur tous les visages. « Pourtant, si Dieu voulait! » lui dis-je en le baisant au front. Il fit un signe de doute qui semblait dire : « Je ne l'espère pas! » Le mieux ne pouvait durer, le Père ne prenant à peu près rien; les forces diminuaient chaque jour.

Le mercredi 13, il dit une parole qui révéla assez où étaient ses pensées et son cœur. Une dame de Marseille étant venu le voir, il la bénit, la remercia de tout ce qu'elle avait fait pour Saint-Maximin et la Sainte-Beaume, et lui demanda de s'y intéresser toujours.

Elle le promit. Il ajouta : « Saint-Maximin et la Sainte-Beaume, c'est ma dernière pensée !... » Sainte Madeleine était vraiment la protectrice de la fin de sa vie. Il avait désiré briser avec elle aux pieds de Jésus-Christ le frêle mais fidèle vase de ses pensées. Il accomplissait son vœu.

Pendant ces longues heures d'agonie, rien ne troublait son recueillement. Parmi ses enfants, les plus anciens ou les plus près de son cœur entraient de temps en temps dans sa chambre, priaient devant le petit autel de bois, recevaient un regard et se retiraient en silence. Ce regard dut se reposer avec bonheur sur un ami cher entre tous qui venait d'arriver; c'était M. Barral, l'Emmanuel des *Lettres à un jeune homme*, *l'honneur de l'école de Sorèze* (1), trop digne à tous égards de ce que le Père a écrit et pensé de lui, pour que nous hésitions à le nommer.

A la fin de la semaine, les forces diminuèrent encore, et jusqu'à la crise du 20 au soir, qui fut la dernière. Depuis deux jours il ne prenait plus rien. Son estomac se refusait à toute nourriture. Il ne parlait presque plus, et lorsqu'il demandait quelque chose, sa parole embarrassée n'était pas toujours comprise. Dieu, par la main de la mort, lui retirait ainsi, peu à peu, les dons magnifiques qu'il lui avait faits, lui laissant toutefois, dans la pleine liberté de son esprit, le

---

(1) *Première lettre à un jeune homme*, p. 1.

mérite de dire à chaque sacrifice nouveau : « Père, que votre volonté se fasse, et non la mienne ! » Cette bouche éloquente qui remuait autrefois les multitudes, les soulevait ou les apaisait à son gré ; cette parole de feu qui avait le secret des grands ébranlements ; ce fluide d'un divin magnétisme qui nous donnait de sa surabondance, nous enivrait de son amour pour la justice, de son indignation contre toutes les lâchetés ; ce verbe enflammé qui pénétrait les âmes d'une si ardente émotion, que longtemps après les derniers échos, ravis encore et sous le charme, on se disait : Jamais homme a-t-il parlé comme cet homme-là ? cette bouche aujourd'hui balbutiait comme celle d'un petit enfant. Nous éprouvions une sorte d'humiliation mêlée d'effroi, à entendre ces sons inarticulés s'échappant de telles lèvres ! Pour lui, toujours calme dans ces ombres de la mort, toujours roi dans ces lieux d'esclavage, lorsque, par paroles ou par signes, il n'avait pu réussir à se faire entendre, il remerciait du regard la bonne volonté impuissante de ceux qui l'entouraient, et rentrait dans son repos.

Le mercredi 20, au soir, il eut une crise, la plus douloureuse, la plus déchirante de toutes, et qui fut aussi la dernière. Il fut pris de cette angoisse, précurseur d'une mort prochaine, qui jette l'âme dans d'inexprimables tortures. Il se dressa sur son lit, lui qui ne pouvait faire un mouvement sans le secours de Louis. Il voulait parler, et on eût dit, aux efforts qu'il faisait, qu'il allait étouffer. Sa respiration, jusque-là assez régulière, devint plus courte et plus bruyante : le dernier combat commençait. Il fut terrible. Nous étions tous là, à genoux, retenant nos sanglots de peur d'accroître sa peine, priant les yeux fixés sur cette navrante image de notre Père; nous le voyions étendre autour de lui ses bras amaigris, comme un homme qui cherche à se reconnaître dans les ténèbres, ouvrir parfois ses grands yeux qu'il tenait habituellement fermés, promener lentement ses regards sur nous, sur les murs de sa chambre, interroger le ciel, comme si, revenu déjà du rivage de la lumière, il eût peine à s'avouer qu'il fût encore sur la rive des ombres. Puis, d'une voix forte et les bras élevés, il s'écria : « Mon Dieu ! mon Dieu ! ouvrez-moi ! ouvrez-moi ! » Ce fut sa dernière parole. Nos sanglots éclatèrent; un instant après, la voix émue du R. P. Provincial s'éleva au-dessus de nos larmes : les dernières prières commençaient. Le Père attendait cela; car aussitôt il se laissa retomber sur son lit, et sut commander encore à la souffrance. Nulle plainte, nul cri n'interrompit notre prière; il écoutait, recueilli, absorbé en Dieu. Il se frappait la poitrine, et ne pouvant faire le signe de la croix sur son corps, il le faisait sur son cœur. A l'invocation deux fois répétée de saint Dominique, la voix du prêtre s'éleva plus ferme, plus suppliante. Il était si naturel de penser que saint Dominique était là, près du Père de sa nouvelle famille, près de celui qu'il avait sans doute demandé lui-même à Dieu pour lui susciter des enfants de cette vieille terre de France, dont il connaissait l'inépuisable fécondité ; qu'il était là, dans ce pays d'Albi, champ de bataille de ses luttes apostoliques, dans cette même plaine où sa première maison lui fut donnée ! Il plaisait ainsi à Dieu de rapprocher dans la mort ceux dont la vie avait eu la même destinée.

On lui présenta le crucifix ; il le prit, le pressa entre ses mains et fit des efforts pour le porter à ses lèvres. On dut le lui faire baiser, ses bras lui refusant ce service ; puis le Christ, l'image de celui qu'il avait tant aimé, resta là sur son cœur. Il le regardait, et disait sans doute avec lui : « Père ! je remets mon esprit entre vos mains ! »

Arrivé à cette solennelle parole : « Sors, âme chrétienne, de ce monde ! » le Père Provincial s'arrêta. Il hésita, je le conçois ; encore que ce ne soit pas un ordre formel du prêtre, car la mort ne reconnaît d'autre maître que Dieu, cependant il attend souvent que cette parole soit prononcée pour permettre à l'âme de sortir : et s'il est toujours dur à un mortel de dire à une âme de s'en aller, de quitter ce monde, sa famille, son père, sa mère, ses enfants, combien plus dure encore doit être cette parole dans la bouche d'un fils à son père ! Comment oser dire à un tel père de s'en aller pour ne plus revenir, de quitter ses enfants pour ne les plus revoir ! Pour moi, je me demandais si j'en aurais eu le courage, et si le prêtre aurait su commander en moi à la douleur de l'enfant.

Les angoisses de l'agonie continuaient; ce n'était pas le râle, la poitrine étant parfaitement saine : c'étaient des étouffements et des gémissements inachevés. On pouvait craindre, à chaque secousse, de n'avoir plus qu'un cadavre entre les bras. Je fis signe au Père provincial de ne plus hésiter, et d'une voix lente et grave il dit : *Proficiscere, anima christiana, de hoc mundo.* Qui m'avait donné ce courage? Où avais-je trouvé la crainte de voir mon Père mourir sans cette parole? Ah! c'est qu'elle ne dit pas seulement : Partez! mais aussi : Venez! Elle appelle au-devant de cette voyageuse au départ le Père, le Fils, et le Saint-Esprit, les Anges et les Archanges, les Patriarches, les Prophètes, les Apôtres, les Martyrs, les Vierges, tout le rayonnant cortége des Saints. Elle lui souhaite le doux et joyeux accueil du Christ Jésus : *Mitis atque festivus Christi Jesu tibi aspectus appareat.* Avec quel accent le prêtre disait à cette grande âme : « Allez voir face à face votre Rédempteur, et, toujours présente à ses côtés, contemplez enfin de votre bienheureux regard la très-éclatante Vérité. » Ne lui devait-elle pas, en effet, cette Vérité vivante, à lui qui en avait si éloquemment parlé aux hommes, une plus splendide révélation d'elle-même?

Les prières étaient terminées : la crise se termina avec elles. Le malade parut s'endormir, non encore du dernier sommeil, mais dans un recueillement plus profond.

Il ne sortit plus de cet assoupissement. La nuit se passa ainsi. Vers le matin, les religieux se retirèrent pour prendre quelque repos. Il ne resta près de lui, et dans son antichambre, que les plus anciens dans l'une et l'autre branche.

A peine si, de temps en temps, on entendait quelque faible gémissement. Le corps n'avait même plus la force de la douleur; l'âme seule résistait encore.

Le 21, fête de la Présentation de Notre-Dame au temple, fut le dernier jour d'une neuvaine faite, non-seulement à Sorèze, mais dans tous les couvents de la Province. Ce devait être aussi le jour de sa présentation à Dieu par les mains de Marie. C'était une belle fête pour mourir. Dieu n'exauce pas toujours nos prières dans le sens de nos désirs, mais toujours selon les décrets de son infaillible bonté. La journée se passa sans incident. Le soir, obéissant à l'instinct de cette propreté qu'il aimait à appeler une demi-vertu, il demanda par signe à changer de linge. Vers neuf heures, il avait près de lui son confesseur et Louis; dans la chambre contiguë à la sienne, le Père provincial et le maître des novices de Saint-Maximin. Louis, n'entendant plus le bruit de la respiration, approcha la lumière, qu'il avait éloignée pour favoriser le sommeil, et reconnut, le premier, que nous n'avions plus de Père. Peu d'instants auparavant, il avait poussé un faib gémissement que rien ne distinguait des autres et auquel on n'avait pas pris garde: c'était l'âme de notre Père qui s'en allait.

« Le Père vient de mourir! » Cette parole, qui nous réunit tous au pied du lit, nous trouva presque incrédules. La mort avait hésité si longtemps à frapper cette grande et sainte victime, que nous voulions espérer contre toute espérance. Nous nous penchions sur cette tête chérie; nous la baisions au front, attendant un regard, cherchant à sentir encore son haleine brûlante.

Lorsque notre malheur fut trop certain, on lui ferma les yeux. Le Père provincial abaissa une paupière; un de ceux qu'il aima davantage abaissa l'autre.

Les prières recommencèrent. Les deux chambres s'étaient remplies: les religieux, les professeurs, M. Barral, les élèves de *l'Institut*, M. le curé de Sorèze et son vicaire étaient là, répondant aux invocations. On récita le Rosaire en entier, cette douce prière que Marie dut entendre, surtout un pareil jour, et dont lui-même avait dit cette parole connue de tous: « L'amour n'a qu'un mot: en le disant toujours, il ne le répète jamais. »

Quelle scène, mon Dieu! et comment pourrai-je la rendre? Je ne l'essaierai même pas. A quoi bon? ceux qui n'ont vu en lui que le grand orateur ne trouveraient là rien qui soit digne de sa gloire. Pour ceux qui ont aimé en lui les dons de la grâce au-dessus des dons de la nature, cette fin si simple et si chrétienne leur a dit depuis longtemps ce qu'ils désiraient surtout en apprendre. Ils savent qu'il est mort, père d'une nombreuse famille, entouré de ses enfants ; homme de génie, ayant ambitionné de cacher sa gloire dans les murs d'un collége, comme dans un sépulcre, dans l'espoir qu'elle y serait encore plus oubliée que dans les murs d'un cloître, et ayant trouvé là ce qu'il cherchait, la mort dans la simplicité : *Moriamur in simplicitate nostra.* Il mourut dans une pauvre cellule, lui qui avait refusé les honneurs de l'Église ; il mourut entouré d'hommes sans nom, lui au-devant de qui les noms les plus illustres étaient venus, s'honorant de son amitié ; il mourut loin de toute gloire humaine, loin des hommes qui la cherchent même sur les lèvres d'un mourant, loin des villes qui la donnent même à un cercueil ; il mourut dans la pauvreté, l'humilité, la simplicité, digne, dans sa mort comme dans sa vie, du Maître qu'il avait choisi, de la Croix qu'il avait tant aimée.

« O Père, en choisissant de vivre et de mourir au milieu de nous, vous nous avez donné beaucoup. Que vous rendrons-nous ? Nous ne vous donnerons pas la gloire, mais quelque chose qui vaut mieux et qui dure plus longtemps. Nous vous avons fait dans nos cœurs une place où votre mémoire vivra de génération en génération, à l'abri des trahisons de la renommée, de l'indifférence et de l'oubli. Nous vous vénèrerons et vous aimerons comme un père, nous vous imiterons comme un saint. »

Les anges, en se penchant sur les lèvres du Père pour recevoir son âme, avaient laissé sur son visage je ne sais quelle expression de joie céleste; nous ne pouvions en détacher nos regards. Ce n'étaient plus les contractions des dernières angoisses ; c'était la sérénité du sommeil, et cette douce majesté que l'ange de la mort laisse aux corps des saints.

Le reste de la nuit fut employé aux préparatifs pour recevoir le Père dans la petite chapelle des sœurs, où il devait demeurer exposé le plus longtemps possible.

L'humble religieux avait défendu qu'on embaumât son corps : il avait expressément recommandé que son cercueil fût en simple bois de chêne.

Dès que le corps, revêtu des habits religieux, fut exposé, les messes commencèrent et se poursuivirent pendant toute la matinée.

Pendant la messe que célébra le Prieur de Sorèze, le drapeau de l'école, voilé d'un crêpe, demeura incliné vers le corps, et tous les dignitaires du collége vinrent lui faire toucher leurs insignes, l'un son épée, l'autre le grand cordon, les autres leurs épaulettes.

Il y avait sept ans, à pareil jour, que le Père Lacordaire avait pris solennellement possession de l'école, prononcé un discours, planté et béni un cèdre, et rédigé un procès-verbal que tous avaient signé. On se souvenait de cette belle fête à Sorèze. Et aujourd'hui ces mêmes insignes qu'il avait bénis plein de vie, venaient demander à ses restes sacrés la suprême consécration de la mort.

Ce spectacle nous toucha. Ces jeunes gens avaient donc compris le sacrifice qu'un grand homme leur avait fait de ses dernières années. « Si mon épée s'est rouillée, Messieurs, c'est à votre service, » leur avait-il dit quelques mois auparavant. Si elle s'y était rouillée, je ne sais; mais elle s'y était brisée.

« La perfection de la vie consiste à s'abdiquer. Le nombre des hommes qui s'abdiquent réellement et totalement est très-petit. Tout homme qui s'abdique, ne sût-il faire qu'un vulgaire métier, je l'estime un grand homme. » C'est lui qui avait dit cela. Il avait mieux fait que le dire, il l'avait réalisé. C'est pour cela qu'il était venu cacher la fin de sa vie à Sorèze. Il y avait trouvé le repos et une douce récompense dans la tendresse filiale de ces jeunes gens.

Ceux qui ont vu l'école en ces jours de deuil, et combien ces enfants se sont honorés par leur tristesse, leur recueillement et leurs larmes, auront une idée de leur affection pour celui qu'ils appelaient, comme nous, *le Père*. Ah! ils apprécient mieux encore aujourd'hui, par le vide de sa mort, le don que Dieu leur avait fait et l'irréparable malheur d'une telle perte. Merci, chers jeunes gens, d'avoir pleuré sur son corps. Au nom de sa famille selon la chair, et de sa famille religieuse, au nom de ses amis, j'oserai dire au nom de la France, merci !

Pendant les trois jours où il resta exposé, l'affluence des visiteurs fut considérable. On venait de Revel, de Castres et de toutes les campagnes voisines contempler une fois encore cette grande et belle figure du plus illustre Directeur qu'ait eu et qu'aura jamais cette illustre école. On regardait longtemps *cette tête qui en a illuminé tant d'autres* (1); puis on tombait à genoux et on priait, plus souvent pour se recommander à son crédit auprès de Dieu que pour lui assurer le lieu du repos. On lui faisait toucher des objets de piété Tout le jour plusieurs prêtres furent occupés à satisfaire ce religieux empressement. C'étaient pour la plupart des gens simples de la campagne qui venaient, sans y penser, rendre le plus touchant hommage à la mémoire de celui qui avait tant aimé l'humilité et la simplicité.

Le lundi 25, à dix heures du matin, il fallut se décider à le dérober aux regards, à l'affection de ses enfants, à la vénération de tous, et le déposer dans son cercueil de bois. Ce fut une heure déchirante entre toutes. Nous le baisions aux pieds, aux mains et sur le front; c'était pour la dernière fois. Soutenu sur les bras de ses enfants, il descendit dans le lit de son suprême repos. Penchés sur son cercueil, nous l'inondions de nos larmes : c'était le seul parfum dont il n'a-

---

(1) *Panégyrique de saint Thomas d'Aquin,* par le Père Lacordaire.

vait pu nous défendre de l'embaumer. Ce fut au milieu de nouvelles prières, de nouveaux sanglots, que les ouvriers achevèrent de le cacher à nos yeux. La terre nous le reprenait peu à peu, et nous avertissait de ne plus le chercher qu'au ciel.

Le cercueil fermé fut replacé sur la petite estrade, recouvert du drap mortuaire, et jusqu'à l'heure des funérailles, le jour et la nuit, des Religieux veillèrent et prièrent près du corps.

Le jeudi 28, nous conduisîmes notre Père à sa dernière demeure. Nous ne dirons pas les détails de ces magnifiques obsèques auxquelles assistaient plus de vingt mille personnes. La manifestation de la douleur publique dépassa toute attente; il y aurait injustice à ne pas le reconnaître, ingratitude à s'y montrer indifférent; on a fait beaucoup trop pour honorer la mémoire d'un pauvre religieux; mais que pouvait-on faire pour combler dans nos âmes le vide de cette mort? Sorèze, le lendemain, avait repris sa physionomie accoutumée; nous, le lendemain, nous quittions ce village, emportant dans nos cœurs une blessure qui ne devait plus se fermer : elle est encore là toute vive; elle y sera toujours.

Ce que nous avons vu dans cette grande manifestation, ce qui nous a touché, ce que nous pouvons et voulons dire, c'est le recueillement de la foule, c'est la douleur des visages, ce sont les larmes dans les yeux de plusieurs, ce sont des exclamations comme celles-ci :

« C'était un grand saint ! Pourquoi Dieu n'a-t-il pas demandé, à chacun de nous, deux ans de sa vie pour lui en faire une bien longue ? »

Mgr l'archevêque d'Albi, retenu par une douloureuse maladie, était remplacé par Mgr Desprez, archevêque de Toulouse, qui officia et fit l'absoute. Mgr Gerbet, évêque de Perpignan, également malade, s'était fait représenter par un de MM. ses Vicaires généraux. A l'issue de la messe, Mgr de la Bouillerie, évêque de Carcassonne, prononça l'éloge funèbre du Père. Nous regrettons que ce discours n'ait pas été publié. Pris à l'improviste, Mgr de la Bouillerie se livra aux inspirations de son cœur et de sa foi, et sut trouver souvent pour pleurer son illustre ami les accents de la plus sublime éloquence. Au reste, Mgr de la Bouillerie n'a si bien réussi à faire comprendre, admirer et aimer le Père Lacordaire, que parce que, mieux que tout autre, il était fait pour le comprendre, l'admirer et l'aimer.

La cérémonie avait commencé à dix heures ; à deux heures tout était fini !...

« O Père ! non, tout n'était pas fini. Vous n'êtes plus au milieu de vos enfants ; chaque année qui vous éloigne de nous, accroît dans nos âmes la solitude et les regrets. Mais il nous reste de vous des exemples, et nous voulons les suivre ; des promesses de ne nous point abandonner, et nous savons que vous les tiendrez. Il nous reste la conviction de votre présence au milieu de nous, la conviction que la mort ne nous a ravi qu'une partie de vous-même, la moindre, la moins noble, et que votre âme, en rentrant dans le sein du Dieu Très-Haut, s'est rapprochée de nous. Ce Père, en qui vous reposez, n'est pas seulement le lieu des esprits, il en est encore le lien. Il est votre Père, et il est le nôtre. Il vous aime et il nous aime, au même titre et du même amour. Que peut le tombeau à cette foi qui est votre éternelle vie et la nôtre ?

« Laissez-nous donc, ô Père, vous redire ces grandes et consolantes paroles, par lesquelles, peu de temps avant votre mort, vous prophétisiez et votre départ et votre survivance : « *Vado ad Patrem*, J'ai un Père, et j'y vais ! J'ai un tombeau... et je n'y vais pas ; car au delà de mon tombeau est l'éternité qui m'attend et mon Père qui m'appelle : *Vado ad Patrem !...* »

Il nous est impossible de fermer ce livre sans lui donner une conclusion, impossible de quitter cette grande figure désormais historique sans lui demander une dernière fois et en raccourci ce qu'elle fut, à quel rôle elle avait été prédestinée, quelle place elle occupera dans le mouvement religieux de ce siècle.

Nous ne connaissons pas d'homme, en France, qui

ait exercé une influence plus considérable, plus populaire, plus décisive sur les intérêts catholiques de l'époque présente ; aucun qui, par son enseignement, ses écrits, ses œuvres et sa vie, ait plus fait pour la cause de l'Église dans notre pays, pour l'heureuse solution de la grande crise sociale que traverse notre siècle. S'il est un fait évident aujourd'hui à tous les esprits qui aiment à interroger les signes des temps, c'est que le mal dont nous souffrons est avant tout un mal religieux, c'est que la grande question à laquelle se rattachent toutes les autres, est de savoir si l'homme et la société peuvent vivre sans foi surnaturelle, sans commerce positif avec Dieu. Toute la lutte est là.

D'une part, les incroyants, armés des forces de la raison, des découvertes de la science, des progrès de l'industrie, repoussent de la vie de l'homme toute intervention divine, toute religion positive, et prétendent affranchir à jamais l'humanité du joug étroit de la révélation. D'autre part, les croyants travaillent à faire rentrer Dieu dans les conditions normales de la vie de l'homme et de la société ; mais, en plaidant les droits de la foi, souvent ils les exagèrent et diminuent la portée des lumières naturelles ; ils s'effraient des investigations hardies de la science, et ne voient pas sans anxiété les ambitieuses conquêtes de l'esprit sur les forces secrètes de la matière. De là, dans les deux camps, un antagonisme qui ne tient plus seulement aux dissidences de doctrines, mais à des questions de tendances et de vues personnelles, qui rendent la lutte plus vive, plus passionnée, et retardent le terme de l'entente finale. Or, le Père Lacordaire nous paraît avoir été providentiellement envoyé au milieu de ces graves débats, comme un de ces bons et purs génies qui dissipent les malentendus, apaisent les irritations, défendent les principes avec mesure et impartialité, et avancent l'heure de la réunion des esprits dans la vérité. La mission principale du Père Lacordaire, à notre avis, fut de montrer que, loin d'être en opposition radicale, la raison et la foi, la science et la théologie, la société et l'Église s'appellent et s'unissent harmonieusement, et qu'en dehors du Christianisme il n'y a pas de vie complète ni pour l'homme ni pour la société. A peine commence-t-il à prendre conscience de lui-même qu'il se sent invinciblement appelé à poursuivre cette grande œuvre d'unification. « Ami passionné de son siècle, né au plus profond de ses entrailles, » il se fait honneur de lui rester toujours fidèle dans les limites du juste et du vrai, et lorsqu'il quitte les ombres de l'incrédulité pour entrer dans les clartés de la foi, il ne pense point enchaîner pour cela sa raison ni lui couper les ailes, mais bien au contraire lui ouvrir de plus larges horizons ; il n'entend point amoindrir son cœur, mais le dilater à l'aise dans l'amour infini. « Tout l'homme est demeuré, dit-il lui-même ; il n'y a de plus en lui que le Dieu qui l'a fait. »

C'est ce même Dieu retrouvé, océan de lumière et

d'amour, qu'il eut mission d'annoncer à un siècle qui l'a perdu, mais qui souffre de son absence, et qui déjà le redemande à tous les échos qui parlent de lui, aux bruits de la nature, aux harmonies des mondes. Ce grand mouvement philosophique, cette fièvre ardente et inquiète de certitudes rationnelles, qu'est-ce autre chose sinon le signe de Dieu absent de la pensée de ce siècle? D'où viennent ces incohérences de doctrines, ces tâtonnements de systèmes, ces extravagances de remèdes, ce malaise des âmes, sinon du choc antireligieux qui a ébranlé la société, l'a déplacée de son axe naturel qui est Dieu, et la condamne aujourd'hui au travail forcé du rétablissement de l'équilibre rompu? Vous avez pensé renverser Dieu de son trône, disait l'apôtre à sa génération incrédule, et voilà qu'en dépit de la tentative insensée de vos pères, Dieu vous poursuit sans relâche, se place partout sur votre chemin, se présente à votre esprit à tout propos. Dans vos déductions philosophiques, dans vos études naturelles, dans vos recherches historiques, dans vos essais de réformes sociales, toujours la question de Dieu se présente la première, parce qu'elle est, en effet, la première partout, et qu'il est aussi impossible de se passer de Dieu que d'essayer de le refaire. Il est aujourd'hui ce qu'il était hier, ce qu'il sera demain. Il vous presse de toutes parts, et vous ne le voyez pas. Comme l'antiquité, vous avez votre autel au *Dieu inconnu*. Or, ce Dieu que vous cherchez sans le connaître, que vous invoquez en secret, le Dieu de la lumière, le Dieu des sciences, le Dieu de l'avenir, c'est Celui que je vous prêche, le Dieu de l'Évangile, Jésus-Christ Notre-Seigneur, en qui seul est le salut et la vie.

Cette prédication fut entendue et porta ses fruits, parce qu'elle répondait au mal profond qui agite ce siècle et le pousse dans les bras de Dieu, parce qu'elle réveillait dans le cœur de la nation une fibre généreuse qui peut bien y dormir quelque temps, mais qui n'y meurt jamais.

Cette parole ne contristait aucun progrès légitime, aucune idée sincère, aucune louable aspiration. Elle combattait les erreurs, mais sans en maudire l'instrument, la raison ; elle attaquait les fausses doctrines, mais sans blesser jamais les personnes. Elle n'était pas un Jérémie pleurant et se lamentant sur des ruines, mais un prophète d'avenir, le doigt toujours levé vers l'aube blanchissante de la résurrection, vers l'arc-en-ciel, signe divin de paix et d'alliance. Elle ne disait pas : *Les Dieux s'en vont !* comme elle aurait pu le dire au déclin de la monarchie de Louis XIV ; mais elle disait : *Les Dieux reviennent !* Elle croyait à des temps nouveaux et meilleurs pour l'Église. Elle voyait dans les résultats universellement négatifs de la philosophie contemporaine, après des efforts désespérés et des travaux gigantesques, une salutaire expérience de l'impuissance doctrinale de la raison, privée d'une lumière supérieure, et un heureux acheminement aux affirmations nécessaires de la foi. Elle saluait les découvertes de la science et les progrès de l'industrie, comme les auxiliaires de la Vérité divine, comme les soldats avancés aplanissant les voies sous les pieds des hérauts de l'Évangile, et préparant, par le rapprochement des mondes, l'unité prophétique d'une seule Église sous un seul Pasteur (1). Elle disait aux incroyants : Vous pensez travailler contre nous, et vous n'êtes que les pionniers de l'Évangile se disposant à de plus vastes conquêtes. Historiens, philosophes et savants, vous amassez de toutes parts de précieux matériaux ; vous taillez, à la sueur de votre front, les pierres de l'édifice dont le Christ sera le seul architecte, et dans lequel demain vous entrerez avec nous pour chanter ensemble l'éternel *Credo*.

Aux catholiques timides, elle disait : Hommes de peu de foi, pourquoi doutez-vous encore? Au lieu d'hésiter et de trembler, prenez le pas sur la civilisation qui s'avance, mettez-vous hardiment à la tête du mouvement : vous seuls pouvez le conduire à Jésus-Christ, et lui faire trouver là, dans son sein, le salut et l'idéal qu'il poursuit.

Ce que fut cette médiation conciliatrice pour l'esprit de l'homme déshérité de la foi, elle le fut pour la société plus dangereusement blessée encore depuis son divorce avec l'Église. Elle présenta le remède d'une

---

(1) Et fiet unum ovile et unus pastor. — Joan., x, 16.

main amie, et ne crut pas qu'il fût nécessaire pour sauver le malade de changer son tempérament et de détruire ses forces vives. La société moderne souffre surtout de deux maux : l'absence de religion et l'excès d'une liberté sans contre-poids et sans frein. La liberté aux mains d'un peuple sans foi religieuse, c'est une arme affilée aux mains inhabiles d'un enfant : le moindre malheur est qu'il en soit seulement blessé. L'art de se servir de la liberté, s'appelle la vertu. Le danger de cette liberté sans contre-poids suffisant du côté de Dieu, paraît tel à certains esprits, qu'ils n'hésitent pas à conseiller aux pouvoirs d'arracher aux mains d'un peuple sans religion cette arme nuisible. Le Père Lacordaire fut du petit nombre de catholiques qui pensent qu'il est plus sage d'apprendre au peuple à s'en servir. Il crut à la liberté, comme il croyait à la raison et à la science ; il y crut comme à une force civilisatrice, non comme à un fléau ; comme à une conséquence heureuse de la Rédemption, non comme à une ennemie de l'Église. Il voyait le *peuple* dater de l'Évangile, cette grande charte d'affranchissement qui avait brisé les chaînes aux mains des esclaves et proclamé les droits de tous à la justice et à la vérité ; il voyait le peuple, cette famille immense des délaissés et des petits, adopté de préférence par Jésus-Christ comme la part spéciale de son héritage, comme le privilégié de son amour ; il voyait ce peuple, légué par le Sauveur à son Église, élevé par elle avec une égale tendresse, grandir sous sa protection, prendre pied peu à peu dans la vie politique, et arriver enfin à l'âge de la virilité, où, nouveau prodigue il lui plut d'abandonner le toit hospitalier de sa mère pour aller courir les aventures d'une indépendance, pleine de mécomptes et de revers. Il voyait ce peuple, cette démocratie moderne, étendre son empire sur les deux hémisphères, accepter là-bas le baptême chrétien, se débattre ici dans les crises douloureuses d'une lente transformation, s'affirmer partout, ne reculer jamais, et arriver ainsi graduellement à une prédominance qu'il n'est pas plus permis de méconnaître que d'arrêter. « Son nom, disait-il, est sur toutes les lèvres ; objet de terreur et de haine pour les uns, d'admiration et de culte pour les autres. Le Nil a vu ses soldats, le Tage et le Borysthène ont entendu le bruit de sa marche; et plus loin, son bras s'est étendu des vallées des Andes aux plages immobiles où Confucius croyait avoir enchaîné pour toujours l'âme des générations (1). » Mais plus il croyait à l'avénement de cette grande puissance, à cette ère de liberté virile vers laquelle les nations s'élancent avec une irrésistible ardeur, à ces terres nouvelles dont toutes les brises apportent les enivrants parfums, plus il se sentait obligé d'élever haut, sur la tête de cette démocratie triomphante, l'étendard de la croix, ce divin *Labarum* de toutes les victoires, sans lequel la liberté ne saurait

---

(1) Discours sur la loi de l'histoire.

manquer de périr. Là où Dieu n'est pas, répétait-il, l'amour de la liberté n'engendre que l'anarchie et le despotisme. L'histoire entière, ancienne et contemporaine, est là pour l'attester. Plus que jamais l'Évangile est nécessaire à la société, parce que seul il donne l'ordre qui règle et nourrit la liberté, et qu'en dehors de lui le peuple retombera forcément sous la main de fer d'un maître ou de plusieurs qui feront de l'ordre avec l'épée.

Tel fut pendant trente ans le son que rendit à la France le patriotisme religieux du Père Lacordaire. Parole non de tribun, mais d'apôtre, entendue de beaucoup, repoussée d'un certain nombre, mais, en définitive, sûre de sa récompense; car elle fut avant tout une parole dévouée. Comme son divin Maître, le Père Lacordaire fit toujours précéder l'enseignement oral de l'enseignement d'exemple et d'action, le plus éloquent de tous : *cœpit facere et docere*. Humble enfant de l'Église, il n'hésita jamais dans la prompte adhésion de sa foi soumise, pour avoir le droit de demander aux autres une semblable vertu. Il aima la liberté; mais il sut placer la sienne à l'abri de tout péril d'erreur, sous la protection de l'obéissance religieuse; il aima le peuple, les petits, les pauvres; mais il en avait acquis le droit en se faisant pauvre lui-même, et en se fermant à jamais par ses vœux l'accès des honneurs. Il exalta souvent devant son pays les gloires de l'abnégation, les joies du service gratuit; mais toute sa vie fut un admirable modèle de ces vertus d'oubli de soi-même et de fidélité aux plus humbles devoirs. Il lui parut tout simple d'achever sa carrière dans les obscurs et féconds sacrifices de l'éducation, il s'étonnait même qu'on lui en fît un mérite. En un mot, lorsqu'on regarde au plus profond de cette vie, on y trouve une vertu qui en fait l'unité et la beauté, la vertu de la croix. Dans son amour pour Jésus-Christ, le Père Lacordaire puisa le secret d'une grandeur que les hommes admireront longtemps, et d'une sainteté que Dieu seul a su récompenser.

FIN

APPENDICE

APPENDIX

ELOGIUM FRATRIS DOMINICI LACORDAIRE [1]

Vir undequaque clarissimus, atque omnium virtutum genere ornatissimus, cujus fama in universa pene Europa personuit, Fr. Henricus Dominicus Lacordaire, in Provincia Franciæ diem clausit supremum. Sane quantum pro Ordinis gloria adlaboraverit, quantum de eodem benemeritus fuerit, quot labores in sacro præsertim suggestu exantlaverit, neminem profecto latere arbitramur. Pauca igitur non pro hominis excellentia, sed pro more, et instituto majorum, de eo hic delibabimus, quoniam ipsius memoria ex editis operibus et ex indepta fama satius apud posteros commendabitur.

In oppido Burgundiæ, cui nomen Recey-sur-Ource, genere honestissimo natalia sortitus est anno 1802, IV Id. maii. In Divionensi Lycæo humanioribus litteris vacans, acri vividoque uti erat ingenio, magnam de se adhuc impubes excitavit apud æquales opinionem: mox ibidem prudentiam juris aggressus, qualis futurus esset orator, liquido præ-

---

[1] In Actis Capituli generalis, Romæ celebrati, die 7ª junii 1862.

APPENDICE

ÉLOGE DE FRÈRE DOMINIQUE LACORDAIRE [1]

Dans la Province de France, Dieu a rappelé à lui le T.-R. P. Fr. Henri-Dominique Lacordaire, homme illustre à tous les titres, orné de toutes les vertus et dont la renommée a retenti dans toute l'Europe. Combien il a travaillé pour la gloire de l'Ordre, quels droits il a acquis à sa reconnaissance, à combien de labeurs il s'est épuisé dans le ministère de la parole sacrée, personne ne l'ignore. Ce ne sera donc point pour relever sa gloire, mais pour suivre les anciens usages de notre Ordre, que nous en dirons quelques mots; ses œuvres et sa renommée parleront assez haut de lui à la postérité.

C'est dans une petite ville de la Bourgogne, à Recey-sur-Ource, qu'il naquit de parents très-honorables, le 4 des ides de mai 1802. Il fit ses études au collége de Dijon. Tout jeune encore, mais d'un esprit vif et pénétrant, il se fit remarquer parmi tous ses condisciples, et bientôt, ayant entrepris l'étude du droit, il fit voir clairement quel orateur il devait être un jour. Il quitta Dijon en 1822, et vint à Paris poursuivre la même carrière dans la populeuse ca-

---

[1] Dans les Actes du Chapitre général tenu à Rome le 7 juin 1862.

monstravit. Hinc, anno 1822, Lutetiam Parisiorum profectus, ut eamdem in ea frequentissima totius Galliæ metropoli profiteretur facultatem, conceptam apud jurisconsultos gravissimos de se famam confirmavit, ac majorem in forensi palæstra indeptum iri communi judicio pronunciatus est.

Verumtamen (ne quid dissimulemus) adolescens totus litteris scientiisque perdiscendis addictus, quæ fidei sunt ac religionis, plane neglexerat, Deistarumque pseudo-philosophorum errores, juvenili levitate susceptos, hauserat. At Deus Op. M., qui Henricum delegerat, ut portaret nomen suum gentibus, et regibus, et filiis Israel, divitias misericordiæ suæ volens ostendere, lumine gratiæ suæ vel invitum collustravit. Hinc repente in alterum mutatus, relicto foro, contemptisque honoribus, quibus se cumulatum iri haud incerte sibi polliceri poterat, Domum S. Sulpicii ingressus anno 1824, clericali militiæ nomen dedit; cumque non dubia religionis, ac probitatis apud rectores exhibuisset specimina, theologiæ addiscendæ ac SS. Patrum, Augustini in primis, voluminibus perlegendis operam navavit sedulam.

Inde sacerdos factus (1827) cuidam Parisiensi asceterio adstitit, ac in collegio Henrici IV nuncupato Capellanus fuit, sicque aliquot annos veluti lucerna sub modio posita delituit. Juventuti quoque erudiendæ una cum cl. comite de Montalembert, viro de catholica religione optime merito, incubuit, eodemque tempore cum Abb. la Mennais (cujus tunc temporis Gallia, et Italia ingenium admirabantur) necessitudinem conjunxit, et cum eo ad vindicanda Ecclesiasticæ libertatis jura, strenue sed fervidius, celebri in Ephemeride (*l'Avenir*) decertavit (1830). Quamobrem, cum in discrimen fuisset adductus, et in molestias incidisset anno 1832, Romam cum amicis S. Sedis judicium postulaturus concessit: ibi antesignani doctrinas exitiali novitate refertas a Pontifice graviter reprobari cognovit. Audiens ergo Eccle-

pitale de la France. Il confirma les espérances qu'il avait fait concevoir aux jurisconsultes, et tous le regardèrent comme une des illustrations futures du barreau.

Il faut pourtant l'avouer : tout entier livré à l'étude, il avait complétement négligé la foi et la religion, et son ardeur juvénile avait pleinement adopté les erreurs de la fausse philosophie des déistes. Mais le Seigneur très-grand et très-bon avait prédestiné Henri à « porter son nom devant les nations, les rois et les enfants d'Israël, » et, voulant montrer les richesses de sa miséricorde, il laissa tomber un rayon de grâce sur son âme rebelle. Aussitôt on le vit changé en un autre homme. Abandonnant le barreau et méprisant les honneurs que l'avenir lui promettait, il entra au séminaire Saint-Sulpice en 1824. Ses maîtres remarquèrent bientôt sa piété et sa vertu; pour lui, l'étude de la théologie, la lecture des saints Pères et surtout de saint Augustin firent désormais son occupation assidue.

Ordonné prêtre en 1827, les années suivantes le virent comme « la lumière cachée sous le boisseau, » aumônier d'un couvent de Paris, chapelain du collége Henri IV, *maître d'école* avec le comte de Montalembert, cet illustre champion de la religion catholique; puis enfin lié d'affection avec l'abbé de la Mennais, dont la France et l'Italie admiraient alors le talent, combattre avec courage, mais avec trop d'ardeur, pour les droits de la liberté de l'Église, dans le célèbre journal *l'Avenir* (1830). Cette lutte amena des difficultés et des embarras qui l'engagèrent à venir à Rome avec ses amis en 1832 solliciter le jugement du Saint-Siége. Là, ils apprirent que les doctrines de leur chef, remplies d'une funeste nouveauté, étaient hautement blâmées par le Souverain Pontife. Pour lui, fils obéissant de l'Église, il quitta cet homme endurci, et, non content d'abandonner ses funestes erreurs, il travailla de toutes ses forces à les détruire.

siam, illico a societate hominis pertinacis sese subduxit, ejusque perniciosa placita non modo rejecit impavide, sed nervose impugnavit, atque convellit.

Antea vero Parisiensi Ephebæo S. Stanislai addictus, verbum Dei proponere cœperat adolescentibus, cumque libentissime exciperetur, divinam erga se reveritus voluntatem, apostolico muneri se totum devovit. Quot vero plausus celeberrimus Ecclesiastes ab ingenita eloquentia, a dicendi facundia, a doctrinæ sublimitate retulerit, non est cur verbis prosequamur, cum et frequentissimi auditores, et sacri Præsules, et publicæ ephemerides uno ore et præconio extulerint ac commendarint. Archiepiscopus Parisiensis de Quélen *Collationes*, quas vocant, ad populum in templo Nostræ Dominæ habendas ipsi commisit, simulque canonicum honorarium dixit Ecclesiæ Parisiensis. Interea vero summorum virorum, qui in Galliis florebant, familiaritate usus est, et litterariorum laborum consors adscitus.

Sed perfectioris vitæ desiderium magis quam mundani plausus, Henricum urgebat; idcirco, nec sine consilio divino, Ordinem Prædicatorum ingredi, illumque in Galliis, ubi sæculo XIII ortum habuerat, restituere cogitavit. Iterum ergo posthabita, quam apud Parisienses adeptus fuerat, fama, sæculo valedicens, Romæ ad pedes R^{mi} Angeli Ancarani Magistri generalis habitum flagitavit impetravitque die v aprilis an. MDCCCXXXIX, magno totius Ordinis gaudio et expectatione, inter alumnos Minervitani Cœnobii adscriptus fuit, ac tyrocinio exacto in Viterbiensi S. M. de Quercu Cœnobio solemnia nuncupavit vota, anno qui secutus est. Mox in Gallias remeavit, ut Ordinem post tot publicarum rerum discrimina, sæculo superiori extinctum, in novam revocaret dignitatem et vitam, quod pro votis feliciter cessit. Siquidem ejus zelo, eloquentia et nominis præstigio effectum est, ut varii conventus pristinum disciplinæ rigorem referentes

Attaché depuis quelque temps à Saint-Stanislas, il avait entrepris d'exposer la doctrine catholique dans ce collége : voyant le bon accueil fait à sa parole, il craignit de résister à la volonté divine, et se donna tout entier au ministère apostolique. Les applaudissements qui couvrirent sa voix, son éloquence naturelle, la facilité de sa parole, la sublimité de sa doctrine ne réclament que notre silence, depuis que son immense auditoire, les prélats de l'Église et les journaux l'ont élevé si haut par leurs louanges unanimes. Mgr de Quélen, archevêque de Paris, lui confia les Conférences de Notre-Dame, et le nomma en même temps chanoine honoraire de son Église; tandis que des hommes marquants de France l'associaient à leurs travaux littéraires.

Mais le désir d'une vie plus parfaite l'emportait dans l'âme de Henri sur les applaudissements du monde, et la Providence lui inspira la pensée d'entrer dans l'Ordre des Frères Prêcheurs et de le rétablir en France, où le XIIIe siècle l'avait vu naître. Une seconde fois il laisse là la gloire qu'il s'était faite à Paris, il dit adieu au monde, vient à Rome se jeter aux pieds du R^{me} Père Ange Ancarani, Maître général de l'Ordre, lui demande l'habit de Saint-Dominique et le reçoit le 5 avril 1839.

L'Ordre se réjouissait et attendait. Fils du couvent de la Minerve, il alla faire son noviciat à Viterbe, au couvent de Sainte-Marie-du-Chêne, et y prononça ses vœux solennels l'année suivante. Bientôt il repart pour la France, afin d'y rétablir, avec une nouvelle splendeur et une nouvelle vie, notre Ordre, que les bouleversements de la société y avaient détruit au siècle passé. Ses vœux furent accomplis. Son zèle, son éloquence, le prestige de son nom élevèrent dans ce pays plusieurs couvents dignes des premiers jours par leur régularité et leur ferveur, et lui-même mérita d'être deux fois nommé Provincial de cette Province restaurée par ses mains.

in eadem regione surrexerint, ipseque ab se excitatæ Provinciæ iterato Prior meruit renunciari.

Hominem tot nominibus illustrem fama in dies succrescens comitabatur, ac pene nullus erat, qui concionantem excipere non gestiret. Templa satis ampla haud raro multitudini continendæ erant imparia; verbum ejus quasi facula ardebat, atque omnium corda, animosque ita pervadebat, ut cum celebrioribus, quos Galliarum protulit Ecclesia, oratoribus facile diceretur comparandus. Qua in re non est prætereundum, quod creditu erit fortasse difficile, Lacordaire sermones suos mira facundia, dictionis nitore, diffusa passim eruditione ac doctrina refertos, coram viris plerisque famæ celebritate conspicuis, Parisiis, Lugduni, Tolosæ, Burdigalis, Nancæii, Metis, Leodii aliisque insignioribus locis prolatos, non prævio scripto concinnasse, sed quos ardua quidem ac prolixa mentis contemplatione præconceperat sensus, hos in sacro suggestu ex abundantia cordis profudisse. Qui enim typis impressi avide leguntur sermones, arte stenographica (scire enim id præstat) excepti ab dicentis ore fuerunt. Edidit quoque in vulgus *Memoriale* pro restituendo Ordine in Gallia, vitam S. P. Dominici, pluraque alia pietatis et ingenii sui monumenta reliquit.

Quas quidem præclaras animi dotes a natura liberaliter partas, ab arte vero et disciplinis excultas ac perpolitas magna auxit accessione virtutum. Siquidem ascensiones in corde suo disponens, quas antea severat virtutes, Deo postea mancipatus, in eo campum nactæ sunt ampliorem : profunda inter tot plausus animi demissio, fidei zelus, solida et sine fuco pietas, erga Apostolicam Sedem amor eximius, magnanimus rerum caducarum contemptus, candor animi ingenuus, legum custodia, morum facilitas, atque humanitas. Propterea summorum virorum existimatione, amore, atque honoribus decoratus est, Præsulum in primis. Ill[mus] Affre, Archiepiscopus Parisiensis, paulo ante ipsius

La renommée de tant de gloire grandit bien vite autour de cet homme. Tous brûlaient du désir d'entendre sa parole. Les églises les plus vastes ne pouvaient plus contenir la multitude avide de l'écouter. *Sa voix était comme une torche ardente,* et sa flamme pénétrait tellement les esprits et les cœurs, que l'on n'hésitait pas à le comparer aux plus illustres prédicateurs de l'Église de France. Il faut bien se le rappeler; ces sermons d'une éloquence si admirable, d'un style si correct, remplis de tant d'érudition et de tant de doctrine, prêchés devant les hommes les plus illustres, à Paris, à Lyon, à Toulouse, à Bordeaux, à Nancy, à Metz, à Liége et dans d'autres villes non moins célèbres, Lacordaire ne les écrivit jamais avant de les prononcer ; mais, après les avoir conçus dans une méditation laborieuse et profonde, monté en chaire, il les laissait couler de l'abondance de son cœur. Il importe de se souvenir que la sténographie a recueilli sur ses lèvres tous ceux que l'impression a offerts à l'avidité des lecteurs.

Il a publié aussi un Mémoire pour le rétablissement de notre Ordre en France, la vie de notre Père saint Dominique, et laissé plusieurs autres monuments de sa piété et de son génie.

A ces éminentes qualités de l'intelligence, reçues de la nature, développées et grandies par le travail et l'étude, il ajouta d'illustres vertus. Lorsqu'il eut disposé dans son cœur les degrés dont parle l'Écriture, et qu'il se fut enchaîné au service de Dieu, ces vertus jetées comme un germe au fond de son âme, y trouvèrent un champ vaste et libre : c'était l'humilité la plus profonde au milieu des applaudissements, le zèle ardent de la foi, une piété solide et sans fard ; envers le Siége apostolique un amour singulier, un magnanime mépris de tout ce qui passe, la candeur et l'ingénuité de l'âme, l'observance de toutes les lois, une grâce parfaite des manières. Aussi, les plus grands hommes, et, entre tous, les plus grands évêques,

tragicum fatum, an. 1848, sibi pastoralis muneris socium (coadjutorem dicunt) adsciscere statuerat. Qua apud Galliarum Antistites fama doctrinæ, eadem floruit publicæ rei gerendæ opinione apud populos, quorum suffragio inter viros delectus est (an. 1848), quibus eo anno nationalis Consessus (vulgo *Assemblée*) constitutus est. Ordinis decori consulens, atque religionis confovendæ desiderio flagrans, insuetum revera munus (quod tamen Episcopi nonnulli aliique præclari e clero viri minime respuerant) suscepit, seditque inter togatos, quamvis non multo post, rebus nonnihil permutatis, munus prudenter dimiserit. Franciæ Academia, quæ nonnisi præstantissimos solet connumerare, nomen Henrici Lacordaire, tanquam de religione, de patria ac de litteris benemeriti, jussit inscribi an. 1860. Cæteros florentissimæ illius nationis Philosophos, Oratores, Jurisconsultos, Politicos habuit necessitudine devinctos ac sui laudatores.

Ordinem vero, quem in Galliis restituisse diximus, unice dilexit, ideoque ejus gloriam provehere etiam atque etiam sategit, ac quidquid aut autoritate, vel consilio, vel opere potuit, in id contulit, ut Conventuum et fratrum numerus amplificaretur.

Cum autem se totum et saluti animarum et religioni confovendæ despondisset, consilium iniit Tertium O. N. ad juventutis educationem adhibendi, et ad hunc finem aliquot bonæ voluntatis viris sibi adlectis, eis habitum constitutionesque ab ipso redactas tradidit; et cum duo jam vigerent ejusmodi Collegia, in quibus juventus et pietate instruitur, et bonis artibus eruditur, unum in Oullins prope Lugdunum, alterum Sorecii in Albiensi diœcesi; in hoc postremo sese recepit, sicque institutam ab se familiam dilexit, ut erga adolescentulos non magis benefaciendi voluntatem, quam dicendi facundiam exercuerit.

Plura quidem a viro ingenii fœcunditate, sincera pietate,

l'entourèrent-ils de leur estime et de leur affection. L'illustrissime archevêque de Paris, Mgr Affre, quelques jours avant sa fin tragique en 1848, voulait le faire son coadjuteur, et l'associer ainsi à sa sollicitude pastorale. A la pureté de sa doctrine, qui était sa gloire auprès de l'épiscopat français, il unissait une grande intelligence de la vie publique, qui le fit élire parmi les membres de l'Assemblée nationale de 1848. La gloire qui pouvait en revenir à l'Ordre et l'ardent désir de servir la religion lui firent accepter cette mission si nouvelle, quoique partagée alors par plusieurs évêques et d'illustres ecclésiastiques. Il siégea donc à l'Assemblée. Mais bientôt les événements changèrent, et la prudence lui conseilla de se retirer. L'Académie française, qui ne choisit ses membres qu'entre les plus illustres, inscrivit parmi eux, en 1860, le nom de Henri Lacordaire, comme ayant bien mérité de la religion, de la patrie et des lettres. Il eut enfin des amis et des admirateurs dans les philosophes, les orateurs, les jurisconsultes et les hommes d'État de cette grande et florissante nation.

L'Ordre qu'il rétablit en France, comme nous avons dit, fut désormais l'objet de sa prédilection, et il travailla sans relâche à en augmenter la gloire. Tout ce que purent son autorité, ses conseils, ses œuvres, il l'employa à grossir le nombre des couvents et des religieux.

Enfin, s'étant voué tout entier au salut des âmes et au progrès de la religion, il résolut de fonder un Tiers-Ordre pour l'éducation de la jeunesse. Dans ce but, il réunit quelques hommes de bonne volonté, leur donna un habit, leur dicta des constitutions, et après avoir ainsi fondé deux collèges, un à Oullins près de Lyon, l'autre à Sorèze, dans le diocèse d'Alby, il se retira dans ce dernier, avec un tel amour pour sa nouvelle famille, qu'il réserva depuis lors aux jeunes gens les trésors de son activité et de sa parole.

On était encore en droit d'attendre beaucoup de cet

insuper et agendi dexteritate prædito adhuc sperare licebat, cum corporis ægritudine ejus animi magnitudo intercepta est an. 1861. Deficientibus sensim viribus, Prioris Provincialis munus sponte dimisit, licet otii impatiens per aliquot menses a laboribus non abstinuerit. Omnigena interea artis medicæ subsidia a viris peritissimis adhibita ac tentata sunt: Dei quoque clementia, et S. M. Magdalenæ, cujus Sanmaximiniense Cœnobium ejus curis fuerat restitutum, intercessio a Tyronibus nostris præsertim, tum precibus, tum carnis afflictationibus implorata : nihilominus ineunte septembri omnis recuperandæ valetudinis sublata est spes. Morbi symptomatibus in dies invalescentibus, pius Pater ad æternitatis iter capessendum curas omnes cogitationesque convertit, suisque, appropinquante Domino, valedixit.

Eo nuntio percepto, tota Provincia, imo Gallia universa commota est : ad eum nonnulli viri gravissimi convenere, ac plures ex Provincia Fratres, quos filios jure dixerimus, Sorecium accesserunt, ut sapientem morientem viderent, ac suprema ejus exciperent verba atque anhelitus. Ipse summus Pontifex Pius IX a R^{mo} Ordinis Magistro studiose de eo sciscitabatur, ac ad eum (magno quidem decedentis gaudio) Apostolicam benedictionem transmittere dignatus est. Cum igitur animo pio ac tranquillo inter frequentes pectoris convulsiones plures traduxisset noctes ac dies, sacris omnibus expiatis mysteriis, ad extremam usque horam sui compos, inter adstantium alumnorum et fratrum preces ac lacrymas placido fine quievit die 21 novembris an. 1861, ætatis suæ ferme 60, in eodem Soriciensi collegio, in quo et justorum præstolatur anastasin.

Ad funus cohonestandum, præter ingentem populi multitudinem ex vicinis quoque oppidis et civitatibus, convenere Archiepiscopus Tolosas, et Episcopus Carcassonensis, quorum prior ritu pontificali cadaver expiavit, alter vero defuncti laudes e suggestu copiose pronuntiavit: jussi quoque

homme doué de tant de fécondité dans l'intelligence, de tant d'ardeur dans la piété, de tant d'habileté dans l'action, lorsque cette grande âme se trouva enchaînée par l'invasion de la maladie au commencement de 1861. Sentant ses forces s'éteindre, il se démit lui-même de la charge de Provincial, quoique, ne pouvant se contraindre au repos, il en ait encore pendant plusieurs mois conservé les fatigues.

Pendant ce temps l'art épuisait pour lui toutes les ressources de la médecine. On implorait aussi la clémence de Dieu et la puissante intercession de sainte Marie-Madeleine, dont il avait relevé le couvent à Saint-Maximin. Les novices de ce couvent, en particulier, offraient pour lui leurs prières et leurs mortifications. Mais au commencement de septembre, tout espoir de rétablissement fut perdu. Les symptômes de la maladie s'aggravaient tous les jours. Le Père, sentant que le Seigneur approchait, dit adieu aux siens, et tourna dès lors tous ses soins et toutes ses pensées vers l'éternité.

A cette nouvelle, toute la Province, la France entière s'émurent. Plusieurs hommes célèbres vinrent le visiter, plusieurs religieux de la Province, ses enfants, arrivèrent à Sorèze pour voir ce *sage mourant*, et recueillir ses dernières paroles et son dernier soupir.

Le Souverain Pontife Pie IX lui-même s'informait avec intérêt de sa santé auprès du R^{me} Maître général, et daigna lui envoyer, à la grande joie du mourant, la bénédiction Apostolique. Calme et recueilli au milieu des violentes tortures de la maladie, le Père passa plusieurs jours dans les derniers combats, reçut les Sacrements de l'Église, et, jouissant jusqu'à la fin de toute sa connaissance, au milieu des prières et des larmes de ses frères et de ses élèves, il s'endormit paisiblement, le 21 novembre 1861, âgé de près de soixante ans, dans ce même collége de Sorèze, où son corps attend la résurrection des justes.

Une immense multitude de peuple accourut des villes et

ab suis episcopis interfuere Vicarii generales diœcesum Albiensis, et Perpinianensis. Sic humi traditus est vir eximius : sed memoria vivit adhuc, vivet atque in præclare gestis operibus, in voluminibus editis, in corde superstitum et posterorum.

des villages environnants pour honorer ses funérailles. Il y avait Mgr l'archevêque de Toulouse, et Mgr l'évêque de Carcassonne. Le premier fit l'absoute solennelle, le second prononça l'oraison funèbre du défunt. Les évêques d'Alby et de Perpignan avaient aussi envoyé leurs vicaires généraux. Ainsi fut enseveli cet homme illustre; mais sa mémoire vit et vivra dans ses actions éclatantes, dans les livres qu'il a écrits, mais surtout dans le cœur de la postérité.

TABLE

Préface. V

CHAPITRE I. — 1802-1822. — Enfance de Henri Lacordaire. — Ses premières études à Dijon. — Il y perd la foi. — Il fait son droit. 1

CHAPITRE II. — 1822-1824. — Il se rend à Paris pour y faire son stage. — Ses débuts au barreau. — Son caractère. — Son retour aux idées religieuses. 25

CHAPITRE III. — 1824-1827. — Sa conversion. — Il entre à Saint-Sulpice. — Sa vie au séminaire. — Il est ordonné prêtre. — Il refuse une place d'auditeur de Rote à Rome. 47

CHAPITRE IV. — 1827-1830. — Mgr de Quélen le nomme aumônier du couvent de la Visitation, puis aumônier-adjoint du collége Henri IV. — Vie d'étude. — Il songe à partir pour les États-Unis d'Amérique. 81

CHAPITRE V. — 1830-1832. — Le journal *l'Avenir*. — L'abbé Lacordaire, M. de la Mennais et M. de Montalembert. — Voyage à Rome. — Condamnation de *l'Avenir*. — Soumission exemplaire de l'abbé Lacordaire. — Rupture avec M. de la Mennais. 94

CHAPITRE VI. — 1832-1833. — Il rentre à la Visitation. — Son amour pour la solitude. — Madame Swetchine. 138

CHAPITRE VII. — 1833-1836. — Conférences au collége Stanislas. — Premières conférences de Notre-Dame. 155

CHAPITRE VIII. — 1836-1838. — Interruption des Conférences. — Séjour à Rome. — *Lettre sur le Saint-Siége*. — Commencements de vocation dominicaine. 177

CHAPITRE IX. — 1838-1839. — Première tentative d'exécution. — *Mémoire pour le rétablissement en France des Frères Prêcheurs*. — Départ pour Rome avec Réquédat. 206

CHAPITRE X. — 1839-1840. — Noviciat au couvent de la Quercia. 235

CHAPITRE XI. — Premiers Dominicains français : Réquédat, Piel, Hernsheim, Besson, le R^me P. Jandel. 264

CHAPITRE XII. — 1840-1841. — Premiers commencements de l'Ordre à Sainte-Sabine. — Discours à Notre-Dame sur la *Vocation de la nation française*. — *Vie de saint Dominique*. — Épreuve de Saint-Clément. — Bosco. 310

CHAPITRE XIII. — 1841-1844. — Stations de Bordeaux et de Nancy. — Lutte avec le gouvernement pour la liberté des Ordres religieux. — Premières fondations de Nancy et de Chalais. 337

CHAPITRE XIV. — Vertus du Père Lacordaire. — Sa vie au couvent. — Son amour de la Croix. 387

CHAPITRE XV. — Suite de ses vertus. — Sa foi en Dieu présent dans l'Eucharistie, — dans la Bible. — Sa confiance dans la Providence. — Son humilité. — Sa fidélité au devoir. 419

CHAPITRE XVI. — De l'influence du Père Lacordaire comme directeur des âmes. 464

CHAPITRE XVII. — 1845-1848. — Révolution de 1848. — Il fonde *l'Ère Nouvelle* et entre à l'Assemblée constituante comme député. — Sa retraite de la Chambre et du journal. — Sa politique. 507

CHAPITRE XVIII. — 1849-1854. — Fondations de Flavigny, de Paris et de Toulouse. — Érection canonique de la Province de France. — Nomination du R^me Père Jandel à la charge de Vicaire Général de l'Ordre. — Conférences de Toulouse. — Fin de son provincialat. 547

CHAPITRE XIX. — 1854-1860. — Fondation du Tiers-Ordre enseignant. — Oullins. — Sorèze. 571

CHAPITRE XX. — 1860-1861. — Dernière maladie et mort du Père Lacordaire. — Conclusion. 619

APPENDICE. 673

Tours. — Impr. MAME.

www.ingramcontent.com/pod-product-compliance
Lightning Source LLC
Chambersburg PA
CBHW061950300426
44117CB000010B/1288

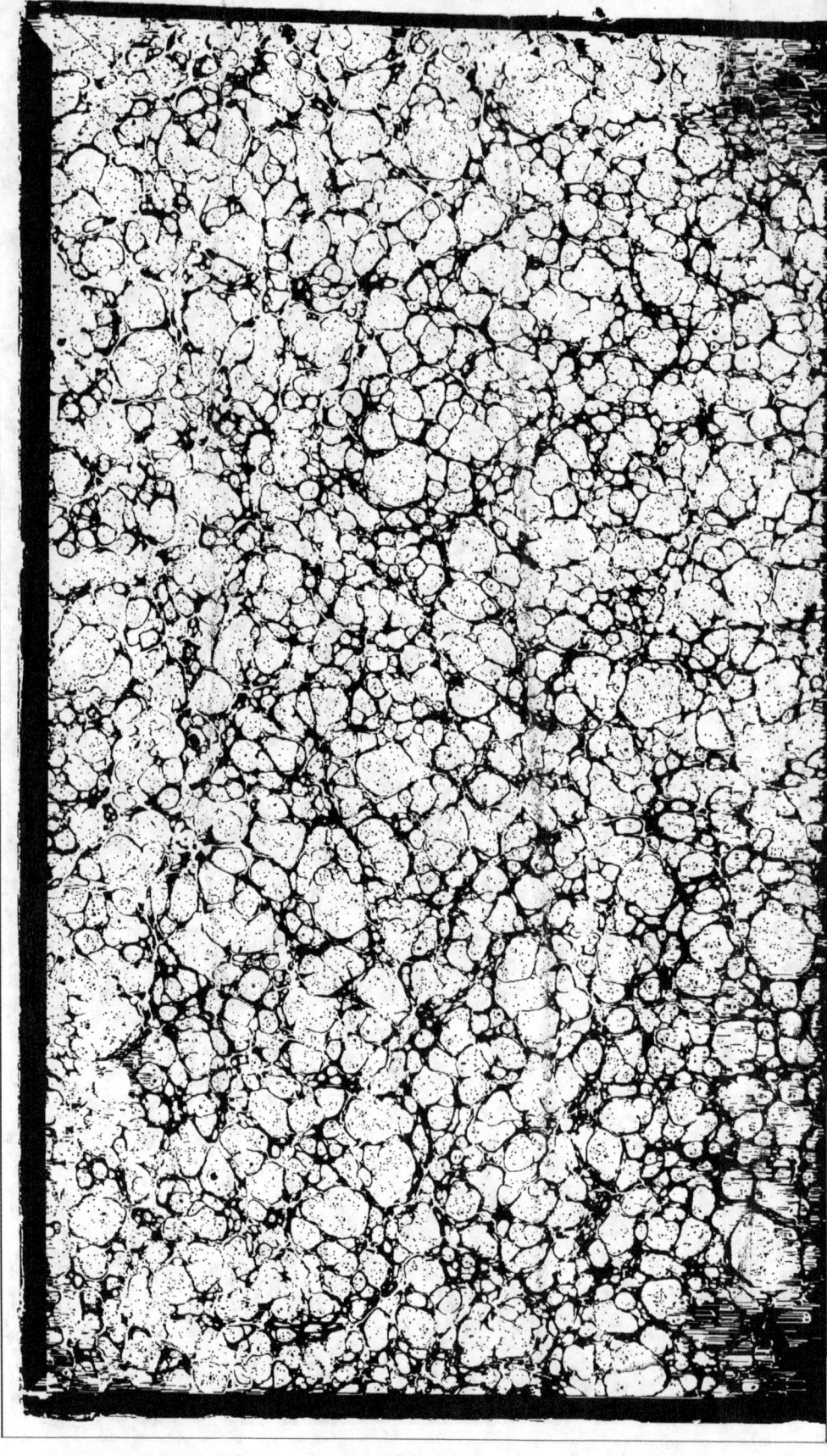